纸页上的文学记忆

——民国文学短刊经眼录

何宝民 著

中原出版传媒集团
大地传媒

海燕出版社

全书文学短刊五十种创刊号刊影

说明:杂志刊名后的开本尺寸系根据实物测定。但有的因年代久远纸张受损,或因合订需要有所剪裁,而与出版时的实际尺寸稍有出入。原开本大体有十六开、大三十二开、三十二开和异形开本多种。这里因版式限制,图片大小做统一处理。

《诗与小说》(22 cm×15.5 cm)

《熔炉》(21 cm×15 cm)

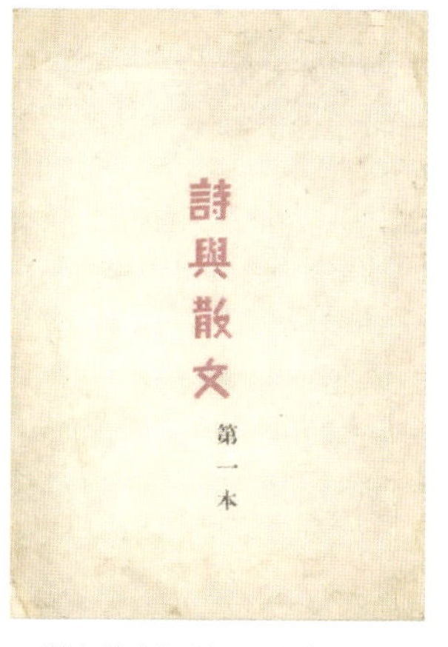

《诗与散文》(21 cm×14.5 cm)

《新地月刊》(21 cm×15 cm)

《新野》(20 cm×14.5 cm)

《絜茜》(21 cm×15 cm)

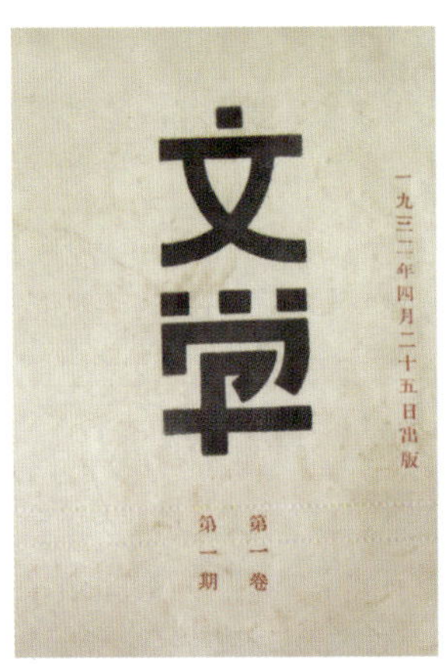

《文学》(18 cm×13 cm)

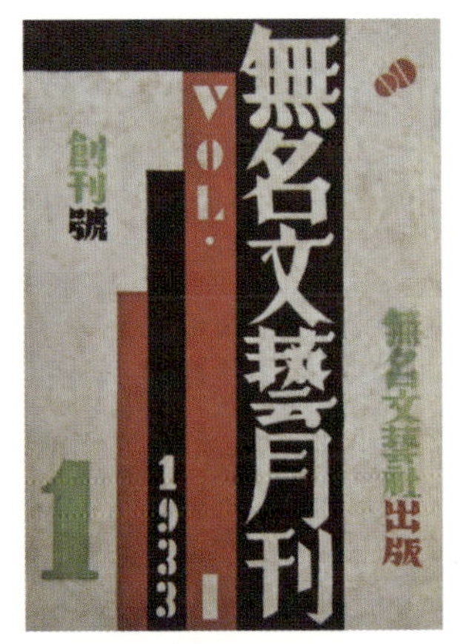

《无名文艺月刊》(26.2 cm×19 cm)

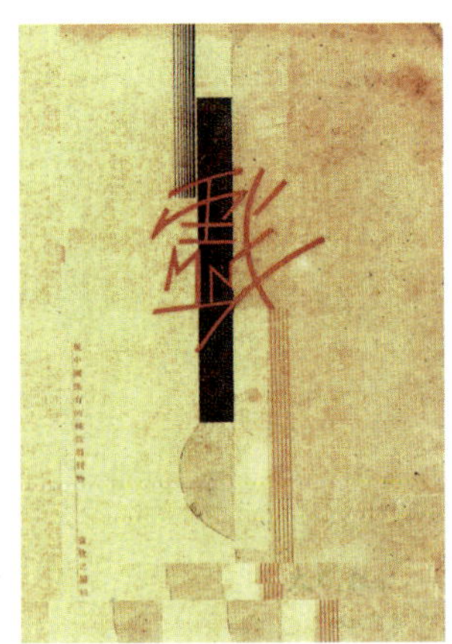

《戏》(26 cm×18.5 cm)

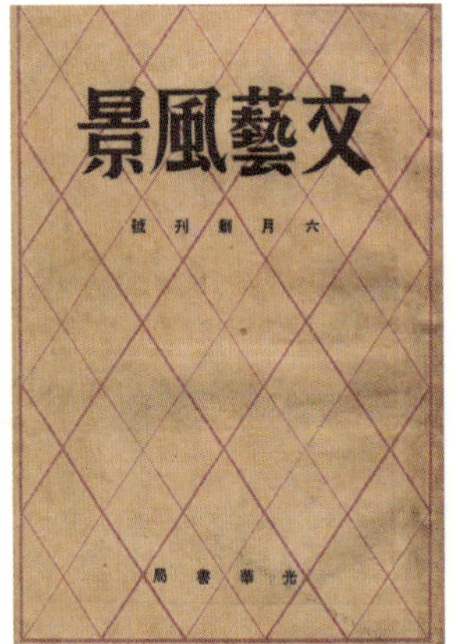

《文艺风景》(22.2 cm×15 cm)

《作品》(21 cm×14 cm)

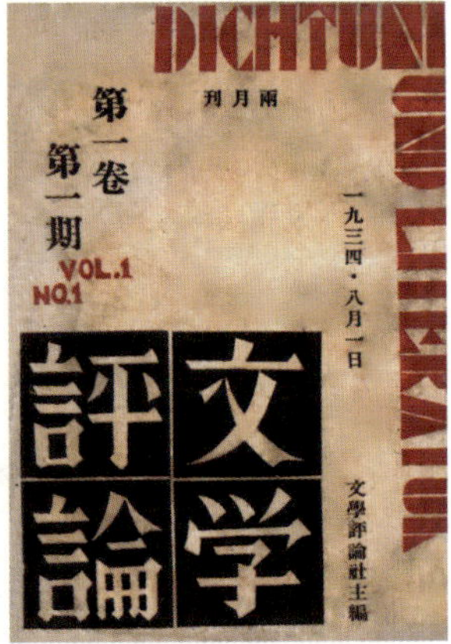

《文学评论》(26 cm×17.5 cm)

《文学新地》(26 cm×18.5 cm)

《生生》(26 cm×18.5 cm)

《现代诗风》(21 cm×14.5 cm)

《海燕》(27 cm×18.5 cm)

《浪花》(26 cm×18 cm)

《文海》(25.5 cm×18 cm)

《散文》(21.8 cm×15.2 cm)

《今日文学》(25.3 cm×19.1 cm)

《小说家》(20.5 cm×14.5 cm)

《文地》(26.5 cm×19 cm)

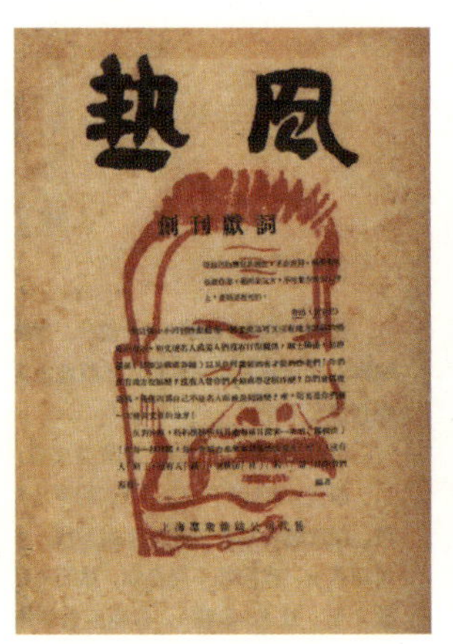

《热风》(25.9 cm×18.8 cm)

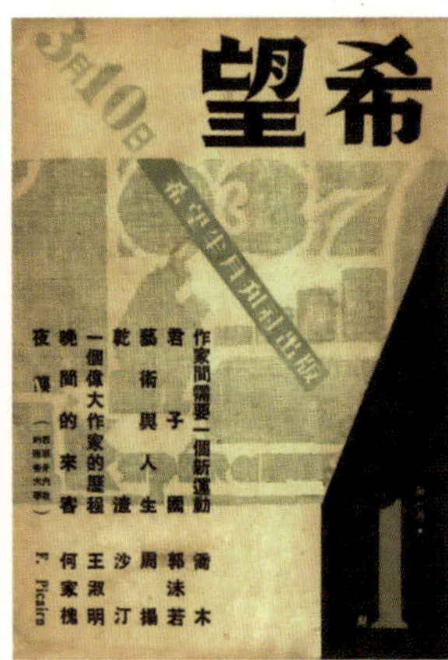

《希望》(26 cm×18 cm)

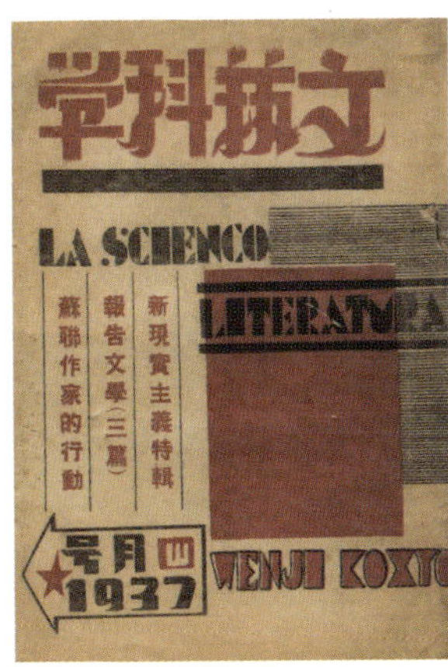

《文艺科学》(20.8 cm×15 cm)

《文风》(22.6 cm×15.1 cm)

《离骚》(25.9 cm×18.7 cm)

《顶点》(21.9 cm×15.6 cm)

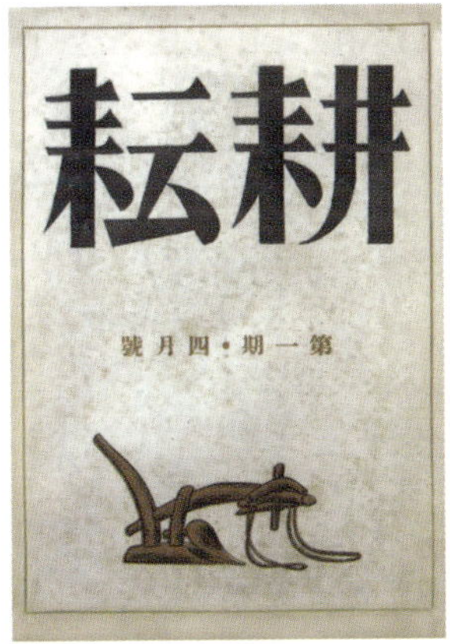

《耕耘》(26.6 cm×18.8 cm)

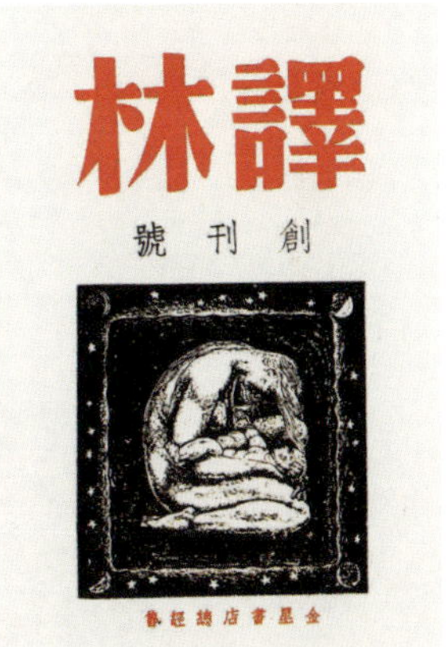

《译林》(18.3 cm×12 cm)

《万人小说》(21.3 cm×14.7 cm)

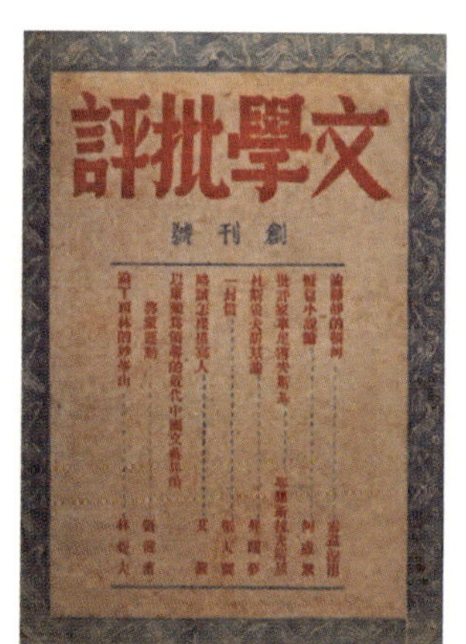

《文学批评》(24.5 cm×17.5 cm)

《绿茶》(18 cm×12.5 cm)

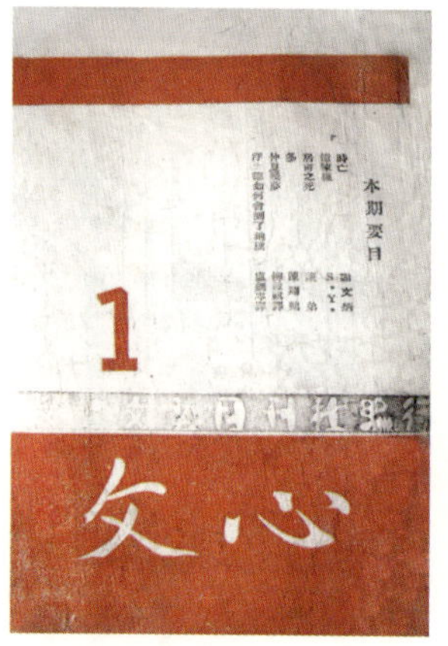

《文心》(24 cm×14.5 cm)

《艺丛》(22.5 cm×14 cm)

《文运》(25 cm×17 cm)

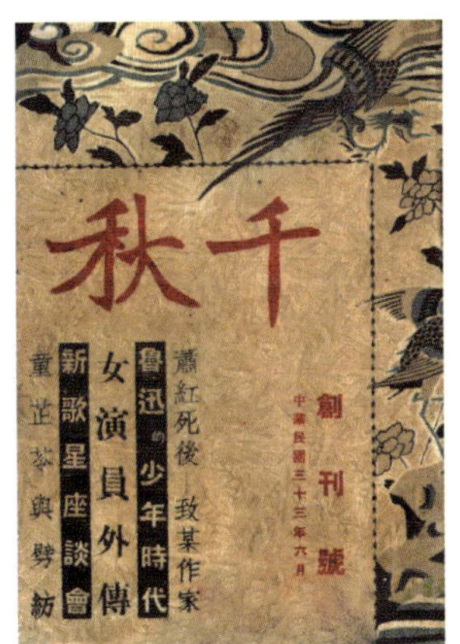

《千秋》(16.5 cm×14 cm)

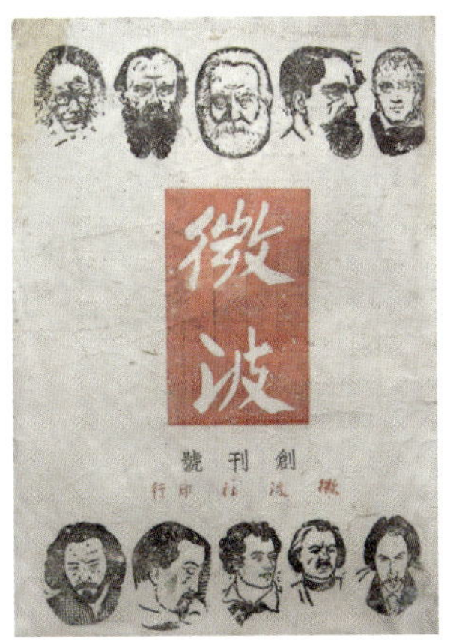

《微波》(26 cm×18 cm)

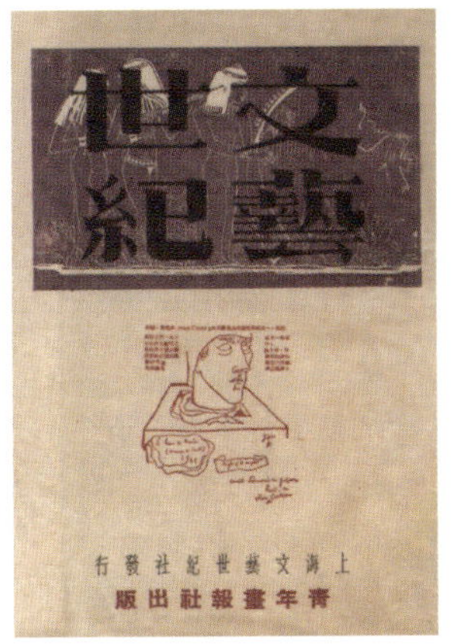

《文艺世纪》(21 cm×14 cm)

《飙》(18.5 cm×12.4 cm)

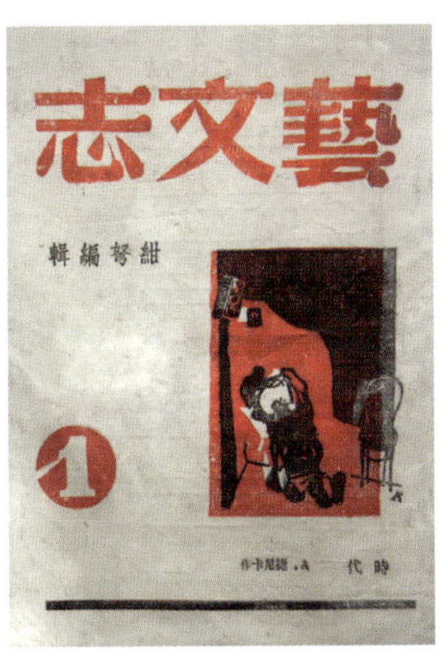

《艺文志》(18 cm×12.5 cm)

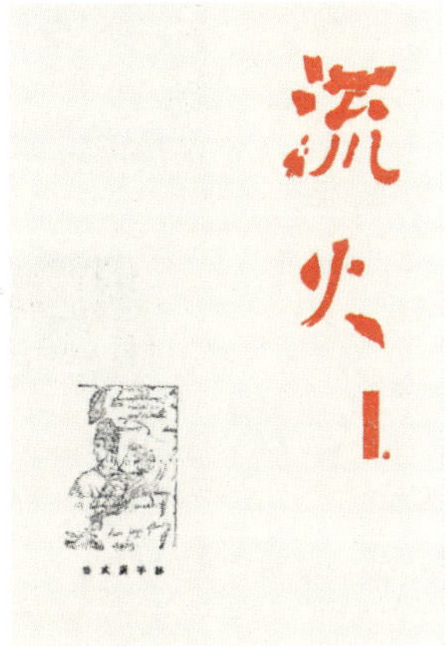

《流火》(25 cm×18 cm)

《诗与音乐》(25.5 cm×17.7 cm)

《草莽》(25.3 cm×17.6 cm)

《文莽》(24.5 cm×17 cm)

《长城》(25.4 cm×18 cm)

《乐观》(21 cm×15 cm)

《文艺工作》(18 cm×12.5 cm)

《文艺新辑》(20 cm×14 cm)

《春雷》(26 cm×18 cm)

目　次

小　引

民国期刊浩如烟海，文艺期刊数以千计。

二十世纪三十年代，为期刊出版的鼎盛时期，上海独占鳌头。据生活书店和现代书局的不完全统计，1933年全国主要定期刊物二百四十七种，其中一百七十八种在上海。又据上海市通志馆当年对上海杂志的统计，1933年上海刊行的杂志为二百一十五种。茅盾(署名“兰”)的《所谓杂志年》中说：1934年“自正月起，定期刊物愈出愈多。专售定期刊物的书店中国杂志公司也应运而生”。当时“全中国约有各种性质的定期刊三百余种，其中倒有百分之八十出版在上海”。年底，茅盾(署名“丙”)在《一年的回顾》中则有全年的总括：这一年，“文艺定期刊几乎平均每日有两种新的出世”。

各种期刊层出不穷，有的卷帙浩繁，历史久长。如《东方杂志》，远在民国之前的1904年1月就创刊了，中途几度停刊、复刊，最后告别读者时已是1948年12月，前后共出了四十四卷八百二十八期。《小说月报》从1910年8月到1931年12月，办了二十二年，出了二十二卷二百五十九期(含一期增刊)。期刊也有“短命”的，即一期而终，创刊号就是终刊号，或出了两三期就难以为继的刊物，称为短刊。

短刊的造成，原因多样：左翼刊物大多因为意识形态的缘由，一出版即被当局查禁。如左翼作家的《文学丛报》被查封之后，编者改名《人民文学》，仅出一期，又遭查封。编者再改出《散文》，一期出版，照旧被扼杀。有的停刊是经济上不能支持。如《无名文艺月刊》就是因为穷，出不了第二期。《耕耘》第三期已经编好，编者因为掏不出纸钱和印费而眼睁睁地看着它夭折。有的因人员星散而自行终止。如《顶点》这个由香港和桂林两地编辑的刊物，因艾青离开桂林而无法继续。有的因编者为出版新刊物，而将原来的停办。如戴望舒为《新诗》的出版，停下了已经创刊的《现代诗风》。胡风曾说，当时办刊，“照例是，谁弄到了一点钱，也不过一两百元的数目，想出刊物，发表他们自己的，不能或不愿在大刊物上发表的作品”，“这种刊物总是出一两期，钱完了，刊物也被禁止了”。（《胡风回忆录》）一个刊物的停刊，常常是多种原因交织的结果。

短刊现象为民国期刊出版所特有，在世界出版史上亦属罕见。短刊中尤以文学刊物为多，检点有关目录，二十世纪三四十年代，文学期刊中的短刊，至少有一百多种，蔚为大观。

刊期较长、影响深远的文学大刊，如《小说月报》及后来的《现代》(1932年5月至1935年7月)、《文学》(1933年7月至1937年11月)等，自然有其重要价值。而短刊中也不乏精品，有的办刊者为著名人物，刊物内容丰厚，虽然只出了一两期，倏起倏消，但依然光辉夺目，驻留在历史的册页。

文学期刊作为现代文学发展历程中的最初载体之一，因其毋庸置疑的原生态性质而受到重视。如今，当年的期刊与历史一起逐渐老去，愈显稀缺，短刊更因为存世无几，格外珍贵。

本书记录了民国时期五十种有一定影响的文学短刊。仅选收出版一期两期的刊物，突出“短中之短”。每种刊物着重从出版背景、主要创办人生平以及内容特色诸方面，寻觅踪迹，钩沉逸事。间或补充近年发现的新的资料，或纠正以往记载的某些不确，或揭示表象底下潜隐的本真，还原刊物的短暂的生存轨迹。引用旧刊文字，一般不予变动。期刊均附有封面、版权、目录以及重要文章首发页和相应的插图等图片，以资佐证。

游走于年陈日久的文学短刊之间，追挽岁月，发现和体认时代的痕迹，当会感受到历史的体温……

《诗与小说》

《诗与小说》,1923 年 9 月 1 日出版。编辑者胡怀琛,发行者上海晓星书局。大三十二开本,四十六页。

《诗与小说》第一期刊影

胡怀琛(1886—1938),原名胡有怀,字季仁,后改名怀琛,字寄尘,另有笔名有怀、秋山等。安徽泾县人。南社社友,助柳亚子编《警报》。曾编辑《神州日报》《太平洋报》。1924 年前后入商务印书馆。最初是编写《新撰国文教科书》,后参加“万有文库”的编辑工作, 为王云五出版这一部适宜图书馆的基本藏书立下了汗马功劳。他还一度主编过《小说世界》旬刊。曾任南方大学、上海大学教授,又供职上海通志馆。他的研究涉及哲学、诗学、文学、地方志、目录学、佛学等,著述不少,但传世作品无多。

《诗与小说》有发刊词《宣言》,胡怀琛写道:

> 这本小月刊,名为《诗与小说》;内容是诗与小说的作品居多数,但也有一些论文。
>
> ……
>
> 我出这本杂志,不过是发表我自己的作品,和介绍他人的作品,以

> 外并没有什么。
>
> 论文是据我个人的意见，自由说话，在自由的范围以内，充分的说，大胆的说。
>
> 结果是怎样，我现在也不能预料，但是勉力想支持长久。
>
> 这是几句很老实的话，其他不老实的话，我也不必多说。

这实在也是很老实的发刊词。

全期大多是胡怀琛个人的作品。论文六篇，胡怀琛署名的三篇，其他三篇署名“记者”，也都是胡的文字，有对“湖畔”诗人作品的点评，有胡适文章的摘录。小说四篇中胡怀琛有两篇，五题诗歌中也占了两题。小说《临别》写侍女小银生活的悲苦，诗则抒发个人纤细的情感。《春怨词》包括三首，先是《春怨》：“关着窗子睡觉，/打个春梦的草稿；/怕被灯知道，/索性把灯吹灭了。”然后是胡怀琛与刘大白的赠答。胡的《寄刘大白》：“我是个有怨的人儿，才会做这首词；/难道你也是个有怨的人么，才爱读这首词。——/跑马厅边，迎春坊里，多少快活的朋友，/读了我这首春怨，都说是没有意思。”大白的《答胡怀琛见寄》：“一样的春，在诗人的心里，偏觉得有怨；/一样的春怨，在诗人的诗里，偏能够教人传染。/也不是无端，能传染的，总有些相同的情感。/要是情感不同，便怨遍人间，也没有传染的危险。”虽然缺乏诗的意象，但自由的白话胀裂了传统诗体的桎梏，读来也有意趣。

《诗与小说》仅出一期。

胡怀琛在创办《诗与小说》之前，有一段故事曾在海上文坛热闹过一番。

1920 年 3 月，胡适的《尝试集》在上海亚东图书馆出版。这是新文学第一部白话诗集，集中的诗篇基本上冲破了我国旧体诗歌五言、七言的限制，开创了一种适于表现现代人思想感情的新诗形式，虽然有些诗篇还有旧诗词的痕迹。当时正是新旧文学争论最激烈的时候，《尝试集》出版不久的 4 月和 7 月，胡怀琛分别在上海《神州日报》和《时事新报》上发表了《〈尝试集〉批评》和《〈尝试集〉正谬》，对诗集中的诗做了修改和批评，从而引起论战。论战从胡怀琛的文章刊载开始，延续到次年 1 月，历时半年有余。这是中国现代文学史上第一次对新文学创作进行的论辩。刘大白、朱执信等都认为胡的指

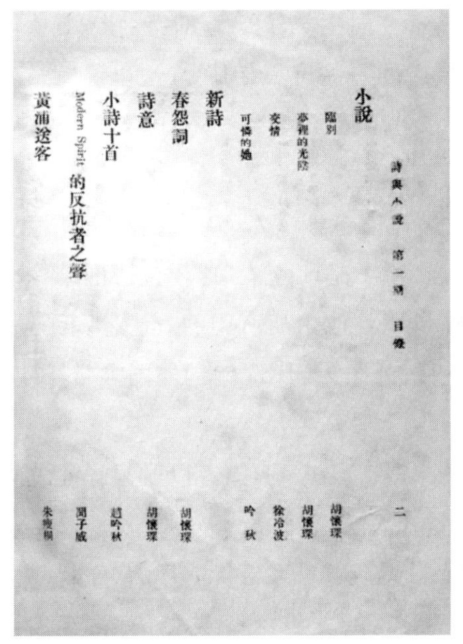

詩與小說 第一期 目錄 二

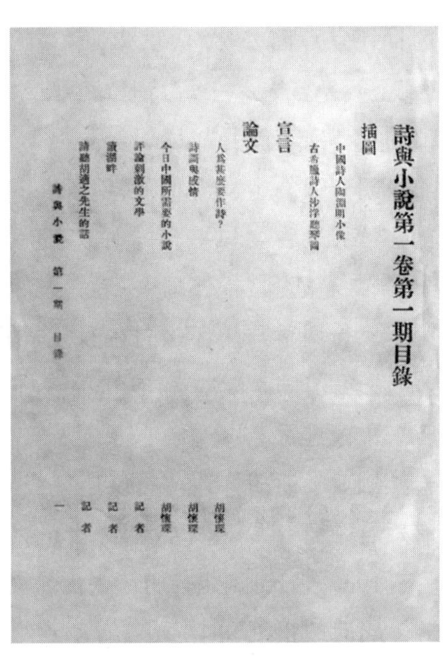

詩與小說第一卷第一期目錄

詩與小說 第一期 目錄 一

《诗与小说》第一期目录

摘是错误的。胡怀琛后来把论辩文字汇编成《〈尝试集〉批评与讨论》一书，由上海泰东图书局出版。胡在《序》中表示：“这本册子，是我批评《尝试集》，及和他人讨论《尝试集》的通信。”“我的批评，是标明旗帜，反对胡适之一派的诗；和我讨论的人，又反对我；大家笔战了一场，到底谁胜谁败，现在还没有定，还要等最后的解决。”

胡怀琛的批评，只是局限于诗中的用字，而不涉及思想内容，同时对诗作任意改字添句。这让胡适也动了肝火。他在致张东荪的信中说：“我很希望大家切实批评我的诗，但我不希望别人替我改诗。”在《答胡怀琛的信》中表示：“照先生这话（即‘不是主张旧诗，也不是主张新诗，是主张另一种诗’），既是主张‘另一种诗’，怪不得先生完全不懂我的‘新诗’了，以后我们尽可以各人实行自己的‘主张’，我做我的‘新诗’，先生做先生的‘合修辞物理佛理的精华共组成’的‘另一种诗’，这是最妙的‘最后的解决’。”诗人实在是不屑与之一辩。胡适后来在《〈尝试集〉再版自序》中再次说到这个话题：《尝试集》从第一编的诗到第二编的诗，“从那些很接近旧诗的诗变到很自由的新诗，——这一个过渡时期在我的诗里最容易看得出”，“不料居然有一个守旧的批评家一面夸奖《尝试集》第一编的诗，一面嘲笑第二编的诗；说《中秋》《江上》《寒江》，……等诗是诗，第二编最后的一些诗不是诗”。这里说的“守旧的批评家”，就是胡怀琛。

胡怀琛一生喜辩难，好创新说。

学界疑古之风盛行的时候，他曾写过一篇考证文章，认为墨不是姓，墨子名翟，翟通狄，指外国人，最后居然得出“墨子是印度人”这样荒谬的结论。编辑家徐调孚与胡怀琛同在商务印书馆供职，他用胡所用的方法，写了篇《胡怀琛是印度人》来和他开玩笑，说，胡指外国人，怀琛就是外国人带了宝玉来中国进贡。

柳亚子评胡怀琛：“君议论喜特异，弗肯徇众……不知者以君为怪诞，亦有疑君顽旧者”。(《亡友胡寄尘传》)应是知人之论。

1937年上海沦陷，胡怀琛忧愤交加，一病不起。第二年1月28日逝世。当时的报纸和杂志上，看不到纪念胡怀琛的文字，身后冷落凄清。

作家、学者赵景深曾有《胡怀琛》一文悼念。赵先生在文中直率地说：“我不为他讳言，像《中国文学史略》那样的录鬼簿，或大东亚所出各书，引例占十分之九，都是些急就章，或者为了生活的压迫，想藉此换几个钱用吧？小说方面的论著，如《中国小说概论》《中国小说的起源和演变》也都没有什么新的发见和成绩。但他也有写得很不坏的：如《东坡生活》，如《陆放翁生活》，都是以诗人的彩笔来写诗人，写得极其生动而且有味，颇值得称赞。”赵景深感慨：

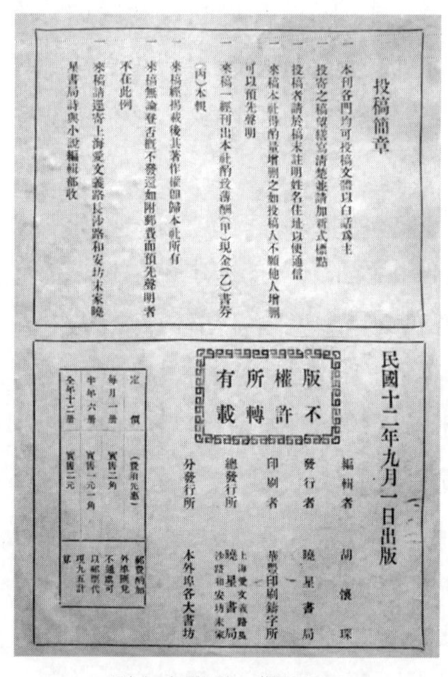
投稿簡章

一 本刊各門均可投稿文體以白話爲主
一 投寄之稿望繕寫清楚並請加新式標點
一 投稿者請於稿末註明姓名住址以便通信
一 來稿本社得酌量增删之如投稿人不願他人增删可以預先聲明
一 來稿一經刊出本社酌致薄酬(甲)現金(乙)書券(丙)本報
一 來稿經揭載後其著作權即歸本社所有
一 來稿無論登否概不發還如附郵費而預先聲明者不在此例
一 來稿請逕寄上海愛文義路長沙路和安坊末家曉星書局詩與小說編輯部收

民國十二年九月一日出版

版權所有 不許轉載

編輯者 胡懷琛
發行者 曉星書局
印刷者 華豐印刷鑄字所
總發行所 上海愛文義路長沙路和安坊末家曉星書局
分發行所 本外埠各大書坊

定價(郵費先惠)
每月一冊 實售二角
半年六冊 實售一元一角
全年十二冊 實售二元
郵費酌加 外埠照寄 不通處可以郵票代現九五計算

《诗与小说》第一期版权页

> 胡先生似乎是苦闷而彷徨于新旧文学之间的人，因此旧文人方面既感到他不够旧，新文人方面又感到他不够新。

胡怀琛的哥哥胡朴安(1878—1947),精于文字、训诂、校勘之学,国学大师级的人物。辛亥革命前参加同盟会和南社。民国后,服务于《民立报》《太平洋报》《中华民报》等报,任社长等职。先后任教于中国公学、复旦公学、暨南大学等校。抗战胜利后,任上海通志馆馆长。著有《中国文字学史》《中国训诂学史》等。儿子胡道静(1913—2003),1931 年上海持志大学毕业,入上海通志馆工作。抗日战争爆发,任报纸编辑、记者。1949 年后,曾任中华书局、上海人民出版社编审,复旦大学、华东师范大学兼职教授。担任顾廷龙编纂的《中国丛书综录》责任编辑,撰著有《梦溪笔谈校注》,在古文献学和科技史等领域都取得巨大成就。

《熔炉》

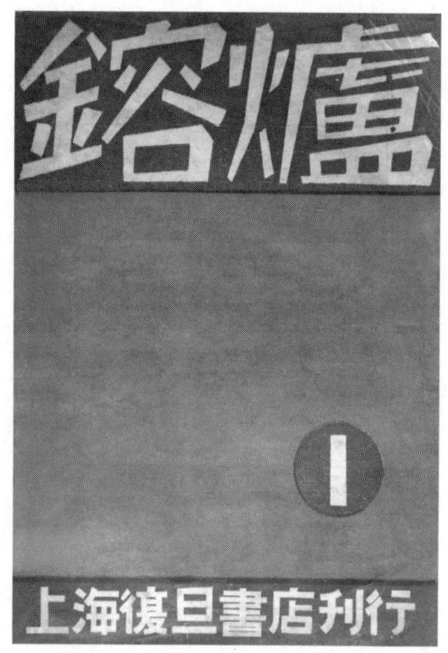

《熔炉》第一期刊影

《熔炉》,1928 年 12 月 1 日创刊,主编徐霞村。大三十二开本,一百四十六页。

徐霞村(1907—1986),原名徐元度。祖籍湖北阳新,生于上海。1925 年夏天,开始翻译外国作家哈代、法朗士的短篇作品,同时也写散文、小说,初涉文坛。1927 年 5 月,去法国读书,因为经济上无法维持,年底回国。1928 年夏秋之际,经赵景深介绍,到复旦书店去做编辑。这家书店在上海北四川路横浜桥附近。徐霞村为书店办了一个刊物,就是《熔炉》。

刊物没有发刊词,编后记题为《炉边的话》。“在数不清的国内新出版的文艺刊物之中,我们现在又来加上了这个《熔炉》。”编者说:

> 我们出版这个刊物并没有什么特别的理由,在书店,不过想借此做做广告;在作文章的人,不过想借此支一点稿费。作家既不是同一方面的,各人的思想文风也不一致,美其名曰《熔炉》,其实就是杂拌的意思。
>
> 我们没有什么大目的,只想各尽其力地创作一点,介绍一点,此外,如果可能,则最好不要使读者买回去太上当。至于这个小目的能不能实

现,将来自有定评,用不着先在这里吹牛。

面对读者,编者坦诚地告白:

我们有时也选登外稿。虽然因为篇幅关系把一些热心的朋友们的心血之作退回去是免不了的事,但有一点可以请他们放心,那就是,我们不会抱包办主义,把不相识者的稿件不过目就退回去。

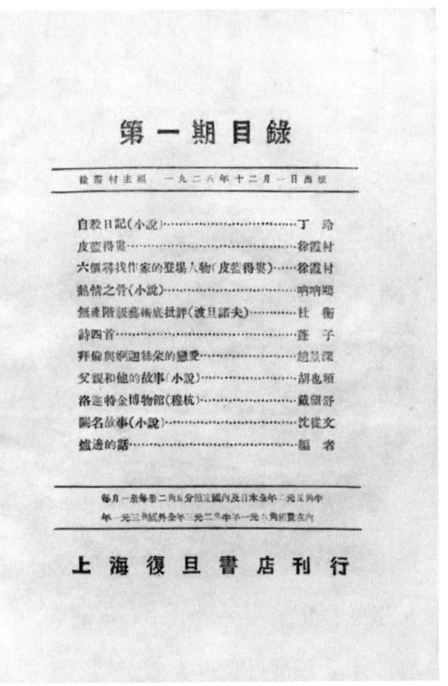

第一期目錄

徐霞村主編　一九二八年十二月一日出版

每月一册每册二角五分預定國內及日本全年二元五角半年一元三角國外全年三元二角半年一元六角郵費在內

上海復旦書店刊行

《熔炉》第一期目录

这期刊物的第一篇就是丁玲的小说《自杀日记》。早在1926年年初,徐霞村和丁玲、胡也频就在北京认识了,而且都是一个小团体的成员。那个团体叫“无须社”,无须取名字,无须存在的意思。他从法国回国后,在北京汉园公寓还和他们同住一个多月。1928年春,胡也频和丁玲从北京南下,先在杭州,后到上海。这时的丁玲已经是蜚声文坛的知名女作家了。她的小说《梦珂》,1927年12月以头条位置出现在《小说月报》;次年2月,《小说月报》又发表了她的《莎菲女士的日记》。现在老朋友办杂志,她和胡也频给了很大的支持。《自杀日记》中的人物伊萨,让人想到那“心灵上负着时代苦闷的创伤的青年女性的叛逆的绝叫者”。(茅盾:《女作家丁玲》)

第一期上占了较大篇幅的是徐霞村译的《六个寻找作家的登场人物》,意大利剧作家皮蓝得娄(1867—1936,现译名皮兰德娄)的名作。这是一出剧中剧,一家剧院的舞台上,演员们正排着一出新剧,忽然六个不速之客跑了上来。他们是剧中的六个人物:父亲、母亲、儿子、继女、小男孩、小女孩。作家由此写出了他们的家庭悲剧。徐霞村专门有一篇《皮蓝得娄》,介绍这位大作家。他说:皮蓝得娄“善于用滑稽的情节和离奇的人物来表现某种深邃的思想”,在这部震惊世界的剧本里,皮蓝得娄不仅充分放进了他的全部哲学,并且也惊人的表现了他的写剧的技巧。萧伯纳赞誉《六个寻找作家的登场人物》是“戏剧写作史上最具独创性的剧本”。

《六个寻找作家的登场人物》1929年由上海水沫书店出版,当时知道皮氏的很少,书的反响不大。1934年,徐霞村极力推崇的皮蓝得娄以“对现代戏剧文学做出了意义深远的创造性贡献”,荣获诺贝尔文学奖。这自然显示了翻译家徐霞村的见识和慧眼。郑振铎先生约他译出皮蓝得娄的另一名剧《亨利四世》,将两个剧本合并为《皮蓝得娄戏剧集》一书,1935年由商务印书馆出版。

新感觉派作家刘呐鸥的《热情之骨》,写金钱异化的爱情。女主人公最后对幻想着纯洁、理想爱情的比尔说:“你说我太金钱的吗?但是在这一切抽象的东西,如正义、道德的价值都可以用金钱买的经济时代,你叫我不要拿贞操向自己所心许的人换点紧急要用的钱来用吗?”她嘲笑比尔:“你每开口就像诗人一样地作诗,但是你所要求的那种诗,在这个时代是什么地方都找不到的。诗的内容已经变换了。”话语间是沉浮于灯红酒绿的物欲性的诱惑与快感。

沈从文这时也在上海,正和丁玲、胡也频一起筹办《红黑》和《人间》两个杂志,忙碌中也忘不了为老朋友的《熔炉》添一把火。小说《阙名故事》对军旅生活的叙述,是从“我”由顽童向小兵转化开始的。“我”从一个大家庭的“少爷”被命运之船载向世俗,难能可贵的是一颗童心未泯。阿巧是“我”过去仆人的女儿,而童心超越阶级差别和观念对立使“我”和阿巧无尊卑地交流,心灵晶莹,至为纯真。

这一期还有胡也频的小说《父亲和他的故事》,以后以“第三种人”闻名的杜衡翻译的文论《无产阶级艺术底批评》,戴望舒译的法国现代派作家穆杭的文章,赵景深的论文和蓬子的诗作。

论者说:《熔炉》作品散发着不同程度的现代派气息,“是最早出现的具有某种现代派色彩的文学期刊”。(周葱秀等:《中国近现代文化期刊史》)

《熔炉》的作者或译者当时都是二十多岁的年轻人,全是徐霞村的朋友。1929年10月,徐霞村的另一位朋友、后来主编《现代》的施蛰存结婚,从上海到松江祝贺的客人中就有几乎全体的《熔炉》作者。松江名产四鳃鲈鱼，为大家添了不少酒兴。多年之后，施蛰存怀想旧日友情仍很感慨："这是一群文学青年最为意气风发，各自努力于创作的时候，也是彼此之间感情最融洽的时候"。(《滇云浦雨话从文》)

徐霞村为《熔炉》也曾向鲁迅约稿。《鲁迅日记》1928 年 7 月 2 日："午赵景深、徐霞村突来索稿。"晚年徐霞村回忆五十多年前的情景：那天，中午在赵景深家吃中饭。我说："我想去看看鲁迅先生，请他随便给我篇什么稿子。"赵景深自告奋勇说："我带你去！"事先也不打招呼，午后一两点钟，两个人冒着大太阳就去了。那时鲁迅住在景云里，两人进门之后在楼下客堂间等了一会儿，鲁迅从楼上下来，一看就知道是在中觉中被叫醒的。谈了几句话，鲁迅就说："现在还没有什么稿子。"婉言拒绝了。徐霞村说，约稿不成，主要是找鲁迅应通过别的途径，不应该由赵景深带领，因为鲁迅对赵有点意见，他自己可能不大知道。再者，时机也不对。(徐小玉整理：《徐霞村访谈录》)

编者在《炉边的话》中殷殷表示："我们希望热心的读者对我们不吝惜他们的物质上和精神上的帮助，使本'炉'的火焰能够长久不息。"剧本《六个寻

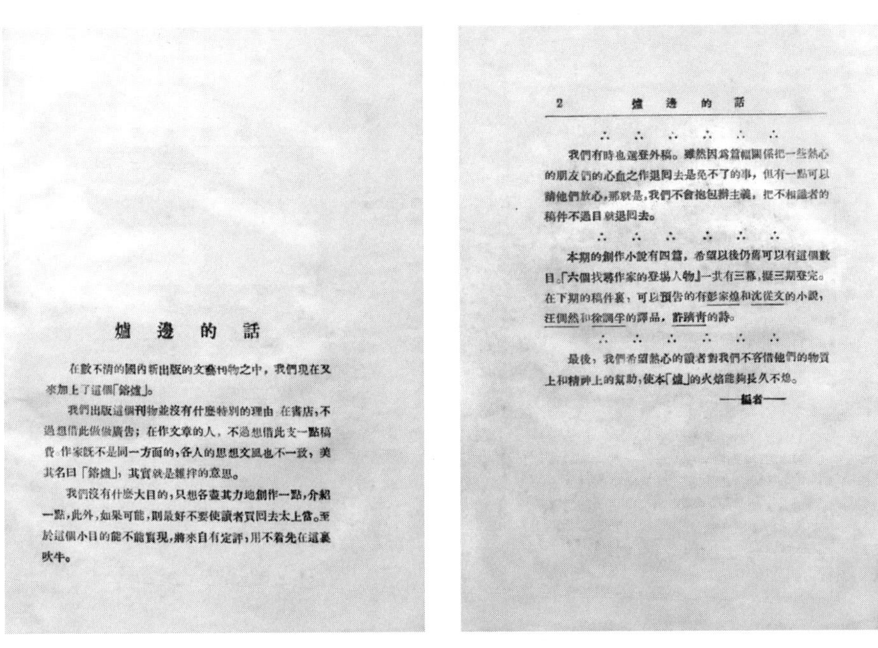

爐邊的話

在數不清的國內新出版的文藝刊物之中，我們現在又來加上了這個「鎔爐」。

我們出版這個刊物並沒有什麼特別的理由 在書店，不過想借此做做廣告；在作文章的人，不過想借此支一點稿費。作家既不是同一方面的，各人的思想文風也不一致，美其名曰「鎔爐」，其實就是雜拌的意思。

我們沒有什麼大目的，只想各盡其力地創作一點，介紹一點，此外，如果可能，則最好不要使讀者買回去太上當。至於這個小目的能不能實現，將來自有定評，用不着先在這裏吹牛。

2　爐邊的話

∴　∴　∴　∴　∴　∴

我們有時也選登外稿。雖然因爲篇幅關係把一些熱心的朋友們的心血之作退回去是免不了的事，但有一點可以請他們放心，那就是，我們不會抱包辦主義，把不相識者的稿件不過目就退回去。

∴　∴　∴　∴　∴　∴

本期的創作小說有四篇，希望以後仍舊可以有這個數目。「六個找尋作家的登場人物」一共有三幕，擬三期登完。在下期的稿件裏，可以預告的有彭家煌和沈從文的小說，汪倜然和徐調孚的譯品，許跡青的詩。

∴　∴　∴　∴　∴　∴

最後，我們希望熱心的讀者對我們不吝惜他們的物質上和精神上的幫助，使本「爐」的火焰能夠長久不熄。

——編者——

《熔炉》第一期《炉边的话》

找作家的登场人物》一共有三幕，计划三期登完，预告中还有彭家煌等人的小说、汪倜然等人的译品刊载，想不到第一期刚出版(徐霞村的回忆是出了两期，但至今从未见过第二期)，书店就被查抄。

为什么被查抄？徐霞村后来才知道其中底细："书店的后台老板是国民党的改组派，他们跟蒋介石有矛盾，蒋介石不光查抄左翼的书店，连异己的也查抄。"(徐小玉：《霜叶红于二月花：徐霞村纪传》)

英国作家笛福风靡世界的名作《鲁滨孙漂流记》，是徐霞村第一个翻译介绍给中国读者的。这一点中国翻译史应有记载。而徐霞村编辑的《熔炉》"火焰"短暂，就知者寥寥了。

《诗与散文》

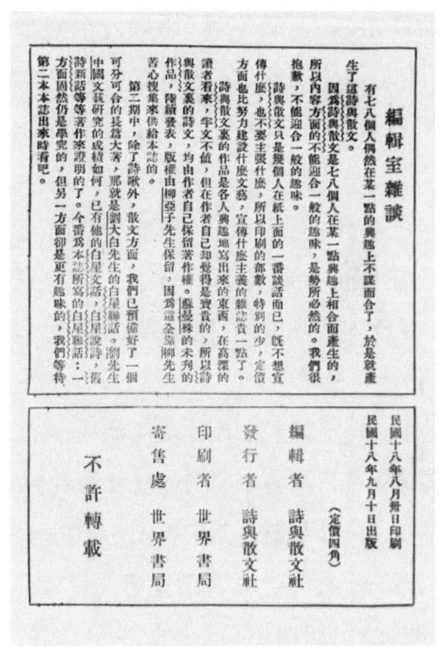

編輯室雜談

有七八個人偶然在某一點的興趣上不謀而合了，於是就產生了這詩與散文。

因爲詩與散文是七八個人在某一點興趣上相合而產生的，所以內容方面的不能迎合一般的趣味，是勢所必然的。我們很抱歉，不能迎合一般的趣味。

詩與散文只是幾個人在紙上面的一番談話而已，既不想宣傳什麽，也不要主張什麽，所以印刷的部數，特別的少，定價方面也比努力建設什麽文藝，宣傳什麽主義的雜誌貴一點了。

詩與散文裏的作品是各人興趣地寫出來的東西，在高深的讀者看來，半文不值，但在作者自己却覺得是寶貴的，所以詩與散文裏的詩文，均由作者自己保留著作權。蘇曼殊的未刊的作品，陸續發表，版權由柳亞子先生保留，因爲這全靠柳先生苦心搜集來供給本誌的。

第二期中，除了詩歌外，散文方面，我們已預備好了一個可分可合的長篇大著，那就是劉大白先生的白屋聯話。劉先生中國文藝研究的成績如何，已有他的白屋文話，白屋說詩，舊詩新話等等著作來證明的了。今番爲本誌所寫的白屋聯話：一方面固然仍是學究的，但另一方面卻是更有趣味的，我們等待第二本本誌出來時看吧。

民國十八年八月卅日印刷
民國十八年九月十日出版
（定價四角）

編輯者 詩與散文社
發行者 詩與散文社
印刷者 世界書局
寄售處 世界書局

不許轉載

《诗与散文》第一本版权页

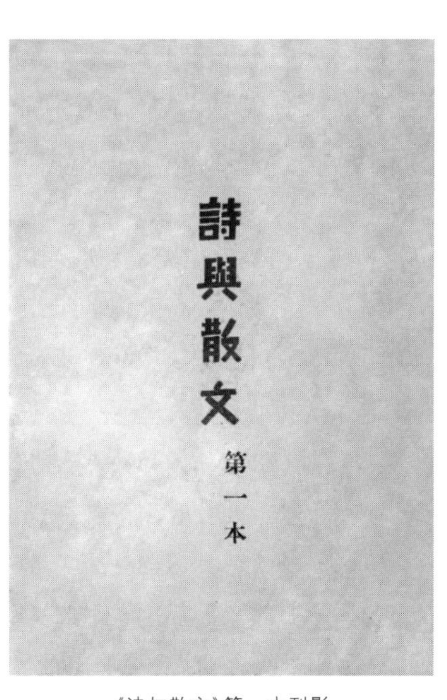

《诗与散文》第一本刊影

《诗与散文》，1929 年 9 月 10 日上海世界书局出版。编辑与发行为诗与散文社。封面白色底上红色的刊名，黑色的“第一本”三字，全是铅字竖排。大三十二开本，六十六页。内文用道林纸印刷，相当精美。

《编辑室杂谈》叙说了刊物的“产生”：

有七八个人偶然在某一点的兴趣上不谋而合了，于是就产生了这《诗与散文》。

因为《诗与散文》是七八个人在某一点兴趣上相合而产生的，所以内容方面的不能迎合一般的趣味，是势所必然的。我们很抱歉，不能迎合一般的趣味。

《诗与散文》只是几个人在纸上面的一番谈话而已，既不想宣传什么，也不要主张什么，所以印刷的部数，特别的少，定价方面也比努力建设什么文艺，宣传什么主义的杂志贵一点了。

第一本里的诗作，有新诗也有旧诗，作者都是亦新亦旧的人物：

刘大白(1880—1932)，原名金庆棪。浙江绍兴人。曾主编《绍兴公报》《黎明》周刊，曾任复旦大学文科主任教授，浙江大学秘书长、文理学院中国文学系主任兼教授。1929年10月，任南京政府教育部常务次长。一年后即辞职回杭州，不久逝世。

柳亚子(1887—1958)，初名柳慰高，后更名弃疾，字稼轩，号亚子。江苏吴江人。与陈巢南、高天梅等组织南社，数任社长。后又组织新南社。曾任孙中山总统府秘书长。1927年后主要从事反对蒋介石的民主革命活动和抗日救亡运动。

曾孟朴(1872—1935)，即曾朴，原名曾朴华，字孟朴，笔名东亚病夫。江苏常熟人。先后创办《小说林》月刊、《真美善》月刊。有长篇小说《孽海花》。

苏曼殊(1884—1918)，原名苏玄瑛。后为僧，号曼殊。广东香山(今中山)人。曾留学日本，漫游南洋各地。能诗文，善绘画，通英、法、日、梵诸文。与章炳麟、柳亚子等人交游，参加南社。《诗与散文》出版时，苏已去世多年，他的作品是柳亚子提供的。

他们既是写旧体诗词的行家，又是在旧诗词中注入新的思想、把旧诗词翻出新意的高手。他们的诗词，有的感慨苍凉，有的缠绵委婉。如刘大白的《心花》："多谢春皇宠有加，/裁将桃李比云霞；/冬心一寸坚于铁，/也被东风剪作花。"这首诗表现对春天的渴望，充溢着诗人"心花"怒放的情绪。虽然不脱旧时词章影响，但字眼清新，句法俊逸，有着新诗的气韵。论者说：刘大白最突出的贡献在于为旧诗向新诗的过渡铺路，成为中国新诗运动的先驱者之一。"他并非伟大不可攀及的诗哲诗圣，但是他的努力，他的诗行，较比同时代的中国诗人，是更尽了时代的任务。"(张露薇：《论刘大白的诗》)

散文有虚白、徐蔚南、穆罗茶等人的作品。

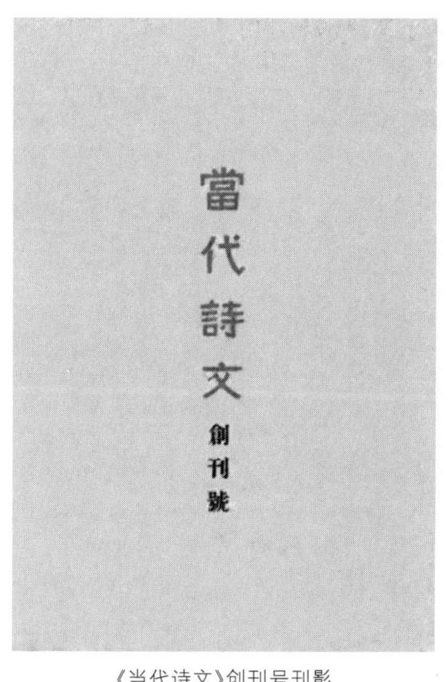

《当代诗文》创刊号刊影

虚白(1894—1994),原名曾焘,字煦白,笔名虚白。江苏常熟人。曾朴之子。上海圣约翰大学毕业。曾与父亲创办《真美善》月刊,后创刊《大晚报》,任社长和总主笔。1949 年去台湾。曾任国民党中央通讯社社长。

徐蔚南(1900—1952),原名徐毓麟,笔名泽人、蔚南等。江苏吴江人。早年留学日本。参加新南社,与柳亚子订交。先后在浙江大学、上海艺术学院任教。1929 年任世界书局编辑, 主编"ABC 丛书"。

穆罗茶(1892—1961),原名傅硕家,又名傅硕介,常用名傅彦长,笔名有穆罗茶、包罗多等。湖南宁乡人。"五四"时期留学日本,回国后曾在同济大学任教。1923 年任上海《音乐界》半月刊主编。

第一本散文中还有著名作家茅盾的杂感。

1927 年大革命失败后,茅盾受到南京政府通缉,亡命日本,这时住在京都。1929 年 8 月 1 日,他看了日本报纸的报道,一天之内写了《风化》和《自杀》两篇短文。

《风化》写"风化警察"的丑闻。当时日本有所谓"风化警察",就是维持风化的特种警察,专门在公园、神社的院子里巡查。这恐怕是当时日本特有的制度。但在大阪却发生了风化警察强奸咖啡店女侍者的有伤风化的丑闻,女侍者告状,舆论大哗。警察署长却说:"这个风化警察本来是模范警察,此次'失态',只是一时的错误。"《自杀》记述了一个患肺结核晚期的日本人全家自杀的事情。

茅盾晚年回忆录中说到这两篇文章的写作。"风化警察""这件事,引起了我这样的感想:把一个人的职业派定为专门查问男女间的'秽亵',事实上

孟似車中失時計詩以調之……柳亞子
法國革命紀念日游園有感……柳亞子
七月十七夜宴後作……柳亞子
自題秣陵悲秋圖……柳亞子
題鼎湖感舊圖……柳亞子
幻想集……虛白譯
風化……茅盾作
自殺……茅盾作
秋，聽說，你已來到……虛白作
一篇想像的對話……穆羅茶
朝頭……徐蔚南
編輯室雜話……編輯者

詩與散文 第一本 目錄 二

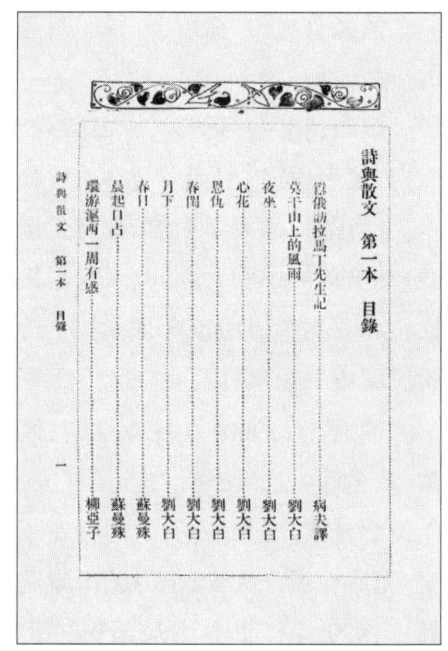

詩與散文 第一本 目錄

愷俄訪拉馬丁先生記……病夫譯
莫干山上的風雨……劉大白
夜坐……劉大白
心花……劉大白
恩仇……劉大白
春閨……劉大白
月下……劉大白
春日……蘇曼殊
晨起口占……蘇曼殊
環游滬西一周有感……柳亞子

詩與散文 第一本 目錄 一

《诗与散文》第一本目录

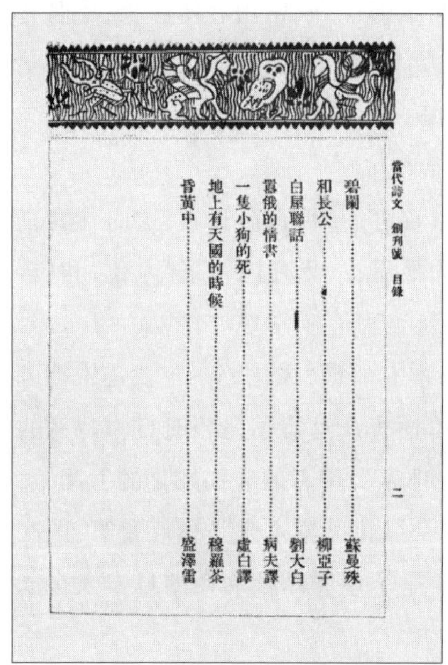

碧蘭……蘇曼殊
和長公……柳亞子
白屋聯話……劉大白
露俄的情書……病夫譯
一隻小狗的死……虛白譯
地上有天國的時候……穆羅茶
昏黃中……盛澤雷

當代詩文 創刊號 目錄 二

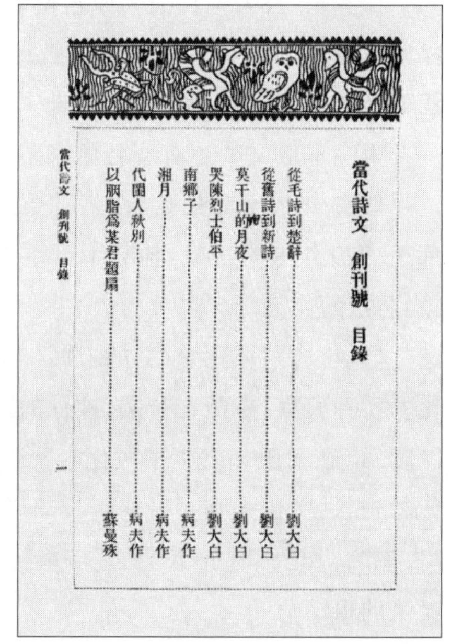

當代詩文 創刊號 目錄

從毛詩到楚辭……劉大白
從舊詩到新詩……劉大白
莫干山的月夜……劉大白
哭陳烈士伯平……劉大白
南鄉子……病夫作
湘月……病夫作
代閨人秋別……病夫作
以胭脂爲某君題扇……蘇曼殊

當代詩文 創刊號 目錄 一

《当代诗文》创刊号目录

是引诱这个人去做有伤风化的事,但却美化此职业的名称曰‘维持风化’。这真是对于人的本能的嘲弄,怎能怨得他不‘失态’。这也是只有文明社会的统治者们才会想出来的‘法律’”。而全家自杀“这件事充分暴露了资本主义社会阴暗的一角”,“在封建社会里,这位患病的丈夫大概不会下决心全家自杀,因为宗法关系可能使其妻及子女不至于投靠无门。但在个人主义为特质之一的资本主义社会,却只有全家自杀这一条路了”。(《亡命生活——回忆录(十一)》)两篇文章写的是日本的事情,联系的却是中国国内的实际。如说到日本警察违法,茅盾笔锋一转就抨击了当权者:“我更觉得什么贪婪枉法之类在我们贵国的新贵人中间出现,照例是一点也不足奇。”再如,由自杀而引发沉痛的哀叹:“只有在猪猡一般过着泥泞生活的民族内这才只有被杀,而连自杀也不会!”

《诗与散文》声称“既不想宣传什么,也不要主张什么”,但第一本出版后却被当局查禁。

原因何在?

施蛰存主编的《新文艺》是与《诗与散文》同一个时期出版的杂志,第一卷第三号(十一月号)的《国内文坛小消息》栏中,有一则消息披露:茅盾的《幻灭》等三部著作,商务印书馆近来忽然停止发行,《小说月报》连载多日的《虹》,也忽然停止登载,四处打听,才知道“市党部因世界书局出版《诗与散文》杂志,里面有茅盾底散文,说茅盾即某某底化名,某某为共产党徒,所以茅盾底文章不无宣传共党嫌疑,即一面审查该杂志,一面通令各报及各杂志,说在审查期内,不准登载该杂志底广告”。

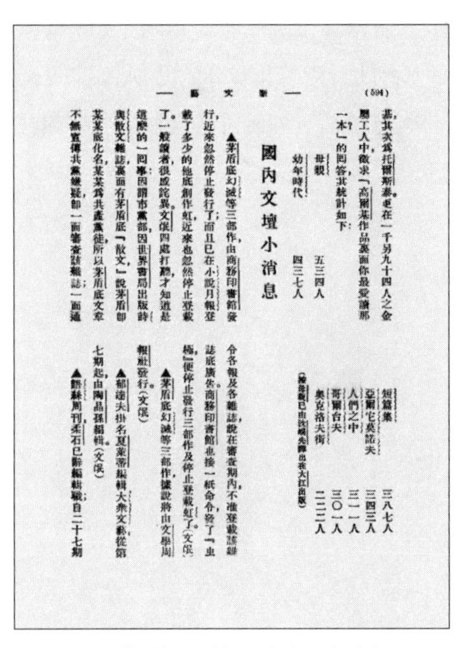
(594) 新文藝

甚,其次爲托爾斯泰。更在一千另九十四人之金屬工人中,徵求「高爾基作品裏面你最愛讀那一本?」的回答,其統計如下:

母親 五三四人
幼年時代 四三七人
短篇集 三八七人
亞爾宅莫諾夫 三四三人
人們之中 三一一人
哥爾台夫 三〇一人
奧克洛夫街 二二二人
(按母親已由沈端先譯出在大江出版)

國內文壇小消息

▲茅盾底幻滅等三部作,由商務印書館發行,近來忽然停止發行了;而且已在小說月報登載了多少的他底創作虹,近來也忽然停止登載了。一般讀者,很感詫異。文伲四處打聽,才知道是這麽的一回事:因爲市黨部,因世界書局出版詩與散文雜誌,裏面有茅盾底「散文」,說茅盾即某某底化名,某某爲共產黨徒,所以茅盾底文章不無宣傳共黨嫌疑;即一面審查該雜誌,一面通令各報及各雜誌,說在審查期內,不准登載該雜誌底廣告。商務印書館也接一紙命令,發了『虫極』,便停止發行三部作及停止登載虹了。(文伲)

▲茅盾底幻滅等三部作,據說將由文學周報社發行。(文伲)

▲郁達夫掛名夏萊蒂編輯大衆文藝,從第七期起,由陶晶孫編輯。(文伲)

▲語絲周刊,柔石已辭編輯職;自二十七期

《新文艺》第三号的《国内文坛小消息》

实际上,当时刊载茅盾文章的

并不只是《诗与散文》,《新文艺》同样照刊不误。五年之后,1935年7月,施蛰存在他主编的《文饭小品》第六期道出了当年的秘密:1929年秋,“那时茅盾先生方‘从牯岭到东京’,潜心于文学的创作,因此也给《新文艺》月刊写了三篇散文”。(《无相庵断残录》)这就是发表在《新文艺》第一卷第二号(十月号)上的《樱花》和《邻一》《邻二》。因为署名“M·D”,瞒过了检察官的眼睛。

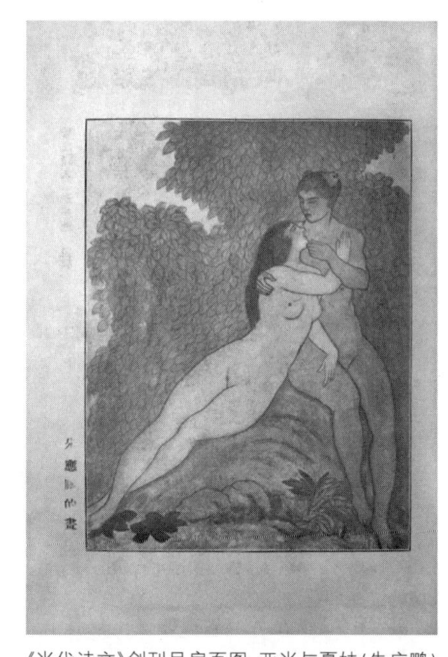

《当代诗文》创刊号扉页图:亚当与夏娃(朱应鹏)

《诗与散文》遭禁之后,11月上海世界书局又出版了一本《当代诗文》。它从开本大小、封面设计,到文字版式、装帧美化,可以说是《诗与散文》的“克隆”。全刊七位作者除《黄昏中》的作者盛泽雷之外,全是见之于《诗与散文》的名字。内文中刘大白的《白屋联话》,则是《诗与散文》早已预告过的文章。《当代诗文》无疑是《诗与散文》第一本遭禁后,改换刊名出版的第二本《诗与散文》。不过,一本之后又了无声息。

《新地月刊》

《新地月刊》是《萌芽月刊》的“改头换面”。

1930年1月1日,《萌芽月刊》在上海创刊。编辑署名萌芽社,光华书局发行。

《萌芽月刊》第一期刊影

《萌芽月刊》的编辑者,《辞海》释为“鲁迅主编”,《鲁迅全集》注释是“鲁迅、冯雪峰编辑”,也有说“实际的主编其实是鲁迅,冯雪峰、柔石、魏金枝为助编”。(左文:《非常传媒:左联期刊研究》)鲁迅给予《萌芽月刊》很大的支持，这是事实，但主编应是冯雪峰。1934年,鲁迅应美国人伊罗生之约和茅盾共同编中国现代短篇小说集《草鞋脚》时,曾附了一份由他们两人署名的《中国左翼文艺定期刊编目》。其中说及《萌芽月刊》时,特别点明“这个刊物是冯雪峰主编”。陈早春、万家骥的《冯雪峰评传》说:“1929年冬季,冯雪峰考虑到革命作家内部的纷争已经结束，新的阵营即将形成，便萌发了为这个新阵营提供一个活动园地的决心,开始在筹办《萌芽月刊》了。他积极奔走于朋友之间,组织稿件,而有关翻译的稿件,准备了好几期,以至后来刊物出版时,基本上没有用过外稿。”

《萌芽月刊》没有发刊词,但每期翻开封面第一页的《〈萌芽〉启事》称:“《萌芽》为刊载现今文艺作品及评论之定期刊物”。《编者附记》则做了进一步的说明：

> 关于这小小的定期刊物，怎样产生，带着什么使命，是实在没有什么冠冕堂皇的话，可对读者诸君说的；这不过是，有几个著译者有所著译，或者想有所著译，《萌芽》便定为他们发表著译的地方之一，如此而已。

编者说：

> 《萌芽》是杂志，在内容方面不能不“杂”。同时又不得不受种种的限制——除出现今状况的束缚，不能言所欲言，译所欲译的以外，还有同人们——著译者们自身的限制，就是人手不多，能力薄弱，又因为出身的社会层和生活的关系，无论思想或见闻或技能都不得不偏限于一方。所以《萌芽》上的文章，除出“杂”以外，一方面又不能免于或一的偏形。

刊物因之以三个方面为主，即“翻译和绍介，创作，评论”。编者特别提示：“自作的稿件，不论小说，诗歌，随笔，地方写实，以及关于文艺或社会的评论，均所欢迎；但对于文艺或社会取了轻浮的态度，或故意歪曲的稿件，以及只攻击个人而并无社会意义的文字，概不刊登。”(《〈萌芽〉启事》)

《萌芽月刊》插图《“左联”成立了》(王一榴)

《萌芽月刊》从第三期开始成为中国左翼作家联盟的机关刊物。这一期《本刊扩充篇幅及确定今后内容启事》宣告“内容也与以前计划略有更易”，并对“今后的内容”列出了五项：“1.新文艺作品底创作及翻译绍介。2.科学的文艺理论及一般文化理论底绍介和研究。3.各国文化底调查,资料蒐集,并解剖研究。4.国内现今文艺,文化及社会诸现象底解剖与批判。5.国内各地的情况记载;社会和时事漫画;现代世界名画底绍介。”

《新地月刊》第一期刊影

5月1日出版第五期后,《萌芽月刊》因当局查禁停刊。6月1日,《新地月刊》就出版了。版权页上编辑者为新地社,发行者为上海新地月刊社。与《萌芽月刊》同是大三十二开本,版式相同,只是封面、版权页没有期号,每页上端双横线中间的“萌芽月刊”的“萌芽”改为“新地”;期号“一卷六期”,与已出版的五期承接,内容更是一脉相承。

译介马克思主义文艺理论和苏联及其他国家的进步文艺是《萌芽月刊》的重点。创刊号就发表了马克思的《艺术形式之社会的前提条件》(《〈政治经济学批判〉导言》的一个片断)等理论翻译文章。外国文学作品的翻译介绍,前五期就有关于M.戈里基、I.F.革拉特珂夫、巴比塞、藏原惟人等俄苏、法国、日本作家作品的翻译。鲁迅翻译的A.法捷耶夫的《溃灭》,即是从《萌芽月刊》第一期开始连载,一直到《新地月刊》。

鲁迅的《“硬译”与“文学的阶级性”》《对于左翼作家联盟的意见》《我与〈语丝〉的始终》都是首发于《萌芽月刊》。这一期《新地月刊》的《〈艺术论〉译序》,简述了蒲力汗诺夫(普列汉诺夫)的生平以及他成为俄国伟大思想家和马克思主义先驱者的情形,精练地介绍了《艺术论》的基本内容。冯乃超的《中国无产阶级文艺运动与左联成立的意义》,认为“文学领域上的革命斗争就是无产阶级文学运动”,中国无产阶级文艺运动的扩大和深化,促使一些革命的小资产阶级团体形成统一战线——“左联”,“左联”的前提是“中国以至国际革命之复兴”,“中国无产阶级斗争的组织化”,“小资产阶级意识的

‘帮口’观念的消灭”，“中国无产阶级文学运动之深化”。

《社会杂观》和《文艺杂观》两个栏目，《萌芽月刊》先后发表了鲁迅的《流氓的变迁》《习惯与改革》《“好政府主义”》《“丧家的”“资本家的乏走狗”》等多篇杂文。《新地月刊》又发了一剑的《所谓“左派”》、指南的《被检除了的报屁股》、骆英豪的《剿共的成绩》等十三篇，以杂感的形式剖析社会和文艺现象，文风犀利泼辣。

《萌芽月刊》创刊号《编者附记》说：

> 《萌芽》登载创作（无论小说，诗歌，戏剧以及其他）的标准，是比较宽大的，在形式方面，我们不嫌平常和幼稚，在思想——即创作的内容方面，我们容许作者底世界观或人生观及意识底比较的不正确或比较的不纯粹。只要是成为一篇文章，而在思想上，不是开倒车的，或像一条缚足的绳（例如颓唐的，绝望的东西）似的东西，《萌芽》是一概要登载的。

这种主张比较切合中国社会现实和作家的现实。“这比起当时某些左翼

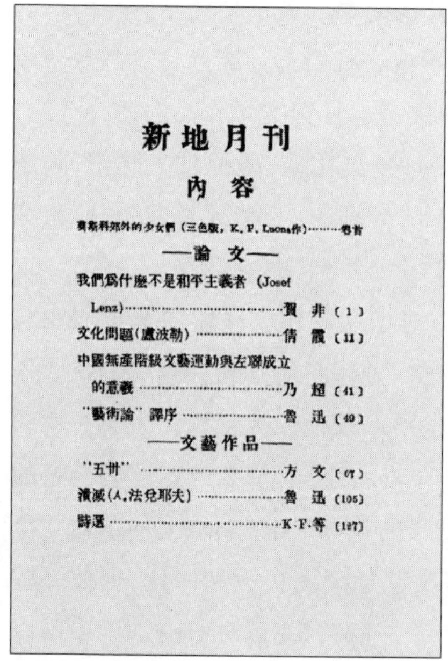

新地月刊

内容

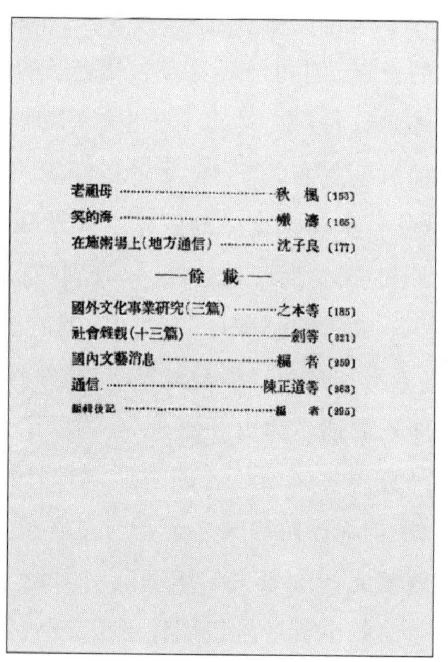

《新地月刊》第一期目录

文学理论家的主张来,的确缺少高昂激越的调子,但却能团结起作家队伍中占绝大多数的小资产阶级作家,吸引他们参加到新民主主义的文化建设中来,同时也给那些自认为已经‘奥伏赫变’为无产阶级作家的人们撤去了傲慢或懒惰的凭借。”(陈早春、万家骥:《冯雪峰评传》)这一期,小说有秋枫的《老祖母》,写老一辈农民劳作不息、甘于贫困、不理解儿孙辈的“革命”。沈子良的特写《在施粥场上》,表现饥饿中的饥民积极斗争意识疯长。方文的剧本《“五卅”》,再现了顾正红事件引发上海工人大罢工以及英国巡捕枪杀示威民众的“五卅”惨案的经过。诗歌有K.F.的《战争》、陈正道的《一九三〇年的五一》、鸥弟的《归家》等。《编辑后记》中再次说道:“第一卷所登的创作(诗,小说,戏剧)是并非纯粹的无产阶级文学的作品。纯粹的无产阶级文学的作品,在现在是很难得到的,所登的这些作品,只是趋向于它的东西,这些作品在协助真的无产阶级文学作品的产生上当有用处。”

一九三〇年六月一日出版

編輯者 新地社

發行者 上海新地月刊社

定價 每册三角預定全年十二册三元半年六册一元六角以內郵費在內以外郵費另加

《新地月刊》第一期版权页(局部)

《新地月刊》也同样注意国内外文艺界重要消息的报道。信息的传递,彰显了编者的政治立场。《通信》栏,《答王实味先生》是编者雪峰对王实味来信的回复。这时的王实味在上海菜市路亭子间里,正为他的北大同学王凡西翻译《托洛茨基自传》的两个章节。

《编辑后记》说:“在种种的困难之下,这一期到现在才能出来。但无论如何,本刊总能于艰苦之下出全第一卷了。我们在这中间,得到了许多工作上的教训,尤其增加了许多向前的勇气。在我们,已经从我们的工作中,生出我们所走的荆棘的路是有伟大的前途的一种自信。”编者预告,从第二卷起,“这杂志要决然地成为一个文化底综合杂志,现在就将内容具体地呈列如下:1.现代思潮底马克思主义的批判。2.关于现代中国文化及文艺的论评。3.马克思主义的文化及文艺的理论之绍介。4.世界及中国的文化状况底调查,研究,批判。5.世界无产阶级文学名作底绍介。6.世界文化斗争情形底报告。7.中国社会杂评。8.书报批评绍介”。但是,第二卷未及出版,即被查封。

《新地月刊》的来龙去脉,1959 年《萌芽》影印本的“出版说明”中就已经说得明白:“第六期改名‘新地’,仅出一期。”但 2010 年,《中国现代文学期刊目录新编》(上海人民出版社)对《新地月刊》的“简介”却说:“左翼文学刊物,出版地为上海。编辑者为新地社,发行者为上海新地月刊社。今仅见一期。该期刊有鲁迅、冯乃超的文章。”一个本来清楚的问题却成了来去无踪的糊涂“悬案”。

《新野》

《新野》为新野社社刊，张我军主编。

张我军(1902—1955)，原名张清荣，笔名一郎、野马、M.S.、废兵、老童生、剑华、以斋、四光、大胜、忆等。祖籍福建漳州，生于台湾台北板桥镇(今板桥市)。1921 年，前往厦门鼓浪屿谋职，接触中国白话文学。1924 年1 月赴北京求学，后回台湾任《台湾民报》编辑。1926 年 6 月偕夫人再到北京，考入中国大学国文系，次年转入北京师范大学国文系。毕业后曾任教北京师范大学，并在北平大学、中国大学兼教日文。抗战胜利后返台湾，先后任台湾省教育编纂会教育组主任、台湾省合作金库业务部专员、合作金库研究室主任，并编撰《日华字典》，主编《合作界》季刊。后病逝于台北。张我军从二十世纪二十年代初期接受“五四”反帝反封建思潮和文学革命的主张，一直在探索着文学的发展之路，为台湾新文学的开路先锋。

《新野》创刊号刊影

新野社成立于 1928 年。

张我军在北京师范大学读书时，结识了不少志同道合、热爱文学的伙伴。他的大学同学叶苍芩(1904—1993)几十年以后回忆：“我军同志酷爱文学创作，余亦喜为小诗，志趣相同，常相往还，遂成莫逆。师大同学中爱好文

张我军

学者颇不乏人，彼此亦熟识，乃相约结成笔社，命名‘新野’，取开拓荒原之意。”这个文学团体共十二人，名称先是叫“星星社”，后改名“新野社”。新野社社址设在乐育堂。这是北师大校园内的一座两层楼房，楼下是开会的大厅，楼上有许多房间供学生和教师们组织各种团体使用，新野社也找到一间作为社址。叶苍芩有“乐育堂中建笔社，命名‘新野’拓荒原”的诗句记述。“入社同志每隔数周各交一篇习作，互相传阅，然后定期开会，互提意见；有时于校园中相聚，或相偕赴琉璃厂古书店浏览……凡此种种，社中同志均以为乐事。如是者两载，社中人皆成好友。”“同学们对他的组织能力和才华都十分欣赏”。(《悼挚友张我军》)叶苍岑，原名叶凤梧，字苍岑，河北任丘人。

《新野》创刊号，1930 年 9 月 15 日出版。月刊，三十二开本，六十六页。白色封面的上部是一幅画：一裸女仰卧树下，身边有本翻开的书，背景为四个姿态不一的女孩；中部是刊名和“创刊号”三字；下部署“北平新野社出版”。版权页上的编辑人和发行人均是新野社，订购处北平西城察院胡同四十七号，就是张我军当时的住址。

《卷头语》展现给读者的是 1930 年中国遭遇的“空前的恐怖时代”：

思想的自由，行动的自由，完全被剥夺了；言论的自由，信仰的自由，完全被剥夺了：我们还剩着什么自由？

饿死者以百万计，失业者以千万计，苛捐而杂税，不穷的也穷了，穷的都坐而待毙：我们的生机，尚余多少？

全国的版图，大半划入战区，一方面，土匪、票匪、帝国主义匪在横行，我们的生命，还有保障没有？

“革命”，被军阀、土匪、反动分子、投机家独占了，虚伪横行天下：我们到那里去找真正的革命和信义?

面对“可悲、可怕、可愤”的现实,编者认为,中国现代文学最缺乏的就是深刻的正视、表现并表白出不满。“这里有文学界的新野。新野社是为开拓这块荒芜的新野而产生的。《新野》月刊便是报告书的一种。”编者说:“我们的态度是真挚的,我们决不敢苟同于革命的买空卖空,和主义的拍卖。我们现在的最大希望,是要得到强有力的作家,批评家,能够以真挚的努力,合力开拓这块广大的新野”,“正视现实! 表现现实! 而且——改造现实!”

《编后》中编者再一次表示:“我们以为现代中国文学最好的主顾,就是表现弱小民族的悲哀、民众的痛苦和所谓打倒帝国主义、军阀、官僚。”

《卷头语》和《编后》想来应是张我军执笔。

创刊号共发文章八篇(有创作,也有翻译)、诗作两首和一个剧本。目录头条是张我军的《从革命文学论到无产阶级文学》。

早在 1924 年,经过新文化运动洗礼的张我军任《台湾民报》汉文编辑时,即开始了对旧文学、旧道德的讨伐。他痛感摧毁旧制度、旧思想、旧文化

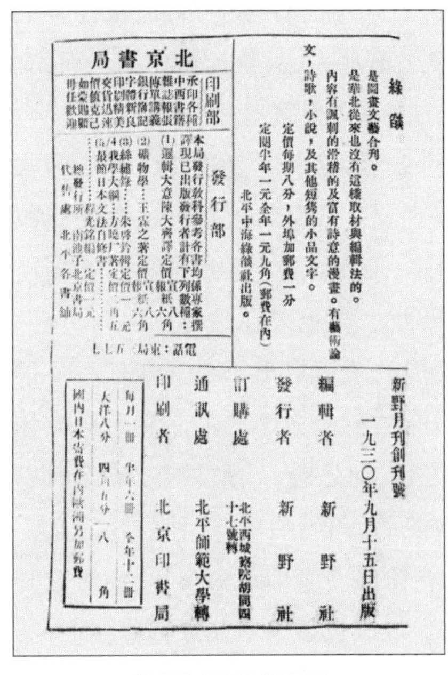

綠漪

是圖畫文藝合刊。是華北從來也沒有這樣取材與編輯法的。內容有諷刺的滑稽的及富有詩意的漫畫。有藝術論文,詩歌,小說,及其他短雋的小品文字。

定價每期八分,外埠加郵費一分

定閱半年一元全年一元九角(郵費在內)

北平中海綠漪社出版。

北京書局

印刷部

承印各種中西書籍雜誌報章傳單講義銀行簿記字體精良印刷新美交貨迅速價值克己如蒙賜顧毋任歡迎

發行部

電話:東局三七七五

新野月刊創刊號

一九三〇年九月十五日出版

編輯者 新野社

發行者 新野社

訂購處 北平西城宮院胡同四十七號轉

通訊處 北平師範大學轉

印刷者 北京印書局

每月一冊 半年六冊 全年十二冊

大洋八分 四角五分 八角

國內日本寄費在內歐洲另加郵費

《新野》创刊号版权页

新野月刊創刊號

目錄

《新野》创刊号目录

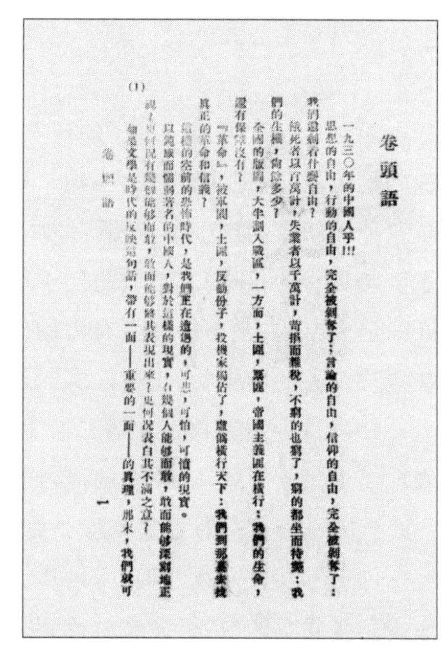

(1)

卷頭語

一九三〇年的中國人乎!!!

思想的自由，行動的自由，完全被剝奪了；言論的自由，信仰的自由，完全被剝奪了：我們還剩有什麼自由？

餓死者以百萬計，失業者以千萬計，苛捐而雜稅，不窮的也窮了，窮的都坐而待斃：我們的生機，尚餘多少？

全國的版圖，大半劃入戰區，一方面，土匪，票匪，帝國主義匪在橫行：我們的生命，還有保障沒有？

『革命』，被軍閥，土匪，反動份子，投機家獨佔了，虛偽橫行天下：我們到那裏去找真正的革命和信義？

這樣的空前的恐怖時代，是我們正在遭遇的，可悲，可怕，可憤的現實。

以純厚而懦弱著名的中國人，對於這樣的現實，有幾個人能夠面敢，敢而能夠深刻地正視？更何況有幾個能夠面敢，敢而能夠將其表現出來？更何況表白其不滿之意？

如果文學是時代的反映這句話，帶有一面——重要的一面——的真理，那末，我們就可

卷頭語　一

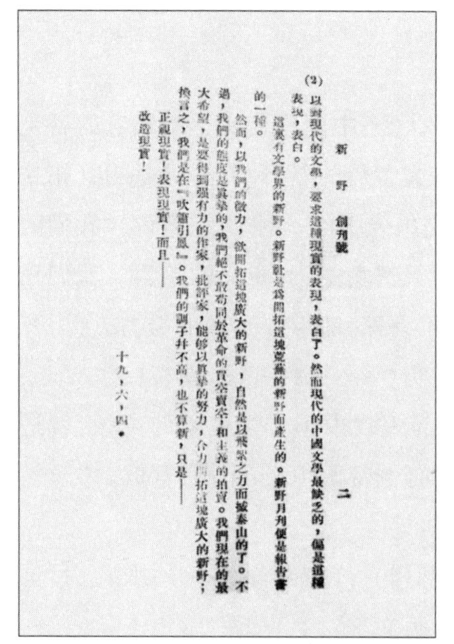

(2)　新野　創刊號　二

以對現代的文學，要求這種現實的表現，表白了。然而現代的中國文學最缺乏的，偏是這種表現，表白。

這裏有文學界的新野。新野社是為開拓這塊荒蕪的新野而產生的。新野月刊便是報告書的一種。

然而，以我們的微力，欲開拓這塊廣大的新野，自然是以飛絮之力而撼泰山的了。不過，我們的態度是真摯的，我們絕不敢苟同於革命的買空賣空，和主義的拍賣。我們現在的最大希望，是要得到強有力的作家，批評家，能夠以真摯的努力，合力開拓這塊廣大的新野；換言之，我們是在『吹簫引鳳』。我們的調子并不高，也不算新，只是——

正視現實！表現現實！而且——

改造現實！

十九，六，四。

《新野》创刊号《卷头语》

的必要，决心为新文学的诞生和发展扫除障碍。《从革命文学论到无产阶级文学》中作者首先指出：革命文学的声浪，近几年已传遍全国，但是许多人对于革命文学的意义，似乎都没有弄清楚。“有些人，甚至以为作品里面，有革命啊，炸弹啊，暗杀啊，打啊，血啊一类的字样，便算是革命文学的作品；而论文之类，只消大呼打倒非革命文学的文学，就大可以受文学青年的欢迎了。”于是文坛上竟然发生了这样的怪现象：“凡是揭上革命文学的旗帜的，则使内容是反革命的，也彼此大呼同志，而受人欢迎；凡是不显然揭出革命文学的旗帜的，则使内容是道地的革命文学，也要在被打倒之列了。”接着对革命文学进行了分析，他从文学发展的角度提出革命文学是一个很笼统的概念，每一时代新兴的文学都是当时的革命文学。革命文学从破坏旧的形式入手，但是其重心却是作品的内容，即思想，凡是具有“革除旧思想、旧制度，以及社会上、生活上各种不自然的因袭、陋俗”这种内容的文学作品，在广义上都可以说是革命文学。无产阶级文学即革命文学，成为当时文坛的中心。作者认为，无产阶级文学至少应该包括以下几点特色：“第一，是无产阶级站在自己的阶级立场上说话，第二，是知识阶级替无产阶级说

话，第三，是站在社会革命之前线的斗士，利用文学的力量，宣传社会革命思想，煽动革命行为。”文末呼吁文学界对无产阶级文学进行真挚的研究，批评家给以正确的指导，创作出能够表现时代环境的伟大作品。作者说，无产阶级文学是有许多问题要加以讨论的。文中《文学与政治（论目的意识的文学）》与《为艺术而艺术》两章的内容，作者选译他“完全同意”的日本评论家平林助之辅的意见来代替。

石泉的小说《这是他们的责任》，揭露当时的军警在穷人面前作威作福，而在洋人面前俯首帖耳的丑态。英国军车轧死中国儿童，竟然不管不顾，开车疯狂逃逸。人们拦着军车，愤怒质问。中国军警竟镇压抗议群众，放走肇祸者。一个洋教士在一旁赞扬军警：“这是他们的责任。”戚维翰的诗《炸弹和她》（目录为《炸弹》），写战乱造成家破人亡的惨象。杨独任的剧本《少妇的围巾》，写爱情悲剧正是社会造成的恶果。

九位作者或译者全是新野社的成员，清一色的北京师大学生。质夫，原名俞安斌，体育系；周柳门，原名周庆，英文系；其余七人出身国文系。

《新野》虽然只出一期，但新野社的活动却没有停止。自 1926 年秋至 1937 年“七七”事变，十一年中“祖国受难，人民受难！‘新野社’诸同志于习作中对国民党反动派予以抨击，彼此传阅之时，读至击中要害之句，皆为抚掌。是时我军同志才华初露，常于报刊发表短文，崭然露头角矣。‘新野社’中有地下党员，其中一人离京赴河南省某中学任教，竟遭国民党政府军警逮捕，惨死济南狱中。社内诸同志闻讯，气愤填胸，溢于言词。余与我军同志每念及此，不禁潸然泪下”。（叶苍芩：《悼挚友张我军》）这里说的中共地下党员就是《这是他们的责任》的作者石泉，原名远绍华，字精生，河北任丘人。

《絜茜》

《絜茜》杂志,先后出版有半月刊和月刊两种。

半月刊的《絜茜》,1931 年 1 月 10 日在上海创刊。丁丁、王天野主编。乐群书店、群众图书公司发行。三十二开本。第二期和第三期刊名改为《絜茜半月刊》,第四期又恢复了《絜茜》原刊名。半月刊出了四期。

一年后,《絜茜》为求“扩大和充实”,改为月刊,卷号、期号另起。1932 年 1 月 15 日在上海出版第一期,版权页署名主编丁丁,群众图书公司发行。封面为郑慎斋设计。大三十二开本,二百余页。

《絜茜》是絜茜社的社刊。1931 年成立的絜茜社以“研究文艺提倡平民

《絜茜半月刊》第二期刊影

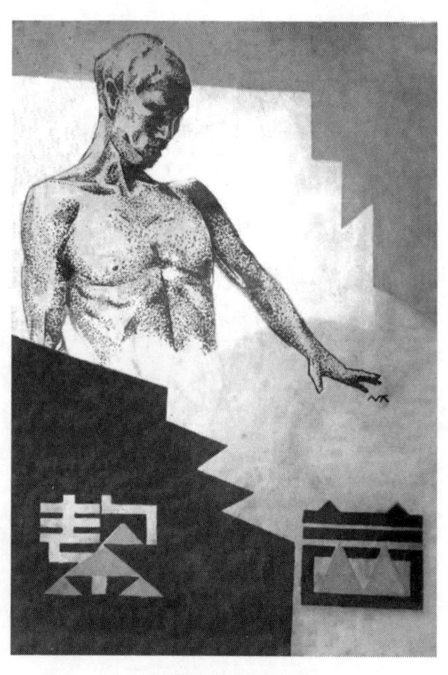

《絜茜》第一期刊影

文化为宗旨”(《絜茜社简章》)。《絜茜》半月刊创刊号《前词》中编者明确地表示:

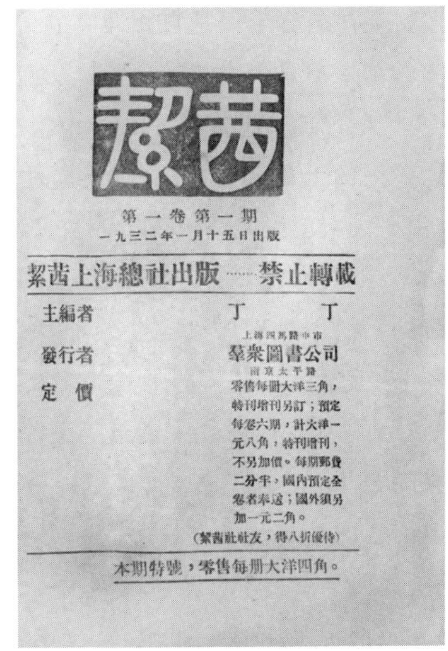
絜茜

第一卷第一期

一九三二年一月十五日出版

絜茜上海總社出版……禁止轉載

主編者 丁丁

發行者 上海四馬路中市 羣衆圖書公司 南京太平路

定價 零售每冊大洋三角，特刊增刊另訂；預定每卷六期，計大洋一元八角，特刊增刊，不另加價。每期郵費二分半，國內預定全卷者奉送；國外須另加一元二角。

(絜茜社社友，得八折優待)

本期特號，零售每冊大洋四角。

《絜茜》第一期版权页

我们是主张文艺要独立。主张文艺不受任何ism的束缚。我们是为要解放文艺而使之独立,故提倡平民文艺。平民文艺绝不是具有某种目的意识的文艺,更不是具有某一种ism的文艺,而是适合于现时代,现社会客观条件所要求的文艺。对文艺赋加以某种目的意识或ism时,结果不是文艺侵入了社会科学的领域,而是加重了文艺的负担。这会使文艺变为政治的傀儡。

编者认为“文艺的园林应当是自由的天地!”《絜茜》月刊第一期《编者的话》中重申了这一主张:

本刊绝不空谈什么主义,是纯文艺的刊物,作品的选择,以艺术价值为前提;不过,我们相信,在这个时代里的人,既不能做狂诞的超时代者,也不能做顽执的时代落伍者,所以在文字的内在意识上,以切合时代需要为标准。

编者表示:要在“普罗文艺没落消声、民族主义无可进展的中国消沉的文坛上,开出一朵灿烂的花来,贡献给大众欣赏”。

《絜茜》第一期集中刊载了一组关于平民文艺的文章。仲侃的《平民文艺的原则提纲》提出,“平民文艺是代表广大的被压迫群众之要求,代表着被压迫的平民群众要求解放的理想”,平民文艺不同于普罗文艺及民族文艺。“普罗文艺在内容上说是自相冲突的,在外延上说是不合于中国社会的要求的。它的结果不是失之狭隘,就是成为自觉的工具主义,而丧失了文艺的意义。”“单纯的民族文艺亦是不合于中国社会之要求的。因为它将不自觉地沦为资产阶级的工具,(在德法两国,此种例最多)及带有复古的落伍性。”钟流的《由平民文艺说到 Nationalism》,自言“十分赞同”仲侃文章而加以“批评及介绍”。他认为普罗文艺是“(有)意识的或无意识的为共产主义作宣传”,不能赞同。而“单纯提倡民族主义文学,无论如何是易于资产阶级化、军国主义化的”,“但平民文艺不即是三民主义文学, 因为我们不赞成有目的意识的文学”。伯达的《由民族主义至三民主义》表示同意钟流的意见。他说:“我是主张确立真正的三民主义文艺的一个人”。他“以为民族主义在文艺上只是一个要因”,即是三民主义文艺的一个部分,而不能单纯地提倡。要反对普罗文艺,提倡平民文学,“补正民族主义之不备”。

《絜茜》既反对普罗文艺,又不赞成民族主义文艺。这也正是絜茜社的核心张资平的观点。

张资平(1893—1959),广东梅县人。1911 年赴日本留学,1922 年毕业于东京帝国大学地质科。他是成立创造社的最初的倡议者和坚定的支持者。回国后曾任武昌师范大学教授。1926 年在北伐军进入武汉后任北伐军政治部国际宣传局干事。大革命失败后返上海。1928 年在上海创办乐群书店,编辑《乐群》杂志。他一生写了几十部长篇小说,多以恋爱为题材,在当时的青年读者中颇有市场。抗战期间,张资平在汪伪政权的农矿部担任过职务,与周作人并列,成为毛泽东点名的“汉奸文艺”的代表人物。抗战胜利,因汉奸罪被捕,后交保获释。1949 年后又被判刑二十年投入狱中,直至去世。

1930 年,张资平加入了邓演达(1895—1931)组织的中国国民党临时行动委员会,并成为领导成员之一。洋洋数万言的《中国国民党临时行动委员会政治主张》,就是他执笔写成。“第三党”是国民党内部的一个“反对党”,旨在武力推翻蒋介石的独裁统治。关于平民革命、平民文化,邓演达曾有论述。作为邓演达的同乡和知己,张资平的“平民文艺”与邓演达的思想自有着某种程度的契合。

《絜茜》重视“底层叙事”的作品。第一期《编者的话》说:“本刊非常欢迎读者的投稿,尤其是以工农劳苦群生活为题材的作品,当尽先登载。"第二期《编者言》说:"'本刊绝不空谈什么主义',这是早已声明了的,然而,我们既不幸而又荣幸地生长在暴风雨的现时代,我们就不能忘了我们的时代,而在作品里,应该充分的装进时代意识。"但编者所提倡的平民文艺,"与'左翼'文学提出的文学为政治服务、文学是政治经济产物的'普罗文学'有着本质的区别"。即使"为农村劳苦大众鼓与呼的文字",作者也"没有颠覆世界的意图"。"这正切合了'社会民主党'非暴力解决社会问题的思路。"(韩晗:《"迷失的美好"——以〈絜茜〉月刊为核心的史料考辨》)

1931 年年底,邓演达遭当局暗杀。政治风声日紧,1932 年 6 月,张资平隐居逃逸,《絜茜》编辑全由丁丁负责。第一期扉页印张资平、丁丁主编,第二期扉页主编只有丁丁。丁丁,原名丁嘉树(1907—1990),另有笔名丁淼、林梵、夏莺等。上海人。上海大学毕业。这一期的《丁丁特别启事》说明,因为上海的"一·二八"事变,稿件在日寇炮火中全部丧失,以致第二期延期了八个月,9 月 15 日才出版。虽然还登出个《本刊三期要目预告》,实际已经难以为继,只有停刊了事。

編者的話

"本刊絕不空談什麼主義，是純文藝的刊物，作品的選擇，以藝術價值爲前提；不過，我們相信，在這個時代裏的人，既不能做什麼的超時代者，也不能做消極、時代落伍者，所以在文字的內在意識上，以切合時代需要爲標準。我們更相信，老作家能寫出優美的作品，新作家也有寫出優美作品可能，所以本刊除了特約作家及絮茜社全體社友撰稿外，歡迎任何人的投稿。我們願本刊是所有愛好文藝者底共同墾植，共同欣賞的共有園地。"

這是本刊廣告的話，也就是本刊的態度，是希望每個讀者都明瞭的。

過去我們曾經自己出版過四期絮茜半月刊，後來爲了經濟的困難，與出版和發行上的種種不便及麻煩，所以現在交由書局辦理，而且改爲月刊，這是爲了實行擴大與充實。可是，在一九三一年的秋，我們就有本刊出版的消息，事實上，我們也早就弄好了的，像本期的文字，除了我現在在寫的這"編者的話"以外，完全是紙版都打好的了；而終久爲了多種的困難，遲延又遲延的到現在才能出版。

2 絮 茜

在這里，我要向切望本刊的讀者道歉；因爲，自從本刊有出版的廣告後，就有二百多的讀者預定，而且，不論是已經預定的或者尚未預定者，都不時探詢本刊究竟能於何日出版，都期望本刊能早日出版，這種殷殷之意，真使人感激。

現在本刊在難產中終於產生了，而且計劃着以後當按期出版；希望真切愛好文藝的讀者們予我們誠意的批評和指教，還望給我們同情的援護，使本刊在客觀的環境和事實上普羅文藝沒落消聲，民族主義文藝無可進展的中國消沉的文壇上，開出一朵燦爛的花來，貢獻給大衆欣賞。

本刊非常歡迎讀者的投稿，尤其是以工農勞苦群生活爲題材的作品，當儘先登載。

一九三一，一二，二九，

《絜茜》第一期《编者的话》

絜茜月刊

絜茜創刊號目錄(一)

——短篇創作——

牧場……李則綱
烟苗捐……楊昌溪
城市的悲哀……楊大荒
詛咒……曾平瀾女士
燃着了……何心女士

短劇

八姨太太……曹雪松
賤骨頭……沛霖

女人的心(批評)……李贊華

冷流(長篇創作)……丁丁
十字架上(長篇創作)……張資平

絜茜月刊

絜茜創刊號目錄(二)

翻譯

日本之個人主義文學及其淵源……張資平
與睡眠……趙景深
是你……丁丁

詩歌

屹立在你面前的是什麼時代……白濤
我漂流到了香港……羅曉魂
海南沙……虞岫雲女士

到三叉路口去 ——坦克——
平民文藝的原則提綱 ——伸但——
由平民文藝說到 Nationalism ——鏡波——
由民族主義至三民主義 ——伯淮——
讀『創造社』 ——資平——

通信……資平
編者的話……編者

《絜茜》创刊号目录

絜茜 子愷題

第一卷第二期目錄(一)

遊蹤 是在波斯巴比倫，土耳其，和印度的旅途上的通信，各地的社會情形描寫詳切……(二〇五)

流犯……(二四九)
俄國大文豪托爾斯泰的原著，寫一個商人，是為了冤枉的殺人罪而入獄做流犯，過了二十六年的牢獄生活以後，真正殺害人的兇手卻因他罪入獄而總對了？但他冤白時，卻已悶死了。

負負……(二六三)
從革命的中斷，民眾革命情緒破碎以後，一般青年都受了環境的壓迫而走上出乎常理之外的路，這篇小說是寫幾個青年去做綁票而犧牲的事，是一種時代病的表現。

長工小金狗……(二八〇)
食與色，確是人類的二大慾，小金狗為了家庭沒錢而去做偷兒，但在去偷東西的時候會去偷了一個寡婦，而寡婦在肉的享受下也會打破遵守節的禮教觀念，這裏面含着人類的神秘與社會問題。

冷流 是寫在黑暗社會中的一個人入獄的經過，及獄中的黑幕及形形色色的長篇創作。(二一八)

水落石出 是暴露大水災中慈善家的黑幕，與表現一個孩[illegible]的社會問題劇……(二三二)

作家印象記 這里可以使讀者認識中國現代各個名作家，本期有趙景深，[illegible]……(二九五)

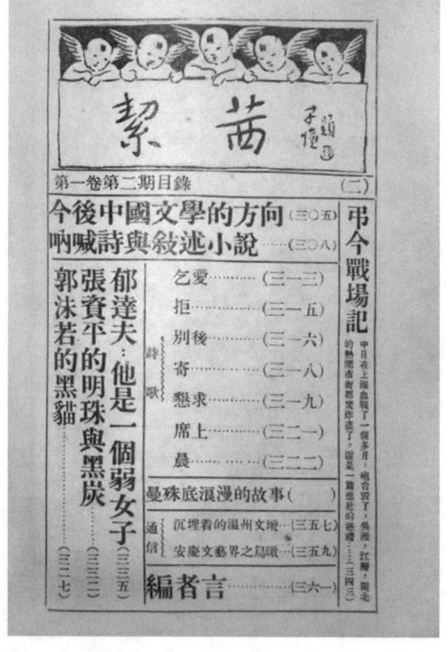

絜茜 子愷題

第一卷第二期目錄(二)

今後中國文學的方向(三〇五)
吶喊詩與敘述小說……(三〇八)

詩歌
乞愛……(三一三)
拒……(三一五)
別後……(三一六)
寄……(三一八)
懇求……(三一九)
席上……(三二一)
晨……(三二二)

曼殊底浪漫的故事(　)

通信
沉埋着的溫州文壇…(三五七)
安慶文藝界之鳥瞰…(三五九)

編者言……(三六一)

郁達夫：他是一個弱女子(三三五)
張資平的明珠與黑炭……(三三二)
郭沫若的黑貓……(三二七)

弔令戰場記 中日在上海血戰了一個多月，吳淞，江灣，閘北的熱鬧市街都炸毀了，這是一篇憑弔的記錄……(三四三)

《絜茜》第二期目录

《絜茜》第一期题目后均列出了作者，第二期除冷流的续稿外，其他作品一律不署作者，只在《编者言》中列出姓名，让读者推测，“对号入座”。两期的作者有：张资平、丁丁、李则纲、杨昌溪、杨大荒、曾平澜女士、何心女士、曹雪松、沛霖、李赞华、赵景深、白涛、罗晓魂、卢岫云女士、坦克、仲侃、钟流、伯达、毛一波、曾今可、罗静平、赵钲权、茜茜女士、丁嘉生、石庵、高加索、健醒、侯汝华、华华等。

何心(1910—)，丁嘉树夫人。有小说集《杀婴》《第三条路》。

曹雪松，原名曹锡松，笔名有雪松、江峰等。丁嘉树的同学和朋友。

曾今可(1902—1971)，原名曾国珍，字今可。江西泰和人。1931 年在上海创办新时代书店，主编《新时代月刊》。抗战胜利后去台湾。

毛一波(1901—1996)，原名毛尹若，笔名一波、尹若等。曾任《华西日报》主笔。后去台湾，又转赴美国定居。

李赞华、杨昌溪都是民族主义文学的活跃人物。与《絜茜》同时，1931 年 4 月创刊的被认为是民族主义文学主力刊物的《现代文学评论》，主编就是李赞华。

韩晗《“迷失的美好”——以〈絜茜〉月刊为核心的史料考辨》中有一段对“絜茜”刊名的分析，别具新意：“它是英文单词‘Cathay’的音译——Cathay 者，中国也。‘第三党’经世济民，以天下为己任的胸怀、气魄，仅凭此刊名便可见一斑。当然，我们还可以从字面意义来讲，‘絜’是衡量的意思，而‘茜’则指向了一种‘美好’的隐喻。只是可惜的是，对于大多数研究者来说，因为《絜茜》月刊的‘被遗忘’，对于该刊编者们的‘美好’愿望，在历史的长河中早已灰飞烟灭，当下的我们早已无从把握、衡量了。”

《文学》

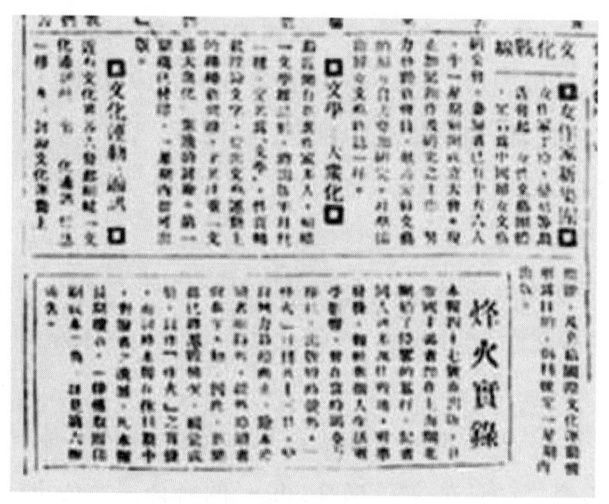

《文艺新闻》第四十八号第三版(局部)

1932年3月28日，在上海出版的《文艺新闻》第四十八号第三版，《文化战线》栏中有一条消息：

> 最近闻有新进作家多人，组织一文学杂志社，将出版半月刊一种，定名为《文学》。性质转(专)载理论文字，提出文艺运动上的种种新问题，尤其注重“文艺大众化”问题的讨论。第一期现已付印，一星期内即可出版。

这里说的半月刊《文学》，不久即于4月25日创刊。出版者为上海文学社，总代售处为上海出版合作社。三十二开本，六十页，仅出一期。有论者说，这一消息“报道了傅东华、郑振铎主编的《文学》杂志的出版”(左兵：《非常传媒：左联期刊研究》)，则是张冠李戴。傅、郑主编，即文学社编辑、上海生活书店发行的《文学》杂志，要到一年多之后的1933年7月1日才问世，且是月刊，十六开本。刊期不短，前后持续四年多时间，出了九卷，共五十二期。1937年11月停刊。

这本小开本的杂志，白色封面上印黑色的“文学”二字，另有红色小字

“第一卷第一期”。与彩色封面、装帧高雅的《文学》相比,看来有点简陋,却是中国左翼作家联盟的机关刊物。

1932 年 3 月 9 日,“左联”秘书处扩大会议通过了《关于左联理论指导机关杂志〈文学〉的决议》,照录如下:

> 1.在左联的运动到了一个新的阶段的现在,它的机关杂志须加强领导作用,并首先,它必须在理论上领导着左联的转变——大众文艺运动,它必须尽量的登载关于大众文艺工作的各方面的研究讨论的文字指示,大众文艺的创作组织及一切实际工作的问题的方向。特别要在这上面培养工农通信员及工农作家。
>
> 2.关于创作的任务,方法,题材等,以及文艺批评的任务和方法等。要尽量的利用自己的机关杂志发展讨论研究,以走近正确的解决。左联的理论机关杂志,必须负起建立中国马克思列宁主义的文艺理论的任务。
>
> 3.左联的机关杂志必须时时刻刻的检查各派反动文艺理论和作品,严格的指出那反动的本质。同时,目前在左联内部,自我批评,两条战线上的斗争,在任何部门的工作上都甚为必要。所以也必须在自己的机关杂志上毫不放松的发展一切方面的自我批评。
>
> 4.左联的机关杂志必须负起传达文艺斗争的国际路线(国际革命作家联盟的一切决议及指示)于中国的一切革命文学者及普罗文学者的责任。它必须负起传达左联的指导及斗争策略于左联各地支部,文研及国内一切革命的文艺团体和普罗革命文学者及一般从事文艺的革命青年的使命,并负起帮助左联发展组织的任务。
>
> 5.在编辑上,总括的说,必须每一篇文章都针对着当前的左联的工作,不需要登载空泛的抽象的理论文字。文字必须做到斗争的,简洁而明确的,同时它虽是高级的,非一般的读物,但必须也努力实行大众化,至少做到工农通信员及工农干部能理解。
>
> 6.为工作便利起见,暂时不特别组织编辑委员会,由秘书处指定一人负责总编,他参加秘书处扩大会议,即以此扩大会议为编辑会议。

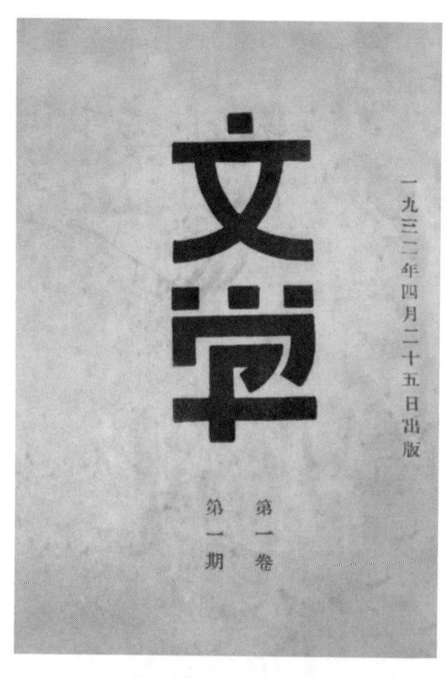

《文学》第一期刊影

《文学》(1933)创刊号刊影

7.每一个盟员都是自己的机关杂志的撰稿者,每一小组都必须经常的注意和讨论它上面的文章,并分配各盟员撰稿。

《决议》提出了创办《文学》必须遵照执行的原则和刊物的任务,强调"左联"的机关刊物必须加强领导作用。刊登在 1932 年 3 月 15 日"左联"秘书处编印的《秘书处消息》第一期,一份土纸油印的内部半月刊。

"九一八"事变后,广泛动员群众参加抗日救亡运动,成为客观的历史要求。文艺大众化问题,又被突出地提了出来。大众文艺运动成为"左联"新阶段的重要任务。《文艺新闻》消息的题目就是《文学:大众化》,称得上点睛之笔。《文学》不分栏目,一共只有三篇文章,全部与文艺大众化有关。

《上海战争和战争文学》署名"同人",由瞿秋白起草(陈红旗:《中国左翼文学的发生(1923—1933)》)。"上海战争"指 1932 年的"一·二八"事变。文章揭露和批判了抗日救亡运动中各种反动和错误的文学流派,指出"中国的革命文学和普罗文学,没有疑问的,一定要赞助这种革命的战争"。因之,"革命文艺的大众化,尤其是革命的大众文艺的创造,更加是最迫切的任务”,“中国的革命普罗文学,应当调动自己的队伍,深入广大的群众,来执行这个任务”。

署名“史铁儿”的《普罗大众文艺的现实问题》(目录页为《大众文艺的现实问题》),也是瞿秋白的论文。作者认为:“普罗大众文艺应当立刻实行,应当认真的解决一些现实的问题。”这些问题是:第一,用什么话写;第二,写什么东西;第三,为着什么而写;第四,怎么样去写;第五,要干些什么。逐一进行了论述。

《论文学的大众化(在中国妇女文艺研究会的报告)》署名“洛扬”,洛扬为冯雪峰的笔名。1932 年,中国左翼文坛开展文艺大众化问题讨论,当时担任“左联”党团书记的冯雪峰是这一活动的策划者之一,同时撰写文章鼓吹。文学大众化问题“是今日中国普罗革命文学的最切身最严正的问题,也差不多是普罗革命文学运动的全般的问题”。文章论述了文学大众化的必要性,批驳了对此问题缺乏认识的错误思想,并对怎样开展文学大众化运动提出了指导性的意见, 主要的工作是:“创造大众能理解的作品”;“从旧的大众文艺形式中,创造出新的大众文艺形式”;“国际普罗革命文学的新的大众形式的采用”;建立大众文艺生活的各种组织,“要在工农劳动群众中建立读者网,组织读者会,文艺研究会和批评会等,以及组织工农兵通信员运动和壁报运动等”。

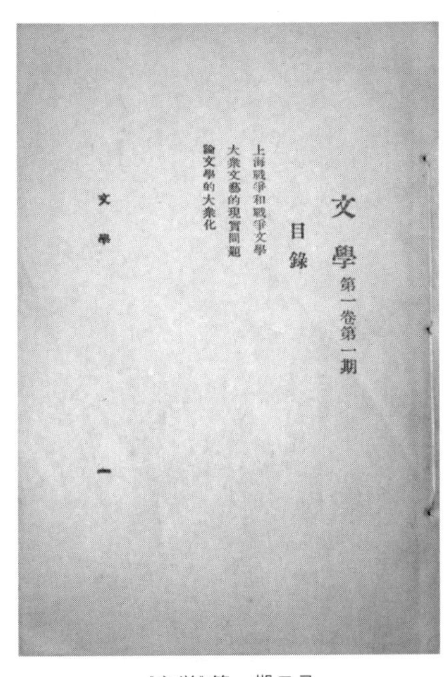
文學 第一卷第一期

目錄

上海戰爭和戰爭文學

大衆文藝的現實問題

論文學的大衆化

文學 一

《文学》第一期目录

《文学》创办时,瞿秋白在上海。他受到“左”倾路线排斥,在中共六届四中全会上被解除了中央政治局委员的职务,没有工作,肺病复发,处境困难。1931 年 5 月,冯雪峰在上海愚园路树德里茅盾家中,第一次见到瞿秋白,他没有因为瞿秋白受到排挤而另眼相看。瞿秋白文采风流,卓然超群,冯雪峰质朴耿直,两人对革命有着共同信念,大有相见恨晚之感。冯雪峰把瞿秋白安排在他的朋友谢澹如家中住了两年,并经常造访,争取瞿秋白参加"左联"的领导工作。冯雪峰说,这并不是党组织决定,是他自作主张。(吴长华:《冯雪峰的传奇人生》)鲁迅与瞿秋白的结识,也是由于冯雪峰的"桥梁"作用。瞿秋白是直接参与了《文学》的工作的,这有他的文章可证。鲁迅与《文学》的来往则未见有关记述。《鲁迅日记》1932 年 7 月 6 日:"寄曹靖华信并日文《铁流》一本,《文学》二本。"留下了一点文字的踪迹。

《文艺新闻》在刊出《文学》创刊消息的前面,另有一则《女作家新集团》的消息,全文是:

> 女作家丁玲、曼尼等最近发起一女性文艺团体,定名为中国妇女文艺研究会。参加者已有十五六人,于一星期前开成立大会,现正加紧创作及研究之工作,努力发动新会员,欢迎爱好文艺的妇女自去参加研究。并准备出妇女文艺杂志一种。

这为冯雪峰文章的副题"在中国妇女文艺研究会的报告",做了一个注脚。

《无名文艺月刊》

1932 年夏天，上海报纸上刊出无名文艺社"征求社员"的广告。刘流回忆，看到广告他去上海南市泥城桥方斜路上海美专附近的社址报名，当时住在那里的有叶紫、陈企霞等人。(《忆"无名文艺社"》)韩尚义记忆中，"征求社员"的广告，登在 1932 年秋天的上海《新闻报》上，社址租设在南市尚文路文庙附近的一条干净的石库门房子里弄里，接待他的是陈企霞。(《"无名文艺社"的社址》)社址转移，人员不变，无名文艺社就是叶紫、陈企霞创办的。

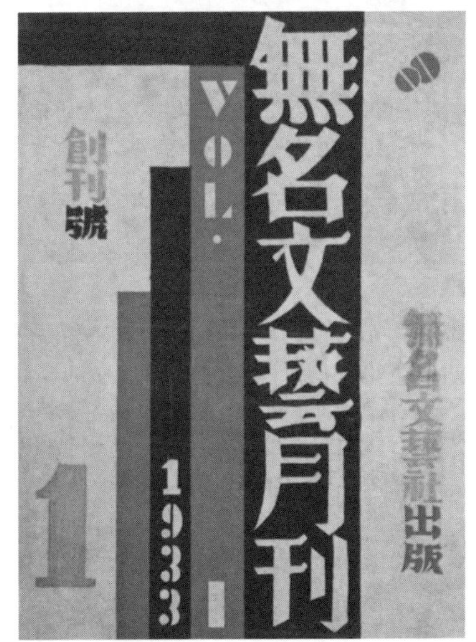

《无名文艺月刊》第一期刊影

叶紫(1912—1939)，原名余昭明，学名余鹤林。湖南益阳人。父亲和姐姐大革命时是县农会和县妇女运动的领导，1927 年后遇难。他流亡在外，1930 年年初到上海。第二年又因"共党嫌疑犯"的罪名被捕，坐牢八个月，年底被党营救出狱。他为生计奔忙，因为进"函授学校"做教务杂务，与函授生陈企霞联系，结为好友。陈企霞(1913—1988)，浙江鄞县人。原在浙江宁波任小学教师，后到上海。1932 年与叶紫同时加入"左联"。

1932 年 12 月，无名文艺社成立。第二年 2 月 5 日出版了《无名文艺旬刊》创刊号。叶紫主编。三十二开本，约三十页。2 月 15 日出版了第二期。

《从这庞杂的文坛说到我们这刊物》是创刊号发刊词，叶紫(署名"叶

叶紫

子”)在文中说:“文坛的防垒太坚固了,青年们冲撞不进”,因此:

> 我们这几个百分之百的无名小卒,为着思想上性情上都没有大不了的分歧,又同是一样的没有出路,便偶然的组成了这么一个“社”。大家都穷,暂时只好借着这么一本小册子,来经常发表我们的郁积。
>
> 这不是一个大大的集团,没有门墙也没有派别。就是因为大家都是“无名”,所以叫它个“无名社”。

叶紫说:

> 我们不需要颓废的无病呻吟,更不需要才子佳人的风花雪月。不需要守在象牙之塔里的艺术家,也不想做一个文坛上的英雄豪杰。我们唾弃旧的尸骸,同时也不自称能干的描写一九三三年的世界。

《无名文艺旬刊》容量太小,叶紫和陈企霞决计在第三期出版后停刊。3月开始筹办《无名文艺月刊》。接洽印刷所,找发行处,找新社址,筹钱,两个人整天跑着,没有丝毫闲暇。好多时候是陈企霞在唱独角戏。陈企霞说:“我也没有钱,就向我未婚妻父母借了一二百元钱,在朋友处又凑了一些钱,办起了月刊。”(《鲁迅与〈无名文艺〉》)

当时,海燕文学社的钟望阳(白兮,苏苏)、周钢鸣、韩起(寒琪),正想成立个无名文艺社,听说叶紫他们已经成立,于是干脆“合并”过来。暨南大学学生张又君(黑婴)也参加了筹备。

6月1日,《无名文艺月刊》出版。叶紫、陈企霞编辑。十六开本,一百二十余页。创刊号封面为叶紫设计，红黑白三色为主，以绿色点缀和映衬，加上老宋体字的刊名，庄重典雅。

创刊号刊载的小说有叶紫的处女作《丰收》，这是他第一次使用叶紫这个笔名。《丰收》“以一年农事的始末，真实地再现了内地农民的生活方式和老少两代农民的心理分离，力透纸背地勾勒了旧中国农村的痛苦和动荡，愤怒和倔强”。(杨义：《中国现代小说史》)这年9月，茅盾在《几种纯文艺的刊物》(《文学》第一卷第三号)中评论《无名文艺月刊》，给《丰收》以高度评价：“《丰收》是两万字以上的短篇小说，写水灾以后的农民如何盼望丰年，如何千辛万苦躲过了旱魃，又要担心水患，幸而丰收了，意识落后的老农云普叔望着田里的粒粒黄金垒起了无数美丽的幻想，可是谷价狂跌和地主的高利贷剥削，还有团防捐，救国捐，剿共捐等等，立刻把云普叔的幻想打得粉碎。他叩了无数响头，化了一席酒筵，苦求地主老爷和局长老爷‘高抬贵手’；当然没有用，他的满仓新谷都被武力押收去了。‘丰灾’是近来文坛上屡见的题材，但是我们要在这里郑重推荐《丰收》，因为此篇的描写点最为广阔；在二万数千言中，它展开了农事的全场面，老农的落后意识和青年农民的前进意

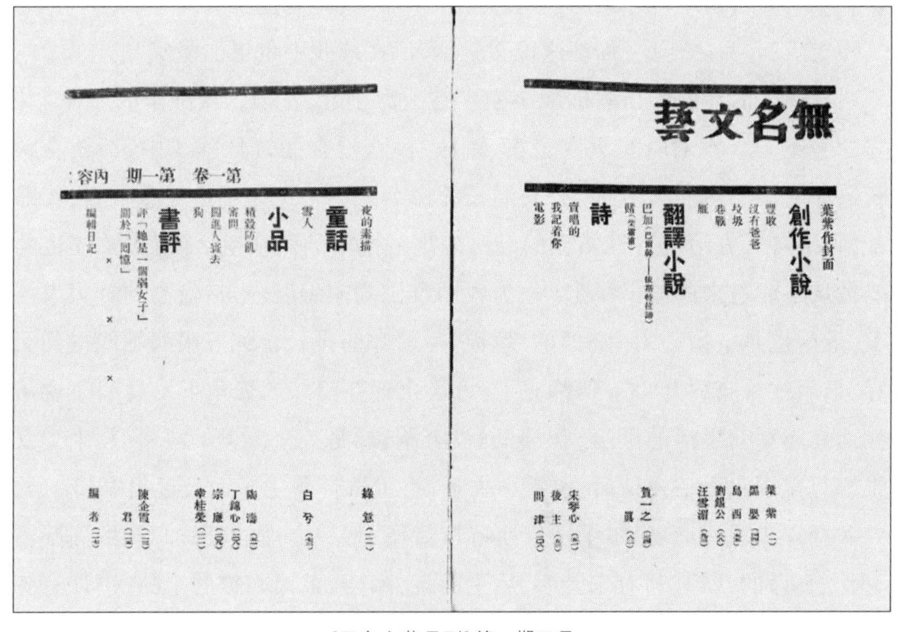
無名文藝

葉紫作封面

創作小說

豐收　葉紫（一）
沒有爸爸　黑嬰
垃圾　島西
巷戰　劉錫公
瓶　汪雪湄

翻譯小說

巴加（巴爾斡——狄斯特拉講）　負一之
賭　眞

詩

賣唱的　宋琴心
我記着你　後主
電影　間津

第一卷　第一期　內容：

夜的素描　綠意

童話

雪人　白兮

小品

積穀防飢　陶濤
寄間　丁錦心
閱進人簀去　宗廉
狗　韋桂棠

書評

評「她是一個弱女子」　陳金霞
關於「回憶」　君

編輯日記　編者

《无名文艺月刊》第一期目录

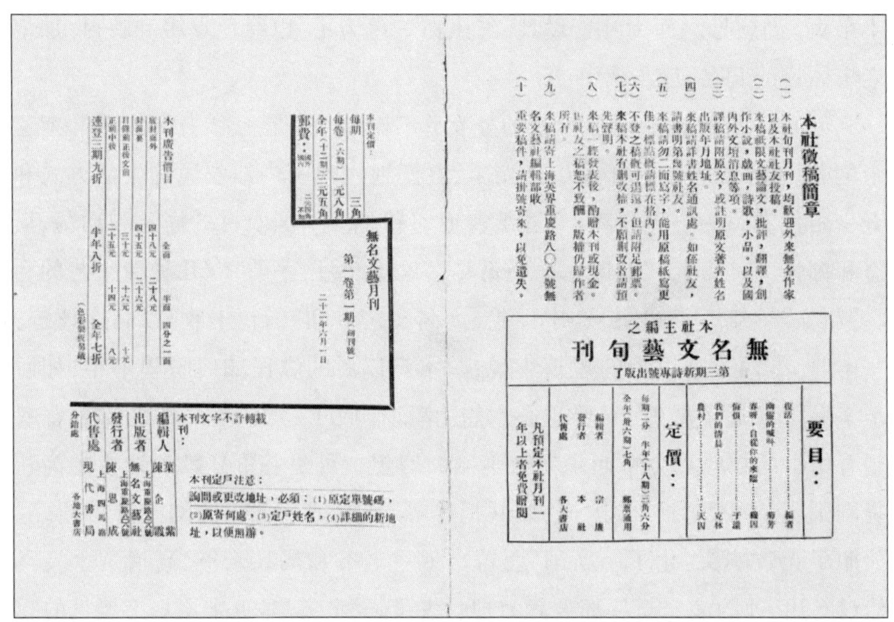

本社徵稿簡章

（一）本社旬刊月刊，均歡迎外來無名作家以及本社社友投稿。
（二）來稿紙限文藝論文，批評，翻譯，創作小說，戲曲，詩歌，小品。以及國內外文壇消息等項。
（三）譯稿請附原文，或註明原文著者姓名出版年月地址。
（四）來稿請詳書姓名通訊處。如係社友，請書明第幾號社友。
（五）來稿請勿二面寫字，能用原稿紙寫更佳。標點概請標在格內。
（六）不登之稿概可退還，但請附足郵票。
（七）來稿本社有刪改權，不願刪改者請預先聲明。
（八）來稿一經發表後，酌贈本刊或現金。但社友之稿恕不致酬。版權仍歸作者所有。
（九）來稿請寄上海英界重慶路八〇八號無名文藝社編輯部收
（十）重要稿件，請掛號寄來，以免遺失。

本社主編之
無名文藝旬刊
第三期新詩專號出版了

要目：
復活……編者
幽靈的喊叫……菊芳
春啊，自從你的來臨……巍因
偷偎……子讓
我們的情侶……克林
農村……天因

定價：
每期二分 半年（十八期）三角六分
全年（卅六期）七角 郵票通用

編輯者 宗廉
發行者 本社
代售處 各大書店

凡預定本社月刊一年以上者免費贈閱

本刊定價：
每期 三角
每卷（六期）一元八角
全年（十二期）三元五角
郵費：

無名文藝月刊
第一卷第一期（創刊號）
二十二年六月一日

本刊廣告價目

	全面	半面	四分之一面
底封面外	四十八元	二十八元	
封面裏	四十五元	二十六元	
目錄前正後文前	三十元	十六元	十元
正前中後	二十五元	十四元	八元

連登三期九折 半年八折 全年七折 （色彩鋅版另議）

本刊文字不許轉載

刊：
編輯人 葉紫 陳企霞 上海重慶路八〇八號
出版者 無名文藝社 上海重慶路八〇八號
發行者 陳惠成
代售處 現代書局 上海四馬路
分銷處 各地大書店

本刊定戶注意：
詢問或更改地址，必須：(1)原定單號碼，(2)原寄何處，(3)定戶姓名，(4)詳細的新地址，以便照辦。

《无名文艺月刊》第一期版权页

识，‘谷贱伤农’以及地主的剥削，苛捐杂税的压迫。这是一篇精心结构的佳作。”1935 年，鲁迅将叶紫的《丰收》等六个短篇，作为他主编的“奴隶丛书”的一种出版，并为之作序，称许这位文学新人“在摧残中也更加坚实”的作品。

刘锡公的《巷战》所写的战事发生在上海闸北，正当这次战争的要冲。驻守的警察与日军对峙交火，“警察、军队、民众混合的抗日阵线中，都充满跃跃欲冲上去的热血”。这时，公安局长的命令来了：“……不得任意参战，着即开回，维持后方治安。”汪雪湄的《雁》表现战乱中的民众生活。船夫陈桂生的船被从江北过来的难民撑走。他为救助难民刘家编席，不惜借高利贷买来芦苇，最后也是空抛心力。岛西的《垃圾》写留守的排长黎纯五眼病不能得到治疗，最后被一脚踢开。“一切都完了，垃圾永远在门外的墙角下发臭”。小说从侧面暴露军营生活的黑暗。黑婴的《没有爸爸》是一个凄美的故事，马来少女维娜与美国水手一夜情后，水手一去不返，维娜怀孕生子而被逐出家门。

翻译小说两篇：巴尔干—依斯特拉谛作、贺一之译的《巴加》和俄国柴霍夫作、真译的《赌》。另有宋琴心、后主的诗，陶涛、丁锦心等的小品。书评有陈企霞的《评〈她是一个弱女子〉》，君的《关于〈回忆〉》。

白兮的童话《雪人》,写一个八九岁的讨饭孤儿的遭遇。他父亲在一家日本人的纱厂做工,因为罢工被杀害;母亲冻死在街头。大雪纷飞、朔风怒号的夜晚,他进了财主的院子,受到殴打,遍体鳞伤。第二天早晨,院子后门外的雪地里有个“雪人”,那是死了的孤儿。《雪人》的突出之处是阶级观点的鲜明。文中的孤儿在恍惚之间,看到爸爸、妈妈等仙人们。母亲告诉他:“仙人是世界上最好的人,他们是救护穷人的”,“仙人也是人变的,专门压迫欺侮穷人的富人,是永久不会变成仙人的。专门为穷人革命的人,他们死了,一定会变成仙人的”。他也能成为仙人了。他说:“我一定要去打平世界,使世界没有穷,没有人欺侮人的人”。

创刊号上有叶紫的《编辑日记》,记录从3月10日到5月4日创刊号编辑的经过,间或也有对拟发作品的随感性的评论。如:《垃圾》,“囫囵地把它读完了,描写的细致沉痛,词句的隽永诙谐,真使我为它感动不少”;《雁》,“我只觉得他词句的美丽,描写的纤微,确能有令人神往之慨”;而对《雪人》,则说:“这篇作品的意义是伟大极了,在过去中国文坛上还没有看见过这样好意义的童话。虽然技巧并不十分新奇,然而,在描写方面也另有他的独到处。”有的看法,茅盾并不认同,他指出《雁》的缺点是“染着感伤的灰色”;《雪人》“并不见怎样出色”,叶紫“未免溢美过当吧?”(《几种纯文艺的刊物》)

“《无名文艺》终于因为穷而没有出第二期”。(苏苏:《忆叶紫》)

叶紫的朋友张又君(黑婴)写他亲见叶紫的穷困:“他和他的一家(白发苍苍的母亲,衣裳褴褛的妻子和一个小孩)住在又小又闷的灶披间里”,“一家四口,简直吃了早饭,还不知道晚饭在哪里”。(《叶紫与〈无名文艺〉》)

陈企霞回忆说:“我们那时是本着朦胧的追求革命的思想办《无名文艺月刊》的。但由于印刷费很贵,和现代书店的剥削,欺骗,明明书卖出了很多,书店却说书卖不出去,一面他们又偷偷地印,从中进行盘剥,最后导致杂志只出了一期,就不能再继续出下去了。”(《鲁迅与〈无名文艺〉》)

1937年“八一三”战役之后,叶紫携家回到湖南益阳。贫病交迫,缺医少药,英年早逝。刘西渭有《叶紫的小说》论述叶紫的创作成就,惋惜当他继续追求、走向成熟时,却在痛苦的时代被夺去生命。篇末惨然发问:“还有比这更痛惜的?死带走了最好的部分。”

《戏》

袁牧之编辑、上海中外书局发行的《戏》月刊，1933年9月15日创刊。十六开本，五十八页。封面标出："现中国仅有的纯戏剧刊物"。

编者的发刊词《为戏剧运动前途打算》，如同诗行一样排列。开篇说创刊的必要：

> 全国看不见一本纯戏剧的刊物！
> ——要想得一点戏剧上的知识无从获得，
> ——要想说几句关于戏剧的话无从说起，
> 这是要有这本刊物的动机。
>
> 过去也曾有过戏剧的刊物；但是
> ——由书局出版的，因销路不佳而停版了，
> ——由团体出版的，因团体消灭也不见了，
> 这是所以个人来独干的苦心。

直白而又诙谐。

编者强调："刊物的生存虽然不附书局不属团体而由个人来担负；但是刊物的立场却是属于(整)个戏剧运动的！——属于整个戏剧的努力者！——属于整个戏剧的爱好者！不受偏狭团体的拘束；却接受所有爱好戏剧者的指摘和督察。戏剧的刊物是戏剧运动工作的一部分；也是戏剧运动工作的全部分。在目前戏剧刊物的缺乏中，本刊将负起推动戏剧运动前进的使命。"

编者列举出刊物"初步的计划"："整理已有的剧本之是否适合于时代和

舞台并鼓吹新的剧本多量地产生；中国戏剧界所不曾尝试的各种戏剧工作的提倡；鼓起已有戏剧运动的各地的戏剧热潮，向未有戏剧运动的各地拓荒；集中剧坛的同志，谋剧坛与文坛的沟通；联络戏剧的姊妹艺术；以戏剧的立场，研究，批评，和指摘其他一切现有的‘戏’；尽力增加戏剧文字的读者和戏剧演出的观众。”

《戏》注重戏剧理论和戏剧批评，以及戏剧的大众化。

田汉的《戏》，提出创造“有益的戏”，“有益于被压迫大众之解放的戏是加在现代进步的戏剧艺术家的最重要的课题”。形势要求中国的进步的戏剧家，“把反对快要到来的新的世界战争及如何转换这一战争使中国民族走上自由之路作为他们主要的题材，去唤起广大被压迫大众”。郑伯奇的《大众所要求的戏》，要求戏剧也要走大众化的道路，认为“大众所要求的戏剧决不是智识阶级所玩弄的那种四堵墙里的沉闷的把戏，也决不是空想家所陶醉的空洞的口号。大众所要求的戏剧，要切近自己的生活，指导自己的生活，增加自己的生活力”。冷波的《民众戏剧》，指出民众戏剧“要以民众本身作为基石”，主张戏剧应该到民众中去。顾仲彝的《戏剧运动新途径》，

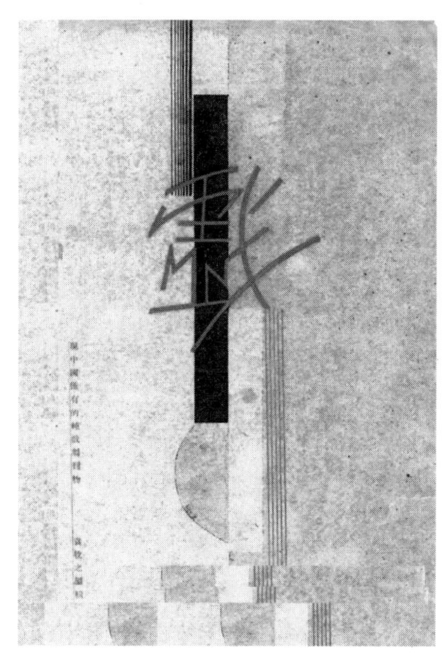

《戏》创刊号刊影

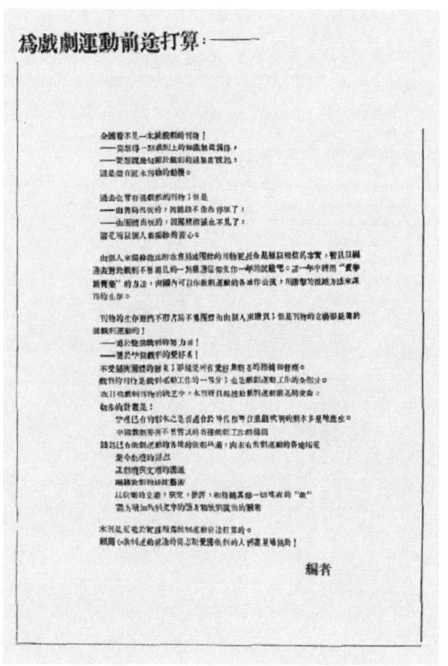

爲戲劇運動前途打算：——

編者

《戏》创刊号《为戏剧运动前途打算》

强调“戏剧为表现时代的艺术”,但反对戏剧为某种主义或某党的宣传工具。“艺术家的思想应该超脱一切主义一切党派,他服从的唯一主义和党派就是真理。泥于一种主义的成见,为一种党派作唇舌,是艺术家自贬人格,使他的作品也降为昙花一现的产物，因为自古至今没有独霸的主义也没有永存的党派,时过境迁,其价值也就降而为零。”他提出,在文艺界受到当局的严厉制裁干涉失去写作自由的时候,讽刺的戏剧和历史剧为戏剧最合用的方式,即以讽刺的文笔讥骂当代政客军阀或以指桑骂槐的方法来寓现代的事实于历史。袁牧之的《中国剧作家及其作品》《一九三三之上海剧坛》,分析了丁西林的主要剧作,检讨并展望1933年至1934年的戏剧界。

《戏》创刊号最突出的是《为戏剧协社公演〈怒吼吧,中国!〉演出特辑》。

《怒吼吧,中国!》(Roar China)是苏联未来派诗人脱烈泰耶夫的作品,描写了中国扬子江上游四川的一处小城市的码头工人反抗英帝国主义侵略者压迫的斗争。这部剧曾在英国、法国、美国、德国、日本演出,广受欢迎。同时,它正面表现发生不久的政治事件,强调戏剧的宣传鼓动功能,而且突破常规,没有主角,塑造了码头工人的群像。风格朴素,对话简洁。因之,成为当

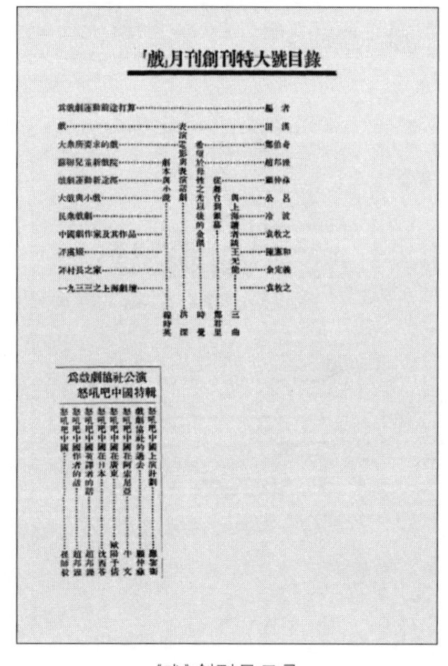
「戲」月刊創刊特大號目錄

为戲劇運動前途打算……編者
戲……田漢
大衆所要求的戲……鄭伯奇
蘇聯兒童新戲院……趙邦鑠
戲劇運動新途徑……顧仲彝
大戲與小戲……公呂
民衆戲劇……冷波
中國劇作家及其作品……袁牧之
洋鐵罐……陳嘉和
鄉村長之家……余定義
一九三三之上海劇壇……袁牧之
劇本與小說……穆時英
表演電影與表演話劇……洪深
看守於母性之光以後的金焰……時覺
從舞台到銀幕……鄭君里
與上海讀者談王光能……三曲

為戲劇協社公演怒吼吧中國特輯
怒吼吧中國上演計劃……應雲衛
戲劇協社的過去……顧仲彝
怒吼吧中國在阿塞尼亞……牛文
怒吼吧中國在廣東……歐陽予倩
怒吼吧中國在日本……沈西苓
怒吼吧中國英譯者的話……趙邦鑠
怒吼吧中國作者的話……趙邦鑠
怒吼吧中國……孫師毅

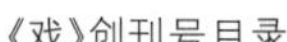
《戏》创刊号目录

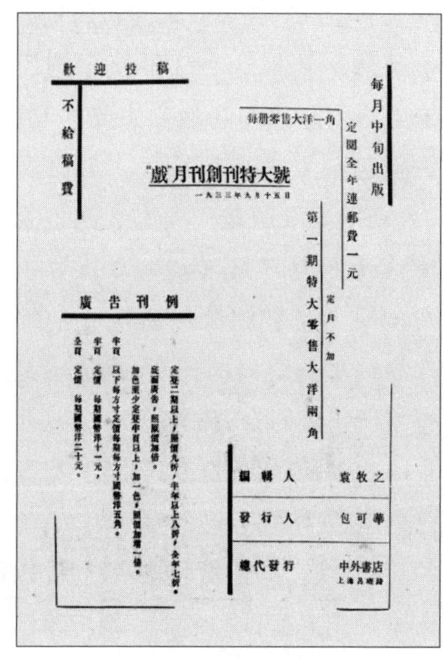
每月中旬出版
定閱全年連郵費一元
每冊零售大洋一角
“戲”月刊創刊特大號
一九三三年九月十五日
第一期特大零售大洋兩角
定戶不加
歡迎投稿
不給稿費
廣告刊例
定登二期以上，照價九折，半年以上八折，全年七折。
底面廣告，照原價加倍。
加色須少定登半頁以上，加一色，照價加增一倍。
半頁以下每方寸定價每期每方寸國幣洋五角。
半頁 定價 每期國幣洋十一元，
全頁 定價 每期國幣洋二十元。
編輯人 袁牧之
發行人 包可華
總代發行 中外書店 上海呂班路

《戏》创刊号版权页

爲戲劇協社
公演
怒吼吧中國
特輯

怒吼罷中國

——[illegible]——

孫師毅

[illegible]

一九二六年，正是中國革命運動的高潮，繼五卅滬案而後在一九二六年九月五日，又發生了萬縣事件。那時蘇聯的未來派詩人 S. M. Tretyakov 正逗留在中國。他以這一事件為題材替我們揭起了反抗的喊呼，最初是以詩的形式寫作，回國以後在『怒吼罷，中國！』（Roar China）的題名之下行印了他這些詩篇。當蘇聯政府注意於舞台的文化活動的時候，曾提示作者改寫為劇本的形式，這就是現在我所談的這劇本。

這劇以一九二六的當年便在 Meierhold Theatre 為初次的演出。其次出演此劇的，是日本的築地小劇場，以一九二九年八月卅一日起至四日止之時期，於本鄉座出演此劇。『在北滿那邊替我們揭起的「支那的吼聲」，首先響應的不是被壓迫的支那，而是壓迫者的日本。這反面是足以說明中國的被壓迫者，特別是文化社會的遲鈍與麻木。』

各帝國主義國家的炮艦所能闖達的中國境內任何海岸或江心，我們隨處都可以發現它們的蹤跡與縱跡；黃浦江中大英帝國炮艦的示威，更是屢見不鮮；我們的勞苦弟兄在碼頭上為她們搬運笨重的貨物不給應得的工資；一個白種人因為自己的錯誤而死，也必需殺死中國人去抵償他的命，而且應當是至少兩個去抵一個。凡這些在『怒吼罷中國！』中所寫及的，不都是曾經為我們所接觸或我們正在接觸一些當前的事實嗎？中國文壇應有能把握住歷史的必然法則而為正確的時代之預言者，放着許多悲壯而英勇的本國革命途徑上之血濺過的題材。為什麼我們的詩，我們的劇，會沒有有力的反映和表現？而且，為什麼異國的作家既為我們創作了反帝國主義有力的藝術的武器，在文化

44

《〈怒吼吧，中国！〉特辑》首页

袁牧之

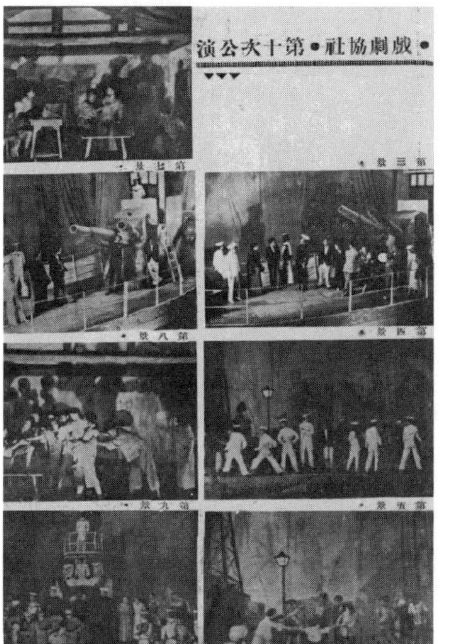

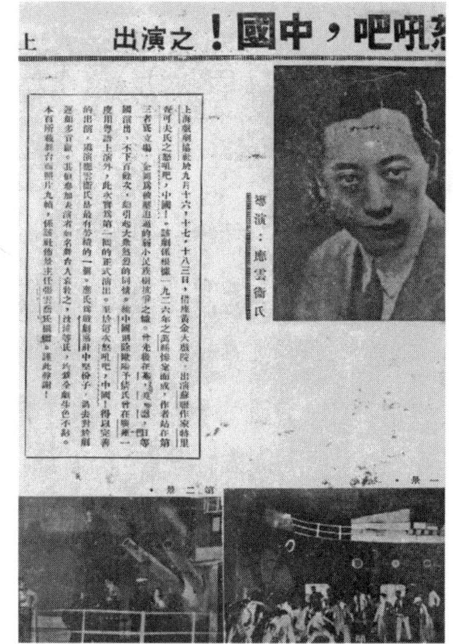

怒吼吧，中國！之演出

上海戲劇協社於九月十六，十七，十八三日，借座黃金大戲院，出演蘇聯作家特里查可夫氏之怒吼吧，中國！。該劇係根據一九二六年之萬縣慘案而成，作者站在第三者底立場，全劇為被壓迫的弱小民族樹抗爭之幟。首先發在莫，斯，科，演出，旋復在日，德，美等國演出，不下百餘次，均引起大衆熱烈的同情，今中國則除歐陽予倩氏曾在廣東一度用粵語上演外，此次實為第一回的正式演出。至於這次怒吼吧，中國！得以完善的出演，導演應雲衛氏是最有勞績的一個。應氏為戲劇協社中堅份子，過去對於劇運頗多貢獻。其餘參加表演者如名舞台人袁牧之，沈[illegible]等氏，均為全劇生色不尠。本頁所載舞台面照片九幀，係該社佈景主任張雲喬氏攝贈。謹此存謝！

導演：應雲衛氏

第二景

第一景

《怒吼吧，中国！》剧照（选自《矛盾》第二卷第二期）

时中国左翼剧人的“原典”。

上海戏剧协社组建于二十世纪二十年代初，举行过多次公演。《怒吼吧，中国！》第一个中译本在中国出现之后，他们一直想把这部剧作搬上舞台，但因为一幕九景的场面转换，对舞台艺术提出了极高的要求，需要众多训练有素的演员等原因而未能实现。一直到1933年9月才在上海法租界八仙桥黄金大剧院公演。

《特辑》中《〈怒吼吧，中国！〉——关于剧本、译本和演出及全剧故事说明》（孙师毅）叙述了剧本故事；《〈怒吼吧，中国！〉作者的话》和《〈怒吼吧，中国！〉英译者的话》主要是作者和译者的感受；《〈怒吼吧，中国！〉在广东上演记》（欧阳予倩）、《〈怒吼吧，中国！〉在日本》（沈西苓）和《〈怒吼吧，中国！〉在阿索尼亚》（牛文摘译），报告了在国内外演出的反响；《戏剧协社的过去》（顾仲彝）介绍了戏剧协社的简史；导演应云卫专门写出了《〈怒吼吧，中国！〉上演计划》，就剧本选择、演员、布景、灯光等做了说明。

《怒吼吧，中国！》上演时，国际反战大会正在上海秘密召开。英国人马莱、哈密尔敦（哈密尔登），法国人古久列，比利时人马尔度作为世界反战委员会的代表，参加了会议。第二期《戏》以《国际调查团代表对于〈怒吼吧，中国！〉的批评》（可华译）的题目，刊载了马莱、哈密尔敦的观感。马莱称赞“这剧本的演出，其成绩确是惊人的，表演的技巧是了不得”。哈密尔敦说，曾在法兰克福看过本剧的德语演出，这次，“我被这剧本和表演，又深深地感动了”。

《戏》探讨戏剧和电影、文学关系的论述，有洪深的《表演电影与表演话剧》《三个S——对于初上舞台者的话》、郑君里的《从舞台到银幕》、许幸之的《构成派的舞台装置》、穆时英的《剧本与小说》、杜衡的《戏剧中的娱乐成分》等。当时戏剧界有借鉴外国经验为中国传统木偶艺术灌输新的生命的建议，编者以“木人戏的提倡”为大题，刊发了有关木人戏的文章。

编者说：“由个人来独干能比附在书局或团体的刊物更长命是难以相信的事实。”但希望“暂且以编（者）过去对于戏剧不曾苟且的一点微薄信仰先作一年的试验吧。这一年中将用‘卖拳销膏药’的方法，向国内可以作戏剧运动的各地作公演，用游击的推销方法来谋刊的生存”。（《为戏剧运动前途打算》）即使如此辛苦，《戏》也只维持了两个月，10月终刊，共出两期。

1934 年 8 月 19 日，袁牧之又为上海《中华日报》主编副刊《戏》(周刊)。每期都标上“为接近大众而检讨各种的戏，凭努力实践以推进戏剧运动”的口号，突出周刊主旨。他把《阿 Q 正传》改编为剧本，以“袁梅”的笔名从创刊号起连载，并在周刊向鲁迅写公开信求教。鲁迅在 11 月 14 日有《答〈戏〉周刊编者信》，回答了“未庄在那里”“阿 Q 说什么话”“阿 Q 是演给那里的人们看的”等问题。同月 18 日，又写《寄〈戏〉周刊编者信》，特意画了一幅阿 Q 的“肖像画”。两封信同时刊登在周刊第十五期(1934 年 11 月 25 日出版)。1935 年 2 月，《戏》周刊停刊。

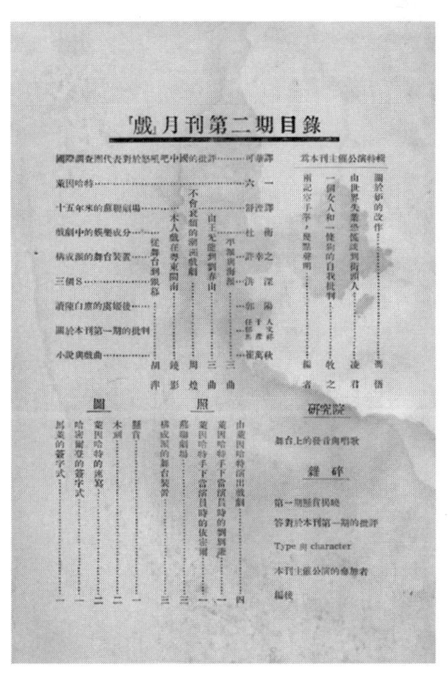

「戲」月刊第二期目錄

國際調查團代表對於慕呢吧中國的批評……可華譯
萊因哈特……六一
十五年來的蘇聯劇場……舒湮譯
戲劇中的娛樂成分……杜衡
構成派的舞台裝置……許幸之
三個S……洪深
讀陳白塵的處纑後……陽
關於本刊第一期的批判……任鈞 于伶 人文
小說與戲曲……崔萬秋
從舞台到銀幕……胡萍
本人戲在粵東閩南……錢影
不會衰頽的潮州戲劇……周燈
由王先龍到劉春山……三曲
平凡與偽裝……三曲

為本刊主催公演特輯
關於夢的改作……馬語
由世界失業恐慌談到街頭人……凌君
一個女人和一條狗的自我批判……牧之
兩記客子之……編者

研究院
舞台上的發音與唱歌

雜碎
第一期懸賞揭曉
答對於本刊第一期的批評
Type 與 character
本刊主催公演的參加者
編後

圖照
由萊因哈特演出戲劇……四
萊因哈特手下當演員時的劉別謙……一
萊因哈特手下當演員時的依密爾……一
舞台劇場……三
構成派的舞台裝置……三
醫音……一
木刻……二
萊因哈特的速寫……三
哈密爾登的簽字式……一
馬萊的簽字式……一

《戏》第二期目录

袁牧之(1909—1978)，戏剧家、电影艺术家、作家。原名袁家莱，浙江宁波人。十岁去上海读书。自幼酷爱戏剧，十四岁即活跃于戏剧舞台，以主演契诃夫的《文舅舅》(《万尼亚舅舅》)和安德列耶夫的《狗的跳舞》成名。1928 年至 1929 年，先后写有《爱神的箭》《叛徒》等独幕剧并结集出版。1933 年出版的《演剧漫谈》为演剧经验结集。与此同时，又有多篇小说在众多报刊发表。袁牧之在电影艺术上更有杰出成就。1934 年编写并主演了《桃李劫》。1935 年主演《风云儿女》。同年，编剧并导演了中国第一部音乐喜剧片《都市风光》。1936 年主演《生死同心》。1937 年编导《马路天使》。1938 年出演《八百壮士》。这年秋天，袁牧之到延安，任八路军总政电影团编导，开始了又一段人生历程，1940 年年初加入中国共产党。3 月，与冼星海去苏联，完成影片《延安与八路军》后期制作。因苏德战争而滞留。1946 年回国，先后担任东北电影制片厂、中央电影管理局领导职务。1954 年辞职病休。才华横溢的一代艺术大家在熬过“文革”浩劫后告别这个世界。

《文艺风景》

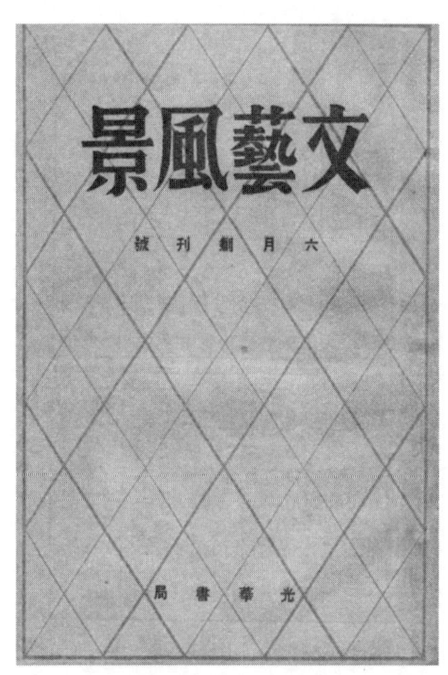

《文艺风景》第一册刊影

1934年6月1日，施蛰存创办了《文艺风景》月刊。这时他还在负责《现代》的编务，为什么又要支撑起一个新杂志的局面？在《〈文艺风景〉创刊之告白》中，他将两个杂志比作两个不相同的路径，这样做，为的是“多一个追逐理想的路径”：

> 倘若我而以《现代》为官道，则《文艺风景》将是一条林荫下的小路。我们有驱车疾驰于官道的时候，也有策杖闲行于小径上的时候。我们不能给这两条路作一个轻重贵贱的评判，因为我们在生活上既然有严肃的时候，也有燕嬉的时候；有紧张的时候，也有闲散的时候；则在文艺的赏鉴和制作上，也当然可以有严重和轻倩这两方面的。因为这样的见解，所以《文艺风景》与《现代》将是姊妹交的两个文学月刊。倘若同时是两个杂志的爱护的主顾，他可以看得出今后的《现代》将日趋于严重整肃，而《文艺风景》则较为轻倩些。

这里体现了施蛰存的文学观。晚年的施蛰存在回答采访者提问时，这样叙述他当年的认识：“文艺与政治是两个不同的东西”，“假如文学一定要听命于政治，则写出的作品就成了宣传品，即不是真正的文学了”。(《漫谈七十年来上海的文学》)这种文学独立的设想，主张新文学需要找到自身合适的位置。施蛰存说：“新文学终于只是文学，虽然能帮教育一点忙，但它代替不了教科书；虽然能帮政治一点忙，但它亦当不来政治的信条，向新文学要求它可能以外的效能，当它证明了它的无能的时候，拥护者当然感到失望了。”(《再谈新文学与旧形式》)

自由主义是施蛰存当时在文学与政治上本质的选择。《现代》1932 年 5 月创刊时，施蛰存在《创刊宣言》中就树起自由主义的旗帜：“因为不是同人杂志，故本志并不预备造成任何一种文学上的思潮、主义或党派”。但这一方针，在 1933 年杜衡加入《现代》编辑之后，逐步发生了变化。杜衡的“第三种人”色彩，使《现代》失去了许多作家的支持；同时违背了当初确立的不希望把“杂志的气氛表现得很庄严”的编辑理念，登载了一些让读者看了要叫“头痛”的文字，脱离了原先的宗旨。所以，在《现代》编到第五卷时，施蛰存就逐渐放弃编务，让杜衡独自主持，开始筹办《文学感觉》(出版时改名《文艺风景》)。1934 年 3 月 16 日，他写信给戴望舒说：“《文学感觉》是现在我想自己

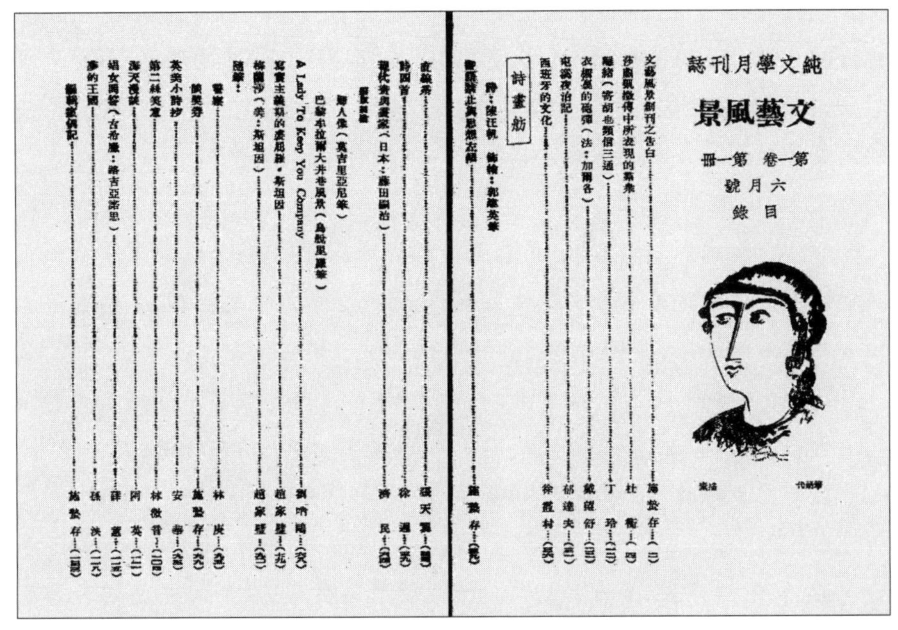
純文學月刊誌

文藝風景

第一卷第一冊

六月號

目錄

《文艺风景》第一册目录

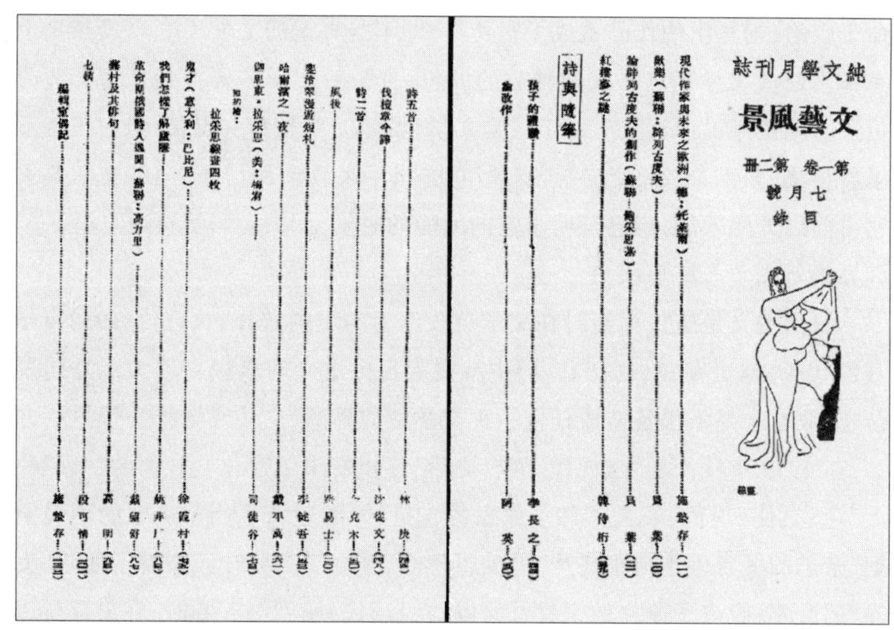

純文學月刊誌

文藝風景

第一卷 第二冊

七月號

目錄

現代作家與未來之歐洲（德：托萊爾）……施蟄存

論薛列古度夫的創作（蘇聯：鮑朵思基）……貝葉

紅樓夢之謎……韓侍桁

詩與隨筆

孩子的體驗……李長之

論敘作……阿英

詩五首……林庚

詩二首……克木

風筏……易士

哈爾濱之一夜……戴平萬

鬼才（意大利：巴比尼）……徐霞村

我們怎樣了解蘇聯……杭非厂

革命期俄國詩人逸聞（蘇聯：高力里）……袁留舒

七戒……段可情

編輯室偶記……施蟄存

《文艺风景》第二册目录

办的杂志，像日本 Serpent 一样的篇幅。”施蛰存一直“想弄一点有趣味的轻文学”（1933 年 5 月 29 日致戴望舒信）。“轻文学”，或称“无意思文学”，是他称许的文学，即不负载“暗示什么意思”以及“训诲”“指导”的功能。《文艺风景》寄托了施蛰存这一独特的文艺主张。他把杂志定位在“一个以轻倩见长的纯文艺月刊”，并对杂志的定名做了一番颇有味道的解说：

> 至于本志之定名为《文艺风景》，不过是随手拈来，它并不含有什么深刻的意义或暗示。文艺的风景，正如大自然的风景一样，是构成于各种自然的现象，而自由地让各种人以各种心境去欣赏的。一山一水，一茅亭，一村舍，甚至一癞皮犬，一乞丐，都足以为构成自然的风景之一因素，所以文艺的作者，无论是瑶华公子，绣阁才人，偶尔弄笔，发为佳作；或是坐倦皋比，形劳案牍，濡墨展纸，以为遣兴；或是困守家园，怜才悲命，妻子啼饥，仰天长叹，刻肾镂肝，以谋饘粥；或是目击狂流，心伤浮世，发愤挥椽，以当木铎；凡此种种，动机虽然不一，而其成就则无非是文艺界之一景，正如山水、茅亭、癞犬、乞丐之纷然杂陈于我们眼下。

这篇《〈文艺风景〉创刊之告白》写成于 1934 年 4 月 25 日。前一年，为《庄子》《文选》的事，施蛰存与鲁迅交恶。鲁迅和施蛰存笔战的文字，都收在他的《准风月谈》里。施蛰存在《告白》文末写道："说到这文艺风景之赏鉴者，如为有闲之人，则在茶余酒后；如为帮闲之人，则在奔走之余；如为革命勇士，则在戎马倥偬之际；品类尽可不齐，心境尽可不同，甚至其流连风景后所得的感想也尽可各各殊异，然而当其把卷之时，冥然神往，若与此万象纷披之景色有所默契，这又必然是人同此心的事。"依然可见硝烟过后的余痕。两人彼此都留下成见。鲁迅送给施蛰存一个"洋场恶少"的"桂冠"，施蛰存以牙还牙，也写了极尽讽刺挖苦的文章。几十年后，在他的《浮生百咏》第六十八首中还念念不忘："十年一觉文坛梦，赢得洋场恶少名。"

《文艺风景》的定位，施蛰存在创刊号《编辑室偶记》中有具体的说明："本刊的编制，并没有一定的规范。大约每期总有一组较详细的外国新锐文学之介绍及作品之翻译，几篇精致的不太冗长的小说，其他则小品随笔也是编者所注意的材料，总之，本刊是希望成为一个专载精致，短小，轻倩，新锐，而不流于恶俗低陋的文艺作品的小月刊。"言有未尽，第二期《编辑室偶记》

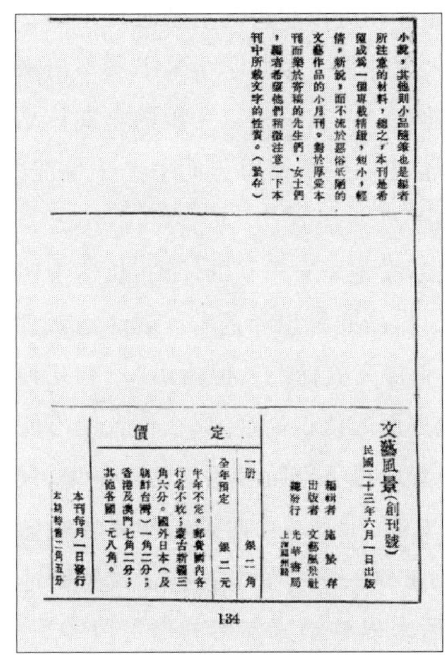

小說，其他則小品隨筆也是編者所注意的材料，總之，本刊是希望成爲一個專載精緻，短小，輕倩，新銳，而不流於惡俗低陋的文藝作品的小月刊。對於厚愛本刊而樂於寄稿的先生們，女士們，編者希望他們稍微注意一下本刊中所載文字的性質。（蟄存）

文藝風景（創刊號）
民國二十三年六月一日出版
編輯者 施蟄存
出版者 文藝風景社
總發行 光華書局 上海福州路

定價
一册 銀二角
全年預定 銀二元
半年不定。郵費國內各行省不收；蒙古新疆三角六分。國外日本（及朝鮮台灣）一角二分；香港及澳門七角二分；其他各國一元八角。

本刊每月一日發行
本期特售二角五分

134

《文艺风景》第一册版权页

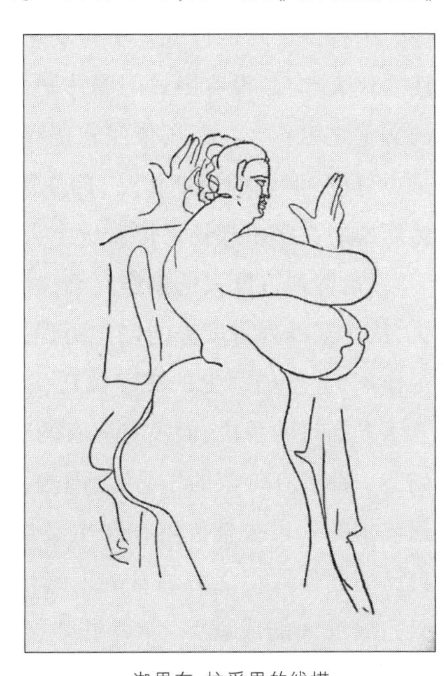

迦思东·拉采思的线描

《文艺风景》第一册插页

又做补充："但这所谓轻倩，并不完全是供给读者把它当做画报之类的东西，在闷得慌的当儿消遣消遣的。编者希望它是一种短小精悍，而不失崇高的文艺趣味，使读者阅后又不必费多大的脑力来反省的一种文艺刊物。"

但是《文艺风景》里并不都是"轻倩"的文字。

丁玲的《离情》(第一册)，是她写给丈夫胡也频的三封信。1933 年 5 月 14 日，丁玲在上海被当局逮捕，各报刊都保持沉默。施蛰存在《现代》第三卷第二期《编后缀语》中率先把这件暴行公告天下。忽忽经年，丁玲仍"存亡未卜"。施蛰存收集丁玲的信件，代拟标题刊出，表示朋友们的祝念。他在《编者注》中称许丁玲的成就："丁玲女士的作品实在可以当得起是新时代中国女性之代表作，她没有旧式闺阁才媛之纤弱，也并无一般女学生笔下所写出来的文字之粗犷。"不过，依照施蛰存的文学观："在我们是以为她的早期作品是更好的，但她的后期作品，即使因为要灌注一些革命思想而不免于生涩，然而她的文字中却还保留着她个人的长处。"

《论辟列古度夫的创作》(第二册)，是苏联鲍采夫思基的评论，长达十四页，从作家辟列古度夫的创作历程，论述他作品的思想和艺术成就。论者肯定作家"艺术描写上的文字技巧，达到了非常高的标准"，但指出"只有几种艺术上描写的手段，而没有应有的宇宙观方面的认识高度，那么作者便不能创造一种极有价值的作品"。因之，"在为着取得无产阶级意识的斗争中，只把艺术的手段去辅佐着社会主义建设的事业，十月革命时期的作者才能为自己的创作取得无穷的日的宝藏(疑原刊有误——引者)，这些宝藏帮助他们完成巨大的成就"。译者贝叶，就是后来以哲学家知名的冯定(1902—1983)，原名冯稺望、冯昌世，笔名贝叶、北译。浙江慈溪人。宁波师范毕业，入商务印书馆工作。1927年赴莫斯科,1930年回国,从事地下党活动。

《文艺风景》的作者群与《现代》一样比较宽泛,海派作家、京派作家、左翼作家并列。施蛰存和他的老朋友戴望舒、杜衡、刘呐鸥、徐霞村、路易士、徐迟、高明等自然少不了,郁达夫、林庚、金克木、李长之、李健吾、沈从文、韩侍桁、赵家璧等都写稿支持,张天翼、阿英、戴平万、段可情等也有作品发表。高明(1908—),笔名有陈真、沈晦等,江苏武进(今常州市)人。早年曾留学日本,攻文学。后研究欧美文艺思想及小说原理。段可情(1899—1994),原名段传孝,笔名白莼、金蛮。四川达县人。1919年去日本留学,后去德国就读于柏林大学。1926年赴莫斯科中山大学学习。回国后参加创造社。林微音,与北京女作家林徽音的名字容易相混的一位男作家。笔名陈代,江苏苏州人。原是一名银行小职员,后专职写作。曾与朱维基、芳信等组织绿社,戴望舒、杜衡等也都熟识。五十多年后,施蛰存有《林微音其人》记这位他"连带地结交上了"的朋友。

《文艺风景》创刊时,施蛰存预感到理想追逐的困难:"我曾尽了我的能力,以企图达到我理想的境界,可是理想永远跑在前头,正如夸父逐日,永远只是望着前面一片光芒。"(《〈文艺风景〉创刊之告白》)这本大三十二开本、一百三十余页的杂志只出了两期,真的是不幸而言中。让人想到路易士的《风后》:"风后的夜空,/朦胧之月如湿的水彩画,/晚饭时的青菜汤,/遂带有几分悲凉之感。"

《作品》

杨骚

1934年6月20日，《作品》杂志在上海创刊。思潮出版社出版，作品月刊社编辑委员会编辑，上海杂志公司发行。大三十二开本，九十六页。

《作品》的编辑是杨骚。杨西北的《杨骚简谱》中这样记载他的父亲："1934年4月，办思潮出版社。出一本托尔斯泰的书和《苏联教育概观》(林焕平)，与欧阳山等编《作品》杂志，仅出一、二期即遭禁止。"(《杨骚选集》)

杨骚(1900—1957)，原名杨古锡，字维铨。福建漳州人。十八岁赴日本留学，后辍学回国，滞留漳州数月后，远走新加坡谋生。1927年回到上海，开始以"杨骚"的笔名专业创作。1930年加入"左联"。1932年9月，与穆木天、任钧、蒲风等在上海成立了中国诗歌会。次年2月，创办中国诗歌会的机关刊物《新诗歌》。之后，办思潮出版社，创办《作品》杂志。

早期的杨骚，"爱与美，忧郁而感伤，青春意识与生命感慨，浪漫的想象与梦幻，甚至幻灭感和虚无感相互渗透交织构成了他绚丽多彩的诗篇"。(李晓宁：《诗骚性情漂泊魂——杨骚心解》)二十世纪三十年代，现代文学在革命和救亡时代的绝对律令的要求下迅速政治化。新诗歌运动要求诗人与"我""游子""寻梦者"的缥缈梦幻告别，从自我天地个人悲欢的咀嚼到民族出路的追寻,使诗歌成为大众的歌调。杨骚也随之转变。《作品》创刊号上杨骚的《去吧,〈春的感伤〉!》就反映了诗人这一转变。诗集《春的感伤》收入杨骚 1928 年至 1929 年的诗作,1933 年出版。诗人说,今日读来,好像有隔世之感:“版上,刻的尽是脆弱的肝肠;/纸面,画的尽是桃色的悲叹;/还有,是一些蠢的空架的热狂,/苦闷的喜悦和朦胧的希望。”诗人现在再也写不出那样充满自我的诗了,是因为“‘我’死在阴惨的现实和现实的强光里”,“阴惨的现实把桃红的‘我’撕碎,/现实的强光把苍白的‘我’烧毁;/‘我’,是一架焦头烂额的活尸,/‘我’,是在舐着自己遗下的一堆血水”。诗人与《春的感伤》告别,并欣喜地表示:“我们终于得看到了若干真挚热情刻苦向前的新诗人出现”,“我们的诗评家已在注意诗的写实主义”。

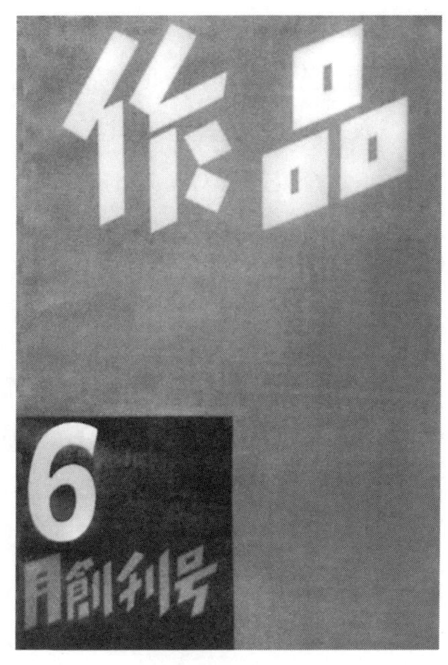

《作品》创刊号刊影

刊名《作品》,说明刊物所注重者是作品。创刊号有创作小说两篇,翻译小说两篇,剧本一篇,散文三篇,诗两首。另有文艺时评三篇,电影漫谈、报告与批判各一篇。

《作品》出版不久,第三卷第三号《文学》刊出了惕若的《两本新刊的文艺杂志》,予以介绍评论。惕若,即著名作家茅盾。

茅盾很欣赏《欢迎会》:“张天翼的小说《欢迎会》没有登完(我以为能够一期登完更加好)。这半篇小说很有趣。故事是某城的学校‘当局’为的要奉承一位巡视员,筹备欢迎会。欢迎会中的大节目是话剧《还我河山》,编剧兼导演兼后台主任的,是体操教员赵国光。不料那位巡视员提前了两天到来了,于是急坏了编剧兼导演兼后台主任的赵先生。他这‘大作’的第二幕还没排演过呢!但只能勉强开演,自然要出乱子。演员们完全不记得台词,一字一字全靠提示人在幕后提示。赵先生此时另有了差使,不能照顾后台,匆忙中那位提示人把仅有的一份油印脚本又丢了,好容易找到了时,钉这油印脚本的铜钉已经没有,前后页数完全弄乱了。可是僵在台上的'人物'却等着'提示'。没奈何,那位提示人只好不管页数先后对不对,胡乱'提示'下去。结果,剧中饰爱国英雄者对帝国的主帅念了卖国贼的台词,而剧中的卖国贼却对剧中的本国民众念了爱国英雄的台词。等到那提示人发觉了这错误时,爱国英雄已变成卖国贼,而卖国贼已经成为爱国英雄!上半部的小说至此而止。这真是'幽默'(如果我们说是幽默)得很够味儿。"茅盾还说:"记得张天翼写过一篇《洋泾浜奇侠》,也是'幽默'的,可惜写到中间稍带点儿'油',并且那些过分夸张的人物总使读者感到不自然。现在这篇《欢迎会》全没有这些毛病。用一句陈腐话,殆所谓'妙手偶得之'罢?希望作者能够常常'得之'!"因为《作品》一期即停,只登出《欢迎会》的"半篇文章"。故事的结局是:变成了卖国贼的爱国英雄,听命于敌人,屠杀本国的老百姓。巡视员指挥军队包围学校,把赵国光和演员解省交军法处严办。赵国光邀宠得祸,"欢迎会"变成"获罪会"。

这一期冰山的小说《崖边》,茅盾评得简略:"这是用了'严肃'的笔调写一件'严肃'不过的事。冰山好像是新人,他这一篇实在写得不坏。"语意隐晦是不便明说。小说写二十世纪三十年代初期,南方共产党领导的某根据地,大部队(指红军)走了,敌人(指国民党的军队)即将来到,农民组织的队伍从防卫到最后撤离,描绘了放牛娃长大的木仔和手艺师傅王全福不同的行为和心理。这样内容的作品,在当时的政治情势下是相当罕见的。

《散文》一栏,明长照(欧阳山)的《乌龟底生命价值》是一篇杂感。报载中国动物保护会对于宰杀乌龟的抗议文,指责杀龟的小贩"丧尽天良,忍心残暴"。作者认为小贩即使有罪,也不会比吃龟的为重。如此说来,"虹口公园里垂钓的绅士小姐该杀头,而吃鸡蛋的人该无后了"。历史上有时也有为人群谋福利的人遭到屠杀的。人们想到了吗?草明的《年龄的比赛》,写乡村一个人称"九太"的据说已在百岁以上的女叫花子,孤独无依。平日吃的是坏的山果和老菜叶。一只死了的小鸡连毛烧烧,就成了她的一顿美餐。有一天,官府举办"老人健康比赛大会",九太竟被梳洗打扮送去参赛,而且因"保养"得好而获奖。故事荒诞不经,全文反话中实有沉痛,平淡中充满讥讽。茅盾称许二十岁的女作家"写得好"。

茅盾不满意的是张堃的独幕剧《雪中的行商》(目录印为《雪中行商》)。剧本写一个东北女子,十年前做女学生的时候曾爱上一个男生,但女的惑于人言,嫁了一个什么机关的职员。这位老爷却是早已有了太太的,瞒住那女学生。后来老爷差使丢了,搬到上海。老爷做金子生意,赚了钱,可是对于新夫人(现在已是旧夫人,生了一个男孩子)的感情越来越不好,已和她不住在一处了。“一·二八”以后一个下雪的日子,这位被骗的太太因为买牙粉同卖牙粉的小贩谈起来认了乡亲。太太把自身的痛苦讲给这位乡亲听,甚至也没隐讳她的秘密的恋爱史。不料这个小贩正是从前那个男学生,“九一八”后投入义勇军,打过仗,义勇军失败后来上海做小贩过日子。两人忍不住“抱头大哭”。这当儿,老爷坐汽车来了。老爷起了疑心。太太勇敢得很,宣言和老爷断绝关系,跟小贩走了,是“被作践被欺骗的人们摔脱他的链子的时候了”。

茅盾直言不讳:“我觉得剧中的故事太牵强了。”说牵强,“一则太‘巧合’,二则那位老爷的身份不对。剧本中说这位老爷竟然很和平地让他的太太在他面前跟了小贩走,然而我们知道像那样的老爷是不会这么‘和平’的;老爷们玩厌了一个女人,主动地要‘遗弃’她时,是‘和平’的,但当他被女子抢先

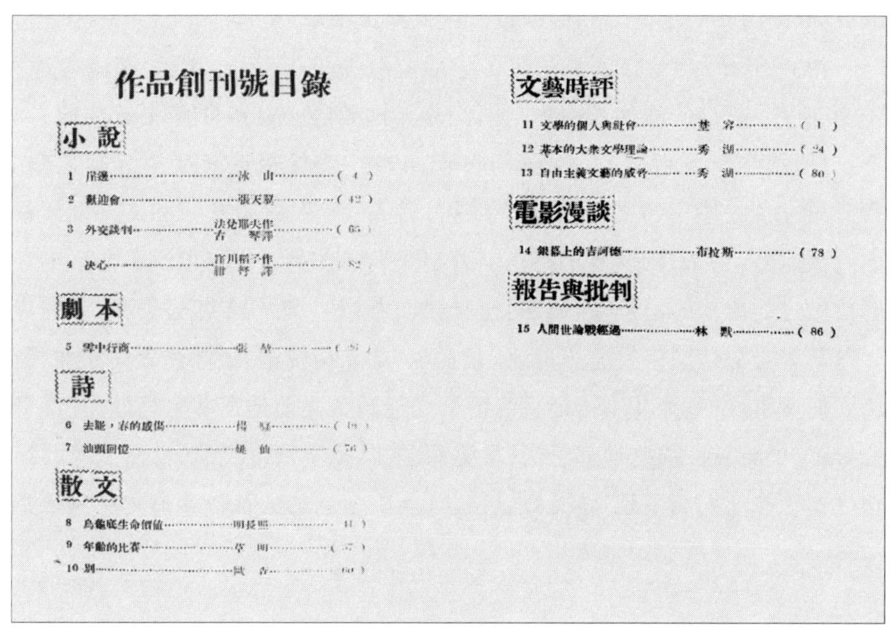

作品創刊號目錄

小說

劇本

詩

散文

文藝時評

電影漫談

報告與批判

《作品》创刊号目录

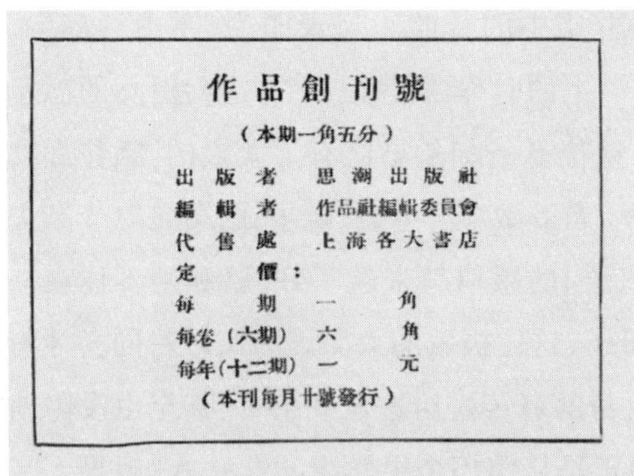
作品創刊號
（本期一角五分）
出版者　思潮出版社
編輯者　作品社編輯委員會
代售處　上海各大書店
定價：
每期　一角
每卷（六期）　六角
每年（十二期）　一元
（本刊每月廿號發行）

《作品》创刊号版权页(局部)

做了主动而且当他面前跟人走时，老爷就要请出法律的宝贝来惩戒女人的自动‘摔脱链子’以及那男子的敢于用他用过的东西”。简单化、漫画化的处理，使故事失去了真实性，沦为一场闹剧。

《作品》问世前，林语堂主编的《人间世》已经创刊。林氏倡导小品文“以自我为中心，以闲适为格调”，内容“包括一切，宇宙之大，苍蝇之微，皆可取材”。这一主张受到左翼作家的批评，林语堂著文迎击，于是展开了一个以小品文为中心，虽不很大却牵涉广泛的论争。《报告与批判》栏内，林默的《〈人间世〉论战经过》做了及时的报道。

《作品》仅存一期(据《百年中文文学期刊图典》著录)。1933年，欧阳山与草明夫妇因受当局通缉逃往上海。他们与杨骚都是“左联”小说散文组的成员，欧阳山参与了《作品》的编辑。(《欧阳山年谱》)

1937年6月，杨骚离开居留十年的上海去福州，后经江西、湖南等地，于1939年到重庆，即加入中华全国文艺界抗敌协会。1941年去新加坡，进行抗日救亡活动。后又逃亡到苏门答腊。1952年，杨骚举家回国，定居广州。1957年去世。中国新文学史留下了这位诗人、翻译家、剧作家和文艺批评家的一页。当年诗人告别《春的感伤》，否定早期的作品：“那可以说是自己年青时代做过的傻梦的记录”。(杨骚：《〈记忆之都〉序》)近八十年过去，今天的诗评家却未必都认同诗人这一自评。相反地，却认为杨骚“最能代表其才性，最为人们所喜欢，最为文学所记载的恰恰是他转变之前的那些名篇佳作”。杨骚“最好的诗——那些抑郁感伤，敏感而多情，富于浪漫气质，自然流露的抒情之作正在前期而不是‘转变’之后”。(李晓宁：《诗骚性情漂泊魂——杨骚心解》)

《文学评论》

《文学评论》,1934 年 8 月 1 日在北平出版,双月刊。十六开本,一百六十二页。

李长之

编辑人李长之(1910—1978),原名李长治,曾用名李长植。山东利津人。1929 年入北京大学预科,1931 年考入清华大学生物系,后改入哲学系。当时已是崭露头角的文艺批评家。参与《文学评论》创办的季羡林(1911—2009),李长之的山东同乡,清平(今属临清)人。两人小学和中学都在济南,但不在一个学校。直到进入清华(季在外文系)才相识,并成为相交甚好的朋友。

1933 年,郑振铎和巴金、靳以等筹备《文学季刊》,延揽南北文化精英。李长之与郑振铎早就熟悉,十二三岁时就有诗作发表在《儿童世界》,杂志的编者就是郑振铎。因之,李长之进入编委会成为“本刊编辑人”,季羡林也列入“特约撰稿人”的名单。1934 年 1 月 1 日出版的创刊号上,有李的论文和季的书评。

《文学季刊》第一期售罄之后,迅疾再版。再版时巴金抽掉了季羡林的评论文章、部分广告和封底编委会及特约撰稿人名单。李长之负责刊物的书评,季的文章是他邀约并经过编委会同意发排的。但现在撤销,并没有经过编委会同意,李长之也不知道,他当然不满。郑振铎与朱自清也认为巴金的

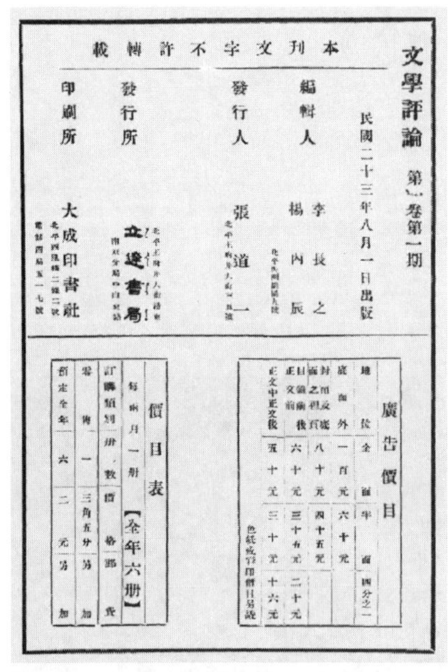
文學評論 第一卷第一期

民國二十三年八月一日出版

本刊文字不許轉載

編輯人 李長之 楊內辰

發行人 張道一

發行所 立達書局

印刷所 大成印書社

價目表

每兩月一冊【全年六冊】

訂購類別	冊數	價格	郵費
零售	一	三角五分	另加
預定全年	六	二元	另加

廣告價目

地位	全面	半面	四分之一
底面外	一百元	六十元	
封面之裡及底頁	八十元	四十五元	
目錄前 正文前	六十元	三十五元	二十元
正文中 正文後	五十元	三十元	十六元

色紙或字印價目另議

《文学评论》第一期版权页

《文学评论》第一期刊影

做法欠妥。接下来李长之与巴金的龃龉又有发展，李愤而退出编委会，不再合作。这是4月间的事情。

这件现代文学史上小小的公案，从北平传到上海。《十日谈》第三十七期介绍李长之的短文中就有“清华文人少壮派退出《文学季刊》，另组《文学评论》，李君即其中坚”的说法。（小岚：《李长之》）不过，这样说并不准确。李退出《文学季刊》是事实，但办《文学评论》的打算早在1932年就开始酝酿了。

这些旧事，早如过眼烟云随风飘逝。有意思的是，几经战乱兵火，季羡林的一本日记(1932年8月22日—1934年8月11日)竟然留了下来。季羡林生前已将日记一字不改地公开出版，书名《清华园日记》(以下简称《日记》)。其中恰好有与《文学季刊》及《文学评论》有关的记录，从中得以看到《文学评论》由筹办至出版的前前后后。

1932年11月14日的日记，是有关刊物的最早记载：“昨天长之同我谈到，要想出一个刊物，名《创作与批评》，自己出钱，以他、我、张文华（即露薇、张露薇——引者）为基本。他说中国文学现在缺乏主潮，要在这方面提醒别人。我非常赞成。”

1933 年这一年,《日记》中有多次同长之(有时林庚也在场,林庚时在中文系,李与季的朋友)商谈的记录。

转眼之间就到了 1934 年。

3 月 3 日日记:“先到露薇处。同长之我们三人谈了半天关于文学评论(我们几个人办的)的事情。关于特别撰稿人、编辑各方面的事情都谈到了,不过唯一问题就是出版处。我们拿不出钱来, 只好等看郑振铎交涉得如何——不过,我想,我们现在还在吹着肥皂泡。不过这泡却吹得很大。我们想把它作为中德学会的鼓吹机关,有一鸣惊人的气概。但是这泡能发生什么样的变化,我们现在还不敢说。无论怎样,年轻人多吹几次肥皂泡,而且还是大的,总归是不坏的。”

3 月 29 日,《文学季刊》抽去文章之后,季羡林办刊物的心愿更为迫切:“同露薇、长之又谈到出版一个杂志的事情。我现在更觉到自己有办一个刊物的必要,我的确觉得近来太受人侮辱了,非出气不行。”但是也不想过分张扬,4 月 4 日:“前几天另外一页上露薇作了一个消息,说到《文学评论》要出版,对《文学季刊》颇为不敬,说其中多为丑怪论(如巴金反对批评)。这很不好,本来《文学评论》早就想出,一直没能成事实。最近因为抽我的稿子和不登长之的稿子,同郑振铎颇有点别扭,正在这个时候,有这样一个消息,显然同《文学季刊》对立,未免有悻悻然小人之态,而且里面又有郑振铎的名字,

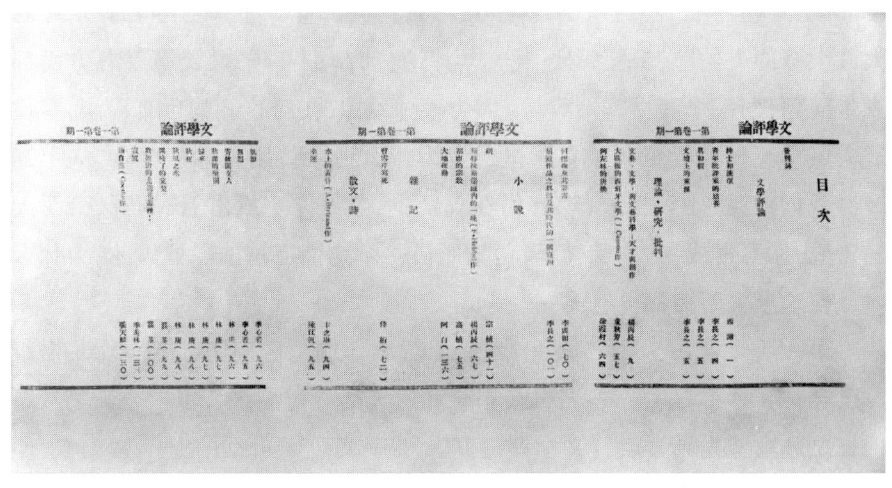
文學評論 第一卷第一期

目次

發刊詞

文學評論

紳士和流氓 西諦(一)

青年批評家的培養 李長之(四)

[illegible] 李長之(五)

文壇上的[illegible] 李長之(五)

理論·研究·批判

文藝·文學·與文藝科學—天才與創作 楊丙辰(九)

[illegible](Goethe作) [illegible](五七)

阿左林的[illegible] 徐霞村(六四)

小說

[illegible] 李廣田(七〇)

[illegible] 李長之(一〇一)

網 宗植(四十一)

[illegible](T. [illegible]作) 楊丙辰(六七)

部落的宗教 高植(七五)

大地在動 阿白(一三六)

雜記

[illegible] 侍桁(七二)

散文·詩

水上的[illegible](A. [illegible]作) 卞之琳(九四)

[illegible] 陳江帆(九五)

[illegible] 李心若(九六)

[illegible] 李心若(九五)

[illegible] 林庚(九六)

[illegible] 林庚(九七)

[illegible] 林庚(九七)

[illegible] 林庚(九八)

[illegible] 林庚(九八)

[illegible] [illegible](九九)

[illegible] [illegible](一〇〇)

[illegible] 李羨林(一三[illegible])

[illegible](Goethe作) 張天翼(一三〇)

《文学评论》第一期目次

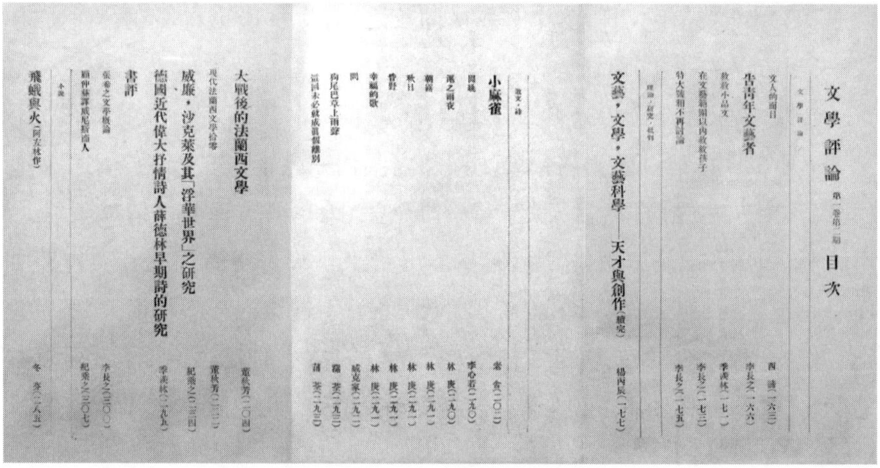
文學評論 第一卷第二期 目次

文人的題目 西 諦（一六三）
告青年文藝者 李長之（一六六）
散散小品文 季羨林（一七一）
在文藝範圍以內救救孩子 李長之（一七三）

文藝，文學，文藝科學——天才與創作（續完） 楊丙辰（一七七）

散文·詩
小麻雀

大戰後的法蘭西文學
威廉·沙克萊及其「浮華世界」之研究 紀乘之（二三四）
德國近代偉大抒情詩人薛德林早期詩的研究 季羨林（二九五）
書評
小說
飛蛾與火（阿左林作）

《文学评论》第二期目次

对郑与巴金的感情颇有不利。昨晚长之去找郑据说结果不很好。”

《日记》中季羡林也记下自己的不快,或因刊物的宗旨确定,或因个人的进退得失,有时甚至牢骚满腹。4月21日:“长之约我进城,因为今晚文学评论社请大学出版社社长吃饭,讨论印刷问题。”“文学评论社及特约撰稿人的信,代表人没写我的名字,非常不高兴,对这刊物也灰心了。这表示朋友看不起我。”5月2日:“对《文学评论》虽然因为长之的热心也变得热心了一点,但晚上看张露薇那样愚昧固执的态度又不禁心凉了。行将见这刊物办得非驴非马,不左不右,不流氓不绅士,正像张露薇那样一个浑身洒着香水穿着大红大绿的人物。”5月9日:“《文学评论》前途不甚乐观,经费及各方面都发生问题,办一个刊物真不容易。因为种种原因,我对这刊物也真冷淡,写代表人不写我显然没把我放在眼里, 我为什么拼命替别人办事呢?”5月28日:“我们的《文学评论》到现在仍在犹疑中,今天你赞成出,我不赞成;明天我赞成,你不赞成,犹犹疑疑了,莫知所措——地地道道的一群秀才,为什么自己连这点决断力都没有呢?”

第一期计划在5月15日出版,结果因为印刷上的问题,几经折腾,出版时已经是8月1日了。大功告成,季羡林这天的日记满纸喜悦:“今天早八点同长之进城。先到大成,《文学评论》已经装订好了,居然出版了,真高兴,印刷装订大体都满意。”

《文学评论》的《发刊词》说：

杨丙辰

我们认为文学是种学问，这就是说需要研究，凡武断和模糊，我们是杜绝的；我们又认为文学是种事业，这就是说我们愿意拿出全副精神来去从事，而我们的趣味乃是在事业本身，因而任何暂时的困阻，毁誉，利害，都不足动摇我们的决心及志愿。

在理论上，我们依了文艺科学(Literarwissenschaft)的内容，有我们的三大目标，从文艺创作之根本的原理原则，建设文艺美学(Literarasthetik)，以文艺美学的应用，而致力于文艺批评(Literkritik)，又以文艺批评的应用，贡献为文艺教育(Literarpagogik)。依了近代的研究精神，我们的方法，将是综合的，系统的，出发自文化的全般和整个的，而不是支离的，部分的，只见其为树而忘其为林的；我们的观点是科学的，是集团的，而不是神秘的，个人的。

和理论兼重，我们重货色。文学(Literartur)是时代的，但文学之上，还有纯文(Dichtung)，却是永久的。理论的对象是二者，创作的对象，也没有两样。

我们始终的态度，将是三个：不偏于“社会”而忽略“人”，不重于“物质”，而轻视“精神”，所以，第一，我们愿意是康健的；儿嬉是我们所不屑，胡闹是我们所不肯，消闲是我们所不忍，所以，第二，我们愿意是严肃的；尽管有的刊物是为的“党”，为的“派”，为的“帮”，但我们认为文化学术是人类的，所以，第三，我们愿意是公正的。

《文学评论》以文学评论和学术研究为主，同时刊登作品和译文。西谛(郑振铎)的文学评论《绅士和流氓》，登在第一期首页。李长之有多篇评论，其中《文坛上的党派》一文仍可见余怒未息："要文坛有希望么，先须冲开这些乌烟瘴气的派和党！"文学作品中有林庚的诗、季羡林的散文和李广田、卞之琳、董秋芳、徐霞村、侍桁等的创作或翻译。因为没有财力支撑，10月出了第二期后就停刊了。

杂志版权页编辑人为两人，除李长之外，另一人是杨丙辰。

杨丙辰(1896—)，原名杨震文，字丙辰。河南南阳人。1917年德国柏林大学毕业。回国后在北京大学、清华大学等校任教。一生致力于德国文学译述，以及德国文化研究。他引领李长之走上学习德国古典美学的道路，在《文学评论》创办中也大力支持。李长之1934年写有近两万字的长文《杨丙辰先生论》，叙述与杨丙辰相识、相处、相知的过程，对杨极为尊崇。季羡林当时对杨也是崇拜的，但认为："杨先生的思想极为复杂，中心信仰是'四大皆空'"。(《追忆李长之》)张中行有《杨丙辰》一文，留下了这位悲剧人物朴厚而又迂阔的几个断片：二十世纪五十年代初，听同学李君说："杨丙辰还是那样不通人情世故，解放战争就要胜利了，他的同乡某人拉他加入什么党派，他觉得无所谓，答应了。解放以后，因此而找不到职业，相当困顿。"六十年代中期，听楚君说："看见杨先生的住处像是有丧事，一问，果然是杨丙辰死了。"时正值"文革"的急风暴雨。

《文学新地》

1934 年 9 月 25 日，在上海出版了一本《文学新地》。

《文学新地》是中国“左联”的机关刊物。创刊号《后记》中编者说，今年好像是“杂志年”，可是“读者们还在感着没有东西可看的寂寞”：

《文学新地》第一期刊影

> 难道真的完全没有有生命的，抓住了现实生活的新刊物出现吗？有是有的，但目前的环境总要想法子来破坏它，摧残它，使它的寿命不能够长久。这曾使压迫者们很高兴，以为这就获到所谓“文化统治”的胜利了。

正因为“现在的读者究竟是感到非常的寂寞”：

> 在我们，是想在文学方面为读者服一点务的，即使敌人用怎样的残酷手段来压迫我们，我们也要始终和他们战斗到底。现在，我们暂时就开辟了这一个《文学新地》。

这样的记述有点简略。1980 年，研究者发现了新的史料：三封二十世纪三十年代在美国发表的中国左翼作家联盟的信，其中有一封说到地下出版的《文学新地》。这是“左联”致在纽约召开的美国作家代表大会的贺信，1935年3月11日自上海发出。信中说：“中国的革命文学是在压迫之下成长起来的。正同法西斯们的期望相反，他们以为他们只要用禁止出版、逮捕和杀害作家的办法，就能够镇压革命的文学，但是革命的文学却继续在地下秘密成长”，“最近用这种办法出版的书当中，有一本是鲁迅写的《准风月谈》”，“中国左翼作家联盟也出版有自己的不定期的正式机关刊物，名为《文学新地》”。“左联”信件的原文文本在国内早已失传，所幸的是1935年6月出版的第三卷第六期美国《今日中国》(China Today，过去译为《现代中国》)杂志上刊载了译文，因而得以存世。《今日中国》是1934年1月美国的中国人民之友协会创办的杂志，发表了不少中国文学作品。

创刊号上鲁迅的《一九三三年上海所感》，原是用日文写成的，文末注出：“石介译自三四年一月一日《东京朝日新闻》”。后改题《上海所感》，收入《集外集拾遗》。《鲁迅全集》注，原文在日本大阪《朝日新闻》发表。文中写当时书籍被禁，书店被砸，作家被捕，革命者受压迫钻到地下去。压迫者和他的

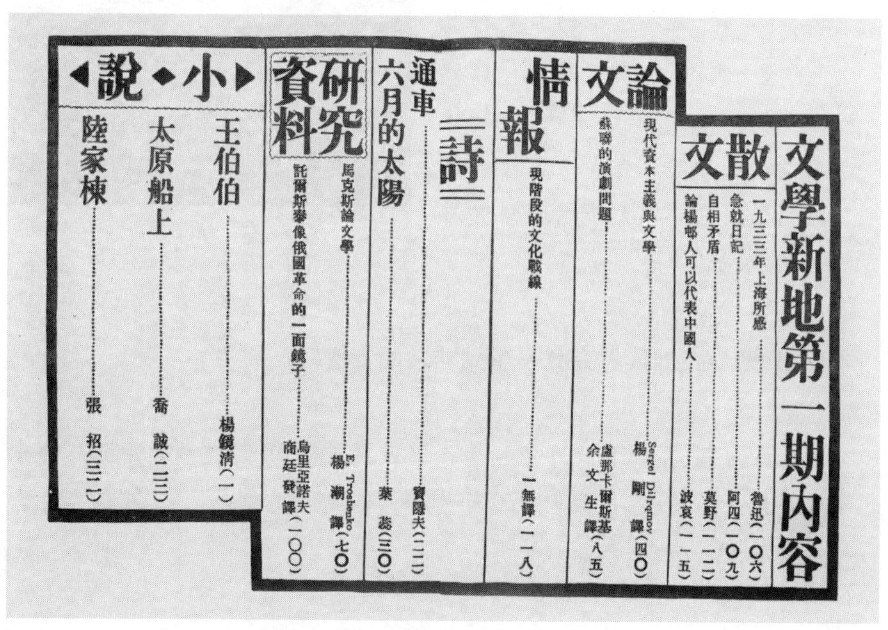

文學新地第一期內容

《文学新地》第一期目录

爪牙竟也躲进暗地里“潜行”，说明虽有军刀保护，他们却毫无自信。

这一期译文有五篇：瞿秋白化名“商廷发”翻译列宁的《列甫·托尔斯泰像一面俄国革命的镜子》（目录为《托尔斯泰像俄国革命的一面镜子》），作者不署“列宁”，而是写作“乌里亚诺夫”。列宁有关托尔斯泰的论述，早在二十世纪二十年代中期就有人译出。瞿秋白从俄文原文翻译，使列宁的论述更为经典化。杨刚译的《现代资本主义与文学》、杨潮译的《马克思论文学》、余文生译的《苏联的演剧问题——论社会主义的现实主义、文学和戏剧》及一无译的《现阶段的文化战线》，编者说“都是精当坚实之作”。（《后记》）

小说三篇，编者称“是作者在实生活中体验出来的东西”。（《后记》）

署名杨镜清的《王伯伯》是叶紫的作品。小说写官府称为“乱党”“匪徒”的造反者队伍要来攻城，老农王国六的儿子和镇上的年轻人去投奔队伍了。他觉得造反者成不了气候，在家照管房屋和田地。官军为防备攻城，沿河架设电网，一把火烧掉了王伯伯的房屋。他昏倒之后，曾得到造反者的关心治疗，但在造反者兵败撤退时，他难舍热土留了下来。他和乡亲还想重建家园，直到官军把他逃难的媳妇和孙子当作“匪徒”杀死，从而丧失了全部希望。他

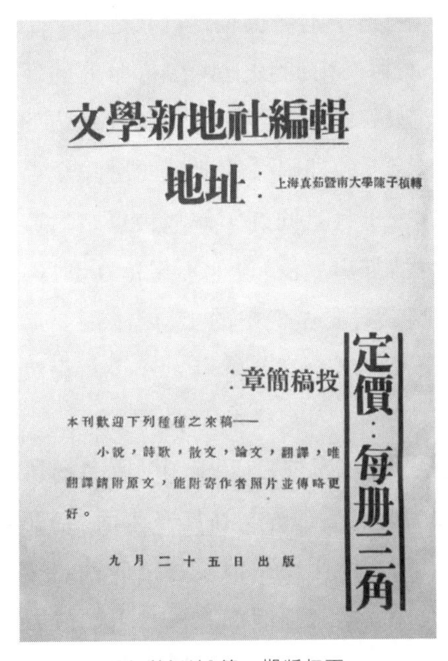

文學新地社編輯

地址：上海真茹暨南大學陳子楨轉

定價：每冊二角

投稿簡章：

本刊歡迎下列種種之來稿——

小說，詩歌，散文，論文，翻譯，唯翻譯請附原文，能附寄作者照片並傳略更好。

九月二十五日出版

《文学新地》第一期版权页

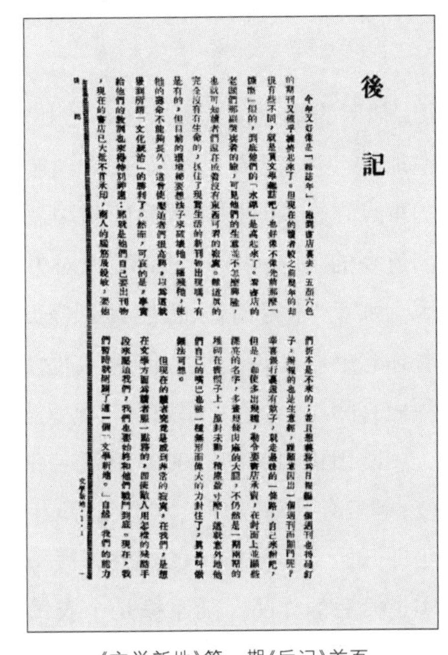

後記

《文学新地》第一期《后记》首页

抛弃了上吊的念头，背起包袱，放开大步，朝着太阳的那边走去了。这篇作品收入叶紫的短篇小说集《丰收》。鲁迅说：《丰收》的六个短篇，“都是太平世界的奇闻，而现在却是极平常的事情。……当《电网外》在《文学新地》上以《王伯伯》的题目发表后，就得到世界的读者了。这就是作者已经尽了当前的任务，也是对于压迫者的答复：文学是战斗的！”（《叶紫作〈丰收〉序》）

《文学新地》第一期插页《春》

《太原船上》的作者乔诚，就是艾芜（1904—1992），原名汤道耕，四川新繁人。1931 年艾芜从缅甸回国到上海，与早年的同学沙汀重逢。第二年参加“左联”。他与沙汀联名写信向鲁迅求教，并将自己的作品送给鲁迅审阅，艾芜送去的就是《太原船上》。1933 年 3 月，艾芜被国民党当局逮捕。沙汀将《太原船上》送给《文学新地》刊出，“乔诚”这个笔名也是沙汀代起的。小说写一个回乡士兵在轮船上的经历。他因为铺位挨近厕所受不了扑鼻臭味，只好挤到几位打牌的阔人旁边的空地上，但又为阔人所不容，受到船上负责警卫的外国兵的训斥、殴打。全篇的重点在士兵与同船散兵的闲聊。原来这个士兵是同红军作战被俘之后放归返乡的，他大讲苏区见闻：说对方打仗时的神出鬼没；说他不想留在苏区，因为那里“不得赌钱，没鸦片烟吸，又不准躲懒，要做他娘的工，闲了还要逼着你念书”。还说了优待俘虏、妇女解放、干部朴素一类新鲜事。“小说写得泼辣而直露，宣传色彩颇浓”。（杨义：《艾芜：漂泊者人生追求之歌》）

欧阳山（1908—2000）用笔名张招发表了《陆家栋》。欧阳山，原名杨凤岐，笔名有凡鸟、罗西、龙贡公等。生于湖北荆州，后随养父在广东生活。1926 年即开始文学创作。《陆家栋》写于 1934 年，是欧阳山由浪漫写情向社会写实过渡后的作品。陆家栋是个农民，听说保安队来抓组织农民自卫军的五弟，就跑了出来，流浪广州，白天乞讨，晚上偷偷地睡在公园的长椅上。一次，他看到火柴厂的工人们游行,“一个穿着蓝布短衫裤的队伍像一只多头多脚的咆哮着的怪兽”走向街头;“马路另一头灰色的动物来了”,对工人血腥镇压。他也被击打,被关押,被审问。火柴厂在招工,陆家栋没有去。他知道,“他们拿人血当机器油”。小说真实地描写下层人们的痛苦生活,充满浓郁的岭南色彩。

鲁迅对《文学新地》给以关注支持。魏猛克说:“我有一次替叶紫从鲁迅那里拿回一篇修改过的小说稿,使我感动很大。记得这篇稿子是《王伯伯》。”“鲁迅是用铅笔改的,使我有些吃惊,意思好像是作者如不同意,可以擦去。鲁迅把《电网外》交给我的时候,指着稿纸上写的‘朝着太阳,向前迈进’对我说:‘这样写容易觉得好像口号,改成“朝着太阳那边走去”就行了’”。(《回忆左联》)任白戈说:“我记得‘左联’出过《文学新地》,鲁迅先生就出过两百块钱。”(《我在“左联”工作的时候》)

《文学新地》封三上除投稿简章、出版日期、定价之外,地址一项只印“上海真茹暨南大学陈子桢转”。陈子桢,即白曙(1912—1986),原名陈作梅,笔名白曙、方未艾等。广东台山人。1932 年就读于暨南大学,参加“左联”,发起组织中国诗歌会。1949 年后,在广西文联等部门任职。他晚年回忆编辑《文学新地》那段难忘的经历:杂志“由我负责通讯。同在这时候,‘左联’直接领导的中国诗歌会出的《新诗歌》从二卷一期起,也取用这个办法,通讯处跟《文学新地》一样,却具了个女性的名字:龚素兰,亦归我负责收集来稿来信。这足见当时‘左联’对法西斯斗争是多么艰巨啊!”(《难忘的往事——关于“左联”反法西斯斗争及其它的片断回忆》)

杂志为十六开本,一百二十六页。封面摘取一张外国照片,色调单纯;目录借助粗线分割,简洁大气。编者在《后记》中表示:这一期“对于当前的抗日反帝,反复古的文章,却还缺少”,希望“到第二期,我们是无论如何要尽我们的力量把它充实起来的”。但文网严苛,一期出版即遭刀斧砍伐。1934 年 12 月 2 日,鲁迅致日本友人增田涉信:“《文学新地》是左联机关杂志,只出了一期。”

《生生》

《生生》创刊号刊影

《生生》,1935年在上海出版的文艺月刊。李辉英编辑。

李辉英(1911—1991),原名李连萃,笔名有梁晋、叶知秋、东篱、南峰、西村、被陵等。吉林吉林县(今永吉)人。1927年,考入上海立达学园,毕业后入中国公学。1931年日本侵略者的炮火炸毁了他心中的梦幻,起而执笔为文,以反映抗日为主题的作品跨入三十年代的中国左翼文坛。1932年,短篇小说《最后一课》发表在《北斗》。当年加入"左联"。次年3月,长篇小说《万宝山》由上海湖风书店出版。抗日战争全面爆发后,李辉英奔赴抗日前线,积极从事抗日救亡工作。抗战胜利后,任长春大学、东北大学教授。1950年南下香港,专事写作,曾在香港大学、香港中文大学任教。

1934年冬天,李辉英应邀编辑《生生》。这本杂志由上海图画书局出版发行。书局老板孙家振(1863—1939),字玉声,别署警梦痴仙、海上漱石生。上海人。他是鸳鸯蝴蝶派中的著名作家,以小说《海上繁华梦》著称于世。一部一百回、近百万字的长篇小说,为后人留下了社会转型期的民俗风情画卷。上海图画书局又称生生美术公司,原来只是印七彩日历和美术画片的小店。老板为什么要办新杂志?从以后因成本过重而停办推想,当初也许是想

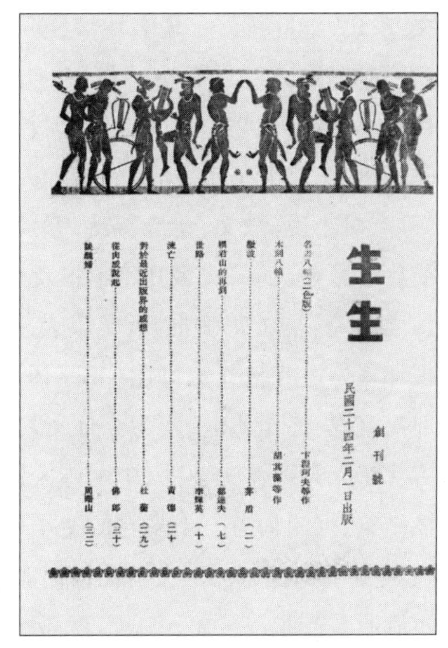

生生

創刊號

民國二十四年二月一日出版

名畫八幅(三色版)……等作
木刻八幀……胡其藻等作
微波……茅盾(一)
桐君山的再到……郁達夫(七)
世路……李輝英(十)
流亡……黃德(二十)
對於最近出版界的感想……杜衡(二九)
從肉感說起……佛郎(三十)
談戲婦……周曙山(三二)

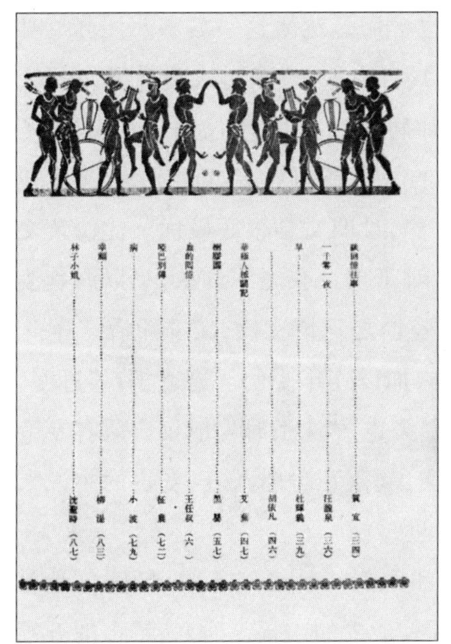

談閒情往事……賀宜(三四)
一千零一夜……汪馥泉(三六)
旱……杜輝義(三九)
……胡依凡(四六)
華緬人械鬭記……艾蕪(四七)
樹膠園……黑嬰(五七)
血的回憶……王任叔(六一)
啞巴別傳……征農(七二)
病……小波(七九)
幸福……柳湜(八三)
林子小姐……沈聖時(八七)

《生生》创刊号目录

赚上一笔。

1935年2月1日出版的《生生》创刊号，十六开本，九十六页。大量篇幅刊载的是小说，计有：茅盾的《微波》、黄德(叶紫)的《流亡》、杜辉义的《旱》、艾芜的《华缅人械斗记》、黑婴的《树胶园》、王任叔的《血的回忆》、征农(夏征农)的《哑巴别传》、胡依凡的《闲》、小波的《病》、沈圣时的《林子小姐》及李辉英的《世路》。郁达夫的散文《桐君山的再到》，柳湜、杜衡、周曙山、贺宜的杂感，汪馥泉的书评，合在一起只有十多页。杂志的内容相当饱满，编辑很下了一番功夫。赵景深称许李辉英："带有北方人的直爽"，"颀长的脸和颀长的身体，能够耐劳吃苦"。(《东北作家群》)可惜《生生》出版一期，便收档大吉。李辉英说："内容方面，都还过得去，唯以成本过重，见好就收，是世故的孙玉声别具生意眼处，他连说几声对不起，希望今后再有合作的机会，就此了事。"

《生生》的作者中茅盾自是大家，叶紫、艾芜、王任叔、征农、黑婴、柳湜等左翼作家当时也很知名。而《林子小姐》的作者沈圣时却是今日读者陌生和隔膜的人物。近年经人查询，我们得以大致了解这位早逝的进步作家的生平。沈圣时(1914—1943)，名沈储，又名沈莳，号圣时。笔名有刚克、草间、聚文、秋山、红叶等。一说名沈潜，字圣时，也曾用过沈激这一名字。江苏吴县(今属苏州)人。他勤奋写作，在《申报》的《自由谈》发表过大量散文，在《现代》《小雅》等刊物上发表诗作。因长期罹肺病不治去世，年仅二十九岁。沈圣时逝世后，当年6月26日南京《中报》发的一则新闻写道："沈氏为文，体裁颇广，对小说、散文、新诗、杂感等，均有素养，且旧文学根底极优。沈氏杂文受鲁迅影响甚深，文多刊于本报及京报。对于现社会之深刻认识，以讽刺泼辣之手笔，给予正确批判，足以表现文人爱憎之真情实感，实非生存于蒙昧现环境中之其他作家可比。不幸体质素弱，加以连年受生活逼迫，劳累过度，旧疾复发，终至不起，实为今日文艺界之损失也。"沈圣时生前仅出版有专论古代诗人与新诗先驱的《中国诗人》和散文集《落花生船》。已发表的小说未能结集，据说尚有三十多卷的遗作手稿存世。

创刊号《生生》正文前面的名画八幅和木刻八帧已经抢眼，插图更是美不胜收。全期十一篇小说，篇篇都配有插图，最少的一幅(《病》)，最多的五幅(《世路》)，共有三十一幅。这在当时及以后出版的期刊中相当罕见。插图大小不一，形式多样，风格各异，与版面结合，成为美丽而壮观的一道风景，让读者过目不忘。遗憾的是插图都没有作者署名，读者在赞叹之余又怅怅不已，近八十年后更无从查考了。

李辉英接编《生生》后曾向鲁迅约稿。1936年10月鲁迅逝世，他写了《我与鲁迅的认识与往来》悼念，文中回忆往事：

《华缅人械斗记》插图及版式

那时的上海出版界因为有个“图书审查委员会”的组织，无论书籍或杂志，未出版前，一概须将稿件送审，稍微有些被委员老爷认为不大合适，就给你抽去，扣留，或删节，那情形非常恶劣。我们的杂志请鲁迅作一篇文章，因为署真名，被委员们抽去了，据说那一时代鲁迅以真名写出的稿子一篇通不过，这事情鲁迅的近年集子中早谈过了。杂志没有办法，请他再作一篇文章来，他文章依时寄来，另外附了一封信，说以后这杂志顶好别登他的稿子，因为署真名，稿件通不过，署假名，与杂志本身不见有利，而且他还说，依他的经验，登他文章的杂志，大概就快寿终正寝。他那篇文章是写第三种人的，虽然署了一个假名，依然不能通过，没奈何，只得把他的稿子给他寄回了。那杂志后来果然停了刊，在我离职之后一月多，有一天收到他一封信，他要我寻寻审查的大样，究竟哪些地方是最犯禁的而被删，可是我没有替他找到，只回复他说删节最多的地方是骂第三种人最凶的处所，若是能将那审查底稿寻出送他，他恐怕还多作一二篇文章来呢。

按照李辉英的说法，鲁迅曾先后两次给他文章。第一次“被委员们抽去了”，第二次“依时寄来”的文章在送当局审查时又被撤下，他只好寄回给鲁迅。但鲁迅所记的却有不同。检索 1934 年 10 月至 1935 年 3 月这六个月的鲁迅日记，与《生生》有关的记载有六处。1934 年 12 月 20 日：“得生生月刊社信”。这应是李辉英的约稿信。五天后，25 日：“得图画书局信并预付稿费

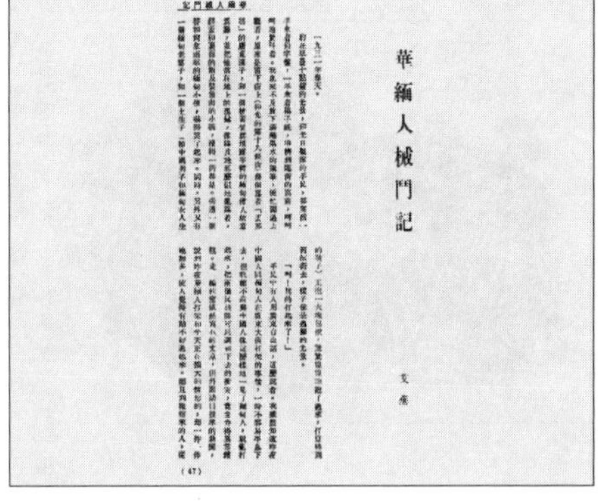

華編人械鬥記

《生生》插图选页

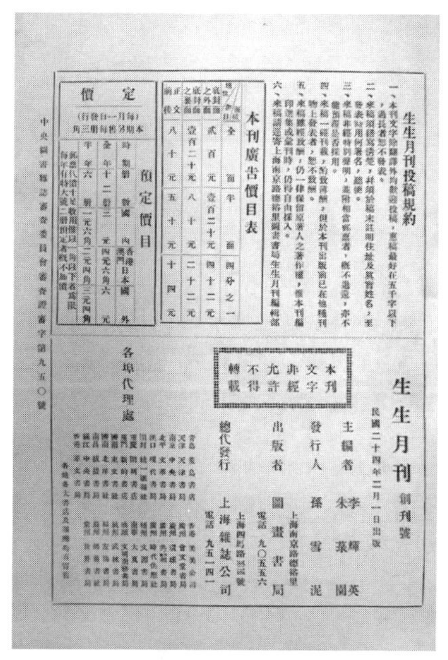

《生生》创刊号版权页

六元。"27 日:"上午寄生生公司稿一篇。"《鲁迅全集》注:"即《脸谱臆测》。"过了 1935 年元旦,1 月 7 日鲁迅日记:"得阿芷信并检察官所禁之《脸谱臆测》稿一篇。"阿芷,即叶紫,李辉英的朋友,办《生生》叶紫帮了不少忙。11 日:"下午得李辉英信。"当是李先请叶紫寄回文章,然后又写信说明原委。2 月 23 日:"得李辉英信,即复,并还生生美术公司稿费泉十。"因为出版方的原因,文章未能刊出,责任不在作者,鲁迅也要退回预付的稿费。《鲁迅全集》注:"去年 12 月 25 日收六元,此时还十元,二数当有一误。"看来,鲁迅只给《生生》写过一篇文章。李辉英说,他没有找到那篇骂第三种人的"审查的大样",也是记忆不确。鲁迅后在《〈且介亭杂文〉附记》中说:"《脸谱臆测》是写给《生生月刊》的,奉官谕:不准发表。我当初很觉得奇怪,待到领回原稿,看见用红铅笔打着杠子的处所,才明白原来是因为得罪了'第三种人'老爷们了。现仍加上黑杠子,以代红杠子,且以警戒新作家。"这说明他见到了"审查的大样",《脸谱臆测》正是骂第三种人的文章。

《生生》停刊不久,李辉英又编辑过《漫画漫话》月刊。这份只出了四期的刊物以"漫话"为主,小说、散文、杂感、诗歌,体裁不拘。左翼作家不少,除艾芜、征农、柳湜、沈圣时等已见之于《生生》的之外,还有曹聚仁、徐懋庸、庄启东、周楞伽、周木斋、何家槐、石灵、许幸之、侯汝华、番草、张春桥等。芦焚、钱歌川也有作品发表。"漫画"不限于漫画,既有漫画,也有插图、速写。张谔、黄士英、蔡若虹等漫画家皆有佳品。《生生》的插图有的当会来自他们的生花妙笔。

《现代诗风》

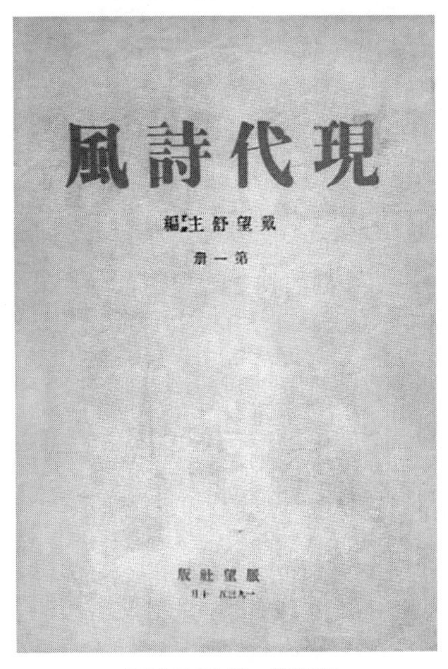

《现代诗风》第一册刊影

《现代诗风》第一册,1935 年 10 月 10 日脉望社出版。

1933 年戴望舒还在法国时,5 月 29 日,他的最亲密朋友施蛰存给他写信说:“我现在编一本季刊,定名《现代诗风》,内分诗论,诗话,诗,译诗四项,大约九月中可出第一册。你如高兴,可寄些小文章及译诗论文来, 不过没有稿费。”(孔另境编:《现代作家书简》)

这一计划的实现却在两年以后。

1935 年夏天戴望舒回国,施蛰存在《文饭小品》杂志登出了《戴望舒先生主编诗杂志出版预告》,为《现代诗风》“预热”:

望舒要想办一个关于诗的杂志,已是好几年的事情了。一向没有机会能实现他的愿望。最近他从西班牙、法兰西漫游回来,看见我正在办《文饭小品》,便也有点跃跃欲试。他问我:“《文饭小品》生意如何?”我说:“本钱太少,有点周转不灵,但总得撑持下去。”他说:“诗杂志销路有无把握?”我说:“送人则准有三千本可送,卖钱则连一千本也不敢担保。”但是他终于决定要替诗坛热闹一下,编刊一个关于诗的两月刊,定名《现代诗风》。由脉望社出版部出版。

戴望舒(右)与徐迟

10月初,《现代诗风》出版,双月刊。大三十二开本,七十二页。封面横排的刊名下标出“戴望舒主编”,施蛰存为发行人。不过,《雨巷诗人:戴望舒传》的作者北塔则认为:“实际上它主要还是由施编辑的。大概望舒的诗名很盛,精明的施很懂得这一点,所以要以望舒的名义出这个刊物。”杂志如《预告》所言,“内容大概分作诗,译诗,诗论,诗话,诗书志诸栏”。

《现代诗风》俨然是现代派诗的大本营。何谓现代诗?1933年,施蛰存在《现代》中说:“《现代》中的诗是诗,而且纯然是现代的诗,它们是现代人在现代生活中所感受到的现代情绪用现代的辞藻排列成的现代的诗形。”(《又关于本刊中的诗》)《现代》聚集了一批尝试现代主义创作方法与技巧的诗人。《现代诗风》第一册的诗人有施蛰存、戴望舒、路易士、徐迟、金克木、徐霞村、林庚等,这是《现代》停刊后现代派诗人群的又一次集结。论者称《现代诗风》“大概是新诗史上唯一称得上具有纯粹现代派诗风格的诗刊”。(陈丙莹:《戴望舒评传》)

徐迟写城市园林里的光,写雨中人海里的伞。诗中对于都市现代物质世界的沉醉和把玩,充满着现代气息。他捕捉眼前的都市光色与心中一刹那感觉,“光:一个门户,/光:一个窗子,/光:一个道路的圆晕”(《夜的光》),“啊,雨,/永远是雨。/在伞上”(《雨》)。营造的意象简洁优美,颇有印象派绘画的韵味。

玲君的《铃之记忆》是《山居》(外二首)之二,诗人写的不是“铃声”,而是

路易士自画像

“记忆”。从银色的吹管、冷气弥漫的林间小屋、海上薄暮的景色,到“辉煌的古代旧事”,吉卜赛人的车铃和哥萨克骑队的马铃声,表现一种超现实的情感体验。玲君(1915—1987),原名白汝瑗,生于天津。燕京大学肄业,后就读于西南联大。1938年到延安,1949年后在《黑龙江日报》和黑龙江大学任职。

诗作还有施蛰存的《小艳诗三首》、金克木的《春病小辑》十首。“现代派诗人们在面对自我的时候,也往往带着一种传统才子的柔弱多情与伤感,病恹恹地顾镜自怜”,他们经常写春天的小病,“通过个人的三春小病,表现自己的‘优雅’情态和心境”。(张林杰:《都市环境中的20世纪30年代诗歌》)

译诗有刘呐鸥译日本西条八十的作品,诗论有周煦良译英国艾略特的《诗的用处与批评的用处》。戴望舒译的《苏俄诗坛逸话》、杜衡译的《英国诗人拜伦书信抄》,丰富了刊物的趣味。

这一册《现代诗风》作为补白登出的诗集出版简讯,也是文采斐然的诗坛史料。如,戴望舒的定本第一本诗集《望舒草》:“戴望舒先生的诗名,是从他的第一诗集《我底记忆》建设起来的,但是《我底记忆》中有一大半的诗都为作者后来所不自满,因此作者在一九三二年去国之前,编定了他的定本第一诗集《望舒草》。”李长之的第一部诗集《夜宴》:“李长之先生是年来最有成就的文学批评家,但同时也是一位诗人。”“人们倘若怀疑一个批评家能不能写出好诗来,那么请一读这首《梦里的诗句》:她底爱/为什么不浮在流水上,/漂漂地送过来呢,/——水是没有空隙的呀!”再如,路易士的第一诗集《行过之生命》的“一种新的风格”、林庚的第二诗集《春野与窗》的“一种新的尝试”,书讯中都着意点出。

《现代诗风》第一册上一般刊物常用来刊登发刊词的位置,却是施蛰存的《〈文饭小品〉废刊及其他》启事。他说:《文饭小品》停刊了,“《现代诗风》两月刊,说不定又是一注亏本生意,鄙人因为自己也不敢担保它的寿命,所以这回不再预定了”。第一册一千册很快卖完,戴望舒却没有趁热打铁继续编第二册,原来他另有宏图。三十年代初的诗歌界曾有着南北对峙的局面。北方诗派包括新月派和后期新月派，南方诗派包括现代派诗人群及其后起之秀。戴望舒创办《新诗》月刊,希望促使南北诗派联合起来。(鉴于种种原因,《新诗》排斥了左翼诗歌界。确切地说,它只是团结了当时诗坛的一半人马。)

戴望舒为这个新计划的谋划实施,付出了很多心血。从国外回来不久,没有固定收入,而结婚成家,父亲故世,老母要养。他就是在这样的窘况中筹办《新诗》的。出版经费共同筹措,戴出二百元,路易士、徐迟各出五十元。1936 年夏天,戴望舒组建的“豪华”的编委会,有戴与卞之琳、梁宗岱、孙大雨、冯至共五人,戴是主编。新诗社就设在上海亨利路永利村三十号戴望舒的家中。徐迟回忆:“在上海的一家名叫‘蜀腴’的川餐馆,新诗社宴请了一次客,届时,编委到四人,只卞之琳因在北京没有来。赴宴者有路易士(即现在客居于美国加州的大诗人纪弦)和周煦良、邵洵美,和一位女诗人严文庄,和我,共有九人”。(《悼冯至》)徐迟和路易士协助编辑,办理杂事。戴望舒曾想把徐迟和路易士也列入编委名单。据路易士说,是他俩主动要求望舒别把他们放进去的。路易

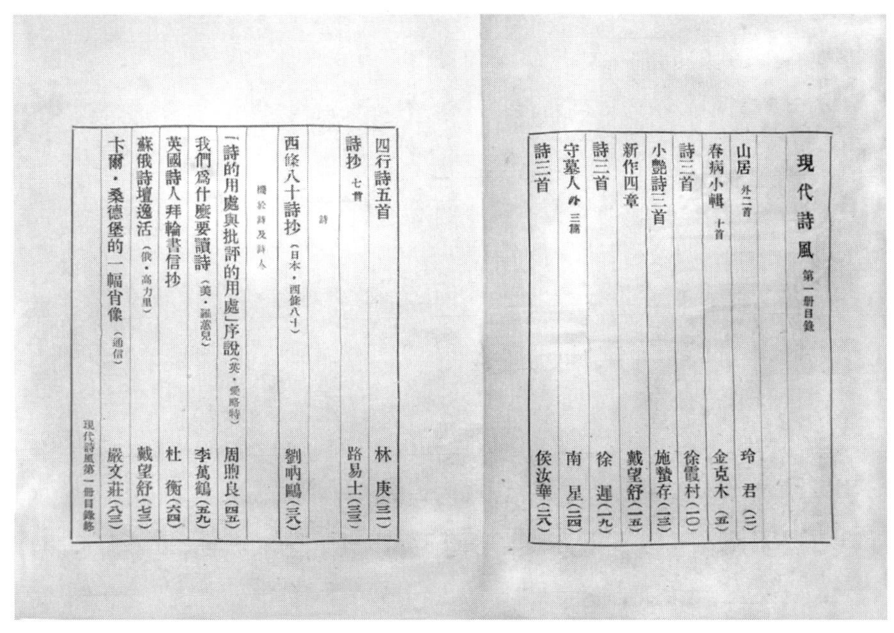
現代詩風 第一冊目錄

現代詩風第一冊目錄終

《现代诗风》第一册目录

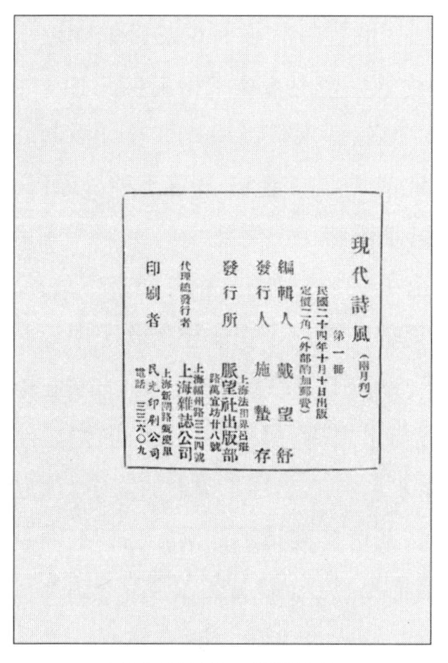
現代詩風（兩月刊）
第一冊
民國二十四年十月十日出版
定價二角（外部酌加郵費）
編輯人　戴望舒
發行人　施蟄存
發行所　脈望社出版部　上海法租界呂班路萬宜坊廿八號
代理總發行者　上海雜誌公司　上海福州路三二四號
印刷者　民光印刷公司　上海新閘路甄慶里　電話　三三六〇九

《现代诗风》第一册版权页

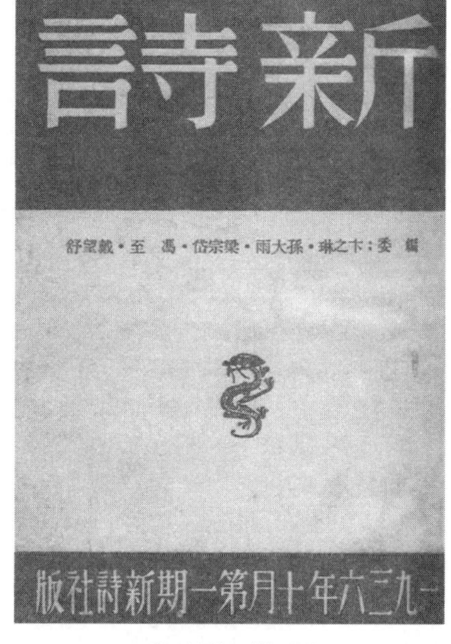

《新诗》第一期刊影

士的理由是，他出了钱而成为编委，会有“捐官”之嫌，而且那时他已成名，不需要靠这个编委的虚名。徐迟也表示了婉拒。望舒本来还想在杂志上指明他俩是执行编辑，但也被二人拒绝了。（纪弦：《戴望舒二三事》）

《新诗》创刊号10月出版，仅出一册的《现代诗风》也就“无疾而终”。当时的《六艺》杂志曾刊有江兼霞的《1935年度中国文学的倾向、流派和人物》，文中说：“成为（一九）三五年度的sensation的《现代诗风》正如它的题名一样，虽然吹动了不少人的恋思，还是季节风似的吹了过去，没有回来的消息。”

《新诗》刊行十期。1937年7月，因战争爆发而停刊。

《现代诗风》和《新诗》的以意象创造为核心象征的现代派诗人群体，在诗歌创作和理论探索上取得了最富先锋性的思考和成绩。戴望舒自是现代诗派中的健将，徐迟给予了高度评价：“历史自会证明，他是中国新诗史上一位最重要最主要的诗人。中国现代诗的桂冠，毫无疑问地，应当是属于他的。虽然直到今天还不是，但我还要在这里写下这个预言。”（《我的文学生涯》）

《海燕》

《海燕》是鲁迅与胡风、聂绀弩、萧军等合办的刊物。

胡风回忆："一天，鲁迅告诉我，萧军和聂绀弩都写信给他，要出刊物，他觉得这样会分散力量，办不好；不如以我为中心合出一个，我告诉了萧和聂，他们也都同意了。拟刊名的时候，鲁迅提出了《闹钟》，我提出了《海燕》，他马上同意用《海燕》。下一次我去时，他把写好了的'海燕'两个字交给了我。"（《胡风回忆录》）编辑工作以胡风为主，并有聂绀弩、萧军参加。聂绀弩说，他在离开《中华日报》时，报馆欠他一笔稿费。后来给了一部分，其余部分答应承印他的书刊时不要钱，以作抵。他答应了。"那时候，在鲁迅先生的倡议和全力支持下，我们编辑了《海燕》。""我们连一点经费都没有，正愁无力付印，这一下有了出版印刷的地方了。《海燕》的一应杂务：校对、排版等等都由我承担，对外算是我主编。"（季强：《聂绀弩谈〈动向〉和〈海燕〉》）萧军也说到经费："印刷费用的来源，鲁迅先生可能是出十元，瞿秋白的稿费（他已去苏区了，无法邮寄）有十几元，其余大家三元、五元又凑了一些。"（上海师大鲁迅著作注释组：《萧军谈〈译文〉〈作家〉〈海燕〉和〈鲁迅先生纪念集〉等》）

《海燕》第一期刊影

1936年1月，《海燕》在上海创刊。十六开本，三十二页。创刊号封面，

《海燕》插图《好人》

《海燕》插图《主人底工作》

鲁迅题写的刊名与巴比塞的半身侧像互为映衬，简洁大方。内文有鲁迅的小说《出关》、杂文《“题未定”草》、《文人比较学》(署名齐物论)、《大小奇迹》(署名何干)以及奚如的《在塘沽》、萧军(田军)的《大连丸上》、萧红的《访问》、荒煤的《罪人》和《记十二月二十四日南京路》(署名沪生)、胡风的《文艺界底风习一景》等作品。另有瞿秋白(陈节)译高尔基的《论白党侨民的文学》。

《海燕》在形式上与当时别的刊物有两点不同：一是正文不采用通行的竖排，而改为横排。因为工人不习惯横排，费力费时，排字费得增加百分之二十。《海燕》还是决然采取了这项革新措施。二是全部采用小字号。这主要是想多给读者一点东西。因为同样的篇幅，用新五号和六号，可以多容纳三分之一的内容。

《海燕》重视漫画。画家蔡若虹回忆：聂绀弩告诉他，鲁迅想把《海燕》办成一个“杂文与漫画合流的刊物”。(《美术史上一面反抗的红旗》)

第一期出版的当天就在四马路卖光了。鲁迅很高兴。1935 年 1 月 19 日鲁迅日记：“晚同广平携海婴往梁园夜饭，并邀萧军等，共十一人。《海燕》第一期出版，即日售尽两千部。”

这是庆功的聚餐。接着,大家组织第二期稿件。

《海燕》当时是作为合法刊物出版的。聂绀弩说:照当局规定,“一定要有发行人和地址,要交给法院的。我们当时拿不出一个人来,第一期就写了一个假的发行人和地址,是我搞的。出版后,法院到卖书书店来说人和地址都是假的,下次出版要真的人和地址,否则不准出”。(上海师大鲁迅著作注释组:《聂绀弩谈“大众语”和“旧形式的采用”的讨论和〈海燕〉停刊等》)

这个问题如何解决?胡风回忆:第一期的版权页,编辑人和出版者,“前者用了一个史青文的假名字,后者只印了一个空头的‘海燕文艺社’。总代售印了‘群众图书公司’,那是曹聚仁教授办的,当是聂绀弩事先和他讲好了的。出版后,国民党就向书店找编辑人和出版人了。聂找了曹聚仁,曹愿意当出版人负法律责任”。(《胡风回忆录》)聂绀弩的说法有所不同,他在《论乌鸦》文中记述:“一晚,我走到曹聚仁先生的住处附近,忽然想起他的住址本来是公开的;他自己就在办刊物,当一个文艺刊物的发行,在他理解刊物性质的人,该不会认为怎么危险,于是鬼使神差,立刻去拜访他。他答应了,并

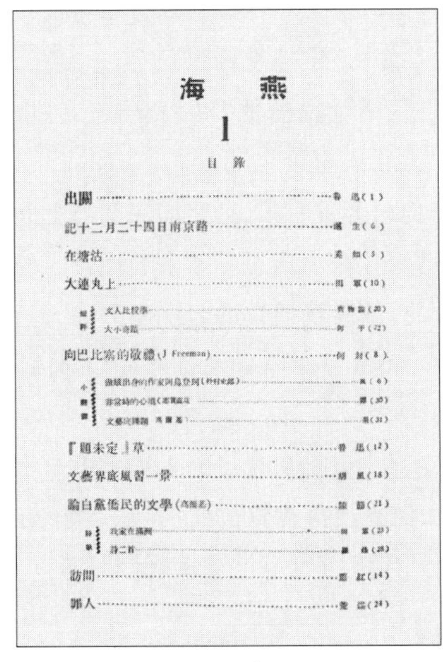
海　燕

1

目　錄

出關……魯　迅(1)
記十二月二十四日南京路……[illegible](6)
在塘沽……[illegible](5)
大連丸上……田　軍(10)
向巴比塞的敬禮(J. Freeman)……[illegible](8)
『題未定』草……魯　迅(12)
文藝界底風習一景……胡　風(16)
論白黨僑民的文學(高爾基)……[illegible](21)
我家在滿洲……田　軍(23)
訪問……[illegible](14)
鄉人……[illegible](24)

《海燕》第一期目录

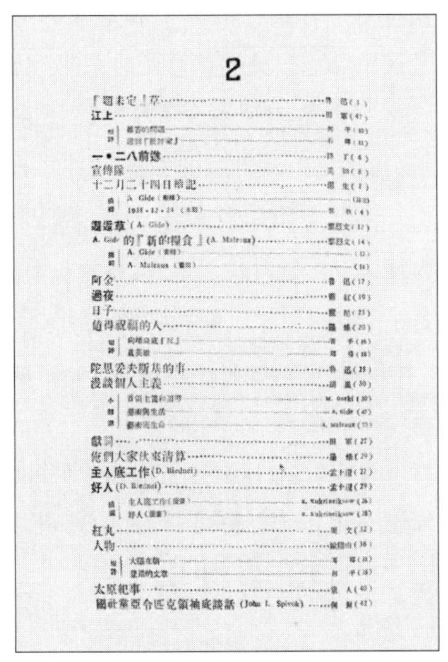
2

『題未定』草……魯　迅(1)
江上……田　軍(4)
一·二八前後……[illegible](6)
宣傳隊……[illegible](8)
十二月二十四日暗記……[illegible](2)
[illegible](A. Gide)……黎烈文(12)
A. Gide的『新的糧食』(A. Malraux)……黎烈文(14)
阿金……魯　迅(17)
過夜……蕭　紅(19)
日子……[illegible](23)
值得祝福的人……[illegible](20)
陀思妥夫斯基的事……魯　迅(25)
漫談個人主義……胡　風(30)
獻詞……田　軍(27)
他們大家伙來清算……[illegible](29)
主人底工作(D. Biednei)……孟十還(27)
好人(D. Biednei)……孟十還(29)
紅丸……[illegible](32)
人物……歐陽山(36)
太原紀事……[illegible](40)
國社黨亞介匹克領袖底談話(John L. Spivak)……[illegible](42)

《海燕》第二期目录

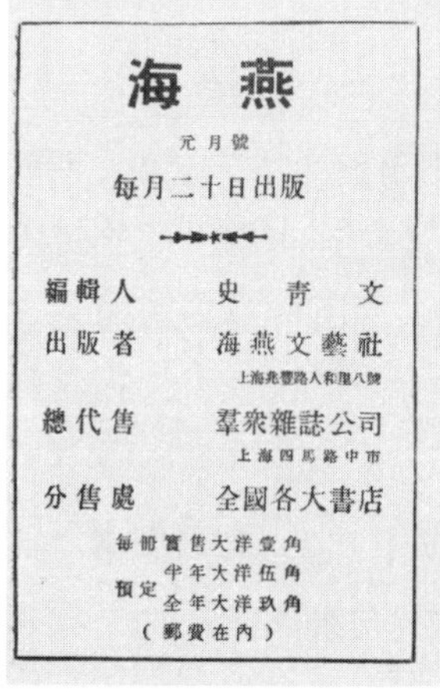
海燕

元月號

每月二十日出版

編輯人　史青文

出版者　海燕文藝社

上海兆豐路人和里八號

總代售　羣衆雜誌公司

上海四馬路中市

分售處　全國各大書店

每冊實售大洋壹角

預定　半年大洋伍角

全年大洋玖角

（郵費在內）

《海燕》第一期版权页

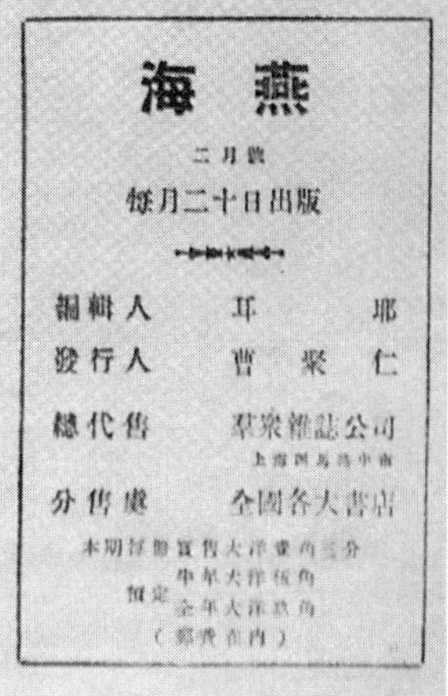
海燕

二月號

每月二十日出版

編輯人　耳耶

發行人　曹聚仁

總代售　羣衆雜誌公司

上海四馬路中市

分售處　全國各大書店

本期每冊實售大洋壹角三分

預定　半年大洋伍角

全年大洋玖角

（郵費在內）

《海燕》第二期版权页(1)

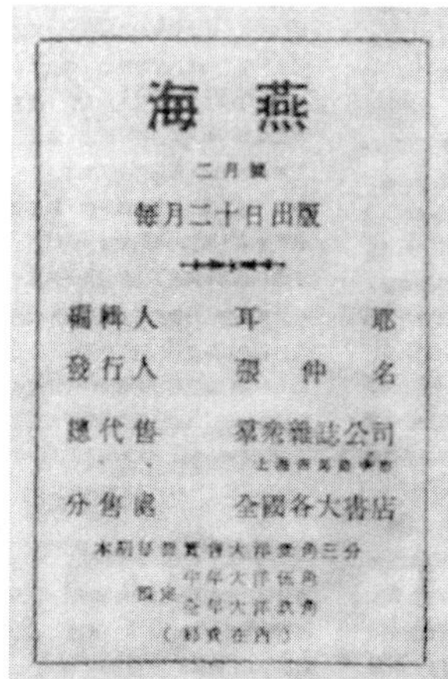
海燕

二月號

每月二十日出版

編輯人　耳耶

發行人　張仲名

總代售　羣衆雜誌公司

分售處　全國各大書店

本期每冊實售大洋壹角三分

預定　半年大洋伍角

全年大洋玖角

（郵費在內）

《海燕》第二期版权页(2)

且谈得很相洽，我一面兴高采烈的通知鲁迅他们，一面就在刊物上印上‘发行人曹聚仁’字样。”写这段文字的时间是 1946 年，三十年后的回忆大同小异：两人入座之后，“我就问曹：‘你做发行人行吗？’谈了半天，最后曹聚仁没有直接说不行，也没有明确说可以，分手时我以为是答应了，于是第二期我就写上了曹聚仁的名字和他家的地址”。(上海师大鲁迅著作注释组：《聂绀弩谈“大众语”和“旧形式的采用”的讨论和〈海燕〉停刊等》)

不论是胡风说的“曹聚仁愿意”，还是聂绀弩说的他“以为曹聚仁答应了”，2 月 20 日出版的第二期终归印上了“发行人曹聚仁”。

杂志一出版就风波迅起。曹聚仁对将他列为发行人、名字印在杂志上大为恼火。聂绀弩说：“我到书店一看，只见曹聚仁在书店里一本本地把自己的名字划去了，并质问我：‘你为什么不经我的同意，就把我的名字印上去。’”(上海师大鲁迅著作注释组：《聂绀弩谈“大众语”和“旧形式的采用”的讨论和〈海燕〉停刊等》)

曹聚仁不仅要求把他的名字勾掉，还在 2 月 19 日、20 日连续两天给鲁迅写信剖白。鲁迅日记 1936 年 2 月 20 日记：“得曹聚仁信，即复。”21 日记：“得曹聚仁信，即复。”但现存的鲁迅书信中仅有 21 日对曹聚仁的回复，信中说：

奉惠函后，记得昨曾答复一信，顷又得十九日手书，蒙以详情见告。我看这不过是一点小事情，一过也就罢了。

我不会误会先生。自己年纪大了，但也曾年青过，所以明白青年的不顾前后，激烈的热情，也了解中年的怀着同情，却又不能不有所顾虑的苦心孤诣。现在的许多论客，多说我会发脾气，其实我觉得自己倒是从来没有因为一点小事情，就成友或成仇的人。我还不少几十年的老朋友，要点就在彼此略小节而取其大。

《海燕》虽然是文艺刊物，但我看前途的荆棘是很多的，大原因并不在内容，而在作者。说内容没有什么，就可以平安，那是不能求之于现在的中国的事。其实，捕房的特别注意这刊物，是大有可笑的理由的。

鲁迅对曹聚仁的退缩态度应该说还是有一定的谅解。没有想到的是，2月22日《申报》广告版(第五版)又登出了《曹聚仁否认海燕发行人启事》，曹公开申明《海燕》窃取了他的名字。全文如下：

旬日以前，聚仁以群众杂志公司代售各种刊物，须有切实负责人出面以明责任；因商请海燕社来店接洽人聂绀弩先生，推定负责人填写登记表向当局登记。忽一日，聂先生来舍，留条请聚仁为发行人，聚仁当即去函拒绝，乃第二期海燕底页仍刊有“发行人曹聚仁”字样，聚仁既非该社社员，不敢掠人之美，特此郑重否认。

今天存世的第二期《海燕》藏品中，也有版权页上署“发行人张仲名”的，看来《海燕》第二期再版时，已将“曹聚仁”改为“张仲名”。但是，聂绀弩说：“曹聚仁后来又去告到法院，他脱了身了。结果法院对我起诉，对书店说，要聂绀弩在几月几日到法院听候审判，我当然不去，当时我住在租界里，如果到法院那边即华界去，就可能回不来了。结果对我缺席审判，罚款五十元。我当然没有去交款。我估计如果真正找一个发行人，《海燕》还可以搞下去的。当时萧军特别表示不要弄了，后来就不弄了。”(上海师大鲁迅著作注释组：《聂绀弩谈“大众语”和“旧形式的采用”的讨论和〈海燕〉停刊等》)

（中華報第二張）

張發奎啓事

蘇端甫啓事

華美染織廠傅瑞芬緊要啓事

曹聚仁否認海燕發行人啓事

昌盛隆號啓事

松江姓源錢莊啓事

廣東兄弟樹膠公司債權團維持業務委員會啓事

曹聚仁否认海燕发行人启事

2月29日，国民党中央宣传部以“一、抨击本党外交政策；二、宣传普罗文化；三、鼓吹人民政府”为由，查禁了《海燕》。

胡风说：他（指曹聚仁——引者）“见到国民党官就把他知道的《海燕》的情况全部说了，并声明悔过，决不做《海燕》的发行人。他安然无恙，照旧当教授，但《海燕》不得不停止了唱歌和呼吸了”。（《胡风回忆录》）查禁当天，鲁迅致杨霁云信：《海燕》“现已以‘共’字罪被禁”。同日，另致曹靖华信：“《海燕》已以重罪被禁止，续出与否不一定。一到此境，假好人露真相，代售处赖钱，真是百感交集。”

这年十月出版的《作家》月刊第二卷第一期有鲁迅的《半夏小集》，文中之五是一段对话：

> A：B，我们当你是一个可靠的好人，所以几种关于革命的事情，都没有瞒了你。你怎么竟向敌人告密去了？
>
> B：岂有此理！怎么是告密！我说出来，是因为他们问了我呀。
>
> A：你不能推说不知道吗？
>
> B：什么话！我一生没有说过谎，我不是这种靠不住的人！

胡风认为B的原型就是曹聚仁，说：鲁迅信中说“他了解曹的‘不能不有所顾虑的苦心孤诣’。这‘苦心孤诣’的意思并不简单。把它当作‘安抚’也可以，当作不得已的讽刺话看也可以”。（《胡风回忆录》）

《浪花》

《浪花》之前，先有《泡沫》。

《泡沫》是泡沫社的刊物。1935 年 5 月，泡沫社成立。社刊《泡沫》于 8 月 15 日出版。第一、二期为对开单页小报，同年 11 月 15 日出版第三期后改为月刊，第四期脱期出版。1936 年 2 月出版的五、六期合刊成了卷终号。3 月，被军阀宋哲元查禁。《泡沫》被封之后，“几个北大学生(其中有魏伯)团结了一些大中学生、社会青年成立了一个浪花社，办了一个文艺刊物《浪花》”。(陈落:《北方左联解散前后回忆点滴》)

泡沫社和浪花社是中国共产党的外围组织。《泡沫》和《浪花》是北方“左联”的刊物。1935 年 11 月，中共决定健全北方“左联”，谷景生(1913—2004)，笔名谷峰，山西临猗人，任党团书记；杨彩，笔名史巴克，后改名刘御(1912—)，云南临沧人，任宣传委员；担任组织委员的是二十世纪八十年代改革开放后曾任国务院副总理的谷牧。

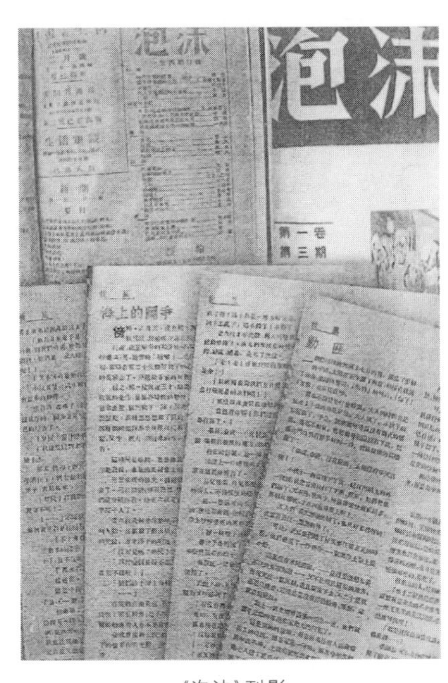

《泡沫》刊影

谷牧(1914—2009)，原名刘家语，当时名刘曼生。山东荣成人。1934 年 8 月从家乡到北平。2009 年出版的《谷牧回忆录》中，谷牧回忆他参加泡沫社的经过。谷牧说，《泡沫》创刊，谷景生“挂名，我做实际工作”。初到北

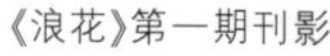
《浪花》第一期刊影

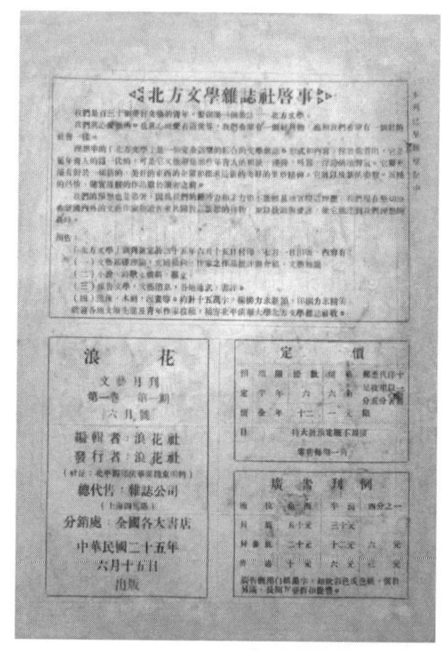
北方文學雜誌社啓事

浪花
文藝月刊
第一卷 第一期
六月號
編輯者：浪花社
發行者：浪花社
總代售：雜誌公司
分銷處：全國各大書店
中華民國二十五年
六月十五日
出版

定價

廣告刊例

《浪花》第一期版权页

平时，谷牧一度成为北平图书馆的常客。他寄居在山东会馆，写小说也写小品。刊登在《泡沫》上的《海上的斗争》《剿匪》等，都是这时的作品，笔名主要有谷牧、牧风、曼生、曼、子颖、景希。

从泡沫社到浪花社，尽管前后相继，但也有不少变化。泡沫社社员只有十数人，多是中学生；浪花社的成员主要是北大、清华等高校学生和部分中学生，共一二百人。社址也由北平朝阳门新鲜胡同二十七号(这是泡沫社社员吕奎龙的家庭住址)变为西郊清华园。更重要的是作者的不同，几乎期期有文章在《泡沫》上发表的林慧文、张腾、耶菲等，《浪花》上已见不到这些名字。《浪花》有新的作者队伍。

《浪花》主编魏伯(1914—1984)，原名王经川，另有笔名王韦、王路、玮路等。河南汜水(今属荥阳)人。北京大学西语系学生。后去延安，1949 年后曾任国防工办主任，中国文联秘书长。魏东明(1915—1982)，当时名杨戊生，笔名戊辰。祖籍浙江绍兴，生于天津。清华大学外语系学生。后去延安，1949 年后曾任湖南大学副校长、湖南省文联主席等职。亚苏，原名张晋媛，山西人，北平女子文理学院学生。柳林，原名王劲秋，河南人。1949 年后曾任中共中央西南局农村工作部副部长。吕荧(1915—1969),原名何佶,曾用名吕云圃,笔名侃平、吕荧等。安徽天长人。北京大学历史系学生。后成为著名的美学家、文艺理论家。“文革”中死于劳改农场。李蕤(1911—1998),原名赵悔深,另有笔名赵初、华云等。河南汜水(今属荥阳)人。河南大学文史系毕业。1935年曾参加北方“左联”。1942年,以“流萤”的笔名连续报道河南大灾荒的报告文学影响全国,后结集为《无尽长的死亡线》出版。

碧野(1916—2008),原名黄潮洋,广东大埔人。当年泡沫社、浪花社的成员,后来成为著名作家。他在回忆录《三人行》中生动地画出了“魏伯的风格”:“老家豫西,生来就像黄土高原似的粗犷、纯朴厚实”;“魏东明的风貌”:“精力饱满,热情奔放,不修边幅,头发乱蓬蓬,像一头狮子”;“亚苏的风采”:“容貌美丽,身材苗条,外表文质彬彬,完全是个漂亮小姐,但内心火热,她的生命在为革命燃烧”。

谷牧回忆,1976年后曾任人民日报社社长的秦川、任国家建委副主任的宋养初、任国家经委主任的袁宝华,当年都是泡沫社、浪花社的成员。著名导演夏淳也是《泡沫》《浪花》的忠实读者。谷牧说,当时是北京大学地质系学生的袁宝华,曾在《泡沫》上发表描写河南民工挖河的诗:“泥水里忍不住饥肠万转,泪泉模糊了我困乏的双眼。命运的恶浪冲击着生活的漏船,从心底我暗自咒骂昏聩的老天!……”典型地表现了《泡沫》和《浪花》这类左翼文学青年刊物所追求的普罗文学的风格。

《浪花》第一期小说有李蕤的《掘坑兵》、宋昕的《石碣村》、余一谷的《孩子们的疑问》;散文有默丁的《引(救亡速记之二)》;诗有魏东明的《陶真这孩子》、王芜林的《五月》;散文诗有魏伯的《我要走》以及王明译E.王尔德的《恋爱与工作的故事》、杨曼译

◁目　　錄▷

封面—亞歷克舍夫:高爾基「母親」的插畫

《浪花》第一期目录

Nonikov-Pribay 的《海上兵变记》等。第二期小说有碧野的《一枝枪》、柳林的《长白山下》;报告文学有宋昕的《六·三》。从题目上读者就可以感应到时代的脉息。译文有杨曼译 Kataiue 的《甜菜》、冯夷译 M.里昂的《船》等。这一期的封面是高尔基的头像,内有《纪念高尔基逝世特辑》:梦辛译的《高尔基的生平与作品》、丹朱译的《高尔基的奋斗史》、朱健译高尔基的《新的太阳》,尧生的论文《纪念革命文豪高尔基》、倪平的《高尔基与现实主义》,魏伯的诗《悼高尔基》和魏东明的《献诗》。二十世纪三四十年代,高尔基在中国文坛被塑造为无产阶级的政治家和文学家。从自我走向集体,从艺术的独立性走向服从政治,从人道主义走向阶级论,左翼作家的推崇可谓登峰造极。

《浪花》出版时,谷牧已入狱。"魏伯巧妙地把新出的《浪花》送入狱中,谷牧在铁窗下读到《浪花》,立即敏锐地判断这是《泡沫》的续刊。他知道战友们仍在继续作战,喜不自胜"。(碧野:《人生的花与果——我的生活道路和创作生涯》)

谷牧在《谷牧回忆录》中说,刚出狱,就接到上级党组织的通知,要他去北京大学参加一个讨论文学方向的集会。谷牧到会才知道,讨论的内容就是国防文学与民族革命战争的大众文学两个口号。谷牧写道:

谷牧

我内心是赞成"国防文学"这个提法的,因为它明确简练,动员、团结面广,符合当时抗日救亡形势的需要。但"民族革命战争的大众文学"这个口号,是左翼文坛旗手鲁迅先生提出来的,我对之不能公开的说不同意。多亏当时没有讲出自己的看法,否则,在"文革"中,我的罪名还得加上一条"鼓吹'国防文学'"。

其实,两期《浪花》已经刊登了多篇两个口号论争的文章,而且态度鲜明地拥护“国防文学”。第一期有柳林的《国防文学的理论与实践》、洛底的《国防文学和作家的联合战线》、未白的《国防文学与民族主义文学》;第二期有苏林的《关于“国防文学”与“民族革命战争的大众文学”之论争》、柳林的《人民大众向文学的一个要求》、劲秋的《民族革命战争与报告文学》。其中柳林写于 1936 年 5 月 19 日的《国防文学的理论与实践》,文末附注“本文根据本社讨论结果起草”,可作代表。全文一万余字,分国防文学之产生的时代背景、对于国防文学之一般的误解与批判、国防文学的任务三大部分。文章指出:国防文学是在“历史的现阶段的中国的现实中正确的把握了文学和政治的关系的文学实践所必然产生的婴儿”。“一般‘学院派’气息的文人和一些对于文学的效用没有正确认识的人的误解,是有意无意地否认了‘国防文学’之存在的理由,客观上成为‘国防文学’的敌人”。号召“全国的文学大师,英勇的青年作家们!最悲惨的命运迫临我们的目前,最伟大的责任搁在我们的肩头;凡不甘作奴隶的人们起来!集中到文学的‘国防’的前线上来吧!”

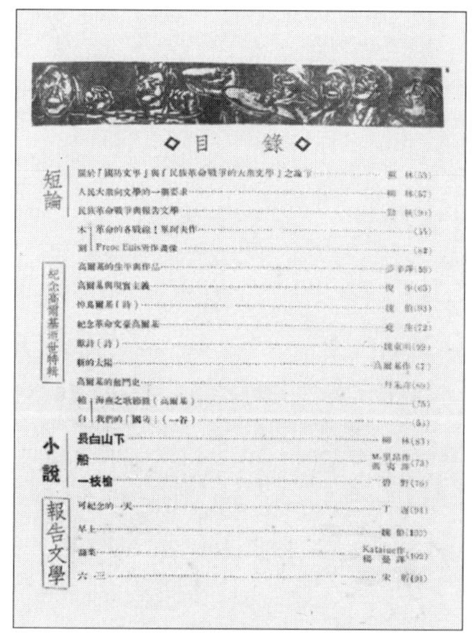

目錄

短論

關於「國防文學」與「民族革命戰爭的大衆文學」之論爭 …… 蘇林

人民大衆向文學的一個要求 …… 柳林

民族革命戰爭與報告文學 …… 勁秋

紀念高爾基逝世特輯

高爾基的生平與作品

高爾基與現實主義

悼高爾基（詩）

紀念革命文豪高爾基

輓詩（詩）

新的太陽 …… 高爾基作

高爾基的奮鬥史

海燕之歌（高爾基）

小說

長白山下 …… 柳林

船

一枝槍

報告文學

可紀念的一天

早上

六三

《浪花》第二期目录

《浪花》的编者和发行者均署浪花社。十六开本,五十二页。1936 年 6 月 15 日出版第一期,8 月 1 日第二期出版后被当局查封。

《文海》

《文海》第一期刊影

1936 年春天，留日学生覃子豪、李春潮、李华飞、罗永麟、李虹霓、宋寒衣、黄君玉、贾植芳等二十多人(他们不少是中国左翼作家联盟东京支盟的盟员)，在东京以聚餐的方式组织了文海文艺社。社刊《文海》于 7 月 15 日创刊，十六开本，九十二页。

《文海》得到当时索居东京近郊的郭沫若的支持，刊名也是郭沫若起的。版权页上署编辑兼发行者东京文海文艺社，实际上社务由李春潮倡导组织，覃子豪和李华飞负责编辑，罗永麟和李虹霓核审译稿。

代发刊词的《献词》，诗句充满炽热的情感：

我们是一群战斗的海燕／盘旋在黑暗的岛上／我们抵抗过风暴／冲破过巨浪／我们鼓着全力／负驮着压迫的重量／我们鼓着全力／开张着活跃的翅膀／啊！奋飞罢，奋飞罢／飞过险恶的重洋／远望着大陆的脉搏／向祖国沉痛地唱歌／——啊啊！我们受难的祖国哟／为着洗掉你满身的创伤／我们掀起一个大的潮浪

我们是一群叛逆的海燕／奋飞在狂暴的海上／我们头顶着雷云／

身浴着电光／我们互相激励／希望在苦难中成长／我们互相激励／不曾停息过翅膀／啊！奋飞罢，奋飞罢／顺着正确的路向／远望(着)大陆的脉搏／向祖国沉痛地唱歌／——啊啊！我们受难的祖国哟／快准备一个伟大的力量／来迎接这暴风雨的时光

诗的作者覃子豪(1914—1963)，原名覃基。四川广汉人。1932 年中学毕业后出川，赴北平就学于中法大学孔德学院高中部。1935 年东渡日本，入东京中央大学法科。他投身于进步留日学生的文化政治活动，接近了郭沫若，认识了日本左翼作家秋田雨雀。1937 年抗战爆发前夕回国，在东南前线军中从事文化工作，积极宣传抗战。1947 年移居台湾。1954 年与钟鼎文、余光中等创办蓝星诗社，为台湾现代诗运动做出了贡献。后病逝于台北。

《编后》为李华飞执笔。李华飞(1914—1998)，原名李明诚，字素光，另有笔名华飞、花飞、叔侣、梅岭等。四川巴县(今属重庆)人。日本早稻田大学毕业，抗战前回国，任编辑和教职。

第一期作为“特别寄稿”，发表了秋田雨雀的《给中国的青年艺术家》。他在文中对中国青年艺术家的友情“怀抱着无限的感谢”。他认为“现代中国的艺术家们，正确的反映了中国现阶段现实的积极和消极两方面的事实，这不仅是单为了中国的民众，同时还给了我们的艺术活动一个正确的反省”。郭沫若的《关于天赋》和李春潮的《郭沫若先生“七请”理论的再认识》是关于诗的讨论文章。蒋俊儒译的《朝鲜文坛的作家和作品》则是对弱小民族文学的关注。小说、散文十篇，有国内社

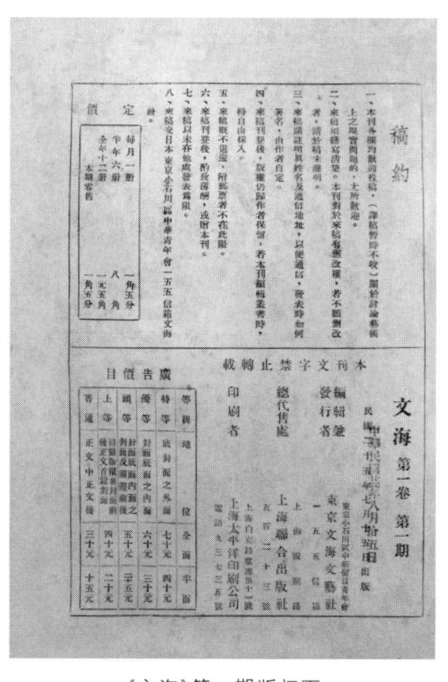

稿約

一、本刊各欄均歡迎投稿，（譯稿暫時不收）關於討論藝術上之現實問題的，尤所歡迎。
二、來稿須謄寫清楚。本刊對於來稿有刪改權，若不願刪改者，請於稿末聲明。
三、來稿請註明真姓名及通信地址，以便通信，發表時如何署名，由作者自定。
四、來稿刊登後，版權仍歸作者保留，若本刊編輯叢書時，得自由採入。
五、來稿概不退還，附郵票者不在此限。
六、來稿刊登後，酌致薄酬，或贈本刊。
七、來稿以未在他處發表爲限。
八、來稿交日本東京小石川區中華青年會一五五信箱文海社。

定價

每月一冊	一角五分
半年六冊	八角
全年十二冊	一元五角
本期零售	一角五分

本刊文字禁止轉載

文海 第一卷 第一期

中華民國二十五年八月拾五日出版

編輯兼發行者 東京文海文藝社 東京小石川區中華留日青年會 一五五信箱

總代售處 上海聯合出版社 上海[illegible]路 五百二十三號

印刷者 上海太平洋印刷公司 上海白克路[illegible]第十一號 電話九三七三五號

廣告價目

等級	地位	全面	半面
特等	底封面之外面	七十元	四十元
優等	封面底面之內面	六十元	三十元
頭等	封面底面內面之對面及目錄前後	五十元	二十五元
上等	目錄後正文前	四十元	二十元
普通	正文中正文後	三十元	十五元

《文海》第一期版权页

会斗争的反映，也有日本生活的写照。杨素的《一个不灭的仪型》写日本同学横山的贫穷而正直，浑入的《俊子》写日本下层女子的悲惨遭遇。诗歌十二首，覃子豪、李华飞的诗作之外，也刊载了文海社其他人的作品。一首题目为《南风》的诗："把海涛永恒的咆哮／编成一阕壮烈的战曲／吹进那些失望的胸怀／鼓起他们的勇气／看他们果决地／去创造一个簇新的时代。／来吧，南风／正是该来的时候。"作者陶映霞，一个貌美多才的南国姑娘，覃子豪当时正在狂热追求她。恋爱没有成功，覃子豪努力于诗创作的热情却没有懈怠。李华飞回忆年轻诗人的狂放不羁："他每天不写诗就译诗，我们一见面总是拉着听他朗诵，不听完不准走，真是一个充满激情和童心的性格人物。听完才上街进'吃茶店'，让那柔媚的'女给'放名曲唱片，喝几杯太阳啤，发出歇斯底里的叹息，或近乎发狂而带神经质的笑声。"

《纪念高尔基》的专辑中有李春潮的《悼高尔基》和红飞的《高尔基的死》。《编后》说，本期准备付印的时候，高尔基逝世，因为时间关系，"仓促中只有两篇关于高尔基的纪念文"，表示哀悼之意，将在第二期尽量筹备纪念

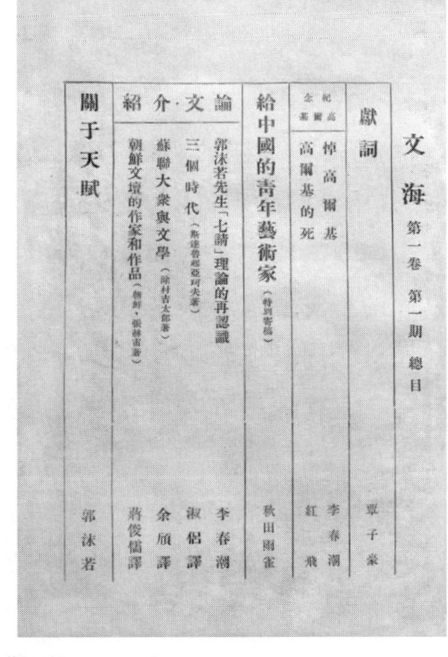
文海 第一卷第一期總目

獻詞　覃子豪

紀念高爾基
悼高爾基　李春潮
高爾基的死　紅飛

給中國的青年藝術家（特別寄稿）　秋田雨雀

論文·介紹
郭沫若先生「七請」理論的再認識　李春潮
三個時代（斯德普趙亞珂夫著）　淑侶譯
蘇聯大衆與文學（除村吉太郎著）　余頎譯
朝鮮文壇的作家和作品（朝鮮·張赫宙著）　蔣俊儒譯

關于天賦　郭沫若

小說·散文
奇遇　叔風
一個不滅的儀型　楊素
俊子　渾人
晚歸　余頎
膽力（M·高爾索夫作）　林川譯
刺　李華飛
雷家坪之夜　彭芥梅
老戰士　蔡松
女店員　野薇
信（小林多喜二著）　水工譯

詩
我願[illegible]在亞波羅面前　覃子豪
一株海草　李華飛
南風　陶映霞
歸來吧　[illegible]
這裏已留不住欲歸的人　[illegible]
塞北曲　[illegible]
賣「納豆」的少年　[illegible]
送別　程[illegible]
給祖國　冷風
藝人　陸[illegible]
播種之夕（[illegible]）　覃子豪譯
休勒耶吉引的機織（[illegible]）　[illegible]譯

「開拓了的處女地」（世界名著介紹）　李虹霓

中國文化工具的改革問題　鴻怡

後記　編者

《文海》第一期目录

文章。

第一期《文海》编竣后,李虹霓带到上海交太平洋印刷公司排印,由侯枫经营的上海联合出版社总代售。但寄到东京的五百册《文海》,一到口岸就被日本警卫部门全数没收。此后中日关系日益紧张,日本警察对中国留学生的监视和迫害变本加厉,《文海》人员流散,宣告结束。

第二期据说已经编好,1937 年 2 月出版的第二期《诗歌杂志》上,登载有《文海》第一卷第二期的目录,照录如下:

纪念高尔基特辑

论 M.高尔基的艺术	李春潮	
高尔基与文化事业	李颀	
一束花圈(悼诗)	雷石榆	
夜店	高尔基作	黄日君译
音乐	高尔基作	林川译
小诗人	高尔基作	叔风译
论伟大作家与初步作家	高尔基作	叔侣译
乐想	高尔基作	童郊译

诗歌

不相识的门	李华飞
流星	陶映霞
给	陈虹
铁蹄下的怒吼	彭澎
海上	冷风
八月的乡村	梁薇娟
长安	阴息象
千代子	吴枚
绣枕曲	罗永年
离别之夜	宋寒衣
裴多菲的诗	覃子豪译

特载

论社会主义的现实主义	魏晋译
诗歌作者协会来件	

编后

目录中《纪念高尔基特辑》的文章就有八篇，编者兑现了第一期《编后》中将在第二期尽量筹备纪念文章的承诺。但这期杂志至今没有见到，很大可能是编好而没有排印，也许是排印了而未能出版。

1992 年，在四川纪念郭沫若的学术讨论会上，当年《文海》的编者李华飞与现代文学研究者孔海珠谈及二十世纪三十年代文坛上两个口号之争，说：当时文海社在争论最激烈的某天在东京召开过一个座谈会，特请郭沫若发表对论争的意见。郭的谈话稿，“预备在第二期《文海》上刊载，因为日本环境异常恶劣，出版有阻碍，而这份经郭先生改过的稿子也就藏在箱子里了”。文章后来发表在 1936 年 12 月 30 日的《力报》副刊《言林》，标题为《领袖问题》。（孔海珠：《两个口号论争中的郭沫若》）郭文最末的一句话是：“要作一个时代尖端的作家，就须得时时与大众握手，养成集体的精神。”与《文海》第二期目录中郭沫若的论文《与大众握手》标题颇为切合，两文似是同一篇文章。因为第二期未能出版，文章后在《力报》刊载。

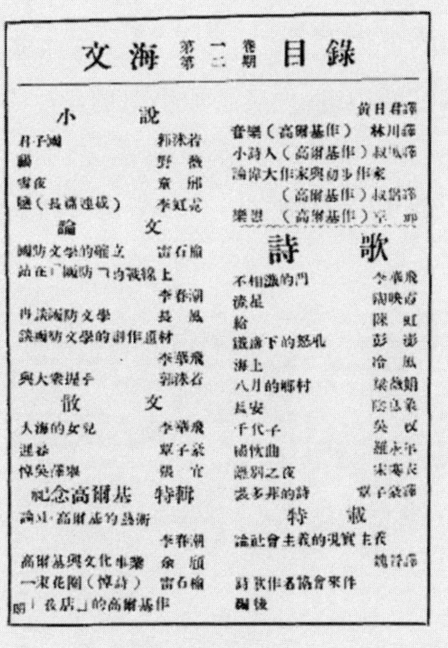

文海 第一卷第二期 目錄

小說
君子國 郭沫若
[illegible] 野蕪
雪夜 章邠
戀（長篇連載） 李虹霓

論文
國防文學的確立 雷石榆
站在「國防」的戰線上 李春潮
再談國防文學 長風
談國防文學的創作題材 李華飛
與大衆握手 郭沫若

散文
大海的女兒 李華飛
迷途 覃子豪
悼吳澤霖 張宣

紀念高爾基特輯
論M·高爾基的藝術 李春潮
高爾基與文化事業 余頌
一束花圈（悼詩） 雷石榆
「夜店」的高爾基作
黃日君譯
音樂（高爾基作） 林川譯
小詩人（高爾基作） 叔風譯
論偉大作家與初步作家（高爾基作） 叔鍔譯
樂想（高爾基作） 辛鄖

詩歌
不相識的門 李華飛
流星 陶映霞
給 陳虹
鐵蹄下的怒吼 彭澎
海上 冷風
八月的鄉村 梁蕊娟
長安 陳[illegible]
千代子 吳奴
福伕曲 羅永年
離別之夜 宋寄長
裴多菲的詩 覃子豪譯

特載
論社會主義的現實主義 魏詩譯
詩歌作者協會聚件
編後

《诗歌杂志》刊载的《文海》第二期目录

《散文》

《散文》仅出一期，它的创刊要从《文学丛报》说起。

1936 年 4 月 1 日出版的《文学丛报》，是一本大型文学期刊。主编马子华、王元亨，发行人童天鉴。马子华(1912—1996)，原名马钟汉，云南洱源人。1931 年到上海，1933 年秋天考入光华大学。他回忆，当时在学校有一个“左联”的小组，先后参加小组的学生有苏灵扬、欧阳弼(蒋弼)、童天鉴(田间)、巫省三、紫风、李溶华、李励文、王元亨、周而复、刘宗璜等。“左联”解散后，光华小组还在活动。马子华说：“当聂绀弩来领导光华小组时，曾提出办一个‘左联’刊物的设想。我们光华小组的朋友们一致赞成这个设想。办一个刊

《文学丛报》第一期刊影

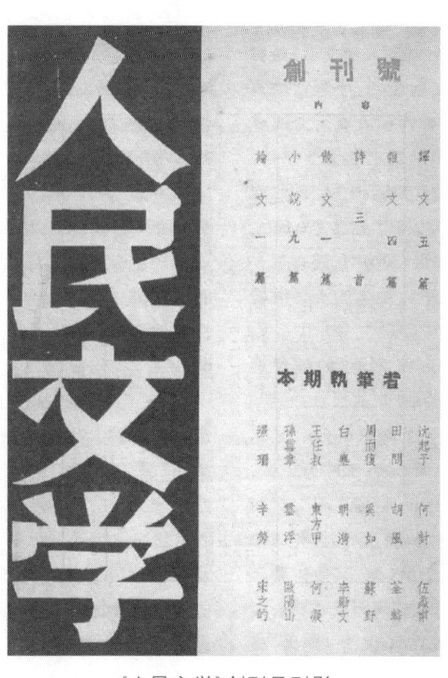

《人民文学》创刊号刊影

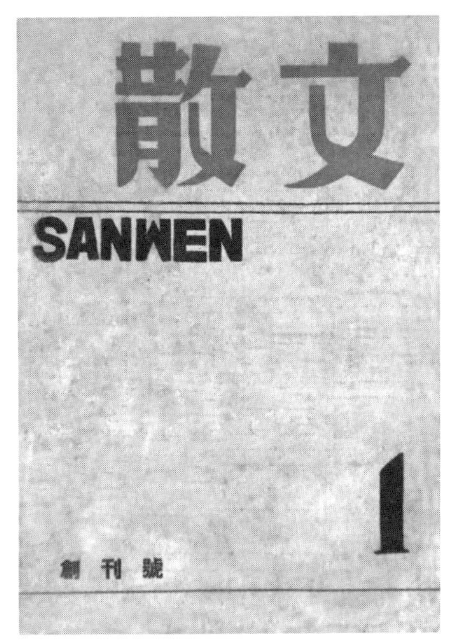

《散文》创刊号刊影

物，主要的不是稿源、人员的问题，最重要的是经费问题。光华小组里面，有几个人是承许拿出点钱的，如华侨李励文，就答应出一部分，其他很多人都尽力而为，集腋成裘，很有可观。这时，有一个同志名王元亨的，湖南人，思想进步，十分积极，他表示愿意承担大部分。正在此时，聂绀弩来告诉大家一个喜讯说：'我把这个意图告诉老头子（"左联"的人称呼鲁迅先生的称谓），他很高兴，愿意大力支持。他说，这刊物可以说是"左联"的旗帜，要旗帜鲜明才好。'"大家商定，办一个大型文艺月刊，刊名《文学丛报》。（《记周而复》）

《文学丛报》创刊号别出心裁地称为"诞生号"。这一期刊有鲁迅的《白莽遗诗序》、郭沫若的《中国的勇士》等，一问世就震动了上海的文艺界。以后的几期刊物先后发表了鲁迅的杂文、胡风的论文以及聂绀弩、奚如、东平、王任叔、周文、马子华、李励文的小说，欧阳予倩、陈白尘、陈凝秋的剧本，王统照、田间、周而复、白薇的诗等。编者宣告："本刊与其他板着面孔的大刊物不同，这是青年习作的营垒，是大众真正的食粮。"刊物影响越来越大，引起当局注意。1936 年 8 月 1 日第五期出版后，被冠以"宣传赤化"的"罪名"查禁。

《文学丛报》停刊后，编者们的工作仍在继续。周而复说："我们设法改名《人民文学》，我选编《文学丛报》存稿，出了一期，又被禁了。李励文有钱，他积极主张再出版刊物，于是我们又编辑出版《散文》月刊，二十四开本，由他出面担任主编。"（《文学的追求》）

《散文》的内容与刊名并不相符，散文刊发得很少，全期七十六页中占三分之二以上篇幅的却是小说和论文。

目录头条是一组关于凯绥·珂勒惠支的论文。鲁迅的《〈凯绥·珂勒惠支

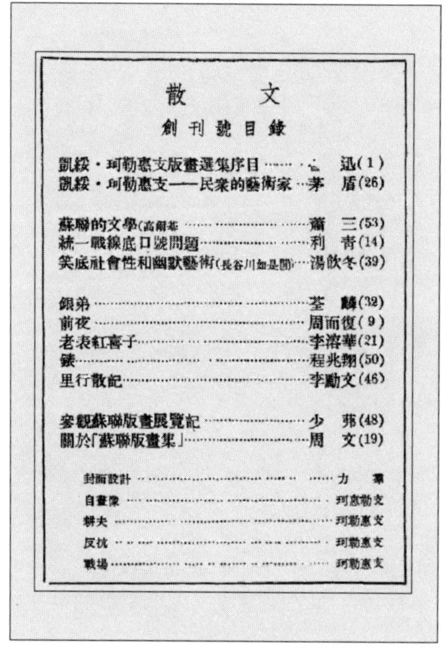

散　　文

創刊號目錄

《散文》创刊号目录

版画选集〉序目》称:“在女性艺术家之中,震动了艺术界的,现代几乎无出于凯绥·珂勒惠支之上。”她的作品中有种非常之逼人的力量,并引用霍普德曼的评语:“你的无声的线描,侵人心髓,如一种惨苦的呼声:希腊和罗马时候都没有听到过的呼声。”茅盾翻译 Agnes Smedley 的《凯绥·珂勒惠支——民众的艺术家》,作者在文中评价珂勒惠支:“欧洲大陆上没有第二个艺术家曾经在他或她的作品中那么正确地,而且深刻地反映了德国大众的生活和痛苦。”画页选了珂勒惠支的《自画像》《耕夫》《反抗》和《战场》。

周文的《关于〈苏联版画集〉》和少茀的《参观苏联版画展览记》,一为书评,一为参观记,但论和说的都是苏联版画。当时左翼知识分子为版画所反映的苏联“伟大的惊人的建设的巨象和在那新的土壤里成长起来的新的人类的雄姿”,而羡慕倾倒。(《关于〈苏联版画集〉》)

利青的《统一战线底口号问题》,态度鲜明地批驳了徐懋庸对国防文学的辩解。萧三翻译的高尔基的《苏联的文学》,则是占二十页篇幅的一篇宏论。

荃麟的小说《银弟》,写 1925 年“五卅”运动后,“我”(一个倾向革命的大学生)见到在纱厂工会工作的同学老杨,进而实际感受到革命者的生活。银弟是老杨小组的成员,二十岁左右,纱厂女工,苏州农民的女儿。“五卅”那天,她参加游行示威,子弹在头上飞;平常她负责油印材料,为小组同志们做饭,晚上就和衣睡在地板上……小说描绘了一个勇敢、热情、强健、活泼的女性形象。周而复的小说《前夜》,描写在一次群众革命行动的前夜,几个反动特务、暗探,窥视并密谋破坏。

李溶华的《老表红喜字》和程兆翔的《表》,是散文化的小说。前者写表哥的两次婚姻,表现农村十年来封建意识依旧,经济却愈加破败的现实。后者借一只多年的表虽然机器没有坏,但已走走停停不能再用,悟出"年轻人生病也并非是无药可救"。

李励文的散文《里行散记》,记他重回海外第二故乡,到达港口码头的情感。他记起了从前的生活:"我听到了呻吟,我听到了咆哮,我听到了申斥,我听到了霹雳的皮鞭,我听到了愤怒的沸腾。——我更听到了压抑的声音。……"在经历了祖国的苦难之后,"我想看看那些愤怒是否高涨了好多,我想看看那些露着忍耐的面孔是否有更大的忍耐,也想听听那重力压抑的回响究竟到了什么地步"。

《散文》的主编李励文是一个被中国现代文学史遗忘的作家。

马子华回忆,入光华大学后,一间宿舍住四个人,除他之外的三人:一位先是浙江人林济,搬走后,来了江苏人巫省三;一位是后来成为著名诗人田间的安徽人童天鉴;另一位就是李励文。"他是印度尼西亚的华侨,原籍广东台山,身躯较矮而结实,年龄也不过二十一二岁,可是却有一派持重老成的样子,戴着一架金丝近视眼镜,穿着一套半旧的西装,沉默寡言,大有学者风度。后来处熟了,才知道他酷爱研究哲学,唯物主义、唯心主义各流派的哲学他都细心研究,他书架上摆满了有关哲学的中外书籍。"(《记周而复》)

珂勒惠支:《自画像》

许定铭有《小记李励文》一文,依据香港文坛出版社出版的李励文的《啼鸟曲》的《后记》,介绍了这位作家:

> 李励文是印尼土生土长的华侨,1932年回祖国升学,在广州市读书时开始写作的,处女作《我眷念着南岛》是篇两千字的

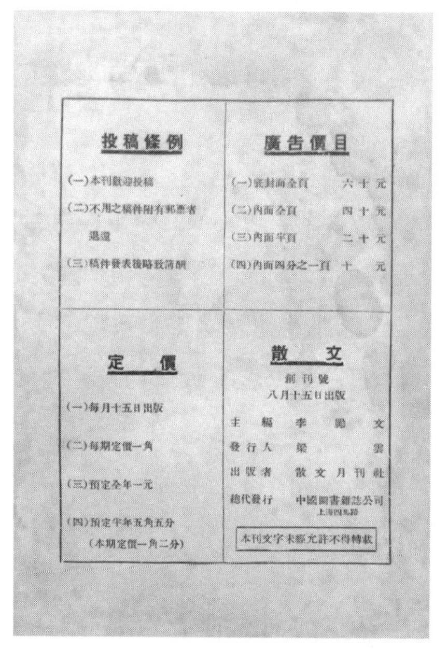

投稿條例

(一)本刊歡迎投稿

(二)不用之稿件附有郵票者退還

(三)稿件發表後略致薄酬

廣告價目

(一)底封面全頁	六十元
(二)內面全頁	四十元
(三)內面半頁	二十元
(四)內面四分之一頁	十元

定價

(一)每月十五日出版

(二)每期定價一角

(三)預定全年一元

(四)預定半年五角五分

(本期定價一角二分)

散文

創刊號

八月十五日出版

主編 李勵文

發行人 梁雲

出版者 散文月刊社

總代發行 中國圖書雜誌公司 上海四馬路

本刊文字未經允許不得轉載

《散文》创刊号版权页

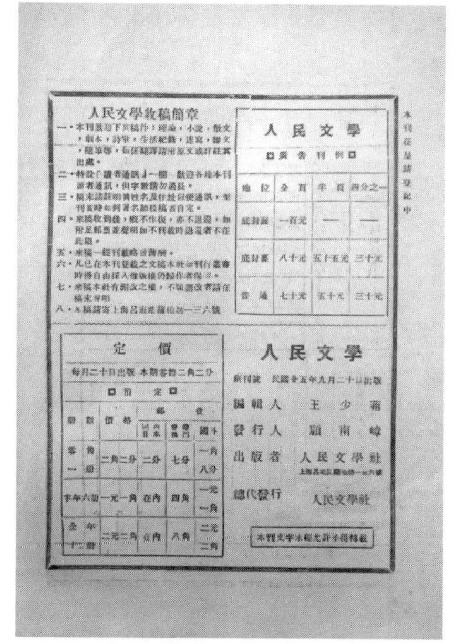

人民文學收稿簡章

一、本刊歡迎下列稿件：理論，小說，散文，劇本，詩歌，生活紀錄，速寫，雜文，隨筆等，如係翻譯請附原文或詳註其出處。

二、特設「讀者通訊」一欄，歡迎各地本刊讀者通訊，但字數請勿過長。

三、稿末請註明眞姓名及住址以便通訊，至刊登時如何署名聽投稿者自定。

四、來稿收到後，概不作復，亦不退還，如附足郵票並聲明如不刊載時退還者不在此限。

五、來稿一經刊載略致薄酬。

六、凡已在本刊登載之文稿本社如刊行叢書時得自由採入惟版權仍歸作者保留。

七、來稿本社有刪改之權，不願刪改者請在稿末聲明

八、來稿請寄上海呂班路蒲柏坊一三六號

人民文學

廣告刊例

地位	全頁	半頁	四分之一
底封面	一百元	—	—
底封裏	八十元	五十五元	三十元
普通	七十元	五十元	三十元

定價

每月二十日出版 本期零售二角二分

預定

冊數	價格	郵費 國內及日本	郵費 香港澳門	郵費 國外
零售一冊	二角二分	二分	七分	一角八分
半年六冊	一元一角	在內	四角	一元一角
全年十二冊	二元二角	在內	八角	二元二角

人民文學

創刊號 民國卅五年九月二十日出版

編輯人 王少莆

發行人 顧南峰

出版者 人民文學社 上海呂班路蒲柏坊一三六號

總代發行 人民文學社

本刊文字未經允許不得轉載

本刊在呈請登記中

《人民文学》创刊号版权页

散文，就刊在“当时广州唯一文艺副刊《黄花》”上。后来他转学上海，受当地浓厚的文化气息影响，更热心写作，以散文写得较好，被文坛前辈期许为“上海的都德”。

抗战展开后，李励文投身军中，和敌人辗转火并于江南、岭东和粤北间，写下大批“像火一样地在燃烧着”、热情奔腾的散文。胜利后他又回到广州生活，写了不少具连贯性的小说和散文，到1949年才重返印尼耶加达(雅加达)。

创刊号《散文》版权页上记载：“八月十五日出版”。据周而复等人回忆，《人民文学》创刊在《散文》之前，而第一期《人民文学》版权页的出版时间却是9月20日。《散文》的这一出版时间是印刷有误，还是故意制造混乱以迷惑当局？姜德明先生发现并提出来这个问题，但未见到答案。

《今日文学》

《今日文学》第三期，1936 年 9 月 15 日在北平出版。

署名“本社”的《编后》说道：

这期同读者见面是一个新的名字，或者会使大家惊奇。

我们是沦落在国防最前线的北国，因为不愿意当奴才，让敌人屠杀，暗害——所以在我们还有一瞬息间的生命，也要作瞬息间的斗争。

中国是一个失去了一切光明与温柔的国家，它是被强暴者用种种卑污的手段来屠杀奴隶底抗争——所以我们再也不能坐视地等着灭亡，决定以诚恳及真实的态度在文学的领域里尽一份时代的任务。

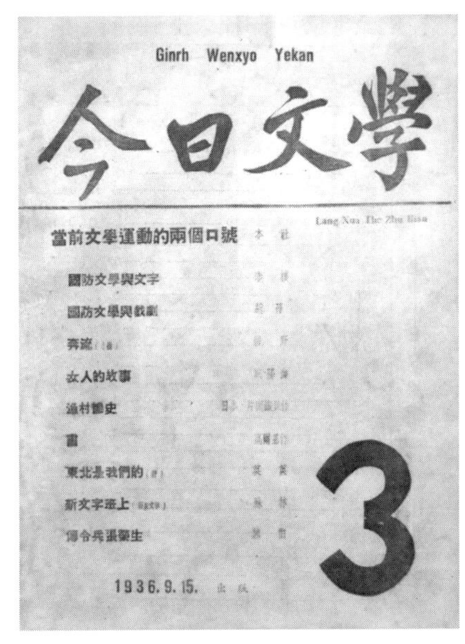

Ginrh Wenxyo Yekan

今日文學

當前文學運動的兩個口號　本社

國防文學與文字

國防文學與戲劇

奔流

女人的故事

東北是我們的

新文字班上

3

1936. 9. 15.

《今日文学》第三期刊影

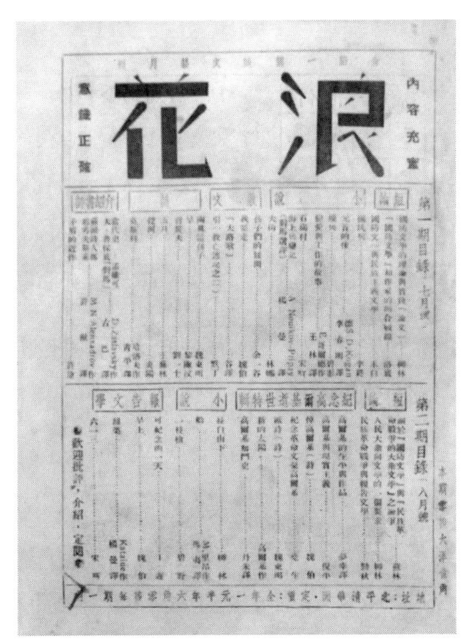

《今日文学》第三期封底

> 我们曾经编过两个刊物，但不幸都夭折了。这不是仅“悲痛”与“愤恨”就算完结；我们将抑制这痛苦的泪水，重新艰苦地走上另一条新的路上。
>
> 我们承认能力薄弱，但很愿意同一切文化救亡工作者及读者联合在一起，把民族革命阵线雄厚起来，以达到伟大的民族解放的胜利。

《今日文学》确实是“一个新的名字”，但是，读者会寻出脉络找到答案：第一，版权页上署名主编及发行的“郎化舍”，应是“浪花社”的谐音化名。第二，《编后》说的“我们曾经编过两个刊物，但不幸都夭折了”，可以想到1936年3月被查禁的《泡沫》和8月刚刚又被扼杀的《浪花》。第三，贯穿三期刊物中有一个相对稳定的作者群。柳林、苏林、李蕤、碧野、宋昕、魏伯、魏东明、杨曼等，都是读者眼熟的名字。因之，《今日文学》就是换了刊名的《浪花》，而且期号承接，一问世就是第三期。封底满页登出的是《浪花》第一、二期目录。当时出版的《诗歌战线》的广告中，《今日文学》刊名后特意标出“（浪花）第三期”字样。

两期《浪花》在“国防文学”和“民族革命战争的大众文学”两个口号的论争中，已刊发了多篇文章，力挺“国防文学”。第一期有柳林代表浪花社写的长文《国防文学的理论与实践》，表态拥护；第二期有柳林的《人民大众向文学的一个要求》等文章，或继续发挥，或互为声援。《今日文学》又有三篇：短论《国防文学和文字》（李朴）、《国防文学与戏剧》（胡丹）和柳林的《当前文学运动的两个口号》。柳林的论文注出是“我们二十几个人讨论的结果”，显示了共同的态度。文章阐述“国防文学”不仅“是目前文学界的统一战线之号召的总口号”，也“是当前文艺作者的创作活动的指标”，并列举了“民族革命战争的大众文学”不能成为总口号的理由。指责鲁迅既没有倡导、组织，也没有参加、指导“作家协会”，只提出了“民族革命战争的大众文学”总口号，认为这在客观上是“鲁迅先生等以进步的文学团体在目前的文学界的抗×统一战线的斗争中所犯的一个严重的错误”（当时的舆论管制，报刊上不许出现“抗日”，只能用“抗×”——引者）。左翼文学期刊在两个口号的论争中几乎无一例外地“站队”。同在北平的刊物，态度并不相同。

这一期的创作凸显了日军侵凌、民族危亡之际，人民大众燃起的抗日怒火。碧野的《奔流》从ST码头工人老马的视角写挂着“红圆眼”旗的日本战舰开进我们的海港，兵士、学生、店员、劳力、女工汇成的反日热流奔迸，让敌人战栗。魏伯的《传令兵张荣生》只是截取了列车上的几个片段，表现日本人的奴才也仗势凌辱中国士兵，反抗的火焰聚集。风季的《游击战》像一幅速写，画出青年人为民族解放战争参加军事游击战实习的炽烈如火的爱国豪情。李蕤的《在子弹房里》则从一个生产子弹的日本工人木村的角度，反映日本人对战争的迷茫和厌恶。他从农村到东京，在造弹厂已经干了四年，脊柱一天天弯了。“鬼才知道为什么打中国哟！”他只知道“吃白面包的人住在东京，吃黑面包的人去杀，死，埋在支那的湿土里”。他担心：有一天，他造出的“一颗新的子弹不多不少打中自己弟弟的头盖”。

诗作六篇，主要有：

袁勃(1911—1967)的《在峭岩》，抒发挺立在北方前沿抗日战士的必胜信念。东北沦陷已经六年，看远方“是黑暗统治的世界，／多少人在重税压榨下喘息，／多少人被异族的

目錄

《今日文学》第三期目录

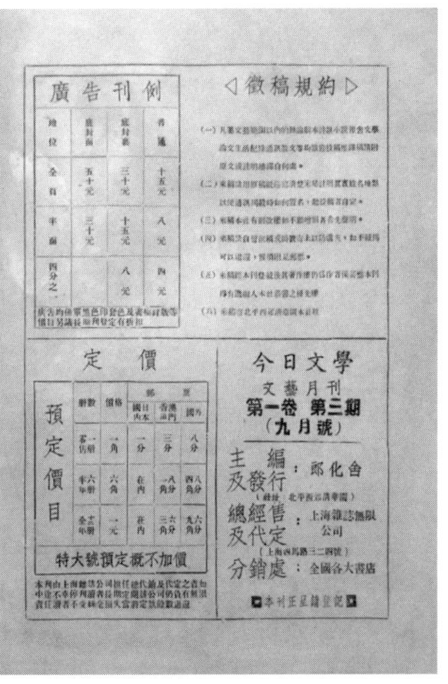

廣告刊例

地位	底封面	底封裏	普通
全面	五十元	三十元	十五元
半面	三十元	十五元	八元
四分之一		八元	四元

徵稿規約

定價

預定價目

册數	價格	郵費 國內	香港澳門	國外
零售一册	一角	一分	三分	八分
半年六册	六角	在內	一角八分	四角八分
全年十二册	一元	在內	三角六分	九角六分

特大號預定概不加價

今日文學
文藝月刊
第一卷 第三期
（九月號）
主編及發行：邱化舍
總經售及代定：上海雜誌無限公司
分銷處：全國各大書店

《今日文学》第三期版权页

铁马踏成肉泥？／在峭岩，忆起中华民族的惨伤，／战士们也不免奄忽的叹息”。但是，坚信“曾渡过珠江的激流，扬子江的狂涛，浑浊的黄河”的我们的战士，“那辉煌的战旗：／‘要踏平长城的背脊’”。袁勃，原名何风文，曾用名何苞九、何丹枫。河北广宗人。二十世纪三十年代在北平中国学院求学时就从事诗歌创作和诗歌运动。抗战爆发后到太行山根据地，后任《新华日报》编辑。1949年后任云南日报社社长、总编辑，中共云南省委宣传部部长等职，死于“文革”。

魏晋(1907—1987)，原名魏运织。江西赣州人。1930年去日本留学，后回国在上海参加“左联”。1933年再次赴日，为恢复的“左联”东京支盟最早的成员，先后参与编辑《东流》《质文》《诗歌》等刊物。1937年被日本政府以反日作家的“罪名”拘留并驱逐。《我要撕破法律的假面》，应是他在日本时的作品。侵略者肆无忌惮，统治者为所欲为，强权就是真理。魏晋的诗撕破了法律的假面：“我已理解这是个什么社会，／我也理解这社会法律的用意：／它要抹杀真理，／它是戮杀大家的武器。”终生奋斗的魏晋，1949年后的经历却十分坎坷。

《城堡底履历》的作者侯唯动(1917—2005)，原名侯唯栋。陕西扶风人。家庭贫苦，只读完小学。1938年，以组诗《斗争就是胜利》而知名。同年去延安，先在民众剧团，后在鲁艺学习、工作。1955年，在清查“胡风反革命集团”中被捕，冤狱多年。《城堡底履历》写于1936年。一座城堡，一座“血汗筑成的城”。“谁都夸！／我们底城。／筑得这么坚固，齐整；／城壕宽，水又深，／准能挡百万兵。／然而现在经不起，一架太阳牌飞机光临。”诗人感叹：“这座城，／说不定变成残砖碎瓦，／土坑石堆，／将来长满荆棘，永远地、同样地刺人心痛！”

亚苏的剧本《冬天的中夜》(目录为《冬天的夜中》)说了一个革命和爱情的故事。1935年冬的安塞省都，白色恐怖笼罩。革命者陆静亚的小组负责人苏达被捕，弟弟亚亚(一个十五岁的少年)因木刻作品竟然被判刑五年。余下的五人在一次集会后遭遇敌人袭击，两人牺牲。这期间，静亚爱恋的丹史出狱。他和静亚等是同志，三年多前被捕，现在要求继续参加革命活动。小组决定考验他，让他设法营救亚亚和苏达。丹史的妻子在丹史的衣兜里发现静亚

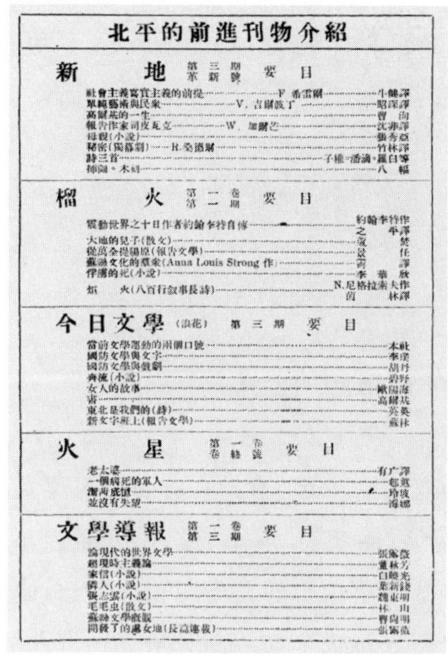

北平的前進刊物介紹

新地 第三期 革新號 要目

社會主義寫實主義的前提……F 希雷爾……小健譯
單純藝術與民衆……V. 吉爾波丁……昭深譯
高爾基的一生……曹洵
報告作家司皮瓦克……W. 加爾芝……沈非譯
母親(小說)……張秀亞
秘密(獨幕劇)……R.桑德爾……竹林譯
詩三首……子樵·潘漪·羅白等
插圖·木刻……八幅

榴火 第二卷 第一期 要目

震動世界之十日作者約翰李特自傳……約翰李特作 之平譯
大地的兒子(散文)……寂焚
從萬金提腸原(報告文學)……景任
蘇聯文化的羣衆(Anna Louis Strong 作)……蒨譯
俘虜的死(小說)……李華欣
炬火(八百行敘事長詩)……N.尼格拉索夫作 蔚林譯

今日文學(浪花) 第三期 要目

當前文學運動的兩個口號……本社
國防文學與文字……李寰
國防文學與戲劇……胡丹
奔流(小說)……碧野
女人的故事……歐陽海
害……高爾枝
東北是我們的(詩)……英奐
新文字班上(報告文學)……蘇林

火星 第一卷 卷終號 要目

老太婆……有广譯
一個病死的軍人……鄭然
潛再底憶……玲玻
並沒有失望……海娜

文學導報 第一卷 第三期 要目

論現代的世界文學……張露薇
超現時主義論……董林芳
家信(小說)……白曉光
隣人(小說)……葉新銓
張志震(小說)……魏東明
毛毛虫(散文)……林山
蘇聯文學概觀……曹尚明
開發了的處女地(長篇連載)……張露薇

《今日文学》在《诗歌杂志》第一期的广告

写的便条,拿给丹史的朋友看,并被转交公安局。静亚是被通缉的革命者,她要求丹史营救的墨迹,成了苏达和亚亚的“罪证”。小组同志认为是丹史告密。丹史受到静亚的苛责,但丹史毫不知情,静亚十分痛苦。她不胜怜惜地告诉丹史:“你没有什么罪过,只是你太好了,不能过残酷的斗争生活。”这时军警前来搜捕,静亚跳窗逃走。与早期的左翼革命加爱情的作品相比,剧本细腻地描绘了人的复杂的情感。

亚苏是泡沫社、浪花社骨干中一个突出的女性。“她是山西大户人家的千金,父亲为了攀附权贵,要把她许配给一个地方军阀做小姨太太,她愤而出走,来到北平。”她进了女子文理学院读书,并参加学生运动。后去山西,战火纷飞的年代一直战斗在晋绥边区。二十世纪五十年代末,因病在北京去世,只活了三十几岁。碧野在《三人行》中记叙了亚苏的革命生涯,留下了她的倩影:“亚苏,皮肤白皙,喜欢穿一件黑旗袍,脖子上围一条白领巾,衬托着浓密的黑发。……”

《今日文学》仅出一期,十六开本,一百六十页。《上海图书馆馆藏近现代中文期刊总目》没有著录。

《小说家》

《小说家》的创刊，据周而复回忆，是在1936年的上海：

> 不少作家住在吕班路、环龙路和花园坊一带，有时在陈白尘家里喝酒，漫谈，经常见面的有欧阳山、张天翼、蒋牧良、奚如、绀弩，我虽然不会喝酒，但也参加凑凑热闹。记不清楚是欧阳山还是绀弩谈起，当时出版的文艺刊物都是综合性的，缺少以刊载小说作品和小说研究的刊物，在座的大多数是小说家，一致赞成出这样的刊物，取名《小说家》，推举欧阳山主编。（《数叶迎风尚有声》）

周而复说：《小说家》"每期举行一次小说家座谈会（座谈会记录在刊物上发表），讨论小说等方面问题，评介小说，统计每月各杂志发表的创作小说等栏目"。

主编人欧阳山，也是编辑的行家。这年4月，与方之中编《夜莺》；6月，与张天翼编《现实文学》；7月，与周而复编《人民文学》；9月，与东平编《小说家》。（《欧阳山年谱》）

为什么要组织小说家座谈会？欧阳山在第一次小说家座谈会上，对这一问题有着详细的说明：

> 有两个意思。第一，我们做小说的，普通被称作创作者的人需要一个碰面的机会，不给一切文坛上的谣言和离间术蒙蔽，坦白地，像一班在谈闲天的朋友，交换创作上的意见。虽然我们底意见不相同吧，但是在推进创作界底进步和使我们自己进步这些观点上看来——尤其在使

全国创作界不问何党何派地集中在一个目标之下努力创作这一点，就无论如何都是有益的。而且，不同的意见底诚心的交换是一切进步底最初的方式。第二，我们写小说的人需要亲眼看见一个认真的，不以金字招牌为荣的刊物。这种刊物在目前的中国没有。有名作家底作品一篇篇发表出来，杂志目录上生疏的名字一天天少下去，这是说明中国文艺界底日趋贫弱。现在熟悉的这些名字总不能把中国创作界支持一个世纪。新作家底不断产生是绝对必要的。但假如我们标榜提拔新作家，这是毫无意思。我们只需要一个刊物：一方面我们自己认真地努力写稿，一方面认真地读过每一篇投来的文章。这事情自然不是以营业做目的的文学杂志所能做到的。

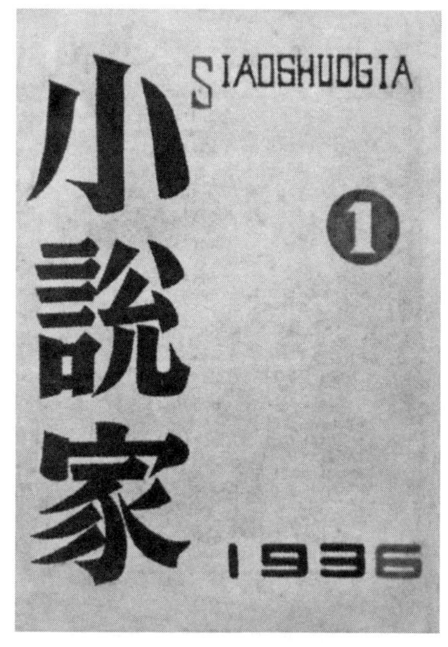

《小说家》第一期刊影

四十年后，1977 年欧阳山在答复研究者的询问时说得更为明确："小说家座谈会是当时上海文艺界的一个组织，出版过一种刊物《小说家》。这个组织是两个口号论争以后成立的，包括两派的人。用意有两个：一是团结起来，鼓吹抗日；一是反对当时的文阀。"（《关于鲁迅的两封信》）

小说家座谈会得到鲁迅的支持。欧阳山在筹备中曾写信向鲁迅征求意见，并反映了工作中遇到的一些问题。1936 年 8 月 25 日鲁迅在复信中说："小说座谈会很好，我也已看见过广告。"当时的左翼作家因为两个口号之争所引起的分歧，并不是都来参加的。因之鲁迅信中说："有人不参加，当然听其自由，但我不懂'恐怕引起误会'的话。怕谁'误会'呢？这样做人，真是可怜得很。"欧阳山在《关于鲁迅的两封信》中这样解释："有些国防文学派的人，不肯参加这个组织，怕引起什么误会。鲁迅先生对这一点是不以为然的。"

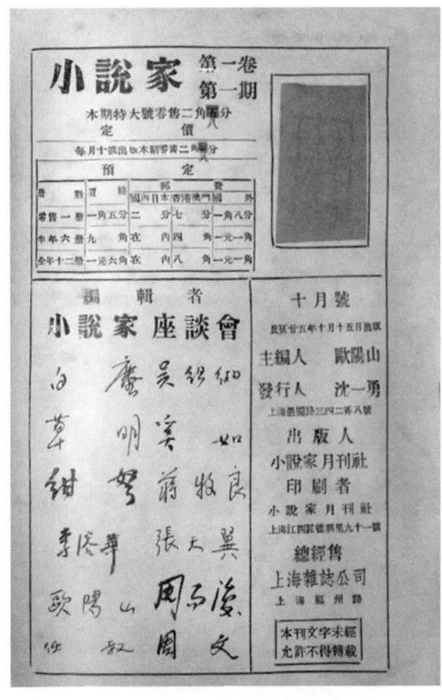

小說家 第一卷 第一期

本期特大號零售二角八分

定價

每月十五日出版 本期零售二角八分

預定

冊數	價目	郵費 國內日本	郵費 香港澳門	郵費 國外
零售一冊	一角五分	二分	七分	一角八分
半年六冊	九角	在內	四角	一元一角
全年十二冊	一元六角	在內	八角	一元一角

編輯者

小說家座談會

白塵 吴組緗 草明 奚如 紺弩 蔣牧良 李溶華 張天翼 歐陽山 周而復 任叔 周文

十月號

民國廿五年十月十五日出版

主編人 歐陽山

發行人 沈一勇

出版人

小說家月刊社

印刷者

小說家月刊社

總經售

上海雜誌公司

上海福州路

本刊文字未經允許不得轉載

《小说家》第一期版权页

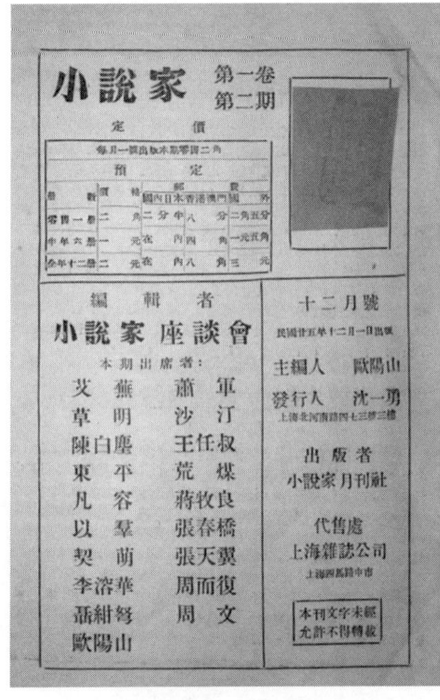

小說家 第一卷 第二期

定價

每月一號出版 本期零售二角

預定

冊數	價目	郵費 國內日本	郵費 香港澳門	郵費 國外
零售一冊	二角	二分半	八分	二角五分
半年六冊	一元	在內	四角	一元五角
全年十二冊	二元	在內	八角	三元

編輯者

小說家座談會

本期出席者：

艾蕪 蕭軍 草明 沙汀 陳白塵 王任叔 東平 荒煤 凡容 蔣牧良 以羣 張春橋 契萌 張天翼 李溶華 周而復 聶紺弩 周文 歐陽山

十二月號

民國廿五年十二月一日出版

主編人 歐陽山

發行人 沈一勇

出版者

小說家月刊社

代售處

上海雜誌公司

上海四馬路中市

本刊文字未經允許不得轉載

《小说家》第二期版权页

1936年10月15日第一期《小说家》出版，刊出了第一次小说家座谈会（1936年9月2日举行）会议记录。欧阳山说了会议的目的，并说，原本打算请十五个朋友来做这件事情，“有三个人我们去约了，但因为有种种别的原因在考虑中没有加入”。现有十二人，除了有事和病了的三人（吴组缃、周文、草明），其余全部到会，九人是：蒋牧良、王任叔、李溶华、张天翼、陈白尘、周而复、欧阳山、奚如、聂绀弩。

与会作家先就各人阅读的来稿发表了意见，对刊物的选稿标准、改稿、退稿乃至退稿信的写法做了商量。“主题积极性和真人真事”是大家讨论热烈的问题。张天翼认为：主题“根本无所谓积极不积极，只要把握得住现实，积极性就存在在这个里面，并且必然是严肃的”。说到真人真事，欧阳山的看法是：“有许多作家并不一定写真人（如实的某人）或真事（发生过的某事），而以现实底深刻的理解做基础虚构出来的作品达到他底伟大的成功。”最后议论了编辑方针和栏目开设。同期刊登的《小说家征稿》，第一条是“我们需要下列各种稿件：长篇小说、短篇小说、童话、寓言、通讯、报告、速写、素描、生活记录、论文批评、随笔、小说统计、插图、读者通问、补白以及

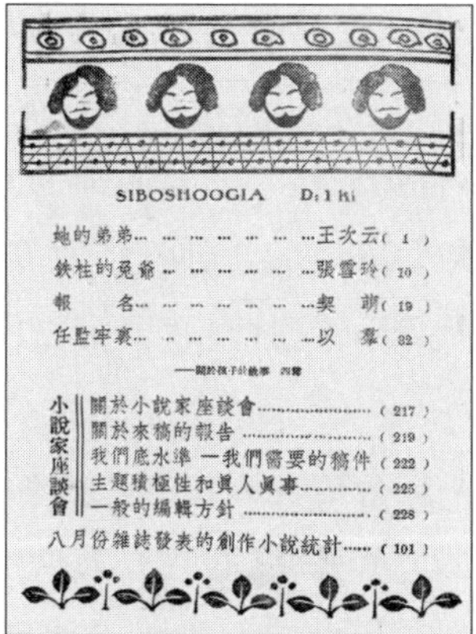

SIBOSHOOGIA D: 1 Ki

《小说家》第一期目录之一

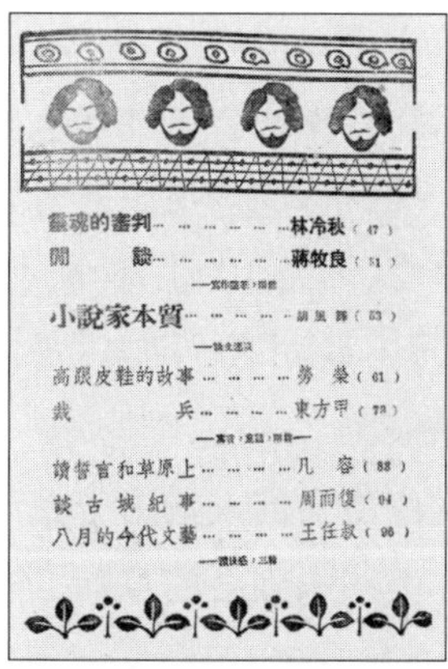

《小说家》第一期目录之二

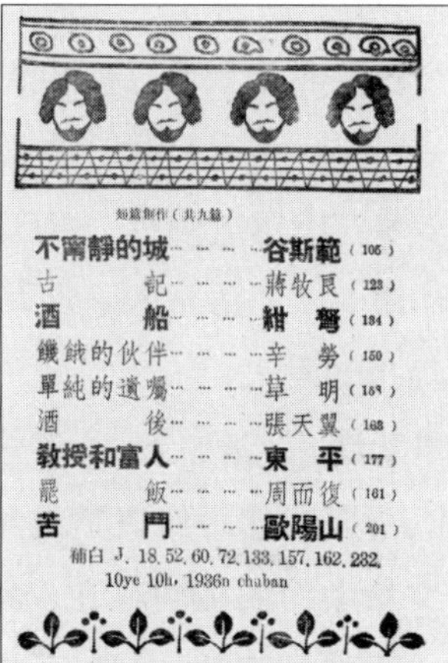

短篇創作(共九篇)

10ye 10h, 1936n chaban

《小说家》第一期目录之三

Siaoshuogia Di 2 Ki

《小说家》第二期目录之一

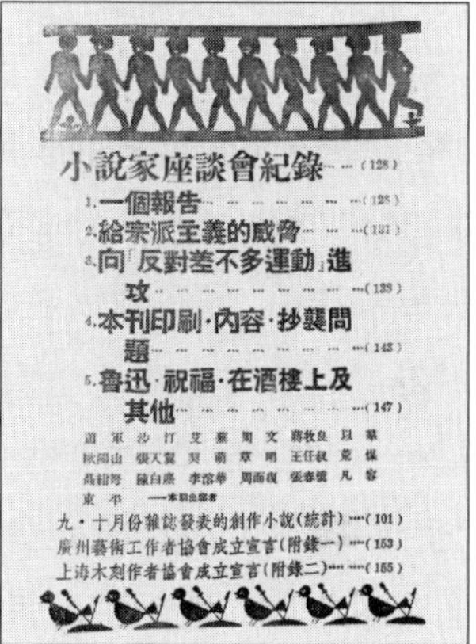

《小说家》第二期目录之二

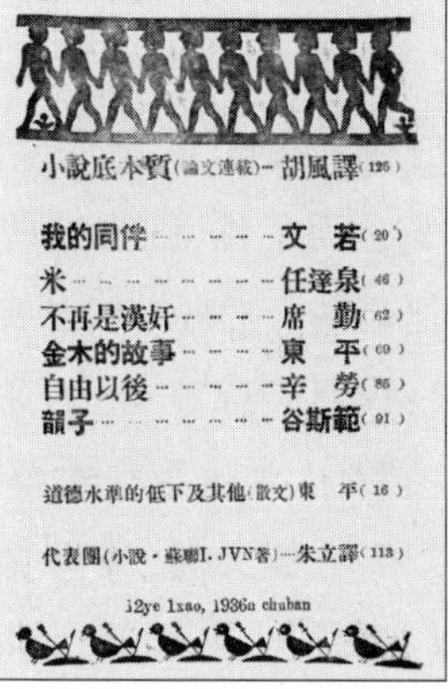

12ye 1xao, 1936n chuban

《小说家》第二期目录之三

其他有关于小说的照片,手迹。"第二条"特别欢迎没有发表过文章及不常发表文章的作者来稿",格外让读者眼亮。

第一期《小说家》出版四天,10 月 19 日鲁迅逝世。编委们都去参加鲁迅的治丧事宜,迟至 10 月 30 日才召开第二次座谈会。第二期《小说家》出版时已是 12 月 1 日。这一期有《哀悼鲁迅先生特辑》,同时刊登了第二次座谈会会议记录。

这次座谈会的人数为十九人。第一次座谈会的九人中有八人参加,仅奚如缺席。上次未到会的草明,连同萧军、周文、东平、以群共五人这次也出席了。特别是被称为"国防文学派"的沙汀、艾芜、荒煤三人参加座谈,大家颇为兴奋。另外三人为凡容、张春桥和契萌。

凡容,即朱凡(1909—1987),原名朱一苇,又名朱庆凡、朱繁容,笔名一苇、凡容、阿累。江苏涟水人。抗战前开始从事文艺工作。张春桥(1917—2005),幼名张善宝,笔名有春桥、狄克、水晶等。山东巨野人。1935 年到上海。契萌(1916—),原名徐芝瑟,曾用名徐昭。江苏南京人。张天翼夫人。有作品在《大公报》副刊《文艺》和《小说家》等报刊发表。

座谈会上,沙汀说:"欧阳山曾经约我和荒煤、艾芜加入,我答应考虑。""现在看到《小说家》根本没有一点宗派意味,所以我才毅然决然地加入。"欧阳山以他自己到上海后的亲身体验,说:"文坛上的的确确存在着宗派这个东西,还不仅在周扬、胡风之间。"他对沙汀等人的到来,非常高兴。荒煤提议大家谈谈 10 月 25 日《大公报》《文艺》副刊刊载的《作家间需要一种新运动》这篇文章,文章署名"炯之"(沈从文的笔名——引者)。王任叔说,炯之的文章"是对时代的挑拨","他的结论就是你们写文章的人做出来的东西都差不多,看起来毫无特色,因为这些人都是跟着'时代'跑的"。认为文章的用意"完全要把这一班把握着时代意义的作家底影响抹杀,混乱着读者的眼光"。周文提出:我们应当来一个反对"反对'差不多'"运动的运动。座谈会上,沙汀说:鲁迅"对人类鞭策得太厉害了"。又说:鲁迅前期的作品"仿佛有点虚无主义"。欧阳山、张天翼、周文发言谈了重读鲁迅作品的感受,肯定鲁迅是"两脚踏牢大地的现实主义者,同时又是有着坚实的热情的理想主义者"。实际上是对沙汀意见的批驳。

小说家座谈会的记录以其真实丰富的信息，受到读者欢迎。杂志还刊载了《小说家座谈会性质》，移录如下：

1.非结社性的有组织的团体，无权利义务。

2.纯系友谊的自由的结合。

3.没有任何决议案，一切依习惯行事。

4.不举行任何会议形式。

5.各人发表自己的意见，并不限定求出一致的结论。

6.以“小说家”为主体，会员临时召集（但依以往习惯，延请新会员须于上一次开会时报告）。

7.会员在参加谈话以后，不受任何约束。

8.“小说家”得请求会员阅读来稿（但并不作为有约束性的义务）。

9.不征收任何费用，亦不发出任何酬报。

“小说家”月刊社启　十一月一日，一九三六

《小说家》，大三十二开本，二百三十余页。刊登小说创作为主，同时开有指导专栏。《创作小说读后感》，评论外刊的小说作品，提倡不同的意见，以研究来引发读者研究的兴味；《八月份杂志发表的创作小说》，是对上一个月文艺杂志刊载创作小说的统计，给读者提供了方便。

1936年12月，西安事变发生，国内形势发生了巨大变化。上海文艺界不少人离开上海，加之当局的图书杂志查禁，《小说家》出版两期后即告终刊。

第二次座谈会上，欧阳山邀请张天翼（他是座谈会的“灵魂人物”）“谈一谈这个会的基本精神”。张天翼说：“第一，朋友们联络感情，交换意见；第二，对初学写作的人给一点力量。”

这两点应该说都有了一个好的开始。不过，宗派根深蒂固。会上，仅是《小说家》刊登或不刊登胡风的文章，大家戏称为“周扬派”和“胡风派”的意见就不能取得一致。不过，与会的小说家不会想到1949年以后，先是胡风被投进监狱，后是周扬也落难秦城。历史竟然是如此奇诡。

《文地》

文地社是北平大学医学院的学生黄既和他的朋友杨诗衷、杨振仕等，于1936年春发起组织的一个文学社团。《文地》是文地社办的文学月刊。

这年4月，黄既邀约唐诃做了《文地》的主编。唐诃(1913—1984)，原名田际华。山西汾阳人。当时也是北平大学医学院的学生，比黄既高一年级，在北平文学青年中已是一位很活跃的人物。早在1933年6月，唐诃暑假回太原时曾与同学成立榴花艺社，并在《山西日报》上办起了《榴花》文学周刊。刊物以文学为主，兼及艺术。唐诃喜欢木刻，《榴花》创刊后，很想通过鲁迅先生为他们的刊物组织、介绍一些木刻作品，增强刊物的战斗性和艺术性。大家商量之后，由唐诃执笔给鲁迅写信，请先生对他们的刊物批评指导。6月

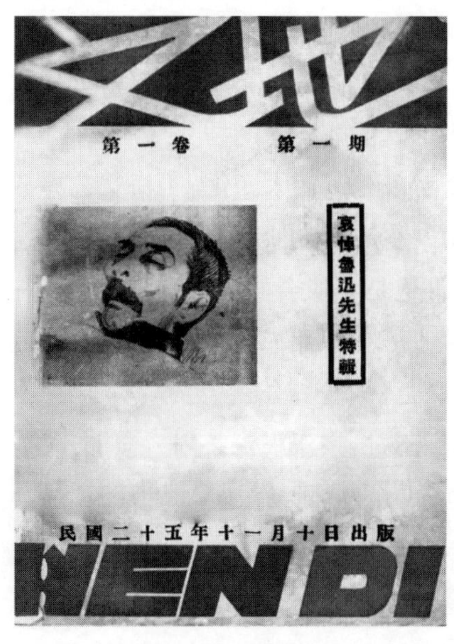

《文地》第一期刊影

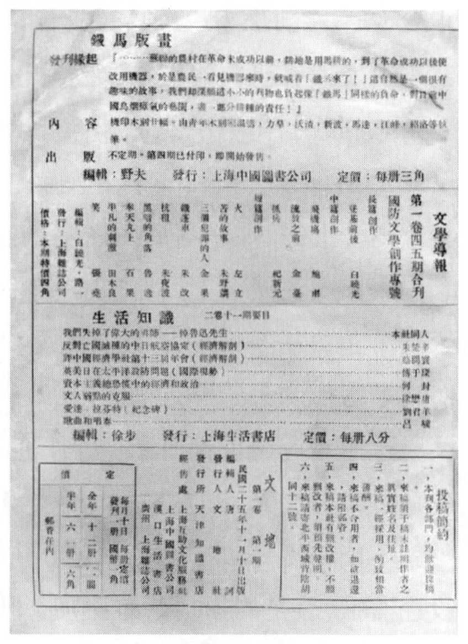
鐵馬版畫

編輯：野夫 發行：上海中國圖書公司 定價：每册三角

文學導報

第一卷四五期合刊

國防文學創作專號

生活知識

我們失掉了偉大的導師——悼魯迅先生……本社同人

編輯：徐步 發行：上海生活書店 定價：每册八分

投稿簡約

文地

第一卷 第一期

民國二十五年十一月十日出版

編輯人 唐訶

發行人 文地社

發行所 天津知識書店

經售處 上海互助文化服務社 上海中國圖書公司 漢口生活書店 廣州 上海雜誌公司

《文地》第一期版权页

11 日信从太原发出。6 月 18 日在上海，中国民权保障同盟领导人之一杨铨(杏佛)被国民党特务暗杀。鲁迅是 20 日参加了杨先生的殓仪之后才收到信的。尽管处境危险，但他当天就回信，给予这群年轻人以关切和鼓励，嘱咐他们：

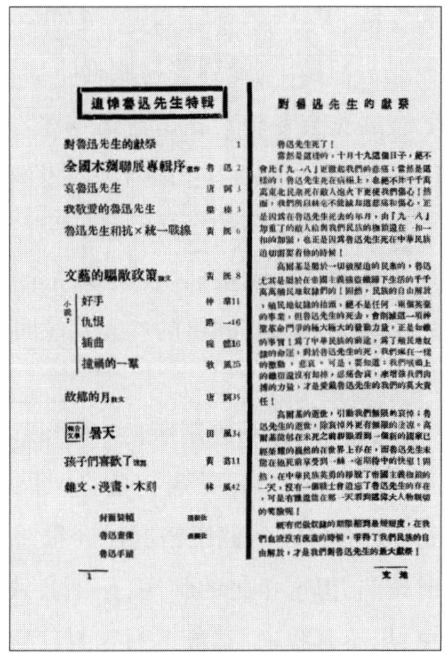

追悼魯迅先生特輯

對魯迅先生的獻祭 1
全國木刻聯展專輯序 遺作 魯 迅 2
哀魯迅先生 唐 訶 3
我敬愛的魯迅先生 梁 榛 3
魯迅先生和抗×統一戰線 黃 既 6

文藝的嘔敵政策 論文 黃 既 8
小說：好手 仲 藻 11
小說：仇恨 路 一 16
小說：插曲 稼 儂 16
小說：撞禍的一幕 牧 風 25
故鄉的月 散文 唐 訶 35
報告文學 暑天 田 風 34
孩子們喜歡了 戲劇 黃 崗 11
雜文・漫畫・木刻 林 風 42

封面裝幀
魯迅畫像
魯迅手蹟

1

對魯迅先生的獻祭

魯迅先生死了！

當然是這樣的，十月十九這個日子，絕不會比「九一八」更激起我們的悲痛；當然是這樣的：魯迅先生死在病榻上，也絕不比千千萬萬東北民衆死在敵人炮火下更使我們傷心！然而，我們所以絲毫不能減却這悲痛和傷心，正是因爲在魯迅先生死去的年月，由「九一八」加重了的敵人給與我們民族的枷鎖還在一扣一扣的加緊，也正是因爲魯迅先生死在中華民族迫切需要着他的時候！

高爾基是屬於一切被壓迫的民衆的，魯迅尤其是屬於在帝國主義鐵蹄下生活的千千萬萬殖民地奴隸們的！固然，民族的自由解放，殖民地奴隸的抬頭，絕不是任何一兩個英豪的事業，但魯迅先生的死去，會削減這一項神聖革命鬥爭的極大極大的發動力量，正是如鐵的事實！爲了中華民族的前途，爲了殖民地奴隸的命運，對於魯迅先生的死，我們應在一樣的激動，悲哀。可是，要知道：我們頸項上的鐵鎖還沒有卸掉，忍痛含哀，來增强我們肉搏的力量，才是愛戴魯迅先生的我們的莫大責任！

高爾基的逝世，引動我們無限的哀悼；魯迅先生的逝世，除哀悼外更有無限的淚流。高爾基能够在未死之前親眼看到一個新的國家已經榮耀的巍然的在世界上存在，而魯迅先生未能在他死前享受到一絲一毫期待中的快慰！固然，在中華民族英勇的掙脫了帝國主義枷鎖的一天，沒有一個戰士會遺忘了魯迅先生的存在，可是有誰能在那一天看到這偉大人物親切的笑臉呢！

祇有把做奴隸的期限縮到最短短度，在我們血液沒有流盡的時候，爭得了我們民族的自由解放，才是我們對魯迅先生的最大獻祭！

文地

《文地》第一期目录

新文艺之在太原，还在开垦时代，作品似以浅显为宜，也不要激烈，这是必须查看环境和时候的。别处不明情形，或者要评为灰色也难说，但可以置之不理，万勿贪一种虚名，而反致不能出版。战斗当首先守住营垒，若专一冲锋，而反遭覆灭，乃无谋之勇，非真勇也。

唐诃还主编过《京报》副刊《熔炉》、天津《庸报》的《当代木刻》。

10 月，正当《文地》第一期写稿、选稿密锣紧鼓时，从上海传来鲁迅 19 日逝世的消息。他们当即决定第一期出《哀悼鲁迅先生特辑》。

《特辑》的《对鲁迅先生的献祭》，表达了文地社同仁的心声：鲁迅先生死了，我们悲痛和伤心，“正是因为在鲁迅先生死去的年月，‘九一八’加重了的敌人给予我们民族的枷锁还在一扣一扣的加紧，也正是因为鲁迅先生死在中华民族迫切需要着他的时候”。因之，“只有把做奴隶的期限缩到最短短度，在我们血液没有流尽时候，争得了我们民族的自由解放，才是我们对鲁迅先生的最大献祭”。同期的悼念文章有唐诃的《哀鲁迅先生》、梁榛的《我敬爱的鲁迅先生》、黄既的《鲁迅先生和抗×统一战线》，另有《鲁迅先生挽歌》等。

《特辑》首发了鲁迅先生的《〈全国木刻联合展览会专辑〉序》。1934 年秋，唐诃和金肇野等筹办第一次全国木刻联合展览会，得到鲁迅先生的指导和支持。从1935年元旦起,展览会先后在北平、天津、济南、汉口、太原、上海等地巡回展出,受到普遍欢迎。唐诃等准备在展览结束后出一本《全国木刻联合展览会专辑》,并请鲁迅作序。鲁迅于6月4日写成,寄唐诃。唐诃请名工镌刻全文,想在手拓后收入《专辑》卷首。从参展作品中选出的四十几幅画和鲁迅亲笔所写的序文原件,都存放在金肇野的公寓。1936年,金肇野因参加抗日救亡运动被捕入狱,作品全数被反动军警没收,只有鲁迅序文的木刻板幸存。《文地》刊出的鲁迅序文即根据刻板排印,题目简化为《全国木刻联展专辑序》。

《特辑》有手迹制版的《鲁迅先生书札》,和《鲁迅先生画像》一起做成插页。《书札》是鲁迅致唐诃信,这封9月21日的信是对唐诃9月16日信的回复。这时鲁迅的健康情况已经很差。唐诃是学医的,先生信中说:"我还在时时发热,但这年纪的肺病,是不会致命的,可是也不会好;这事您知道得很明白,用不着我说。"鲁迅写这封信后不到一个月就去世了。

《文地》刊载有小说、散文、杂文、诗歌、评论和报告文学等多种体裁的作品。抗日救亡日益深入人心,林风的《下乡》报道了北平大学医学院的学生们到农村进行的宣传教育活动,田风的《募捐琐记》描画小学生募捐时所遇到的各种形形色色的人物。

《文地》创刊时,两个口号提出已近一年,但争论还未结束。唐诃回忆:"文地社同仁的意见,首先认为两个口号可以并存。其次,鲁迅先生所提出的'民族革命战争的大众文学'包含的意义远较明确,既有'民族革命战争',又有'大众',把武装工农、反抗日本帝国主义侵略,提得鲜明透彻。至于周扬等提出的'国防文学',虽则也含有'修我戈矛、与子同仇'的意义,但这是任何阶级、任何政府均可以提出的口号。不见1933年希特勒上台以后,就大喊大叫莱茵河是德国的国防前哨,要向法国'收复失地'吗?当时德国法西斯诗人就曾写出'呼声怒号,为莱茵,为莱茵,为了德国的莱茵!'(原诗已不易查找,这是记忆中篇首的一句译文)充满侵略鼓动性的诗句。'国防文学'是容易引起错觉的一个口号,因而文地社同仁中大多数是不喜欢这一口号的。"(《记熔炉社与文地社》)黄既的《文艺的驱敌政策》,论述的即是这样的意见。

第一期《文地》11月10日出版,这本十六开本的杂志在青年读者中引起热烈反响，有限的印本很快在东安市场、西单商场的书店销售一空。书款回收也占有原定价的百分之七十，于是着手编第二期，大家的心情很振奋。想不到的是，1937 年春天，西单商场遭到一场大火。当夜风急火猛，整个商场从临街的大绸缎庄到商场内的书肆、摊店，一夜之间化为灰烬。《文地》的资金由文地社同仁筹集，发行者虽然封底印的是天津知识书店，实际上也是同仁亲自送往本市或邮寄外埠各书店代售。年前(12 月 10 日)出版的第二期，绝大部分恰是在西单商场书肆内寄售。经此大劫，期刊出售后的款项再也无法计算及收回，刊物难以为继。

《文地》几个主要人物的生平，约略如后。

唐诃，《文地》停刊后，1937 年 4 月离开北平。后从事医疗工作，写作活动便从此中断。1950 年返北京，在中国人民抗美援朝总会卫生工作委员会等单位工作。1958 年后任人民卫生出版社编辑。

杨诗衷，1937 年抗战烽火燃起，在一次和日本侵略军的遭遇中，献出了年轻的生命。

张振仕(1914—1992)，辽宁人。设计了《文地》第一期和第二期封面，绘制第一期的《鲁迅画像》。1932 年入北平京华美术学院西画系，毕业后教书

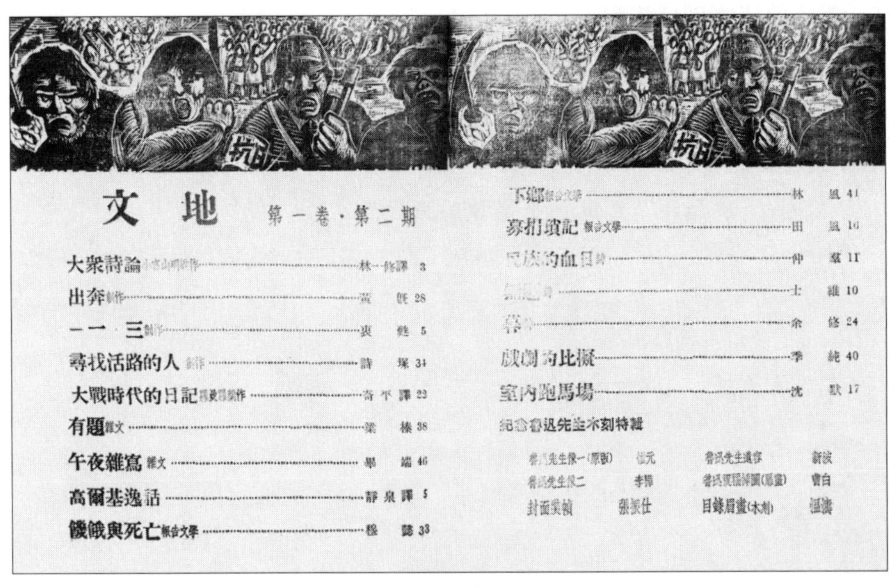

文地　第一卷·第二期

《文地》第二期目录

为生。1949 年后,任教中央美术学院。著名的肖像画家。二十世纪五六十年代天安门城楼悬挂的毛泽东画像,大都是他的作品。

黄既(1914—2000),原名黄树则,天津人。在校时曾参加“一二·九”爱国学生运动。1938 年北平大学医学院毕业后,赴延安。1949 年后,曾任北京医院院长、卫生部副部长等职。

当年的黄既和胡风曾有过不少交往,有着很深的因缘。胡风称赞黄既:“具有正视黑暗的勇气和与受难的人民共命运的胸怀,他的笔是锐利无畏的。”(《胡风回忆录》)1938 年年初,胡风在武汉主编《七月》,又发表了黄既的几篇小说。胡风说:“似乎写的都是渣滓式的人物。”“当时是爱国热情熊熊爆发的时代,在文艺上也就出现了太多的、过多的、虚浮的以至虚伪的叫卖式的东西。”“为了祖国的新生,更不能不洗涤祖国在灵魂里的渣滓和污秽(反人民的东西)。”后来,黄既从鄂西到武汉见胡风,胡风介绍他到八路军办事处,然后去了延安。黄既到延安之后还有稿子寄来,那时胡风已在重庆。胡风记得一篇是写几个农民革命者的伤病员,风格极朴素。这里引用的胡风的文字出自他《关于黄既(黄树则)》一文。这篇短文实际是 1967 年“文革”时期胡风在狱中被指令写的交代材料,逆境中的胡风依然是求真求实的。短文最后,胡风的感慨创巨痛深:

> 我认为他(黄既)在文学上是可以有发展的,但他的本行(医)却使我为他庆幸,能够受到真正的党性教育为革命献身,又不会陷进这个文艺圈子,遭到不是冤死就是烂掉的命运。

《热风》

《热风》是鲁迅的第一本杂文集，1925年北京北新书局出版。为什么将书名取为《热风》？鲁迅说："我却觉得周围的空气太寒冽了，我自说我的话，所以反而称之曰《热风》。"(《〈热风〉题记》)

这里说的《热风》是1937年1月1日创刊的杂志。十六开本，四十五页。编辑及发行为热风月刊社，群众杂志公司经售。代表人萧今度，为聂绀弩的化名。

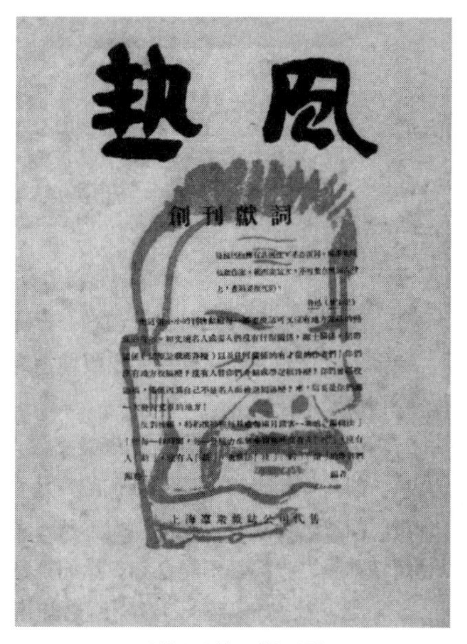
热风

創刊獻詞

上海羣衆雜誌公司代售

《热风》第一期刊影

刊名"热风"二字系鲁迅手迹，封面占四分之三为鲁迅头像。这是1936年日本画家堀尾纯一的作品，形象极度夸张，在气质和意念上一反流俗。"倔强、勇猛，夸大的脸里有一股穿透人间黑幕的气质流动着。……好似把其隐秘的爱与怨都折射出来了。"(孙郁：《私人语境里的鲁迅》)原画的背后有一句话："以非凡的志气，伟大的心地，贯穿了一代的人物"。

《热风》创刊号封面，现在所能见到的，有同一设计而颜色有异的两种版本：文字黑色，头像红色；文字红色，头像黄色，也许是再版时有所变化。

《创刊献词》印在封面刊名之下。文前引用一段鲁迅的话(景宋记)：

> 每种刊物应有其个性，不必雷同。应多是吸收新作家，范围要放大，

不可老在几个人身上，否则要拖死的。

然后是正文。全文如下：

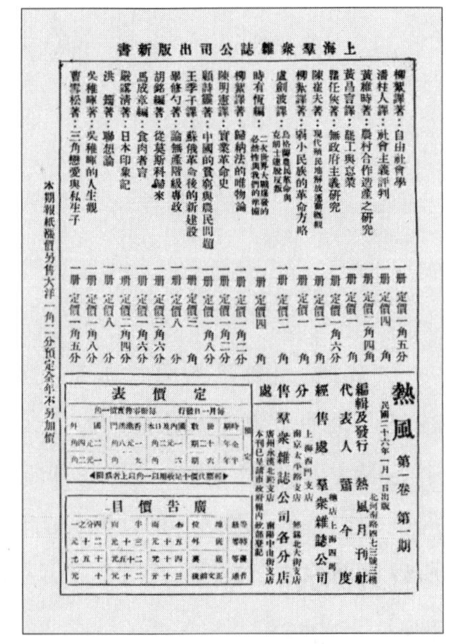

上海羣衆雜誌公司出版新書

柳絮譯著：自由社會學　一冊　定價一角五分
潘梓人譯：社會主義評判　一冊　定價四角
黃維時著：農村合作遺產之研究　一冊　定價二角四角
黃昌言譯：龍工與怠業　一冊　定價一角
羅任衡著：無政府主義研究　一冊　定價一角六分
陳崔夫著：現代殖民地解放運動概觀　一冊　定價二角
柳絮譯著：弱小民族的革命方略　一冊　定價一角
盧劍波譯：烏格蘭農民革命與克朗士達脫反叛　一冊　定價二角
時有恆編：二次世界大戰爆發的必然性與我們的準備　一冊　定價四角
柳絮譯著：歸納法的唯物論　一冊　定價一角二分
陳明憲譯：實業革命史　一冊　定價一角二分
顧詩靈著：中國的貧窮與農民問題　一冊　定價一角八分
王季子譯：蘇俄革命後的新建設　一冊　定價三角
畢修勺著：論無產階級專政　一冊　定價八分
胡銘編著：從莫斯科歸來　一冊　定價三角六分
馬成章編：食肉者言　一冊　定價一角六分
嚴谋清著：日本印象記　一冊　定價二角四分
洪　鑄著：聯想論　一冊　定價八分
吳稚暉著：吳稚暉的人生觀　一冊　定價一角八分
曹雪松著：三角戀愛與私生子　一冊　定價一角五分

本期報紙裝價另售大洋一角二分預定全年不另加價

熱風　第一卷　第一期
民國二十六年一月一日出版
編輯及發行　熱風月刊社　北四川路四七三號三樓
代表人　蕭今度
經售處　羣衆雜誌公司　總店上海西門
分售處　羣衆雜誌公司各分店　上海西門支店　南京太平路支店　無錫北大街支店　廣州永漢北路支店　衡陽中山街支店
本刊已呈請市政府報內政部登記

定價表
每月一日發行　每冊零售價一角

時期	冊數	國內及日本	香港澳門	國外
全年	十二期	一元二角	一元八角	二元四角
半年	六期	六角	九角	一元二角

郵票代價十足收用以一角以上者為限

廣告價目

《热风》第一期版权页

把这个小小的刊物献给每一个要说话可又没有地方说话的热血的青年。和文坛名人或要人们没有行帮关系，乡土关系，裙带关系（请原谅我底莽撞）以及任何关系的有才能的作者们！你们没有地方投稿么？没有人替你们介绍或带送稿件么？你们曾经投过稿，仅仅因为自己不是名人而被退回过么？来，这里是你们第一次发表文章的地方！

反对拉稿，特约撰稿和每月或每两月请客一次的“编辑法”！把每一秒时间，每一分精力都拿来为那些没有人“拉”，没有人“约”，没有人“请”，也无法“拉”“约”“请”的作者们服务。

态度坦率鲜明，语言尖锐泼辣，犹如一篇微型杂感，很可能就是聂绀弩的文章。

1936年10月19日鲁迅逝世，两期《热风》集中发表了悼念先生的诗文。鲁迅夫人景宋（许广平）的《我怕》、绀弩的《一个高大的背影倒了》等，都是语句含泪的沉痛文字。《鲁迅先生纪念委员会筹备会公告》第一号、第二号，报告了治丧经过和丧费账略，宣布治丧委员会即日结束，组织“鲁迅先生纪念委员会”，并讨论永久纪念鲁迅的办法。同时刊出《许广平为征集鲁迅先生书信启事》。

《我怕》（第一期），记下了铭刻在记忆里的日常生活图景，让我们看到鲁迅人间烟火的一面：“夜里，周遭被黑暗所吞噬，不过偶然一两声狗吠或叫卖

目　錄

《热风》第一期目录

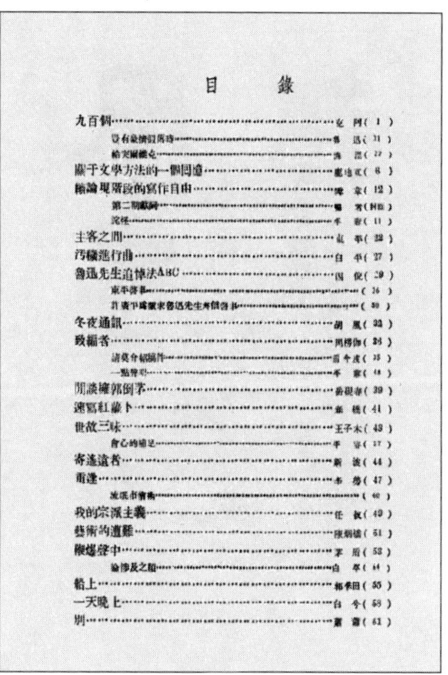

目　錄

《热风》终刊号目录

的声音，孩子却困熟了。这时候，一灯在前，他，据案写作；我则旁坐阅读书报或做手工。倦了，大家放下工作，饮些茶，谈点天，或者吃些零食。彼此欣然，觉得是一天中的黄金时代，不胜满足了。”历历在目，恍如昨日，语浅而情深。“有时，夜饭过后，并不忙着工作，我们就欢喜不开电灯，在那里休息，尤其在夏季，差不多天天如此。窗外的路灯相隔不远，映射到室里来的光度颇够探视一切，在这微明之下，另有一番风趣。”文章最后写道：“遇到月夜，那月光和室外的灯光交映着来临，他，就时常欢喜说一句：‘今天的月亮真好呀’。他的称赞月亮，似乎在厦门写文章自比于黑暗之后。但是，今后的月亮，只能跑到他墓前，发出凄清的寒光，却没有法子和他见面了。”

许广平 1951 年出版的《欣慰的纪念》，收集了从鲁迅逝世到 1949 年这十三年中她写的纪念鲁迅的文章。学者孙郁称许说：“这是一本记录鲁迅衣食住行的书，没有观念性、概念化的演绎。”“文章清秀质朴，很有大家风采。”“就其艺术性而言，与同时代的女作家比，并不逊色。”（《欣慰的纪念》）《我怕》也属于这一时期的作品。许广平为鲁迅著作的收集、保存、整理做了大量的工作，她回忆鲁迅的文章有着无可替代的史料价值。但二十世纪五十年代

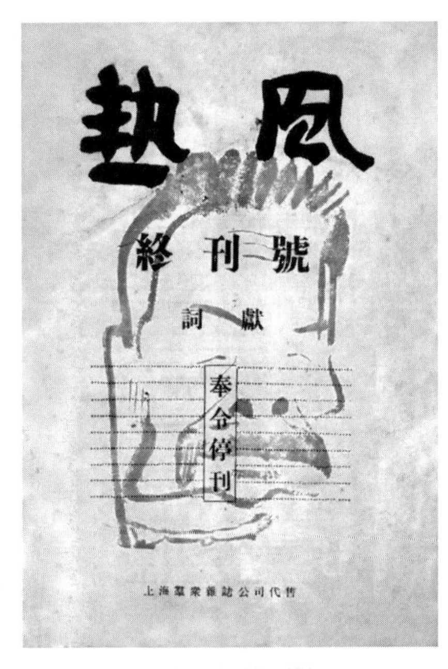

《热风》终刊号刊影

以后，随着鲁迅研究在学术中被发展为一场“造神”运动，愈演愈烈，她的《鲁迅回忆录》等文字，则远不如早期文章(如《我怕》)翔实真切了。

鲁迅是一个伟大的存在。鲁迅逝世后，鲁迅的论敌、各色人等对鲁迅的造谣、诋毁、中伤、曲解和居心叵测的阳尊而阴贬，不一而足，手法上更为深曲和皮里阳秋。《热风》对之做了揭露和抨击。第一期方之中的《从鲁迅先生死后说起》直言，因鲁迅的死，有几种人大占便宜：“一种是僭称论敌的好汉”，夸饰不屈不挠，材料随编随讲，有鲁迅无我，有我无鲁迅，现在鲁迅死了，文坛还有谁呢？“一种是变明争为暗咒的术士”，鲁迅掀出了他们礼服下臭翻天地的污秽，他们诅咒鲁迅早死。鲁迅死了，他们成群结队、大摇大摆地走上文坛。“一种是可怜而又可厌的所谓‘幸运者’”，他们吮吸鲁迅先生的“奶”和“血”，却不明白“奶”和“血”是“草”变成的，那里面含有充分“草”的味道。第二期因倪的《鲁迅先生追悼法 A.B.C》说：聪明人自有一种“不同凡俗”的追悼法。先声明自己是鲁迅十几年的老朋友，但有十几年几十年没有见面了。这样说，证明不是“同党”“家将”，追悼是只凭“友谊”；多年不见，对鲁迅所犯的罪“实不知情”。宗旨既明，三步如下：A.拿出学者面孔，先将鲁迅当成死了几百年的历史人物考据；B.接着把鲁迅“不屈不挠的精神”颂扬一番，但这精神只限治学，治学也只限《古小说钩沉》和《唐宋传奇集》；C.本可就此完事，但不能只说好话，于是宣布鲁迅罪状。如此一来，见到鲁迅“同党”，扼腕而叹；见到鲁迅敌人，额手称庆。《热风》这类或直斥、或嘲讽的文字，尚有东平的《主客之间》、以群的《靠死人赚钱》、平容的《诧怪》、白平的《论涉及之类》等。

丘砚春的《闲话拥郭倒茅》(第二期)，道出了鲁迅逝世不久文坛上发生的一件事情。作者记述：“有位东方曦先生在《大晚报》上连写两篇文章，谈到文坛明星制度之类，其中说了‘文坛有重镇……比如中国之有鲁迅、茅盾等’一句话，而郭沫若先生，若英先生，陈阜先生，何典先生，徐懋庸先生等等便咬定了东方曦就是茅盾。”这场风波引发的缘由是1936年9月出版的第三期《今代文艺》，刊登了郭沫若戏谑鲁迅、茅盾的一副对联：“鲁迅将徐懋庸格杀勿论，弄得怨声载道；茅盾向周起应请求自由，未免呼吁失门”。东方曦在文章中没有点名地给郭以讥刺，招来郭沫若和若英（即阿英）的回应。从1936年11月16日到1937年1月13日的两个月间，双方争论各执一词，主要是谁在争文坛“领袖”。一方认为“东方曦”在争领袖的地位。郭沫若说：“这‘东方曦’是谁的化名，早就有人写信来告诉过我……”（《漫话“明星”》）若英则说：“至于东方曦究为谁个，暇当一‘考’”。（《关于沫若的戏联》）他们怀疑这个“东方曦”是茅盾的化名（实际是作家孔另境的笔名）。一方认为争领袖的是郭沫若。《闲话拥郭倒茅》说：“我们读者要的是作品，并不一定要领袖……当然，他的作品，他的行动足以领导群众的时候，（不是各领一批作家当喽啰就可称领袖的。）他会自自然然地成为领袖——就像鲁迅先生一样。可是试问文坛诸公：鲁迅先生之为文坛领袖，可曾宣誓就职，或者择吉登基么？或者经过功臣劝进么？领袖之产生，捧也捧不起，压也压不杀。”进而表示：“在这民族垂亡的当口，还斤斤于个人的斗争，我们读者是不要看的！”

《热风》主要刊载杂感。诗作有田间的《生活吧，我的大地》（第一期），艾青的《小黑手》（第一期）和描绘中国历史上第一次农民起义的长诗《九百个》（第二期），署名“克阿”（一个艾青很少使用的笔名）。另有少量的散文、小说。撰稿人除前文列出者之外，还有雪韦、阿累（朱凡）、陈烟桥、艾淦、辛劳、雷石榆、胡风、茅盾、周楞伽、任叔、白兮、萧萧、张春桥等。另有日本作家鹿地亘。

第二期延迟到3月1日才出版，并遭查禁，成为终刊号。

《热风》终刊号的封面值得大书一笔。总体设计与创刊号大体一致，刊名下第二行三个大字是“终刊号”，第三行印“献词”两字。下面却是大片空白，只有几行虚线。压在虚线上的竖排的“奉令停刊”四个宋体字，外加一个方框，格外显赫醒豁，让人过目难忘。唐弢说：“这是文网史上一幕不应漏写的插曲。”（《“奉令停刊”》）

《希望》

《希望》杂志是怎样创刊的？

当年编辑《希望》的王淑明，在《希望》出版四十多年后写的《我与“左联”二三事》中记述：

> 三十年代的左翼文人大都出身贫寒，专靠卖文为生。但国民党设立了检查机关，严厉钳制舆论，发表文章很不容易，要通过许多关口。左翼作家们既然不愿也不屑向国民党的御用刊物投稿，以出卖自己的灵魂，就要多方设法找到可以发表作品的地方。另一方面，一些小型书店和杂牌刊物，要想维持营业和争取读者，也不得不冒着风险，采取稍微灵活的态度，和左翼作者接触，创办中间性或比较进步的刊物。
>
> 当时上海有一个号称中国图书杂志公司的书店(后台老板为四川军阀刘湘)，托人来向我们接洽，要我们在他的书店出版一种刊物，不加任何限制，稿费从优，并说待刊物发行量扩大后，还可商量出版丛书。这对我们来说，是一个扩大左翼文学阵地的机会，我们当然不放弃这个机会。我们就在这个书店出版了《希望》半月刊。刊物于1937年2月(应是3月——引者)创刊。

王淑明(1902—1986)，原名王铸，笔名有舞勺、天帝等。安徽无为人。中学毕业后，在家乡小学、中学任教，并开始写作。1934年春到上海，参加中国左翼作家联盟，曾任宣传部长。在《现代》《文学》《春光》等杂志发表文学评论。抗战爆发后，王淑明离开上海，先到武汉，后到皖南参加新四军。此后十多年在新四军江北分校、华北大学等校任职。1949年后，曾在人民文学出版社、中国文联研究室、中国科学院文学研究所等处从事文学编辑和研究工作。二十世纪五十年代末，这位为中国现代文学批评事业做出过贡献的批评家，因为“人性论”而受到错误的批判，在文坛几近销声匿迹。

《希望》出版时，“左联”已经解散，但在刊物上写文章或发表译作的，绝大多数是左翼文人，乔木、沙汀、罗烽、周扬、郭沫若、何家槐、舒群、唐弢、东平、魏东明、梅雨(梅益)、立波、戴平万、雪苇、柳林、碧野、林林、林淡秋、杨骚等，也有中间的作家，如周木斋、陈子展，另有日本左翼作家鹿地亘。

文学理论与批评文章，如周扬的《艺术与人生》、乔木的《作家间需要一个新运动》、王淑明的《一个伟大作家的历程》，以及唐弢的《文苑闲话》、雪韦的《写作与自由》等，占了较大比重。

报道文学(也称报告文学)是当时风行的文体。报告文学“是从民众反日抗日运动底土壤上产生，吮吸着抗日斗争底乳浆而成长起来的”。(以群：《〈抗战以来的报告文学〉代序》)《希望》第二期上柳林的《在通州》和碧野的《夏令营》都是报告文学。编者称：两篇作品“显示了今日北方黑暗与光明的两面”。(《编后记》)《在通州》，写一次通州见闻。通州，即通县(今北京市通州区)。当时已经被日本侵略军占领，侵略者并扶植起汉奸组织“冀东防共自治政府”。作者出朝阳门不远，就看到公路旁竖立着的“通县界”的木牌，犹如进入“另一个国度”：“大日本通县驻军营房”的日本兵耀武扬威，汉奸奴颜媚骨，百姓受着欺压，社会乌烟瘴气。目睹这些，“心里起了一阵耻辱的痉挛”。《夏令营》，写“一二·九”运动之后，北平学联在北平西山组织的夏令营。一百多名男女青年接受军事训练。他们抱着抗日救国的信念，热血沸腾，以苦为乐，志气昂扬。演练行军、布阵等游击战术，高唱：“……拿起我们的

《希望》第一期刊影

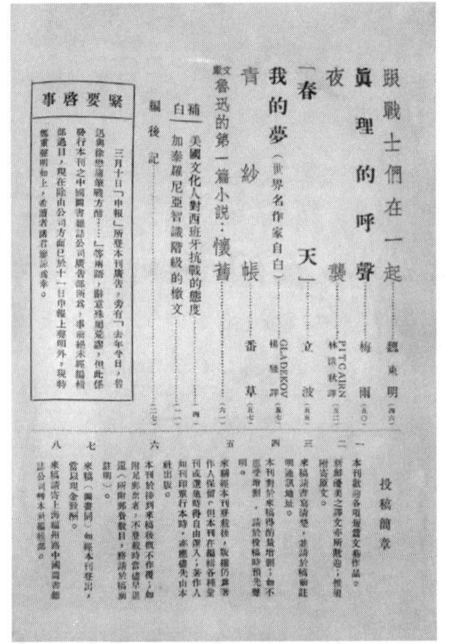

跟戰士們在一起……（四六）
真理的呼聲……梅雨（五〇）
夜襲……PITCAIRN 林淡秋譯（五三）
「春天」……立波（五五）
我的夢（世界名作家自白）……GLADKOV 楊騷譯（五七）
青紗帳……番草（五七）
魯迅的第一篇小說：懷舊……（六一）
美國文化人對西班牙抗戰的態度……（四）
加泰羅尼亞智識階級的檄文……（一一）
編後記……（一七）

緊要啓事

投稿簡章

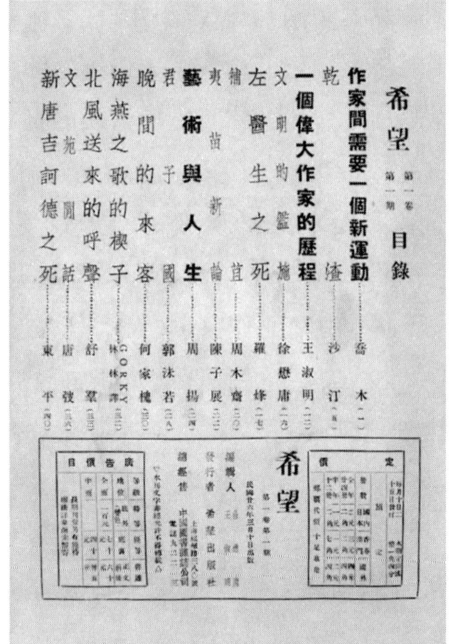

希望 第一卷第一期 目錄

作家間需要一個新運動……喬木（一）
乾渣……沙汀（五）
一個偉大作家的歷程……王淑明（一一）
文明的鑑施……徐懋庸（一六）
左醫生之死……羅烽（一七）
補白……周木齋（二〇）
爽苗新論……陳子展（二二）
藝術與人生……周揚（二四）
君子國……郭沫若（二八）
晚間的來客……何家槐（三〇）
海燕之歌的楔子……GORKY 林林譯（三三）
北風送來的呼聲……舒羣（三五）
文苑閒話……唐弢（三六）
新唐吉訶德之死……東平（四〇）

希望 第一卷第一期

《希望》第一期目录

武器——刀枪,走出工厂、田庄、课堂,到前线去吧,走上民族解放的战场!”作者向参加夏令营的青年战士致以民族的最高敬礼。

苏联鲁滨斯坦作、未明译的长篇小说《武士道》,也刊载在第二期。《编者按》说:“《武士道》是鲁滨斯坦所著的长篇,以我们的满洲为背景,以日本某步兵团的武士连为中心,描写日本士兵的生活和他们对于战争的态度。书中有许多壮烈的场景和动人的描写,有某种人的野心和阴谋,有阴郁的满洲的天空,也有由死而生、由生而死的在奋斗中的中国人民大众。这是一部极出色的、每个中国人必读的长篇。”

《希望》第一期有《特别文献》栏目,重新刊登了鲁迅早期署名周逴的小说《怀旧》。这是鲁迅的第一篇小说,发表在早年恽铁樵主持的《小说月报》上。这也是对鲁迅作品的最早发掘。

第二期有乔木的新诗《挑野菜》(目录为《挑野菜哟》)。乔木,即胡乔木(1912—1992),原名胡鼎新,江苏盐城人。1930年考入清华大学,1933年转入浙江大学外文系。1935年后在上海任中国左翼文化界总同盟书记。1937年7月到延安。《希望》上的文和诗写在上海时期。

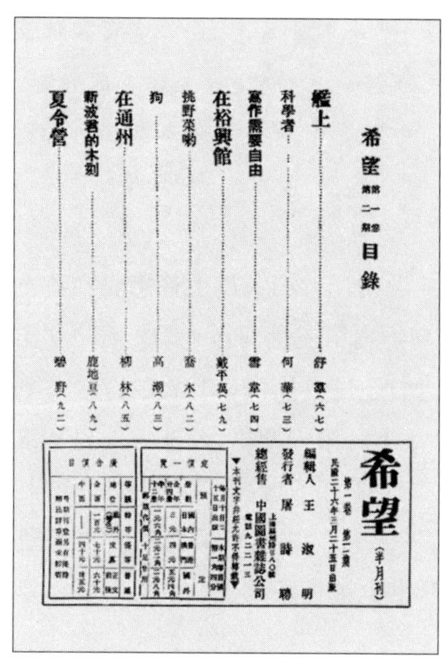

希望 第一卷第二期 目錄

希望（半月刊）
第一卷 第二期
民國二十六年三月二十五日出版
編輯人 王淑明
發行者 屠詩聘
總經售 中國圖書雜誌公司
電話九二二一三
▼本刊文字非經允許不得轉載▼

《希望》第二期目录

胡乔木一生喜欢诗词。晚年曾回忆他十二岁那年第一次接触《新青年》，读到朱自清《赠友》一诗的感受。他不仅有古诗和民歌做底子，而且还直接从西洋诗歌得到营养。在浙江大学时，他用五古、七古和长短句等诗体翻译的《西蒙士诗抄》，刊登在《国立浙江大学校刊》上，同时发表了他自己创作的七律和歌行。

《挑野菜》，借采野菜写日寇入侵，人们离乡背井的苦难，深刻而含蓄。家乡魂梦以思，但欲归无期："回老家？唉，你的心肠真好！／还不一样？我往哪里逃？""野菜尽挑没有个完，／菜心虽苦它比我的甜。"挥泪吞声，真情感人。这首诗是胡乔木创作新格律诗体的一次相当成功的尝试。

胡乔木是看重这首诗的。据说，"1992年胡乔木病情危重时，人民文学出版社拟再版胡乔木的诗词集《人比月光更美丽》，对三十年代胡乔木参加左翼文化运动时期的诗作做了一番搜求，找到了声援西班牙人民反法西斯斗争的诗篇《满天吹着西班牙的风》。胡乔木摇头，以为少作过于直露，不宜入选。但他心中一直惦念着那时发表过的一首新诗——《挑野菜》。在1987年第一次编辑这本诗词集的时候，他就请当年同在上海的梅益、林淡秋回忆、寻觅，没有结果。他也写信给他的妹妹方铭，说这首诗登在一本杂志上，妹妹当年还写过评论文章。方铭想不起来。这首诗没有找到。《人比月光更美丽》初版、再版只好付阙，实在是件憾事"。（程中原：《胡乔木的诗词情缘》）1996年，这首诗才被从报刊的海洋里打捞了出来。

《希望》第一期《编后记》曾说到刊物的名称：

"设若我不是将来的先见者，我将不知如何生活。"这是哲人尼采的

> 话。我们平凡的人们,不能“先见”将来,然而要生活下去,那就只靠对于将来的一些希望。“希望”,“希望”,民族解放的希望,社会改革的希望,文化发展的希望,一切希望,在目前的中国青年的心头最为丰富。本刊是想借从文艺作品,表达中国青年人的心情,所以定名为《希望》。

但是,“希望”之火很快就被扑灭了。王淑明说:“第一期由徐懋庸和我主编,第三期就只我单独署名主编了。这个刊物出了三期即被查禁。第一期出版后,国民党允许在全国发行,可能当时他们还没有摸清这刊物的背景。到了第二期就只准在上海发行,不能向外埠寄出。第三期出版,连本埠也不准出售,根本就禁止出版了。”“原先我们跟书店还订了出‘希望丛书’的合同,计划写些文章和理论小册子,并组织翻译一些外国古典的和近代的具有进步倾向的著作。由于刊物被禁,孕育中的丛书也被扼杀了。”(《我与“左联”二三事》)

检索原刊,《希望》,十六开本。第一期 1937 年 3 月 10 日出版,编辑人徐懋庸、王淑明,发行者希望出版社;第二期 1937 年 3 月 25 日出版,编辑人王淑明,发行者屠诗聘。这一期已是王淑明单独署名。但两期均为“编辑人”而非“主编”,总经售都是“中国图书杂志公司”。据《上海图书馆馆藏近现代中文期刊总目》等工具书著录,《希望》仅出两期。

翻译家梅益在回忆录《八十年来家园》中说:“我和徐懋庸合编《希望》半月刊是 1935 年 4 月前后的事。这份刊物办得不久,只出了三期或四期。”但查阅有关资料,1935 年没有刊名《希望》的杂志出版。

《文艺科学》

《文艺科学》,1937年4月10日在日本东京创刊(封面标示为“四月号”)。大三十二开本,一百三十余页。

《文艺科学》创刊号刊影

主编兼出版者署文艺科学社编委会,发行者为慕容。其时,“左联”已经解散,主持刊物的是原“左联”东京支盟的盟员。胡明树(1914—1977)当是杂志的骨干之一。胡明树, 原名徐善源,广西桂平人。1934年留学日本,入东京法政大学。1937年8月回国。

创刊号中编委会的《提倡文艺理论重工业运动——一九三七年的展望》,可以看作发刊词。二十世纪三十年代,左翼文学理论的政治意识和阶级意识日趋强化。编者回顾1936年:

> 定期杂志非常众多,著作丛书非常蓬勃,文章紧吃着现实,论争和讨论发生而且扩大着——这是一面。另一方面——百种杂志并没有把一个理论定式丰富化,却使其贫弱和狭隘。文章长远地在熟知的现象上无止境地回转。著作倾向于事实的集纳,缺乏思想的内容。出版物并不是教育的提高及深化,却变成《唐诗三百首》供人吟哦。
>
> 不是用真理去裁量人事,而是姑息人事宁可转换真理的价值,而致不能不把理论的严肃性,还久为外交式的四面平稳的词令(这种词令缺

文藝科學·創刊號·目次

《文艺科学》创刊号目次

乏热情，缺乏正义观，成了营业上的道貌往还。严格说来，这是会使民族的性情陷于庸懦与昏弱的）。结果弄致黑白糊混，真伪颠倒。

编者指出：出现这种倾向的主要原因在于理论力量的贫弱。中国的文化战线在展开一个广范围的启蒙运动，但不能止于启蒙。编者认为：

> 假如启蒙运动可喻作轻工业生产，支持日常的需要，那我们必须承认：轻工业的生产绝不能完成一个国民经济。假如启蒙运动已经完成了清道的作用，它是需要更高的不止于清道而且是能够（与）创造阶段来衔接了的，这就是理论的重工业运动，也是文化之生产手段的生产。只有作为文化之生产手段的生产的理论的重工业运动的开展，启蒙运动才得到新的估价，新的内容和新的前途。

“文艺理论的重工业运动”，或者说是“文艺理论上的重工业化”，它的主要内容，是引进“社会主义的现实主义”。编者说，这是因为“‘社会主义的现实主义’在中国，与其说是还很贫乏，毋宁干脆地说是缺如。所以，我们大胆地愈快愈好地企图把‘社会主义的现实主义’的诸问题，就地介绍到中国的文坛”。(《编完了》)

创刊号的《社会主义的现实主义》特辑，刊载了《社会主义的现实主义概观》《论社会主义的现实主义》《社会主义的现实主义基本的诸源泉》《社会主义的现实主义的前提》《新现实主义与革命的浪漫主义》五篇译文。作者都是苏联作家，文章从不同角度论述了社会主义现实主义的创作方法和特点。许修林编译的《苏联文学运动方向转换的考察》，副题是“拉普的理论清算”，介绍了“拉普”的宗派主义及理论的错误。“拉普”(俄罗斯普罗作家同盟)曾是苏联左翼文学团体的核心，影响及于各国无产阶级革命文学运动。1932年苏共中央决定解散“拉普”，继而提出了社会主义的现实主义。编者说明这一期刊出的《特辑》，只是计划中的上辑，“清算‘拉普’及社会主义的现实主义的提起。下辑就深入到社会主义的现实主义的个别特殊问题”。(《编完了》)

为什么要如此紧迫地集中介绍社会主义的现实主义？编者在《编完了》中说道：“国防文学已经成为现阶段的不可争的口号。目前的问题是在我们‘怎样干’了。而文学运动跟一切分野的运动同样，理论是有着指针的作用的。……国防文学是要彻底地反映中国最动乱的现实，从而指出中国往何处去的。就是说‘社会主义的现实主义’问题的展开，是我们在国防文学确立以后的急不容缓的任务。”

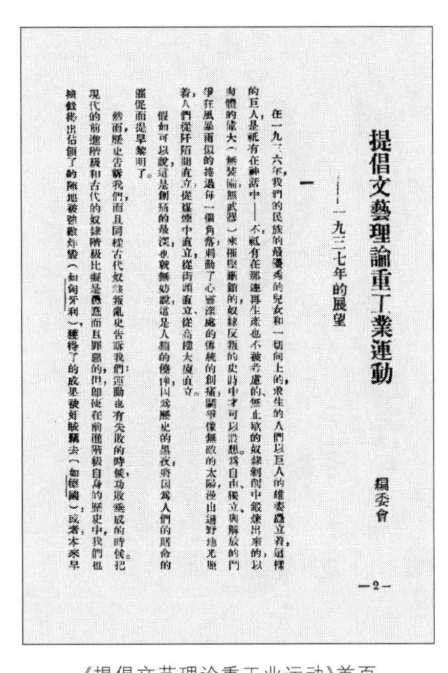

提倡文藝理論重工業運動

——一九三七年的展望

編委會

一

在一九三六年，我們的民族的最優秀的兒女和一切向上的，求生的人們以巨人的雄姿矗立着，這樣的巨人是祇有在神話中——不，祇有在那連再生產也不被考慮的、無止歇的奴隸剝削中鍛煉出來的，以肉體的偉大（無裝備無武器）來摧堅斷節的，奴隸反叛的史時中才可以設想。爲自由、獨立、與解放的鬥爭在風暴雨似的捲過每一個角落，刺動了心靈深處的傳統的創痛，鬬爭像無數的太陽，漫山遍野地光輝着，人們從阡陌間直立，從煤煙中直立，從街頭直立，從高樓大廈直立。

假如可以說，這是創痛的最深，也就無妨說這是人類的偉大，因爲歷史的黑夜，將因爲人們的賭命的催促而提早黎明了。

然而，歷史告訴我們，而且同樣古代奴隸叛亂史告訴我們：運動也有失敗的時候，功敗垂成的時候。把現代的前進階級和古代的奴隸階級比擬是愚蠢而且罪惡的，但，即使在前進階級自身的歷史中，我們也摘錄得出佔領了的陣地被強徵炸毀（如匈牙利），獲得了的成果被奸賊竊去（如德國），或者，本來早

—2—

《提倡文艺理论重工业运动》首页

《文艺科学》刊载的文艺作品却不是“重工业化”。相反地，编者说：“则更愿意多载报告文学，墙头小说，‘短的’短篇小说，童话……之类。”因为，“为要适合‘速率时代’的中国大众，短小而轻松的作品，无疑是比大部长篇的作品还来得需要”。(《编完了》)

这一期刊登了三篇报告文学，主要是基希的《火车中的苏联》（目录为《火车上的苏联》）。另有爱伦堡与柯列诃夫的两篇，报道当时的西班牙战事。

埃贡·埃尔文·基希（1885—1948），又译基休、吉须。他出生在捷克布拉格一个说德语的犹太布商家庭。1904 年大学辍学后，投身于报界，足迹遍布世界各地。1928 年至 1929 年，曾秘密访问美国，出了报告文学集《天堂美国》。1932 年到中国访问，在上海、南京、北京实地采访，文章结集为《秘密的中国》。两部作品体现了报告文学的客观性和社会性。

《火车中的苏联》占了十五页，基希写早期的苏联现实。国际寝车上英国的商人和德国的外交官，上等车厢里新经济政策下产生的小企业经营者们，下等车的旅行者，乘着这列车可以见到新的和旧的、北方的和南方的苏联，以及在文学中出现的各种样式的人物原型。基希的报告文学记述真实，描写细致，将新闻报道提高到文学艺术的高度。《秘密的中国》由作家周立波译成中文，1936 年在《文学界》第一号开始连载时，编者有一段按语介绍基希：“他在他的作品里面，很活泼地把事实通过了望远镜和抒情的想象，艺术地编配起来，形成了今日盛行世界的报告文学的最优秀的标本”。在三十年代的中国文学界，基希有很高的知名度。从理论渗透到范本催化，他对中国早期报告文学的发展起过重要的作用。

火車中的蘇聯

德國·希基著
菲戈譯

在莫斯科，向彼得格勒行的火車到着了尼古立耶夫斯基車站，再從克爾斯基車站發車。距站有一個短距離，坐著車去那兒是要十五分鐘，假使坐火車走的話，只要十分鐘就夠了。

座席票很難買到手，就是買到了，還得在買票處補上車房和座席的號碼。這須要像在蘇聯郵局裏買郵票一樣長的時間。發車的時間十分緊迫了。但是，窗口的男子是一個很雍容的人，在排着隊的一夥也顯得很悠閑，這兒誰都是在等待着時間，而且懷着極強的忍耐。

二三輛車子上寫着「莫斯科——春巴斯多波多」「莫斯科——洛司多夫」「莫斯科——尼日尼諾普果洛德」在那兒只有那些作短旅行的人們得到了座席。可是他們還是不得不作從羅馬到斯多克好爾姆去的那樣長的旅行不可。更惹人注目的是「莫斯科——柏克」「莫斯科——契夫立司」「莫斯科 維拉弗奧司托克」的。

基希像

— 114 —

《火车中的苏联》首页

二十世纪三十年代的中国左翼作家是以苏联为样板的。这一期十七篇文章中十四篇为译文，十四篇译文中十二篇为苏联作家的理论文字或文艺作品。《诗》的栏目里是马耶考夫斯基（马雅可夫斯基）的《伊里奇》（现译《列宁》），一首献给列宁的颂歌，“在革命的胸膛里／伊里奇的心／永远烈火般滚沸”。《文学与巨人》栏目里是伊里奇夫人的《伊里奇与现实主义作品》。《伊里奇》和爱伦堡的《到动乱的漩涡里去》等，都被推举为运用社会主义的现实主义的成功范例。

《文艺科学》创刊号有总标题为《苏联作家的行动》的一组译文，共三篇。文前《编者附识》说：“苏联作家的活动是多方面的，并不局限于文学的分野，文学和政治起了不可分离的联系。”《夸耀》是基尔逊对苏联当年不着陆飞行计划成功的祝词，《演说》是法捷耶夫在莫斯科支持西班牙政府的示威运动集会的演讲。苏联阴谋事件齐诺维夫、加勉纳夫等十六人被处死刑，《从地球的表面抹去》是当时苏联作家对这一事件发表的声明书。

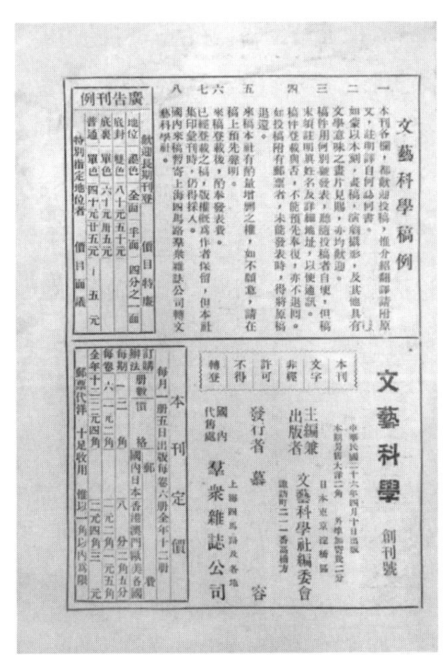

文藝科學稿例

一 本刊各欄，都歡迎投稿，惟介紹翻譯請附原文，註明譯自何處何書。
二 如蒙以木刻，畫稿，演劇攝影，及其他具有文學意味之畫片見賜，亦均歡迎。
三 稿件用何別號發表，聽隨投稿者自便，但稿末須註明真姓名及詳細地址，以便通訊。
四 稿件登載與否，不能預先奉復，亦不退回。如投稿附有郵票者，未能發表時，得將原稿退還。
五 來稿本社有酌量增刪之權，如不願意，請在稿上預先聲明。
六 來稿登載後，酌奉發表費。
七 已經登載之稿，版權概爲作者保留，但本社集印彙刊時，仍得採入。
八 國內來稿暫寄上海四馬路羣衆雜誌公司轉文藝科學社。

廣告刊例

如選長期刊登 價目特廉

地位	色	全面	半面	四分之一面
底封	雙色	八十元	五十元	
底裏	單色	六十元	三十五元	
普通	單色	四十元	廿五元	一五元

特別指定地位者 價目面議

文藝科學 創刊號

中華民國二十六年四月十日出版
本期另售大洋二角 外埠加郵費二分

主編兼出版者 文藝科學社編委會
日本東京淀橋區諏訪町二二一番高橋方

發行者 慕容

國內代售處 羣衆雜誌公司
上海四馬路及各地

本刊文字非經許可不得轉登

本刊定價

每月一冊五日出版每卷六冊全年十二冊

訂購辦法	冊數	價格	郵費 國內日本香港澳門	郵費 歐美各國
每期	一	二角	八分	二角五分
每卷	六	一元二角	一元二角	一元五角
全年	十二	二元四角	二元四角	三元

郵票代洋十足收用 惟以一角以內爲限

《文艺科学》创刊号版权页

齐诺维夫，即格里高利·叶夫谢耶维奇·季诺维也夫(1883—1936)，加勉纳夫，即列夫·鲍里索维奇·加米涅夫(1883—1936)，两人都是苏联著名的政治家和领导人。列宁死后，托洛茨基、斯大林、布哈林、季诺维也夫、加米涅夫、李可夫并列为苏联共产党主要的六名领导人。斯大林大清洗清除的政治对手，托洛茨基之后就是季诺维也夫和加米涅夫。

大清洗是斯大林政治镇压和迫害的运动。1934 年 12 月，苏共中央委员会书记基洛夫在列宁格勒被暗杀。季诺维也夫与加米涅夫被以“间接参与”此案而逮捕判罪。1936 年 8 月，季诺维也夫与加米涅夫等十六人受审，罪名是“阴谋刺杀斯大林以及其他苏联领导人”。审讯中法庭没有出示任何证据，所有的指控都建立在被告的“交代”和“承认”上，被告的“供词”被作为定罪的依据。8 月 24 日，法庭判决全部被告死刑。不到二十四小时，报纸即报道死刑已经执行。

1937 年到 1938 年大清洗趋于高潮。十六位苏联作家签署声明书，欢呼大清洗取得的胜利：“人民之敌的弹丸偷偷地瞄准了约瑟夫(斯大林——引者)，但是无产阶级的忠实的卫兵——内务人民委员会将谋反人们逮捕了，今天他们受着国家的裁判”，歌颂“约瑟夫是我国的天才的性质，我们的性质的模范，他是不会灭亡的”。

五十年，风云变幻。

1988年8月4日，苏共中央“重新研究三十至四十年代和五十年代初迫害事件材料委员会”发表公报，认为当年的调查是“在违法和捏造事实的情况下进行的”，因此有必要为所牵连的受害者平反昭雪。苏联最高法院正式宣布，撤销原判，宣布案件所涉及的季诺维也夫、加米涅夫等所有人无罪，为他们恢复名誉。

季诺维也夫、加米涅夫没有被“从地球的表面抹去”，倒是为独裁者献媚的作家在苏联最恐怖最黑暗的时期，留下了耻辱的记录。

当年编辑《文艺科学》的左翼文艺青年，无不对北方那个新国度心驰神往，甚至在转载基希《火车中的苏联》时，还要专门加上这样一个《编者附识》：“这是新经济政策时的苏联底纪实，我们把它介绍出来，纯粹是作为一种文学上的移植，假如看作是第二次五年计划的苏联底现状新闻，那是无聊而罪恶的。”他们没有想到那里正是血腥罪恶的渊薮。

《文风》

《文风》为北方“左联”的刊物，它的前身是《文学导报》。

《文风》第一期刊影

1936 年 3 月创刊的《文学导报》，第一、二、三期由张露薇、白晓光编辑。张露薇，原名张文华。吉林宁安人。1928 年进入沈阳东北大学，改名张露薇。后到北平，入清华大学。白晓光(1910—2004)，原名白永丰。祖籍山东登州，生于辽宁新民。与张露薇同一年入东北大学，“九一八” 事变后也流亡北平。1935 年加入北方“左联”。后到延安，以“马加”的笔名发表作品而广为人知。第四、五期合刊，改由白晓光、路一编辑。路一(1912—1997)，河北蠡县人。当时也是北方“左联”的领导人。《文学导报》1937 年 2 月第六期出版后停刊。

《文风》月刊 5 月 16 日在北平创刊。文风社编辑发行，上海生活书店、天津北方文化流通社总经售。大三十二开本，一百五十六页。仅出一期。

第一期《文风》的《编后》说到《文学导报》的停刊：

> 自从《文学导报》遭到文学界的某骗子在上海播弄是非篡取售款的破坏而不得不忍痛停刊后，从事文艺工作的朋友们，都认为应再筹办一

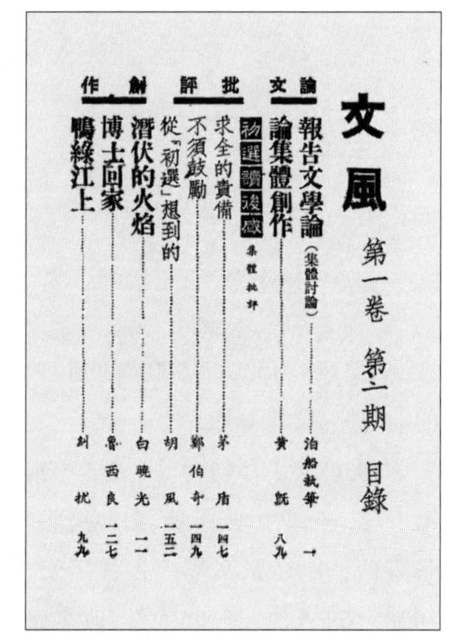

文風 第一卷 第一期 目錄

論文
報告文學論（集體討論）……泊船執筆 一
論集體創作……黃既 八九

批評
初選讀後感 集體批評
求全的責備……茅盾 一四七
不須鼓勵……鄭伯奇 一四九
從「初選」想到的……胡風 一五二

創作
潛伏的火焰……白曉光 一一
博士回家……魯西良 一二七
鴨綠江上……刲扰 九九

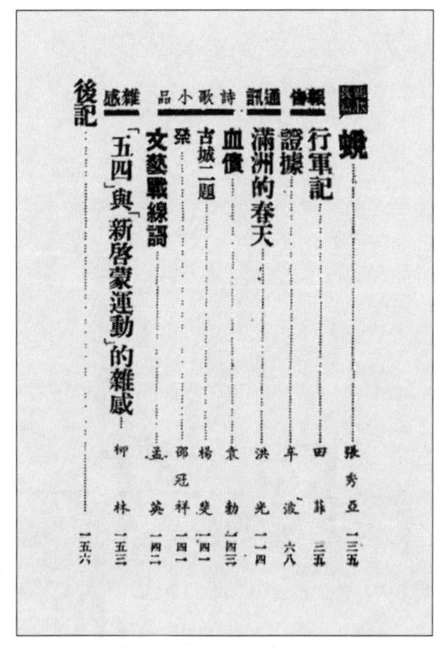

蛾……張秀亞 一三五

報告
行軍記……田菲 三五
證據……年波 六八

通訊
滿洲的春天……洪光 一一四
血債……袁勃 一四三

詩歌小品
古城二題……楊斐 一四一
琛……邵冠祥 一四一
文藝戰線語……孟英 一四二

雜感
「五四」與「新啓蒙運動」的雜感……柳林 一五三

後記……一五六

《文风》第一期目录

个新的刊物来配备这里的救国运动的开展;《文风》,便是大家努力所得的一点收获。

在此地办刊物,没有书店能代为出版、编辑、印刷、发行,一切都得自己来,已足够繁重。而印刷费的昂贵又几于要超过刊物可能的售价(这又不能不归功于文学界的某骗子了,因为他在编《文学导报》的一二三期时,完全向印刷所拆乱污,以后又逃之夭夭,所以北平印刷业对于承印文艺刊物都怀有戒心,把价格特别提高,并且须印费交齐后才允承印),发行上也因此地没有能担承总经售的书业而成为重大的困难,所以这一点收获是秉着吉诃德那样的傻精神才得完成了的。

"文学界的某骗子",指的就是张露薇。《文学导报》编辑部张露薇与白晓光的矛盾起因,在于认识的分歧。1935 年 5 月,张露薇在天津《益世报》的文学副刊上,发表了《略论中国文坛》,攻击左翼作家从日本转译苏联文艺理论是"应声虫","我们有了一般奴隶性极深的作家,于是我们便有无数的空虚的标语和口号"。鲁迅在同年 10 月出版的《芒种》杂志有《"题未定"草(五)》

予以反驳。1936 年冬张露薇脱离《文学导报》到上海，化名贺文远，与杜衡、杨邨人等联系紧密，分道扬镳势在必然。路一晚年回忆说：1934 年，他因躲避当局的抓捕，离开北平一段时间。“1935 年冬，由于工作需要，我又潜回市内，按照党组织的旨意，接手张露薇办的《文学导报》。改组后的《文学导报》由我和白晓光——即现在的马加同志合编。”（《有关鲁迅与唐诃的几点记忆》）“抗战全面爆发后，张露薇投入了汪伪政府，成为汪伪政府的御用文人，曾为汪伪政府炮制‘国歌’，解放后被人民政府关押，刑满释放后一直住在山西。”（马蹄疾：《张露薇其人其事》）

《文风》“因为事先不曾公开征稿，所登载的作品，大部产自本社同人或相识的朋友们”。（《编后》）仅从目录上看，白晓光、黄既、柳林、邵冠祥、孟英、田菲、杨斐、辛波、袁勃等都是活跃在北平文艺青年协会等左翼社团的骨干。

《报告文学论》为泊船根据北平文艺青年协会几十位会员所讨论的记录写成。文章探讨了报告文学产生的社会根源和时代背景：因为“时代的急剧的进展”，“文学既然是反映时代的东西，那么就需要一种急速的反映时代的文学形式”；“环境的限制”，在日寇入侵、民族危亡的关头，“我们很少的人和很少的时间去安静的刻画我们的战绩”，只有更迅速地“暴露敌人的荒淫与无耻，批判自己的错误不足”；“新闻纸不中用”，“多数报纸却做了掩护黑暗、愚弄民众的勾当”，“我们要用报告文学的形式去纠正错谬的新闻，去做真理的喇叭”。文章还就报告文学与其他文学形式的区别、报告文学的形式、内容和写作态度，进行了论述。

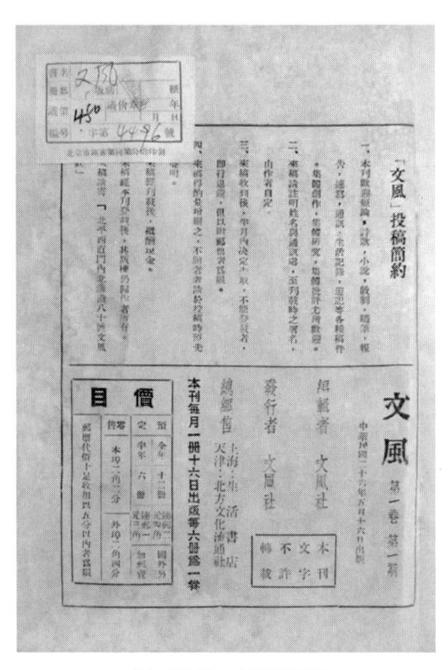
「文風」投稿簡約

文風 第一卷 第一期

中華民國二十六年五月十六日出版

編輯者 文風社

發行者 文風社

總經售 上海：生活書店 天津：北方文化流通社

本刊每月一冊十六日出版每六冊爲一卷

本刊文字不許轉載

價目

《文风》第一期版权页

《论集体创作》论述了集体创作的产生和特点。集体创作，就是“以集体的力量来写社会上的庞大事件”。作者指出：“文艺必须和一般社会活

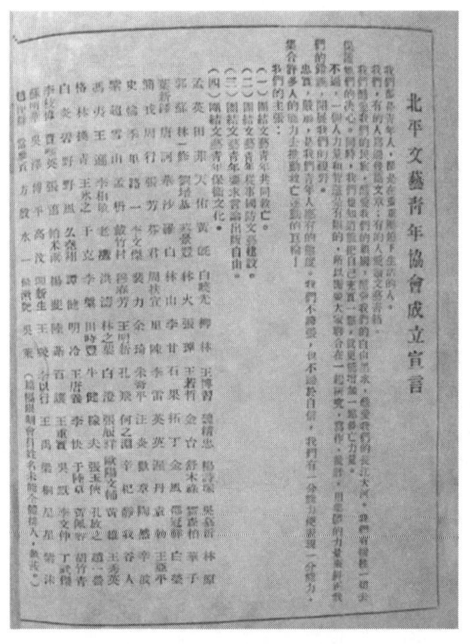
北平文藝青年協會成立宣言

我們的主張：

（一）團結文藝青年共同救亡。
（二）團結文藝青年從事國防文藝建設。
（三）團結文藝青年要求言論出版自由。
（四）團結文藝青年保衛文化。

北平文艺青年协会成立宣言

动配合，而且是有组织的自觉的配合，才有发展”，“造成了产生集体创作的最有力的因素”。来自不同环境的作者们，在一个旗帜下，做同样的工作，再进而写着同一的作品。“一个总目标的存在，便规定了集体创作的可能和需要。”最后归结了集体创作的三个特点：集体的题材，集团的观感，创作完全在集体批评中进行。《编后》说：文章“为黄既经长时间的参证思考和几次同朋友相商讨后才行执笔”。这篇论文学创作的文章出自一个医学院学生之手。

《〈初选〉读后感》是为《初选》编发的一组短评。《初选》的副题是“×县通讯”，刊《中流》第一卷第八期，列为“速写”而非小说。借一个乡长的叙述，揭露了当时县区初选国大代表的丑态。县里选举前有人贿赂拉票，乡长们想从中得一点油水。但选举那天，戒备森严，警察的枪口顶在乡长们的额角上，大家都必须按照县长指定的名单填写，谁反对谁就是捣乱分子。作品发表后获得好评。《文风》的短评共三篇。胡风的《从〈初选〉想到的》指出：《初选》把“当前的某种假面揭开了一角。这里有的是对于丑恶的愤懑，但作者用的是精细的刻画，不像标语口号那样‘轻而易举’”。郑伯奇的《不需鼓励》肯定作者的“写作技术，已经相当地纯熟”，“简直是郭果李（果戈里）作品的故事，然而，却也正是中国的一种现实”。茅盾的评论《求全的责备》，称道“《初选》是近来所见许多好的短篇之一。用简练的手法，写出现时一片段，亦沉痛，亦诙谐，用语造句又有独特清新的风俗”。这也证明了速写“这一体式确是迅速反映急变的现实的最有力的工具”。同时指出《初选》的不足：结尾，同是乡长的老韩不满：“国权在他们手里，民意在他们手里，中国不亡才真是无天理！”茅盾说：“这样肯定话其实是远于普遍的实际，乡长之类一般的只是爪牙或工具而已。”同期刊出有《初选》作者鲁西良的小说《博士回家》,同样表现了讽刺的才能。鲁西良(1910—1990),原名张子纯,又名张凝。山东馆陶人。聊城师范毕业后,曾在北平中国大学读书。“七七”事变前回到家乡,参加地方武装组织的游击队。后任《抗战时报》编辑。1949年后,曾任新华社天津分社社长、中国人民大学新闻系副主任等职。

这一期《编后》对当期刊载的作品,有简要的说明和介绍。如:“《蜕》为张秀亚年来的力作,连续在本刊登载。白晓光的《潜伏的火焰》和纠抗的《鸭绿江上》同是反映被××统治后的东北社会的情状的文章。《潜伏的火焰》是和他的长篇《登基前后》都在描写农民的痛苦和忿怒;《鸭绿江上》则是抓住比较特殊的社会的一角来抒写, 从这里可以透视出社会生活的全面, 异常经济;笔触也颇活泼”。“田菲的《行军记》和辛波的《证据》,描述着从‘一二·九’以来学生救国运动中的两段插画,正好给我们的观感以鲜明的对照。洪光的《满洲的春天》把最近东北的情状就他所接触到的朴实地报告给我们”。“诗歌虽只三篇,但《血债》这长篇叙事诗,我们不能不说是诗坛上重要的收获吧?《文艺战线歌》已填就曲谱,唱起来时是更会觉到歌中情致的亢奋与热烈的”。

茅盾以“谬谬”的笔名著文,在这年7月1日出版的《文学》(第九卷第一号)上介绍《文风》,并评论创作得失:“《潜伏的火焰》《鸭绿江上》都以东北为背景。从这两篇中我们可以看出, 东北人民生活的困苦和潜伏在内心的火焰”,“《博士回家》是讽刺一个洋博士的无聊行为和争权夺利的勾当,唯笔调太平淡,无结构”,报告文学“一篇是《行军记》,实记行军中的一般生活,但写得太散漫,抓不住中心。还有一篇是《证据》,技术较为熟练,是写的监牢中的生活,切实可读”,“通讯《满洲的春天》也是一篇东北现状的报告,读后只有使我们愤慨,同时可给一般醉生梦死的人一个警惕”,“《论集体创作》是一篇可贵的文章。这篇文章对目下集体创作的问题, 正是一个基本理论上的贡献”。(《文艺杂志评述》)

《离骚》

1937 年 8 月 13 日开始的淞沪战役(又称“八一三”战役)的结果,是中国军队全部撤离。11 月 12 日,日军进驻上海。但苏州河南岸的租界区(相当于其时上海全市区域的一半),尚在日军的控制之外。四围恶浪,上海进入“孤岛”时期。12 月 20 日,有一本刊名《离骚》的杂志竟在“孤岛”创刊。十六开本,四十四页。版权页上署编辑人刘西渭,发行人李克家,经售处五洲书报社。

1944 年 5 月,上海从“孤岛”而沦陷已经四年。文载道在《期刊过眼录》中说到当年期刊:“曾经有一本学术性刊物,而仅出一期即告停刊的,说来也很

《离骚》创刊号刊影

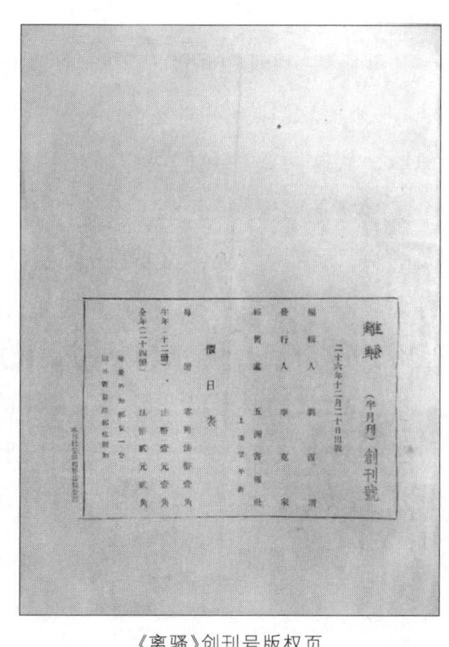

離騷（半月刊）創刊號

二十六年十二月二十日出版

編輯人 劉西渭

發行人 李克家

經售處 五洲書報社 上海望平街

價目表

每冊 零售法幣壹角

半年（十二冊） 法幣壹元壹角

全年（二十四冊） 法幣貳元貳角

《离骚》创刊号版权页

有掌故的价值。这刊物名叫《离骚》(好像是吧),署名的编者是刘西渭先生。实际上是阿英主持。刘只写了一篇散文。创刊号因稿挤,我的一篇考证乡土史地的文字遂不及放入,旋由黎庵拿去给《永安》刊载。至于这《离骚》的下文也从此洞庭木落渺渺无踪了。后来碰见阿英时,大家就戏呼之为海内孤本。"

阿英(1900—1977),原名钱杏邨,阿英是常用的笔名。安徽芜湖人。1927年与蒋光慈等组织太阳社,编辑《太阳月刊》。1930年加入"左联"。抗战爆发后,与郭沫若、夏衍创办《救亡日报》。淞沪战役后,《救亡日报》南迁,阿英留在"孤岛"。

关于《离骚》,1996年韩石山这样记述:

> 1937年11月,中共地下党出钱,要阿英办一个综合性的文化刊物,藉以联系留守孤岛的文化界抗日人士。为了不引起租界当局的过分注目,地下党决定登记时不暴露阿英,改换一位表面上看来政治色彩不那么太鲜明的人士,经阿英、于伶和郑振铎相商,郑振铎提出了刘西渭。(《李健吾传》)

郑振铎(西谛)是阿英与刘西渭(李健吾)共同的朋友。1933年8月,李健吾留法学成回国。这时,在燕京大学任教的郑振铎正与巴金、靳以等人筹办大型文学刊物《文学季刊》。李健吾应邀参加活动。1934年1月,《文学季刊》创刊号出版,李健吾列名为"特约撰稿人",并有长篇论文《包法利夫人》发表。第三期杂志又刊出了他的著名剧作《这不过是春天》。郑振铎看中了李健吾的才学。翌年,郑振铎受命为暨南大学文学院院长,破格聘任李健吾为法国文学专任教授。李到上海后写的文学评论文章,用"刘西渭"笔名发表。淞沪战役爆发,李健吾一家由真茹迁到市区。不久,学校也撤回市内上课。国难当头,聚集在租界里的文化人,彼此间的交往更为密切。李健吾去得最多的地方就是巴金和郑振铎的家。在郑家,他先后结识了阿英、夏衍等文化人士。这就有了前说的杂志署名。

三十年后的"文革"中,《离骚》成为李健吾受审的一个内容。他在回忆郑振铎的文章中说:"我下放到干校,来了两个外调人员,查问我办这个刊

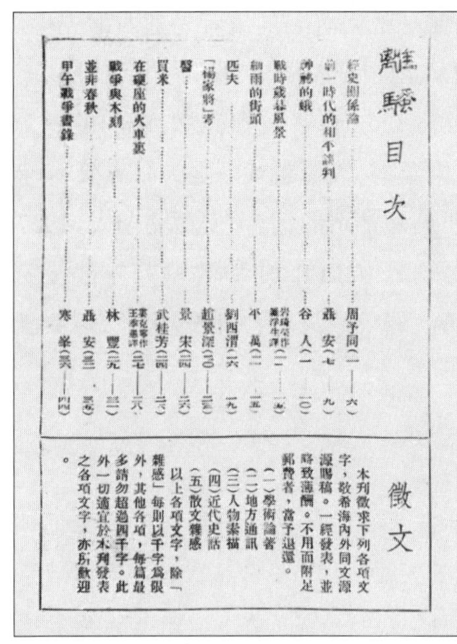
離騷目次

徵文

本刊徵求下列各項文字，敬希海內外同文源源賜稿。一經發表，並略致薄酬。不用而附足郵費者，當予退還。
(一)學術論著
(二)地方通訊
(三)人物素描
(四)近代史話
(五)散文雜感
以上各項文字，除「雜感」每則以千字為限外，其他各項，每篇最多請勿超過四千字。此外一切適宜於本刊發表之各項文字，亦所歡迎。

《离骚》创刊号目次

物的详细经过和有关人员。我回答不出来，为此苦闷了许久。现在揣测，大概是你出的主意。因为'孤岛'时期办刊物困难，你就想到了这个笔名。"(《忆西谛》)

《离骚》没有发刊词，封二有《征文》，编者称："本刊征求下列各项文字"，即：学术论著、地方通讯、人物素描、近代史话、散文杂感等。

散文多篇写社会动荡不宁，人民生活艰难困苦。逃难到上海租界的难民，冷雨的夜晚露宿街头，遭到巡夜者的驱赶、殴打(平万：《细雨的街头》)；买米很难，一家米店人潮汹涌，巡捕来了，买米的人们惊惶让路，挤到最前面的巡捕举起的是一只面粉袋(武桂芳：《买米》)。平万，即戴平万(1903—1945)，原名戴均，广东潮安人。早年与阿英同在太阳社，"孤岛"时期中共地下"文委"成员。武桂芳(1915—1990)，浙江定海人。战前已经初涉文坛，当时很活跃的一位女作家。

李健吾以"刘西渭"的笔名发表了《匹夫》。从报纸的《专电栏》看到牛小山的名字，作者记忆之中的"一个缩在角落，抱住秃头，躲避干牛粪抛来的苦孩子"，后来卖身给东家当了小长工。他当了兵。"他炸毁一座桥，杀了二十多个民族的仇敌，力竭而死"，赞扬小山，"他是英雄。然而无名，然而不带神话"。自己十分惭愧。

《离骚》创刊号封底

林丰(叶灵凤)的《战争与木刻》介绍了十五世纪德国艺术大师丢勒的杰作。他说，国内木刻的复兴则是近五十年的事情。他希望年轻的木刻艺术与现实保持最密切的联系，"站到战斗的最前线”。

阿英(左)和于伶 1938 年在上海

《离骚》栏目的开设,体现了主编的编辑思想。阿英一生爱书如命,是现代有影响的一位藏书家。早在二十世纪三十年代就关注近代文学史料、民间通俗文学的访求收藏和编纂研究,对晚清文学的探索更有首开之功。《离骚》文艺栏目之外的《学术论著》《近代史话》等栏,有着鲜明的“阿英特色”。

刊首《经史关系论》,作者周予同(1898—1981),浙江瑞安人。北京高等师范毕业,曾任商务印书馆编辑,安徽大学、暨南大学教授。文章从中国学术的演变谈史学和经学的关系,并对“经次于史”“经等于史”“经属于史”等说逐一分析。

赵景深,祖籍四川宜宾,生于浙江丽水。他和阿英是芜湖襄垣小学的同学,以后都到了上海。赵从 1930 年起任教复旦大学。《〈杨家将〉考》从杨家将故事最早出现的时间和后来的发展,以及杨家将演义能够吸引民众的原因,以史料为据做了考辨。

战争的形势使作者执笔为文时,忘不了与现实的关联。周予同文章的开头就说:“近来有些政论家们欢喜引用经典中的文句,有些简直莫名其妙地在提倡读经”,因之有议议的必要。最后的结论是:“就社会现实说,政论家与其引经,不如读史。说了一大套的格物致知修齐治平,仍旧只是玄学概念的玩弄,而且决不配成为《经义考》续编上的名著;看了秦、汉、隋、唐的武略,南宋南明的哀史,已至少知所奋勉警惕,更无论懂得中国社会组织的过程而预计他的前途。南宋的理学救不了偏安之局,明末的狂禅促成了亡国的惨祸。”赵景深也是从当时“两月来山西大战”,联想到宋初抗战的杨家将,因作《〈杨家将〉考》的。

这一期署名“寒峰”的《甲午战争书录》是阿英编著。阿英在资料的整理和研究中，注重专题书录的编制。书录有《小引》或《叙例》，每一本书写有概要，简略地介绍各书的主要内容、学术成就以及版本变迁。这组在炮火中完成的近代书录，让人联想到眼前入侵的敌人。书录前的《小引》，实在是沉痛激切的血性文字：

> 甲午中日战争，距今已五十余年，当时所刊有关此役书籍，既不易得，亦鲜可考。近年于搜集百年来文学著作之余，兼及史料，其有关此役者，计得若干种。淞沪战争既爆发，铁蹄所至，庐舍为墟，因念此类史籍，究能保存至于何时，殊属疑问。特拨冗为之著录，盖亦有备于不幸付诸浩劫，犹能存一目于人间，以供史家之探索也。
>
> 一九三七年十月十二夜，寒峰记

江山沉沦，而不忘史籍的保存。爱国之情，扑人眉宇。同年 12 月 6 日晨，阿英又有《校后再记》：“……此目始稿于十月，以事久辍，直至我军退出上海，始稍稍获闲，赓续写定，然为时已三个月，上海暂时成为‘孤岛’矣。”

《离骚》只出一期就被租界取缔，但显示了抗日文化在这“孤岛”一隅之地的延续。

《离骚》封面采用明代画家陈洪绶的木刻名作《屈子行吟图》。画面是被放逐后的屈原，形容憔悴而志不可屈，表现了诗人忧国忧民的伟大情怀和追求真理的坚定信念，从而成为后世人们心目中定型化了的屈原形象。刊物“用《离骚》作刊名，联系当时的环境，不仅富有历史感，更具时代感。敌骑当道，国土沦丧，屈原大夫的忧国之思正好代表了沦陷区人民心头的哀痛”。(姜德明：《“孤岛”的〈离骚〉》)

《离骚》插图《空袭》

《顶点》

《顶点》是戴望舒和艾青两位著名诗人合编的诗刊。

1938年10月底，艾青来到桂林，为《广西日报》编辑副刊。艾青给这个文艺周刊起名《南方》，后来，又和林林在《救亡日报》上开辟了一个专刊，名为《诗文学》。稍早一点，当年5月，戴望舒去了香港，主持《星岛日报》副刊《星座》的编务。

戴望舒和艾青1936年在上海时就有了交往。这年1月，艾青自费出版了第一部诗集《大堰河》。10月，戴望舒主编的《新诗》创刊。《新诗》对左翼诗歌界是采取排斥态度的，唯独艾青是个例外。第三期就刊登了艾青的小诗《窗》，此后又多次发表艾青的诗作。抗战开始后两个人虽天各一方，但联系不断。艾青的长诗《他死在第二次》就发表在戴望舒主编的《星座》。

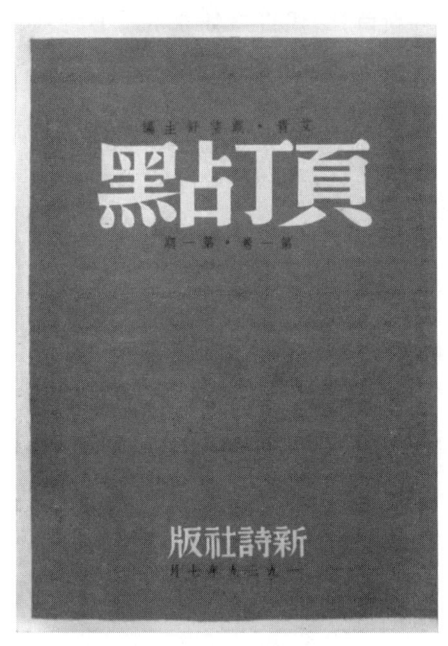

《顶点》第一期刊影

1939年3月26日，艾青在《南方》第四十九期上刊出了戴望舒写给他的信。戴望舒对远方的诗友说："抗战以来的诗我很少有满意的，那些浮浅的，烦躁的声音，字眼，在作者也许是真诚地写出来的，然而具有真诚的态度未必就是能够写出好的诗来。那是观察和感觉的深度的问题，表现手法的问题，个人的素养和气质的问题……"《新诗》在1937年第十期出版后毁于战火,戴望舒很想恢复,信中说“现在是筹备经费”,当年办刊的几个作家因战争而风流人散,联系不上:“金克木去桂林后毫无消息,玲君到延安鲁艺院后也音信俱寂,卞之琳听说已去打游击,也没有信。其余的人,有的还在诉说个人的小悲哀,小欢乐,因此很少有把握”。这里指要想请有的诗人转而去写抗敌爱国且又有艺术质量的诗篇,有一定的困难。因此,他希望与艾青合作,借助艾青所团结的一批信得过的诗人朋友,办一个全新的《新诗》杂志。

4月9日,《南方》第五十六期上刊登了《〈顶点〉在筹划》的广告:“戴望舒与艾青决定出版一种诗刊,刊名《顶点》,每月一期,选稿标准较高,现在筹划中,拟于五月间创刊,内容为诗的创作、理论、批评、介绍、翻译等等。精致的素描,木刻,亦欢迎。”两人磋商决定:每期由戴望舒在香港编一部分,艾青在桂林编一部分,再合起来印刷,在香港出版。

7月10日,《顶点》第一期问世。红色封面上的文字全部横排。上端是反白的宋体大字刊名,下方“新诗社版”四字同样反白,唯字体较小。主编、期号、出版时间为三行黑色铅字。版权页的记录是:主编者艾青、戴望舒,出版者新诗社,代售处各地生活书店,通讯处一为桂林,一为香港。大三十二开本,六十四页。

《顶点》没有发刊词,《编后杂记》中声明:

> 《顶点》是一个抗战时期的刊物,它不能离开抗战,而应该成为抗战的一种力量。为此之故,我们不拟发表和我们所生活着的向前迈进的时代违离的作品。但同时我们也得声明,我们所说不能离开抗战的作品并不是狭义的战争诗。

编者说,《顶点》的宏愿是:

> 从现在的新诗的现状中更踏进一步。不管我们现在表现的是怎样,我们所希望的是把水准尽可能地更提高,使中国新诗有更深远一点的内容,更完善一点的表现方式。我们知道这不是一朝一夕所能成功的,

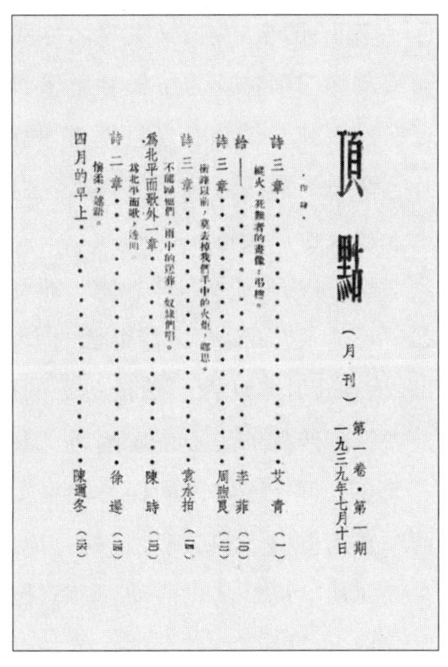

頂點

（月刊）

第一卷·第一期　一九三九年七月十日

·作詩·

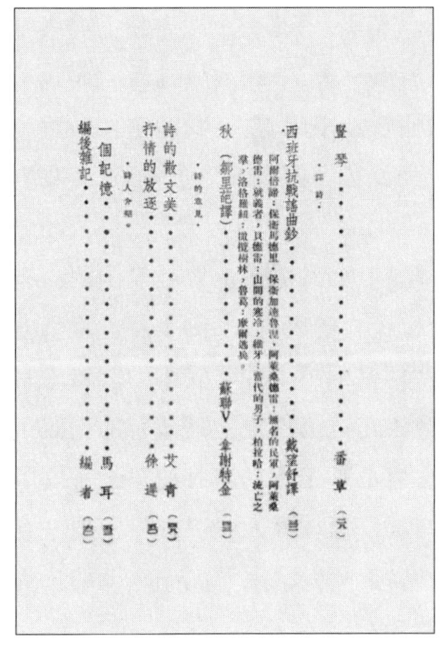

·譯詩·

《顶点》第一期目录

可是我们却要时时刻刻怀着这个愿望，时时刻刻朝着这个方向努力。

第一期《顶点》分“作诗”“译诗”“诗的意见”“诗人介绍”四个部分，发表了诗的创作、翻译和评论。

艾青的《诗三章》声讨日本侵略者的滔天罪行：《纵火》记录了日寇狂轰滥炸把整个城市变成火海的恐惧与悲凉；《死难者的画像》描绘母子、孕妇和一些劳苦大众在敌机狂炸下生灵涂炭的惨状；《吊楼》反映大地疮痍满目，难民搭吊楼暂作栖息的凄惶苦境。

袁水拍的诗是徐迟受戴望舒之托向他约稿的。袁水拍(1916—1982)，原名袁光楣。江苏苏州人。当时是中国银行香港分行的职员，虽然写诗，但几乎没有发表过。见到徐迟，袁水拍高兴极了，三天后就交了稿。《不能归他们》，写一个农民埋葬了在敌人屠戮中死去的妻子和孩子，离开家乡。他坚信：“我要回来的，这里不能归他们！”徐迟说这首诗原题为《我是一个田夸老》，“若不是他的第一首诗，至少也是他第一首公开发表的诗，署名袁水拍，诗很好，发表后受到好评，从此便一发不可收拾”。（《〈袁水拍的诗歌集〉序》）

李菲，即李一航，又有笔名虹飞、黎央。《给——》是一个战士临上前线时写给友伴的嘱托。为了民族解放，他憧憬着有一天，一场激战过后，“而我／现在我偃卧于柔和的夜色里，／我的眼睛愉快地半闭着，／我的手在最后一阵痉挛里／紧握着武器；／曾经生活／曾经受苦／但今天为了斗争，／我躺下了在我所热爱的土地”。

《四月的早上》从早上情境的变化写战争。四月的早上曾是安闲的，“有如一片池水”。而今日是奔忙的卡车、驮马、流亡的人群；人们争看着报纸电讯，计算着日本法西斯赌徒输下的孤注。“四月的早上并非安闲的”，诗人写道：“等到四月的早上是安闲时／我们的敌人已成为历史上最羞耻的记载了／如今人群在不安闲的四月的早上／要去索取那未来的四月的早上是安闲的”。作者陈迩冬（1913—1990），原名陈钟瑶，广西桂林人。抗战时期，他一直在桂林从事抗日文化活动，主编《抗战艺术》《拾叶》及《大千》杂志。他的诗构思奇特，语言风趣，富有幽默感。

《竖琴》的作者番草（1914—2012），原名钟鼎文，安徽舒城人。三十年代开始诗创作，曾留学日本，抗战爆发归国，先后任复旦大学教授、上海《天下日报》《广西日报》总编辑。他在诗中感叹：“我在沉默中／蛰伏得太久了。”“我觉醒于瓦砾之上，／拾起了我的竖琴。”“我要像每一代的歌者那样地／抱着我的竖琴，／投身于战争的火海里。”

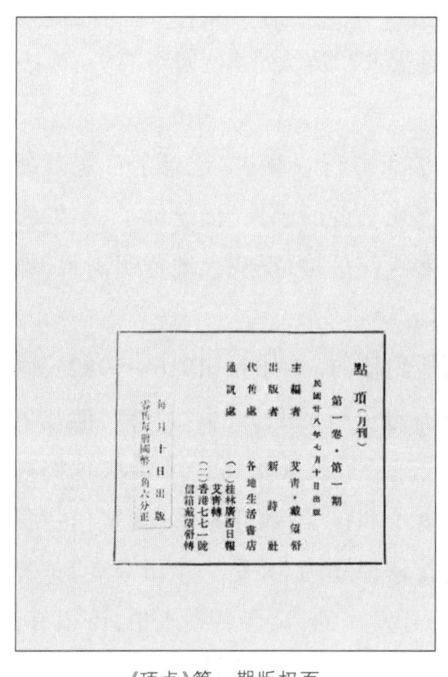
點頂（月刊）
第一卷·第一期
民國廿八年七月十日出版
主編者　艾青·戴望舒
出版者　新詩社
代售處　各地生活書店
通訊處　（一）桂林廣西日報艾青轉
（二）香港七七一號信箱戴望舒轉
每月十日出版
零售每冊國幣一角六分正

《顶点》第一期版权页

戴望舒译的《西班牙抗战谣曲钞》，包括阿尔倍谛的《保卫马德里·保卫加达鲁涅》和阿莱桑德雷的《无名的民军》《就义者》等七位诗人的八首诗作。“谣曲”是西班牙一种特殊的诗体。他在《关于西班牙抗战谣曲》中说：“现在，西班牙争自由民主的波浪又被法西斯凶恶压下去了，可是人民的声音是不会灭绝的。”戴望舒“通过这些译诗表达了自己呼应人民抗战的心声，和对于抗战诗歌现实主义与大众化潮流的某种支持”。(陈丙莹:《戴望舒评传》)

《诗的意见》栏中有两篇论文。艾青《诗的散文美》表达了他对形式美的新见解。艾青写道:“自从我们发现了韵文的虚伪，发现了韵文的人工气，发现了韵文的雕琢，我们就敌视了它;而当我们熟视了散文的不修饰的美，不经过脂粉的涂抹的颜色，充满了生的气息的健康，它就肉体地诱惑了我们。”他认为:“散文的自由性，给文学的形象以表现的便利;而那种洗练的散文，崇高的散文，健康的或是柔美的散文之被利用于诗人者，就因为它们是形象之表达的最完善的工具。”徐迟的《抒情的放逐》认为:“有诗以来，诗与抒情几乎是分不开的，但在时代变迁之中，人类生活已开始放逐了抒情”，“也许在流亡道上，前所未见的山水风景使你叫绝，可是这次战争的范围与程度之广大而猛烈，再三再四逼死了我们的抒情的兴致。你总觉得山水如此富于抒情意味，然而这一切是毫没有道理的，所以轰炸已炸死了许多人，又炸死了抒情，而炸不死的诗，她负的责任是要描写我们的炸不死的精神的。”

论者说:“《诗的散文美》和《抒情的放逐》观点都有点偏激，但前者显出了偏激中的创新，其观点整整影响了半个多世纪的诗创作实践。后者却因照搬西方某一类现代派的片言只语，忘掉了诗歌本体特征，不免偏激得荒唐。”(骆寒超:《艾青评传》)

《诗人介绍》栏刊出马耳(叶君健)的《一个记忆》，怀念在西班牙战场倒下的英国诗人裘连·倍尔。

《顶点》第一期出版不久，艾青因为种种原因(婚外恋情纠葛应是其中重要的一个)，9月去了湖南，在桂林驻足的日子未满一年。艾青离去，《广西日报》出满一百期的《南方》、《救亡日报》出了四期的《诗文学》与刚刚诞生的《顶点》，一起停刊。晚年的徐迟在《江南小镇》一书中说到《顶点》时，留下了一个诗人的幽默:“《顶点》的出版是很好的起点，可惜这个名字不好，也难怪这起点就是顶点，再也无法往前了，自然只出一期，就得寿终正寝了”。

《耕耘》

《耕耘》是抗战时香港出版的杂志，主编是当时二十三岁的女画家郁风。

抗战爆发后，内地一批文化人转移到香港。1939 年，在靠近西环的半山上一个叫学士台的地方，有一排陈旧的楼房，住着上百户人家。画家张光宇、张正宇、叶浅予、丁聪，作家叶灵凤，诗人戴望舒、徐迟，翻译家冯亦代等，他们有的是拖家带口，有的则单身独居。

郁风(1916—2007)，浙江富阳人，生于北京。父亲郁华曾为著名法官，上海沦陷后被日伪特务暗杀。叔父就是著名作家郁达夫。她从北平艺专毕业后，又到南京中央大学深造。抗战开始，在第四战区政治部宣传组，1939 年 7 月初日本人占领广州后来到香港。学士台是她经常去串门的地方。

《耕耘》第一期刊影

《耕耘》是怎样创刊的？郁风回忆：朋友们在一起聚会闲谈，既然这么多人中有作家、诗人、画家、设计家，何不办一个刊物？大家从内容到形式，几经酝酿，刊物定名《耕耘》。这年年底，刚好夏衍从桂林到香港为《救亡日报》购买印刷器材，郁风去征求他的意见。夏衍认为办这样一个以文艺的多种形式宣传抗日的刊物非常好，还可以团结更多的人，成为一个统一战线的文艺阵地。“于是我们决定了编委的名单：丁聪、徐迟、黄苗子、张正宇、叶浅予、郁风、夏衍、张光宇、叶灵凤、戴望舒。”(《永远值得记取》)郁风当时还没有找到正式工作，大家推举她任执行主编。从未编过杂志的郁风就走马上任了。

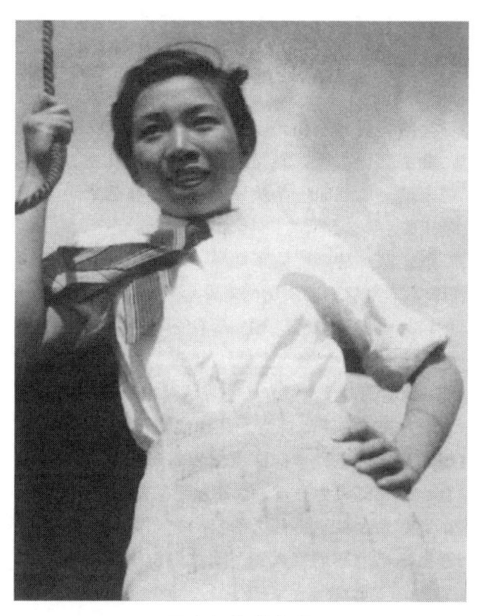

三十年代的郁风

《耕耘》没有编辑部，各人准备自己的文章和画作，定时交稿，同时分头发信向全国各地的朋友们约稿。郁风负责集稿、发排、跑印刷所、看校样、开邮箱、通讯、算稿费等一切事务。经费是大家凑的。本来冯亦代还拉了药行的广告，后来大家考虑，放上一点不三不四的广告，破坏整个版面，索性放弃这个收入。经过几个月的筹备，第一期在 1940 年 3 月印出，因为向内地和海外发行需要时日，版权页上的出版时间是“4 月 1 日”。两千册杂志大都由生活书店发行到内地，大受读者欢迎，美术界的朋友更是如获至宝，辗转传阅。

第二期《耕耘》因为经费和稿件的周转，延迟到 8 月才出版。第三期编好之后，郁风说：“终因战地阻隔，卖出的书资金转不来，眼睁睁地因为掏不出钱而看着它夭折了。”(《曾经有过这样一本杂志：〈耕耘〉》)

《耕耘》仅出两期，却以独具的风貌在中国期刊史上留下了辉煌的一页。

创刊号没有发刊词，郁风写的《编后记》中说，战火隔断了与内地的沟通：

由于物质印刷制版条件的渐趋困难，使得不少好的作品埋没了，国外的可供参考的作品更无从输入，各地方的艺术宣传的新发展很难得到互相交换的好处，而这些是提高艺术水准的必要条件。同时，抗战之后在刊物中常见的只有文学和漫画木刻，其他姐妹艺术如雕塑、音乐、

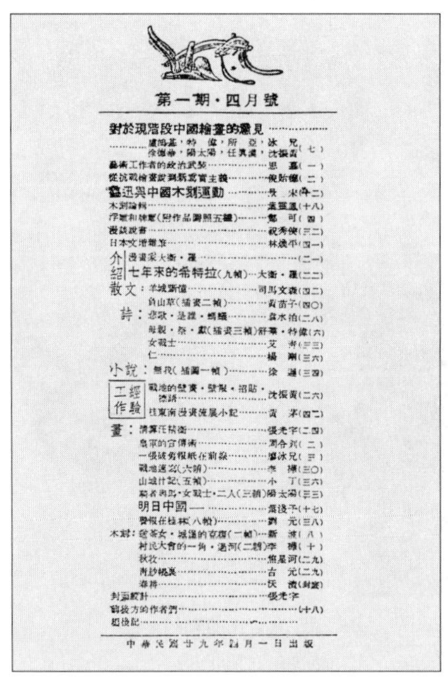

第一期・四月號

中華民國廿九年四月一日出版

《耕耘》第一期目录

編後記

耕耘月刊

第一期・民國廿九年四月號

出版者：耕耘社

編輯人：郁風

發行人：黃苗子

總經售：生活書店

《耕耘》第一期版权页

油画或中国旧形式的水墨画、舞俑……等等虽然还是凤毛麟角，但是也应该尽量的发掘介绍，使它们同样也能得到普遍的爱好和认识，成为民族解放斗争的武器。所以《耕耘》将试着成为上述这些工作任务的支柱之一。当然理论的建设和检讨也将是《耕耘》的主要内容。

第二期的《致读者》中说：

在目前中国的艺术战线上，有两个并重的工作任务：对于大众的鼓励、宣传、教育和促进自身进步的介绍、研究，各种表现形式的创造及尝试。任何杂志刊物都有一定的篇幅限制，依照编辑和印刷上不同的便利条件，或稍稍偏重于前者，或稍稍偏重于后者；在一个总的共同目标下的分工，我们相信是无害而且合理的。

两段话，说明了刊物的性质和任务。《耕耘》是一本综合性的文学艺术杂志，介绍漫画、木刻及音乐、油画、中国画、舞蹈等姐妹艺术，研究这些艺术形式的创造和尝试，为民族解放

婦女在一九〇五年革命中　蘇聯　沙卡諾爾斯卡亞作

現代木刻五家

葉靈鳳

一：瑪查

二：梵·費恩

三：沙卡諾爾斯卡亞

葬儀　荷蘭　梵·費恩作

費林風景　捷克　瑪賽作

西尼西亞老婦人　波蘭　斯提勒作

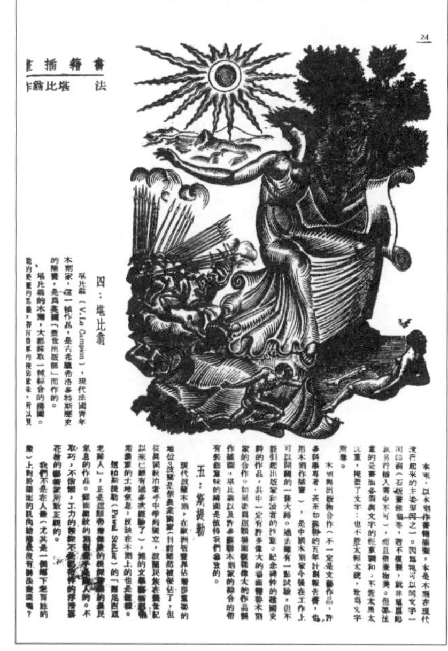
書籍插畫

法　塔比爾作

四：塔比爾

五：斯提勒

《耕耘》插图选页

斗争服务。

冯亦代称《耕耘》“是本文学与绘画的孪生儿”。(《戴望舒在香港》)两期《耕耘》有徐迟、韩北屏的小说,艾青、袁水拍的诗,司马文森的散文,但占用最大篇幅的是艺术。

一是艺术的评论和研究。思慕(刘思慕)的《艺术工作者的政治武装》,提出当前艺术工作者光是宣传敌人的残暴和我们战士的英勇已经不够了,必须对形势有深刻的认识。巴人(王任叔)的《灵魂的探险》,强调“探险者还得从个人的灵魂中出来,看看这造成罪恶的灵魂的社会阶级和阶级社会”。《对于现阶段中国绘画的意见》总题下,刊载了卢鸿基、特伟、所亚等八位画家针对当时美术战线存在的问题的意见。景宋(许广平)的《鲁迅与中国木刻运动》,论述了鲁迅对中国现代木刻发展的贡献。叶灵凤编译的《木刻论辑》,介绍当代英、美木刻家的创作经验和技巧方法的论述。西谛(郑振铎)的《关于“太平山水诗画”》,是对《中国版画史图录》中一卷的介绍,意在为中国新兴木刻提供中国木刻版画的艺术遗产。适夷的《文艺与绘画的结合——关于文艺插图、连环图画》、林林的《关于民间文艺的断想》、郑可的《浮雕和牌雕》、吴晓邦的《中国舞俑》,分别讨论了一般不常论及的艺术门类。还有常任侠作词、张曙作曲的歌曲和戈忻(陈歌辛)为鲁迅诗《惯于长夜过春时》谱的曲,发表时都用五线谱制版,并附有作者对演唱和伴奏要求的详细说明。

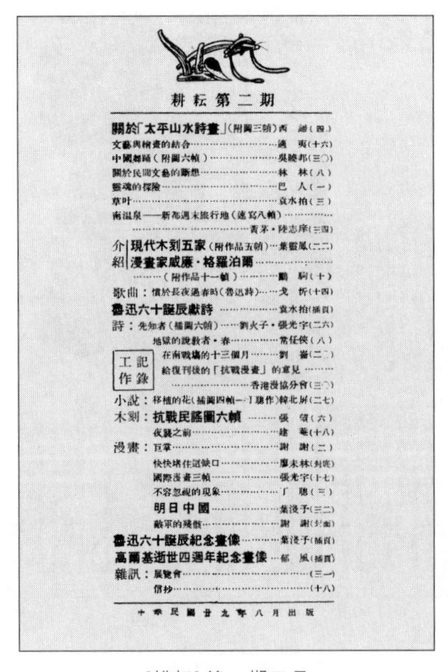
耕耘第二期

中華民國廿九年八月出版

《耕耘》第二期目录

一是多种形式的艺术作品。漫画、速写、木刻等,多彩多姿。《耕耘》将张光宇、叶浅予、阳太阳、周令钊、廖冰兄、小丁、黄苗子、李桦、张望、新波、古元、沃渣等画家几乎是“一网打尽”。刊载的诗、散文和短篇小说都有插图。先后介绍了英国漫画家大卫·罗(David Low)和美国漫画家威廉·格

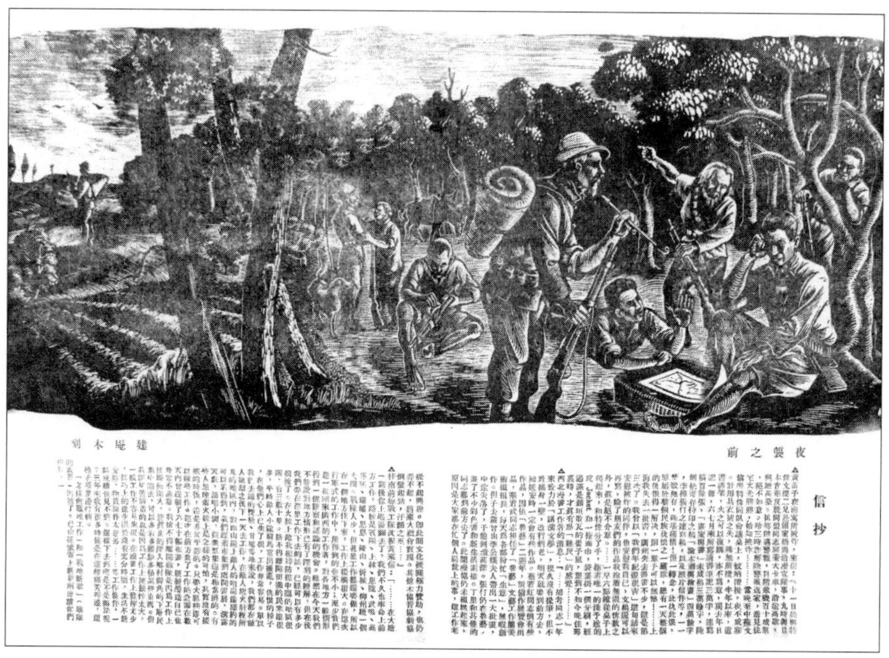
夜襲之前
建庵木刻
信抄

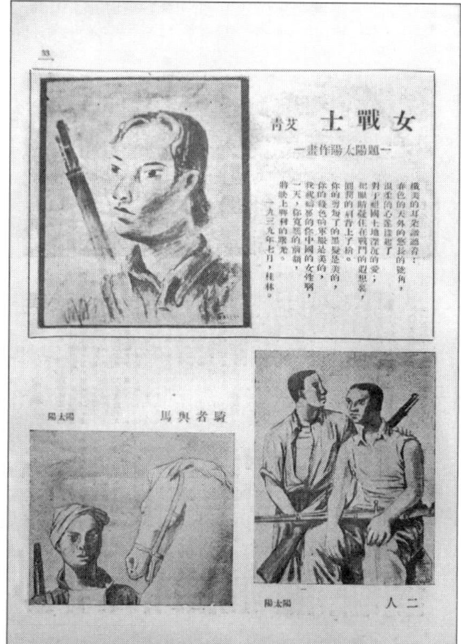
33
女戰士 艾青
—題陽太陽作畫—
纖美的耳朵諦聽着：
春色的天外的悠長的號角，
溫柔的心靈撩起了
對于祖國土地深沉的愛；
把眼睛凝住在戰鬥的遐想裏，
擱置的槍背上了你。
你的剪短了的黑髮是美的，
你的綠色的軍服是美的，
一天，你寬闊的前額，
將映上勝利的徽光。
一九三九年七月，桂林。
騎者與馬 陽太陽
二人 陽太陽

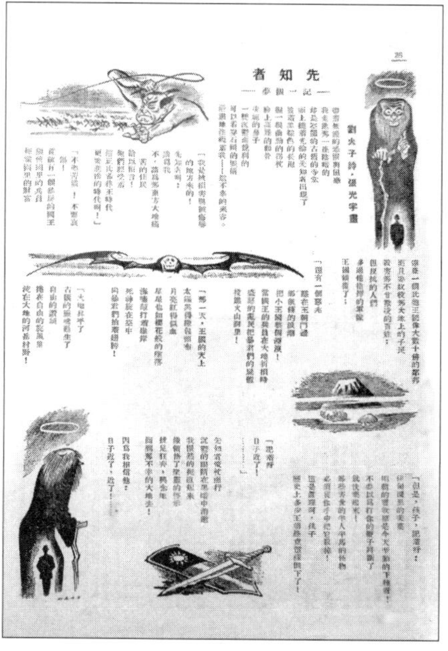
先知者
—記一個夢—
劉火子詩・張光宇畫

《耕耘》插图选页

罗泊尔(William Gropper),同时配发了他们的漫画。第二期特别加了叶浅予的《鲁迅六十诞辰纪念画像》和郁风的《高尔基逝世四周年纪念画像》两张全版素描的插页,赠送读者,这在当时是少有的“壮举”。

《耕耘》封面为装帧大家张光宇设计。郁风虽说是第一次编杂志,但在张光宇指导下出手不凡。十六开本,四十余页的篇幅,图版占一半以上,版面图文穿插,美观大气,真正是图文并茂。郁风说:“每篇文章尽可能有图版配合,而且要舍得篇幅,不是鬼头鬼脑的小豆腐干。单独发表的美术作品就更是常用满版。”今日看来,依然赏心悦目,充满魅力,令编辑出版行家为上世纪四十年代就有如此高新的设计而惊讶不已。

《耕耘》的版权页列出:出版者耕耘社,编辑人郁风,发行人黄苗子。“《耕耘》之能出版,全靠黄苗子的支持。”冯亦代回忆,“他当时是国民党在港出版的《国民日报》经理,由他的关系找到一家印刷厂承印,对外则称这个刊物是桂林出版的。”(《我的文艺学徒生涯》)徐迟说:黄苗子“既愿意帮忙筹款,并可以去办理那个比较难办的在香港政府登记的手续。因为香港政府有一个殖民地出版法,刊物登记要给出三千元港币的保证金。这事后来他也没有办成。但他找到了一个印刷厂承印,冒充这是一个在桂林编辑、印刷、出版的刊物,是邮运来香港出售的。这样一来,就免交此项巨款了”。(《我的文学生涯》)第一期刊物出版时黄苗子已由香港去重庆,版权页的通讯处实际是重庆黄苗子的地址,加一个“转香港邮箱”,无非是虚晃一枪。

黄苗子(1913—2012),原名黄祖耀,广东中山人。他和郁风因为对艺术的共同爱好,在《耕耘》之前早已是朋友,《耕耘》之后而成恋人,1944 年在重庆结婚。一对艺术家,甘苦相守一个甲子。“文革”中冤狱七年,夫妇同被关押在一个监狱,彼此却不知对方身在何处。2007 年,郁风远行;五年之后,黄苗子百岁去世。

沧桑阅尽,《耕耘》已成清流绝响。

《译林》

《译林》是一种三十二开本、一百五十五页的小杂志，1940 年 5 月 5 日创刊于上海。译林社编辑兼发行，金星书店经售。

编者在《后记》中诉说了创刊的初衷：

> 纯翻译的文艺杂志，以前有过鲁迅先生茅盾先生等所主持由黄源先生编辑的《译文》，在中国的文艺界，至今还留着深刻的印象。《译林》的创刊，是想追随《译文》的遗意，希望在极困难的处境下，多少对战时的文艺尽一点介绍的责任。

鲁迅向来把译介外国文学当作普罗米修斯为人间盗火一样的伟大事业。1934 年他与茅盾、黎烈文创办了新文学史上第一家专门译介外国作品的杂志《译文》。但在抗日战争的艰苦岁月，编一本杂志谈何容易。编者感叹：“我们已经丧失了鲁迅先生那样伟大的领导者；茅盾先生也远在西疆，黄源先生转战在游击区中，许多《译文》的执笔者也大都散处各地，在短期的筹备中，无法整饬过去的阵容。”(《后记》)但编者终究是编成了一期。

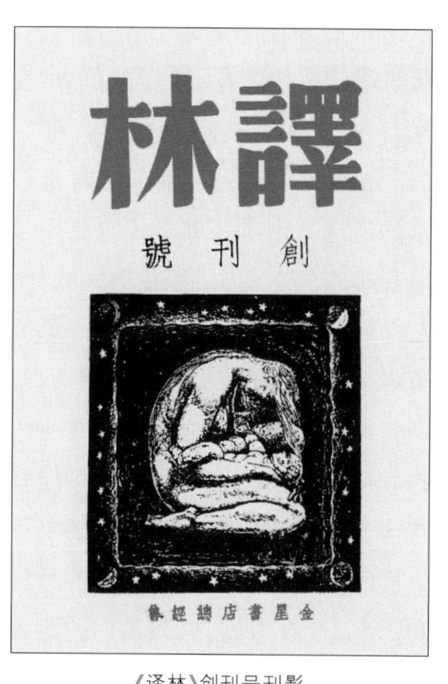

《译林》创刊号刊影

鲁迅在《译文》创刊号的《前记》中说选稿的要求：

> 原料没有限制：从最古以至最近。门类也没固定：小说，戏剧，诗，论文，随笔，都要来一点。直接从原文译，或者间接重译：本来觉得都行。只有一个条件：全是“译文”。

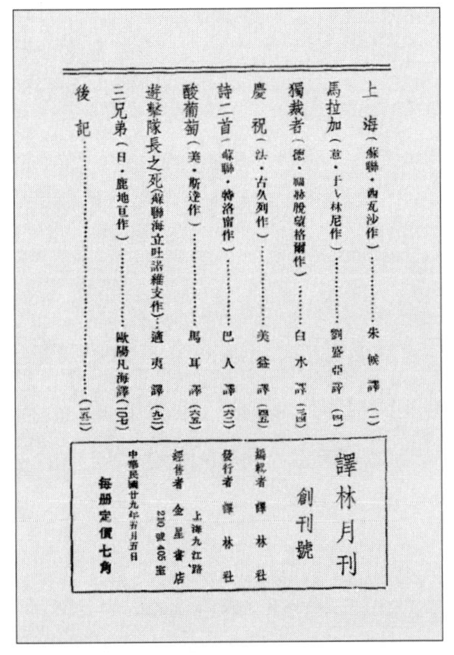

譯林月刊
創刊號

編輯者 譯林社
發行者 譯林社
經售者 金星書店 上海九江路210號405室
中華民國廿九年五月五日
每冊定價七角

《译林》创刊号目录

《译林》第一期的全部内容就是八篇译文。

鹿地亘的三幕话剧《三兄弟》占篇幅最多。鹿地亘(1903—1982)，原名獭口贡，日本人。1927年毕业于东京帝国大学。1936年后到中国，从事反战宣传工作，组建并负责“在华日本人民反战同盟西南支部”。《三兄弟》反映1938年东京宫本一家的遭遇。宫本一郎做工维持不了他和母亲的生活，二郎在前线战死，三郎因反战被捕。老母死去，一郎又被强征入伍。现实促使一郎醒悟，终于发出“反对侵略战争”的怒吼。1940年3月8日《三兄弟》在桂林首演，反响强烈。《庆祝》表现的是第一次欧战时法国士兵对战争的恐惧和厌恶。读者看到，这与我们的民族革命战争在士兵感情的反应上有着

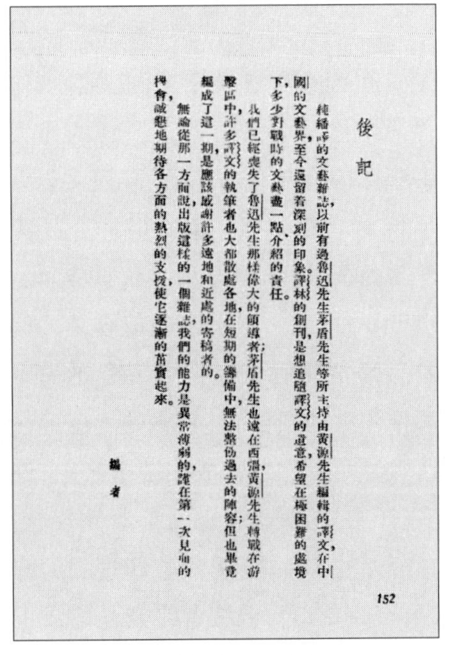

後記

純粹譯的文藝雜誌，以前有過魯迅先生茅盾先生等所主持由黃源先生編輯的譯文，在中國的文藝界至今還留着深刻的印象。譯林的創刊，是想追隨譯文的遺意，希望在極困難的處境下，多少對戰時的文藝盡一點介紹的責任。

我們已經喪失了魯迅先生那樣偉大的領導者；茅盾先生也遠在西疆，黃源先生轉戰在游擊區中，許多譯文的執筆者也大都散處各地，在短期的籌備中，無法整飭過去的陣容；但也畢竟編成了這一期，是應該感謝許多遠地和近處的寄稿者的。

無論從那一方面說，出版這樣的一個雜誌，我們的能力是異常薄弱的，謹在第一次見面的機會，誠懇地期待各方面的熱烈的支援，使它逐漸的充實起來。

編者

152

《译林》创刊号《后记》

很大的差异。《游击队长之死》中,一对夫妇对负伤的库嘉队长截然不同的态度,烛照出心灵的高尚和卑劣。《独裁者》使人联想到愚蠢而自以为聪明的战争狂人希特勒。《上海》一诗,诗人坚信胜利必定到来:"让强人们今天狂欢,明天他们在异国会得到可怜的惨死"。译文内容大多与抗战时代的气息呼应。

这一期的最后,如同当年的《译文》,有《译者附记》。这是译者或编者撰写的说明文字,或详或略地介绍了本期译载的作品和作者,为读者提供了方便。

译者中的朱侯和白水,无从查考。美益,即梅益(1913—2003),原名陈少卿,笔名另有梅雨、美懿等。广东潮州人。1935 年年初参加"左联",1937 年参加中国共产党。上海沦陷后,根据党组织的决定出版《译报》。1938 年《译报》改名《每日译报》,梅益任总编辑。《西行漫记》《钢铁是怎样炼成的》是他的名译。巴人(1901—1972),即王任叔,浙江奉化人。1924 年加入中国共产党。"左联"成员。1938 年前后编辑《译报》副刊和《申报》副刊《自由谈》及《鲁迅风》等。适夷,即楼适夷(1905—2001),原名楼锡椿,笔名有楼建南等。浙江余姚人。1929 年留学日本,1931 年回国,做"左联"的党团工作。马耳,即叶君健(1914—1999),湖北红安人。1933 年入武汉大学。毕业后赴日本教授英语、世界语。抗战开始后曾任香港英文版《中国作家》主编。后在重庆大学、中央大学、复旦大学任教。1944 年去英国宣传中国抗日。欧阳凡海(1912—1970),原名方海春。浙江遂安人。留学日本,参加"左联"东京支盟。1935 年回国,先后任职桂林文协、在华日本人民反战同盟。后去重庆《新华日报》、延安鲁艺及华北联合大学。翻译《三兄弟》时在桂林。刘盛亚(1915—1960),重庆人。1935 年赴德国留学。1938 年回国后曾任教四川大学、武汉大学、四川省立戏剧学校。历任全国文协理事、成都文协理事、《大公报》的《文艺》副刊主编等。1949 年后任西南师范学院教授。1957 年被划为"右派",1980 年得到平反昭雪。

"孤岛"留守上海,坚持爱国文学活动的梅益、适夷似应是《译林》的编者。杂志虽然一期而终,但留下了盗火者在大时代的战斗脚印。

《译林》正文的最后一页和封三为金星书店出版的图书广告,提要文字简练鲜明而有文采。一页介绍了《方志敏自传》、瞿秋白的《乱弹及其他》《街

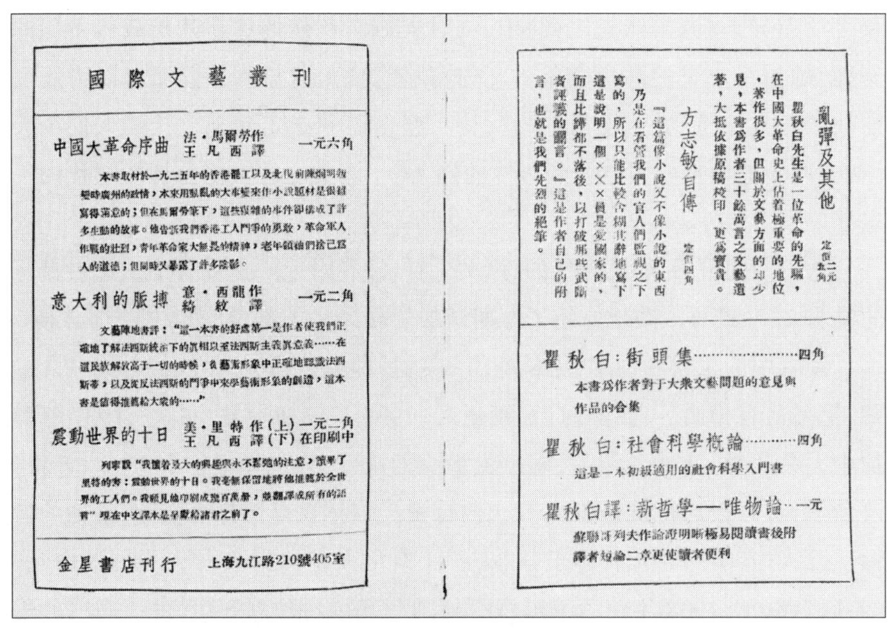

《译林》创刊号的图书广告

头集》《社会科学概论》及翻译苏联哥列夫的《新哲学——唯物论》五本书。如《乱弹及其他》的说明："瞿秋白先生是一位革命的先驱，在中国大革命史上占着极重要的地位，著作很多，但关于文艺方面的却少见，本书为作者三十余万言之文艺遗著，大抵依据原稿校印，更为宝贵。"又如《方志敏自传》："'这篇像小说又不像小说的东西，乃是在看管我们的官人们监视之下写的，所以只能比较含糊其辞地写下这是说明一个×××员是爱国家的，而且比谁都不落后，以打破那些武断者诬蔑的谰言。'这是作者自己的附言，也就是我们先烈的绝笔。"另一页是"国际文艺丛刊"三种的介绍。法国马尔劳作、王凡西译的《中国大革命序曲》："他告诉我们香港工人斗争的勇敢，革命军人作战的壮烈，青年革命家大无畏的精神，老年领袖们舍己为人的道德；但同时又暴露了许多阴影。"意大利西龙作、绮纹译的《意大利的脉搏》："在这民族解放高于一切的时候，从艺术形象中正确地认识法西斯蒂，以及从反法西斯的斗争中来学艺术形象的创造，这本书是值得推荐给大众的。"美国里特作、王凡西译的《震动世界的十日》，引用列宁的原话评价："我怀着最大的兴趣与永不松弛的注意，读毕了里特的书：震动世界的十日。我毫无保留地将他推荐于全世界的工人们。我愿见他印刷成几百万册,并翻译成所有的语言。"八册都是革命的进步的书籍,但是作者和译者却大不相同:瞿秋白、方志敏是著名的共产党人;王凡西(原名王文元)和绮纹(原名郑超麟)却是中国托洛茨基派的骨干人物。他们的著译,怎么会集中在一家书店出版?又在同一个版面上刊登广告?

这就要说到金星书店的创办人谢澹如了。

谢澹如(1904—1962),原名谢旦如,上海人。他是富家子,但倾向革命。二十世纪二十年代,曾和应修人、楼适夷等创办专门介绍新文化书刊的上海通信图书馆,开设西门书店(后改名公道书店)、西区书店,宣传左翼文化。1938 年又开办金星书店,以霞社名义编印瞿秋白等的著作。后收藏瞿秋白文稿和方志敏从狱中传出的遗著。1949 年后,任上海鲁迅纪念馆副馆长。

谢澹如和楼适夷是朋友,与适夷的堂弟楼子春(楼少垣)也始终保持友谊。而楼子春与郑超麟、王凡西则是志同道合的托派战友。郑超麟《记谢澹如》说:"他(谢澹如)一面不惜以身家性命掩护中共领导人瞿秋白,另一方面他也是我们中国托派的私人朋友,不仅是一般的私人朋友,而且能帮助我们,解决我们的困难。"郑超麟、王凡西是抗战开始后才被国民党政府从监狱放出,回到已成"孤岛"的上海。郑超麟回忆:"他办了金星书店(出版社),出版了好几本著作,其中有瞿秋白的著作,也有中共其他作家的著作或译作,也有王凡西和我翻译的各一本小说。前者是法国作家马洛写中国大革命的小说,后者是意大利作家西龙写意大利反法西斯的故事。这二位作家都是倾向托洛茨基的。他给我们二人的稿酬,在当时形势下也是很大的帮助。我们靠这稿酬维持生活,同时也进行政治活动。"1938 年后,就有中国托派是汉奸的传言。郑超麟说:"谢澹如政治上靠拢中共,但不相信'汉奸托派'的神话。"(《记谢澹如》)历史最终证明了谢澹如的看法是对的。1991 年出版的《毛泽东选集》第二版在"汉奸托派"词下的注释说:"抗日战争时期,托派在宣传上主张抗日,但是攻击中国共产党的抗日民族统一战线政策。把托派与汉奸相提并论,是由于当时在共产国际内流行着中国托派与日本帝国主义间谍组织有关的错误论断所造成的。"

《万人小说》

1941 年 11 月 16 日出版的《万人小说》，署名编辑人徐仁民，发行人许靖，万人小说月刊社出版，五洲书报社总经售。大三十二开本，一百二十余页。这是中国共产党上海地下组织创办的刊物。

黄明在《上海沦陷前后地下党的文艺工作》中回忆，1941 年 3 月左右，他和王元化、萧岱（即戴平万）三人组成负责文学工作的党组织，黄任书记。中共中央当时的地下斗争方针是"隐蔽精干，积蓄力量，长期埋伏，以待时机"，在文艺方针上强调出版物的面目要搞得灰色一点，文艺批评要帮助创作克服拖光明尾巴的倾向，提出文艺宣传"大众化"和经营管理"事业化"。黄明说："所谓'大众化'，就是要求我们的文艺作品在内容上要适合广大群众的需要，在形式上要具有群众喜闻乐见的民族风格，把我们的革命政治内容与群众需要及可能接受的艺术欣赏结合起来，使之既能提高群众的觉悟又能掩盖我们的政治面目。所谓'事业化'，就是要我们经营的剧团和刊物，采取做生意的做法，有一套经营管理的机构与制度，注意营业的盈亏，既把我们的事业消融于群众的面目之中而不暴露自己，又在经营开支上获得支撑；即在政治上、经济上都能争得生存的地位，在此基础上再来

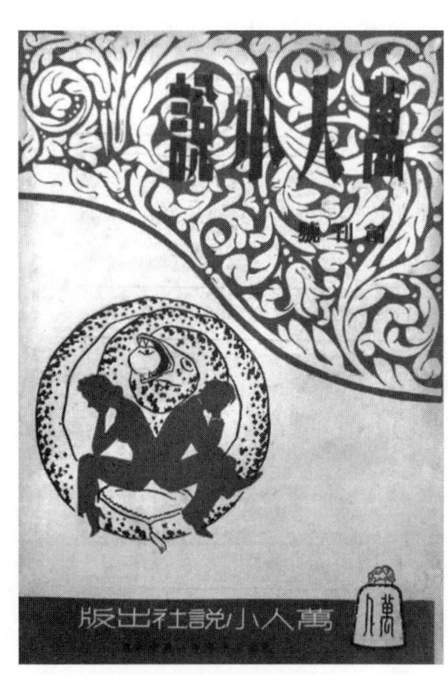

《万人小说》创刊号刊影

开展革命的艰巨工作。”

当时已经有一个《奔流》文艺丛刊,由王元化分管,于是决定由萧岱积极筹办另一个刊物。萧岱通过复旦大学老同学陆瓒的介绍,认识了在《上海周报》做出版、发行工作的一位姓殷的同志和大同大学的吴新智同学。吴新智的父亲是上海新生纱厂老板,家境富裕而思想进步。他们都愿意为抗战出力。听说要办刊物,一位帮忙办登记手续和联系发行关系,一位就资助经费(少数是殷先生拉来的广告费),刊物就办了起来。

刊物取名《万人小说》。黄明说:

> 我们决定刊物的内容要比较灰色而有社会意义,形式要多样化而为群众所喜闻乐见;并且通过办刊物较广泛地团结一切愿意抗日的文艺工作者。(《上海沦陷前后地下党的文艺工作》)

创刊号的确是洋洋大观,琳琅满目。如刊名所示,小说自然是重点,分为社会小说、电影小说、上海话小说,以及历史新编、三言体等类。从篇幅来分,

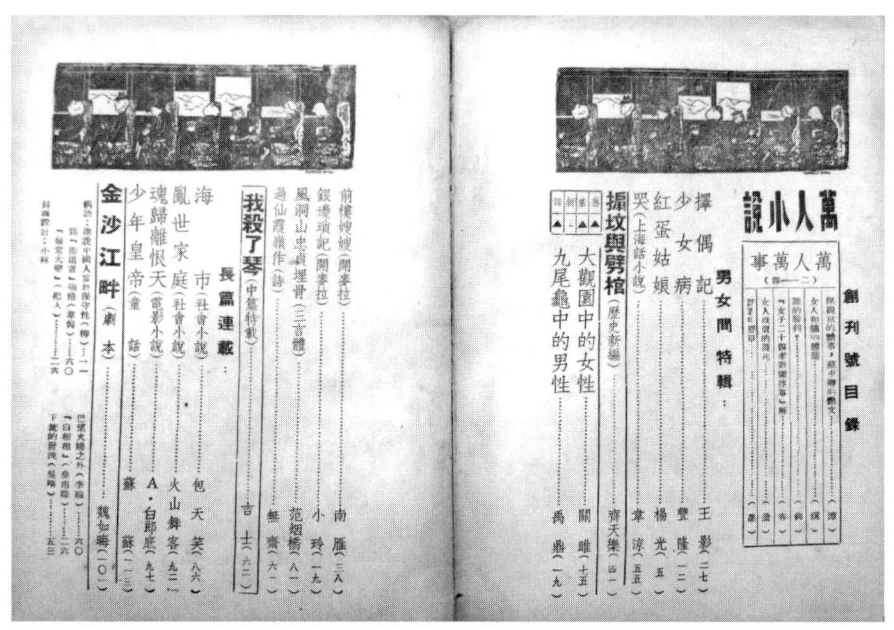

萬人小說

創刊號目錄

萬人萬事（二—四）

男女間特輯：

擇偶記……王影（二七）
少女病……豐隆（一二）
紅蛋姑娘……楊光（五）
哭（上海話小說）……韋涼（五五）

掘坟與劈棺（歷史新編）……齊天樂（四一）

大觀園中的女性……關雎（十五）
九尾龜中的男性……禹鼎（一九）

前樓嫂嫂（開麥拉）……南雁（三八）
銀邊項記（開麥拉）……小玲（一九）
風洞山忠貞埋骨（三言體）……范烟橋（八一）
過仙霞嶺作（詩）……無齋（六一）

我殺了琴（中篇特載）……吉士（六二）

長篇連載：

海市（社會小說）……包天笑（八六）
亂世家庭（社會小說）……火山舞客（九二）
魂歸離恨天（電影小說）……A·白郎底（九七）
少年皇帝（童話）……蘇蘇（一一三）

金沙江畔（劇本）……魏如晦（一〇一）

封面設計：小林

《万人小说》创刊号目录

又有长篇连载和中篇特载的不同。小说之外，剧本、童话、诗、评论和杂感等体裁，则应有尽有。栏目和专辑，如《万人万事》《旧书新读》《男女间特辑》等，更让人眼花缭乱。

吉士的《我杀了琴》中，“我”和琴原来都是申曲社的演员，两人相爱。后来一位富商的儿子成了曲社老板，金钱魔力使琴趋于淫逸，最后酿成悲剧。小说中的“我”说：“毁我的是社会”。杨光的《红蛋姑娘》讽刺小市民的爱虚荣，好打扮，赞扬节衣缩食、“献金”支援抗战的爱国精神。齐天乐的历史小说《扇坟与劈棺》所写的“庄子试妻”的故事，冯梦龙曾写入《警世通言》。这里的新编借发誓忠贞而背叛的寡妇，讽刺高唱“和平救国”而卖国的汉奸。邵明译的《魂归离恨天》为电影小说。1939 年的美国电影《呼啸山庄》，系根据 A.白郎底（现译艾米丽·勃朗特）的同名小说改编。这是一个爱情复仇的离奇故事，有着凄婉哀伤的悲剧色彩，电影又名《魂归离恨天》。小玲的《银边琐记》从柜台里面一个银行员的眼睛，看柜台外面的形形色色，记下了当年上海市民经济生活的野史。这种近于速写的形式，编者称为“开麦拉”。

连载的作品有包天笑的长篇小说《海市》，写大上海的万千世相；火山舞客的《乱世家庭》，写封建大家庭的人情变故；苏苏的童话《少年皇帝》，写一个彼得国的荒唐。遗憾的是，这几出好戏刚刚开场：二十岁的妙龄少女冯淑君接到某公司录取通知，第二天就要上班（《海市》）；大难（指日本侵略者）即将到来，书香人家不能低头受辱，正准备离家逃难（《乱世家庭》）；总是把“国家”和“人民”算作自己个人“财产”的彼得国老皇帝死了，少年皇帝要登殿施政（《少年皇帝》）。因为《万人小说》一期即停，读者就看不到它们的“后事如何”了。

《金沙江畔》是魏如晦的历史剧《杨娥传》的第一章。魏如晦是阿英的又一笔名。阿英在抗战时期创作了多部历史剧，他忠于史又不拘泥于史，创造性地把历史精神和当代意识结合起来，让观众在历史的回顾中获得强烈的现实感染。《杨娥传》中的杨娥是一位嫉恶如仇、深明大义的女英雄。阿英借杨娥之口说出“做人做兽，现在真是一个最好试验的时候”，字字掷地有声。在刀光血火的抗战时期，阿英的历史剧喷涌出炽热的民族情感。

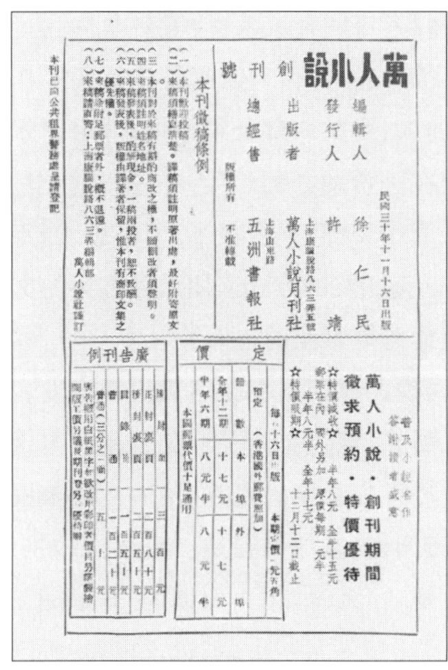
萬人小說 創刊號

民國三十年十一月十六日出版

編輯人 徐仁民

發行人 許靖

出版者 萬人小說月刊社

總經售 五洲書報社

版權所有 不准轉載

本刊徵稿條例

定價

每月十六日出版 本期定價一元六角

預定（香港國外郵費照加）

冊數	本埠	外埠
全年十二冊	十七元	十七元
半年六期	八元半	八元半

本國郵票代價十足通用

萬人小說・創刊期間

徵求預約・特價優待

廣告刊例

《万人小说》创刊号版权页

《过仙霞岭作》是无斋的长诗。无斋，即楼适夷。1937 年秋天，他在烽火遍地中离开浙江家乡到福建，途中过仙霞岭。当看到深山老翁携着孺子，步履从容，忽然异想天开："顿念人世扰，不如居山中，安得如此翁，终老作山农。"继而则是："忽然又自笑，四塞正烟烽，安知此秋叶，不是战血红？"

禹鼎的杂文《九尾龟中的男性》，从一本描写流氓的旧书《九尾龟》，从流氓的鼻祖章秋谷的言行，读出靠老婆嫁夌成名的文学家的妙语，读出民族主义文学家的先驱……作者说："读这种作品不能忘了前人给我们的启示，这就是：'正面文章反看法'。"

这一期的作者大都是留在"孤岛"坚持斗争的左翼文化人士，而且多数使用笔名。如魏如晦之于阿英，无斋之于楼适夷。再如，齐天乐，即包文棣（1920—2002），又名包文弟，笔名另有辛未艾、闻歌、周密等。浙江鄞县人。1936 年入中华书局。1942 年加入中国共产党。王影，即束纫秋（1919—2009），原名束佩，字纫秋，笔名有越薪等。江苏丹阳人。"孤岛"时期就职于上海金融界。火山舞客，巴人的笔名。邵明，即董秋斯（1899—1969），原名董绍明，字秋士，笔名秋斯、求实等。河北静海（今天津）人。燕京大学毕业。后到上海，参加"左联"和社联的发起工作，从事马列主义著作翻译。吉士，即满涛（1916—1978），原名张逸侯，笔名另有万殊、北望等。江苏吴县（今苏州）人，生于北京。1935 年入复旦大学。同年留学日本，后赴美国。1938 年去法国习法文。回上海后，从事翻译工作。苏苏，即钟望阳（1910—1984），原名杜也牧，笔名白兮、苏苏、钟望阳、望阳、索耳等。上海人。青年时期已开始儿童文学创作。禹鼎，即王元化（1920—2008），另有笔名洛蚀文、方典、函雨等。湖北江陵（今荆州市荆州区）人，生于武昌（今武汉市武昌区）。三十年代由文学创作转入文学评论与学术研究。“孤岛”时期编辑《奔流》《奔流新辑》等杂志。

包天笑《钏影楼回忆录》说：“上海‘孤岛’期间，有一位叫佐思的青年作家经常上门，他很能说话，是左翼阵营里的人，我的一部长篇小说《海市》，就是应他的邀约而创作的，并由他拿去发表在一份新办的《万人小说》月刊上。惜因该刊仅出一期就停刊，原拟连载的长篇小说，只好中辍了。”佐思，当年王元化的另一个笔名。他根据上级指示，以交朋友的方式来团结各方面的文艺工作者。交朋友的范围比较广，曾找过鸳鸯蝴蝶派的包天笑。

《万人小说》只出一期就停刊了。黄明说的原因是：“化名火山舞客发表《乱世家庭》的楼适夷同志的真名，为外人所知，组织上为了避免暴露而把这个刊物停刊了。”(《上海沦陷前后地下党的文艺工作》)据查，楼适夷从未用过“火山舞客”这个笔名。研究者向楼适夷问询，楼的回答是：“我给《万人小说》写稿，清楚记得有《过仙霞岭作》一诗，署名‘无斋’。‘火山舞客’好像是王任叔(巴人)的笔名。”他还说：“这本创刊号出版不久，日军就进入租界，所以停刊，并不是我暴露身份的缘故。”(吴祁六：《〈万人小说〉琐谈》)实际上，第一期出版仅半个月，12 月 8 日，日本突袭美国海军珍珠港基地，太平洋战争爆发。一夜之间，整个上海为日军占领。为期四年零一个月的“孤岛”陷落，报纸、杂志全部停办。

《文学批评》

《文学批评》,1942 年 9 月 1 日在桂林创刊。编辑人王郁天,发行人史蒂安,文学批评社出版,大地图书公司总经售, 桂林三户印刷社印刷。十六开本,七十四页。

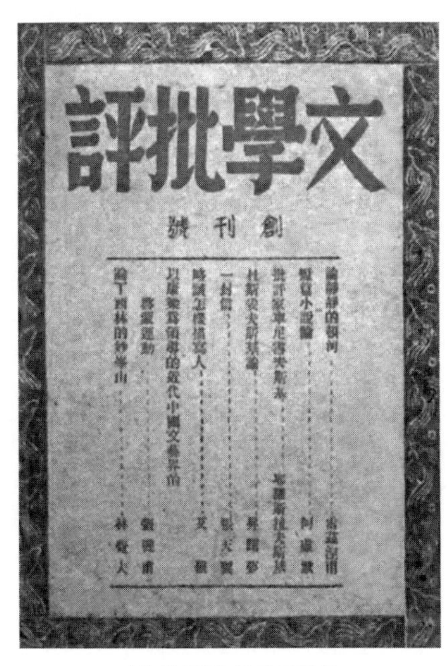

《文学批评》创刊号刊影

创办《文学批评》“是有感于文学批评的不活跃和不被重视”,编者在创刊号《编后》中说:

> 文学批评显然是国内文学运动中最脆弱的一环, 也是一项少有人做,做而吃力不讨好的工作。我们选中这门工作, 既不是能有多大本领, 企图树立什么丰功伟业,只想凭着一点爱好与热情,愿为文学界疏浚疏浚批评这条门路,如果在读者作者共同帮助之下,幸而做得还不坏,也只是说明批评风气之开通,确有需要而已。

卷末《征稿简约》明确说明了刊物的要求:

> 本刊为文学理论杂志。性质是研究的,介绍的,批判的,参考的。凡对当前创作的检讨,基本理论的介绍,写作技巧的研究,作家与作品的

品评，以及其他文学上的论著或译述，均欢迎赐稿。

编者表示："我们不想也不敢把本刊装成一个冠冕堂皇的经院，而是希望它能够成为各色人等都来参加研究与讨论的广场，只要有其追求真理的诚意，无论喉咙粗大，口音陌生，均在所不问。所有各别的意见，容或有幼稚，有失礼，有疏漏，有错误，只要有益于文学批评工作的展开，据我们想，一律应该受到欢迎。"(《编后》)

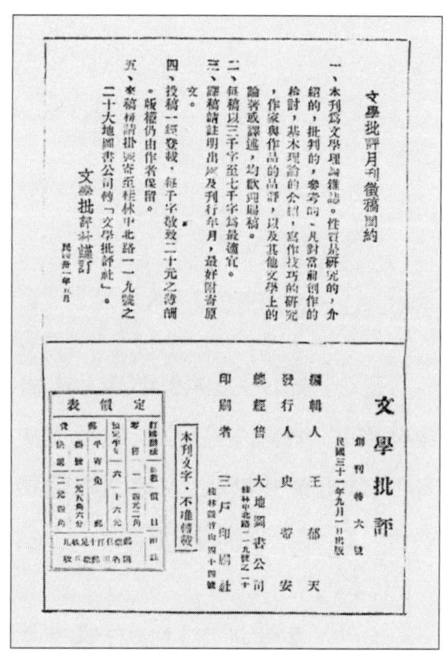
文學批評月刊徵稿簡約

一、本刊爲文學理論雜誌。性質是研究的，介紹的，批判的，參考的。凡對當前創作的檢討，基本理論的介紹，寫作技巧的研究，作家與作品的品評，以及其他文學上的論著或譯述，均歡迎賜稿。

二、徵稿以三千字至七千字爲最適宜。

三、譯稿請註明出處及刊行年月，最好附寄原文。

四、投稿一經登載，每千字敬致二十元之薄酬。版權仍由作者保留。

五、來稿請掛號寄至桂林中北路一一九號之二十大地圖書公司轉「文學批評社」。

文學批評社謹訂

民國卅一年五月

文學批評

創刊特大號

民國三十一年九月一日出版

編輯人 王都天

發行人 史帶安

總經售 大地圖書公司 桂林中北路一一九號之二十

印刷者 三戶印刷社

本刊文字，不准轉載

《文学批评》创刊号版权页

第一期《文学批评》有几个栏目很有特色。

《作家与作品》栏，刊载评论外国著名作家作品的专题论文，注重于深度研究。如《批评家车尼雪夫斯基》《杜斯妥夫斯基论》《论贾克·伦敦》《论蔡雷特里》，以及放在栏目之外的长篇评论《论〈静静的顿河〉》等，只是大多是外国研究者作品的译文。

《技巧研究》栏，刊载国内著名作家谈写作的文章、通信。张天翼的《一封信》、艾芜的《略谈怎样描写人》、王西彦的《创作上的一二细小问题》等，这些大都凝聚着作家自己的创作经验和体会。另刊载有关于小说、诗歌、散文写作的基本知识，如秦牧的《论小说创作》、葛琴的《略谈散文》，也应属于这类范围。编者希望为读者提供些文学上的基本知识，从正面加强理论修养，提高阅读与写作的能力。

《新书评介》栏，有书评《论丁西林的〈妙峰山〉》。丁西林(1893—1974)，江苏泰兴人。上海交通部工业专门学校毕业。1914年，赴英国伯明翰大学攻读物理学和数学，获理科硕士学位。他又是一个剧作家。四幕喜剧《妙峰山》以1940年西南某地为背景，描写一个曾经当过教授的王老虎，在离公路不太远的一个山头当起了寨主，与社会上恶势力做斗争。他的行动得到了劳动群众的同情和支持。这个“义勇军团”在那拥有“两万方里的土地,五万军队,三十万人民”的妙峰山上,从军事、政治到经济、文化,各方面都有新的举措。力求做到有钱出钱,有力出力,人尽其才,物尽其用。这是一出抗战的“乌托邦”,“但这个‘乌托邦’,在今天的要求来说,还是有其进步性的。因为‘乐土’的人民,都有着善良的信仰。他们被赋予活泼积极的灵魂与生命,他们在追逐共同的‘理想’(玩世哲学,牢骚议论不用说已经音消匿迹了)。他们要求抗战社会的‘人情化’与‘合理化’。他们的‘山寨’,便是这‘合理’要求的缩图。这缩图是代表了作者的抗战理想,这理想却又贮育着自由主义者们‘善意’与‘热忱’的精诚。”(许之乔:《丁西林创作试论》)

《论丁西林的〈妙峰山〉》称赞剧作家从“《现代评论》的文艺园地里游戏散步”,进而“呼吸在抗战的烽火中”,写出“肥硕美丽”的名葩。文章分《剪影》《五组人物》《鱼梦图》《银铃样的语言》和《不止刺激和哈哈大笑的喜剧》五个题目,全面论述了《妙峰山》的思想和艺术。作者说,他既体味到人性的芬芳,也为孤独的感情惘然。

书评的作者林觉夫,就是秦牧(1919—1992),原名林觉夫,又名林顽石。广东澄海人。少年侨居马来西亚和新加坡,十三岁回国读书。抗战开始赴内地参加宣传工作,曾任副刊编辑,中学教员。1938年开始发表短文。1942年在桂林,秦牧是《文学批评》的主要作者。第一期除书评外,还有署名秦牧的《短篇小说论》。《短谈》栏中的杂感,署名“觉”的《反戈一击》和署名“牧”的《主题思想的深度》,也很可能是他的作品。第二期则有以林觉夫名字发表的论文《易卜生研究》。

第二期《作家与作品》栏未再出现,分为《作家研究》和《名著研究》。前者有关于易卜生、弗罗贝尔和沙士比亚(莎士比亚)的三篇研究;后者三篇评析作品,有《论〈被开垦的处女地〉》《论罗曼罗兰的〈七月十四〉》和《关于〈从兄蓬斯〉》。

这期目录的前三条全是与鲁迅有关的文章:荃麟的《阿Q的死》、王亚平的《鲁迅先生的诗及其诗论》、郁天的《鲁迅先生的第一篇小说》。《短谈》有筠心《加深研究鲁迅先生的工作》,说:“抗战走入了愈益艰险阶段的今日,我们如何迫切地需要,这伟大的战士底遗言来做思想和行动的指标。”

指出，以往的鲁迅研究，“大部分是就先生的战斗精神与生活及工作的态度来加以阐述；另一部分是追叙先生的轶事；能把先生的行事，遗作，配合其时代背景社会环境加以研究的，实在寥若晨星”。王亚平对鲁迅诗和诗论的研究为鲁迅研究开拓了一个新的天地，尤其是以诗人之心来理解、体味、评判，笔下别有识见。他在“旧诗的制作”和“新诗和译诗”两部分论述之后，总结说：“他（鲁迅）的诗可以当他的生活看，当他的战斗的历史看，他的诗充满了生活的实感，充满了悲愤的呐喊，充满了战斗的力量，充满了悲壮苍凉的时代音响。他的诗有思想，有热情，有内容，有较为峻丽的文字（指旧诗），进步的语言（指新诗），所以他的旧诗能有‘古峭、深刻、讽刺’的特殊风格。他的新诗虽然残存了旧诗词的影响，难免有古奥的文言词句，但他是非常注意素描，注重口语，注重诗要能唱能读得懂的”。“鲁迅的诗论”部分归纳鲁迅诗论的特点为：“诗与人生、政治不可分离”，“诗歌是发抒自己的热情的”，“诗要通俗，读得懂，念得顺口”。作者指出：鲁迅“不是居意要凑集一些零星意见而写诗论的”，“但他的诗论却具体而深刻，至今还不落后，还可为今日诗人的规箴”。

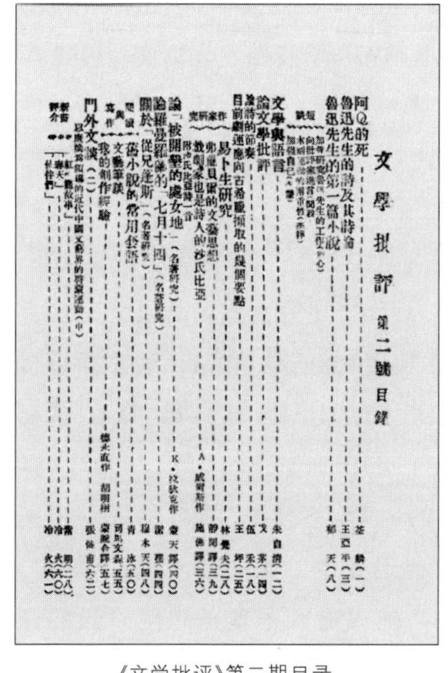

文學批評 第二號目錄

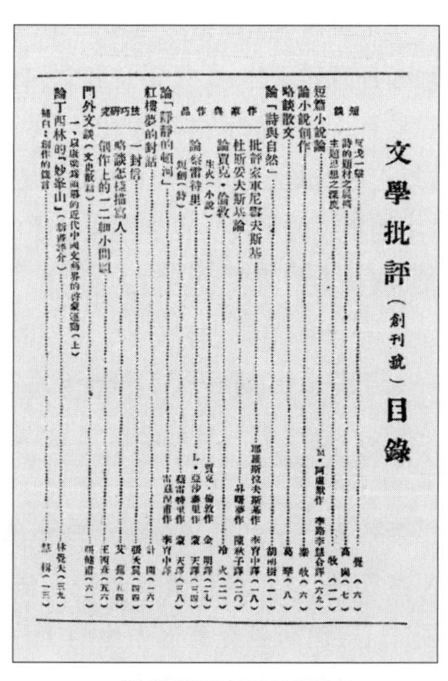

文學批評（創刊號）目錄

《文学批评》第二期目录

《文学批评》创刊号目录

一个文学批评的刊物,应对现实创作问题有更多的关注,《征稿简约》中已将“对当前创作的检讨”列为首项。但实际评论则较为薄弱,仅在《短论》《新书评介》栏略有涉及。

《文学批评》的作者以左翼作家为主,如张天翼、艾芜、邵荃麟、葛琴、王西彦、司马文森、王亚平、穆木天等。胡明树,1937年从日本回国即到桂林,创办《诗》月刊,是一位高产的诗人。李育中(1911—2013),笔名李航、韦陀等。广东新会人。抗战开始到桂林在中学任教,并有创作和翻译。伍禾(1913—1968),原名胡德辉,武汉市人。1940年在广西艺术馆。他们多在全国文协桂林分会工作。《弗罗贝尔的文艺思想》的译者静闻,即钟敬文(1903—2002),原名钟谭宗,广东海丰人。著名的散文家和民俗学家。当时在南迁桂林的无锡教育学院任教,也是文协桂林分会的理事。编辑人王郁天生平不详,“冷火”“蒙天”不知为何人的笔名。

《文学批评》是月刊,但第二期到第二年的3月1日才出版,脱期五个月之久。这一期的《编后》说:“编者的辛酸,固不足述,读者们的殷殷瞩望,实深愧对。”同时预告,第三期根据读者的要求,“多刊一些本国的”评论(想来是指第一期译文较多——引者)。第四期将有多篇当代作家论同时刊登。可惜的是,第二期就成了“最后的晚餐”。

《绿茶》

1942 年 12 月,上海出版了一本《绿茶》杂志。白色封面的大半是矩形的绿色块面,“绿茶”两个反白的大字置于块面的正中。史野堂发行,绿茶杂志社出版。

《绿茶》第一期以钟宇洪的《从酒谈起》“代卷首语”。文章从酒与茶的比较中说茶。茶在中国,不但与酒媲美,且有过之。“酒性强烈,太刺激人,且有麻醉性,不若茶之和顺”,“茶在和顺之中也带有相当的刺激性,但饮后使人还有清醒之感,因此茶便比酒容易被人接近”。再由茶到期刊:“今日上海出版物渐多,文坛似乎又慢慢在热闹起来,但若把所有出版物内容一读,不是太高深,便是太浅俗。高深的犹乎酒,固然有乐此不疲的人,但究竟不多,所以,此类刊物便只有老教授们自己玩赏。至于浅俗的,则便等于白水,淡而乏味,毫无刺激作用,这种刊物,读者也不需要。于是乎,惟有茶最称适合。”《绿茶》之发刊便有着如此一个目的:“就是想在只有‘酒’和‘水’的上海文坛上,敬献上一杯清香醇永的《绿茶》,使既不会饮酒,又不愿醉于酒的人,能得其所好。但茶也不比白水,茶有茶的个性和特质:克邪祛秽,色香味永!”

《绿茶》第一期刊影

四年半之前,1938 年 6 月,上海曾有《红茶》,一种由上海红茶文艺社

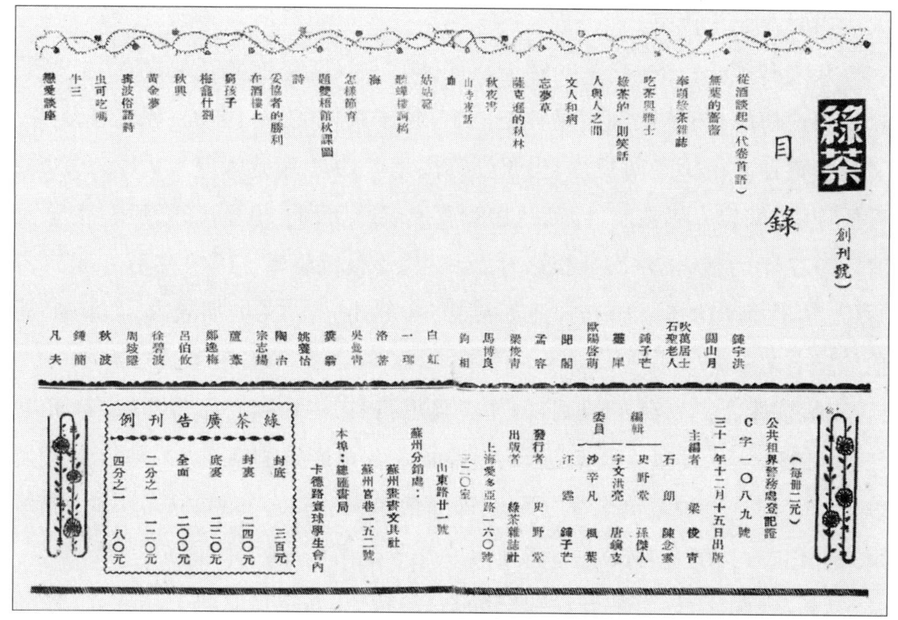
綠茶

目錄

（創刊號）

（每冊二元）

公共租界警務處登記證
C字一〇八九號
三十一年十二月十五日出版
主編者 梁俊青
石朗 陳念霎
編輯委員 史野棠 孫傑人 宇文洪亮 唐鎬支 沙辛凡 楓葉 汪鑑 鍾子芒
發行者 史野棠
出版者 綠茶雜誌社
上海愛多亞路一六〇號
三二〇室
山東路廿一號
蘇州分銷處：蘇州囊書文具社
蘇州宮巷一五二號
本埠：總匯書局
卡德路寶球學生會內

綠茶廣告刊例

封底	三百元
封裏	二四〇元
底裏	二三〇元
全面	二〇〇元
二分之一	一二〇元
四分之一	八〇元

《绿茶》第一期目录

出版的文艺刊物。胡山源(1896—1988)编辑。半月刊,十六开本。《投稿简章》表明:“欢迎各种文艺稿件,不论文白,庄谐,长短,撰译,只要好,一概都要。”《绿茶》与《红茶》不同的是,为月刊,三十二开本。《绿茶》注重综合性:“举凡文艺,戏剧,医学,科学,恋爱,职业诸类文字,皆所欢迎”。(《征稿》)

《绿茶》文学作品中有小说、杂文、散文、诗、影剧,主要是小说。

第一期吕伯攸的《秋兴》,写斗蟋蟀,那“挑拨弱小者自相残杀,以便从中取利的把戏”,倒被称作“秋兴”。以小明大,折射出社会现实的荒腔走板。陶冶的《妥协者的胜利》,揭露了妥协者阴阳两面的卑态媚骨。震明小学的教员们要求校方改善待遇的行动,被其中一个妥协者出卖。大家共同离开了学校,妥协者却得到提升。

第二期孟朗的《悼》,追怀病死的儿子,四百四十天,短暂的生之旅途中“有的尽是贫困和水准以下的生活”。《天伦之泪》是沈寂最初发表的小说。一对年轻夫妇,“每天只有在生活鞭挞下挨日,在饥饿中生活,他们等待死——饿死”。没有呐喊,没人怜悯,“然而,更不幸的,一个孩子在这时候活到世上来了”。沈寂(1924—　),原名汪崇刚,沈寂、谷正樾为常用笔名。浙江奉化人。当时在大学读书。

杂文有钟子芒的《吃茶的雅士》《裸体》。散文随笔有陈灵犀的《一把小茶壶》,郑逸梅的《梅龛杂劄》《星社纪略》。钟子芒(1922—1978),原名杨复冬,又名杨瑾钟。祖籍湖南长沙,生于江苏南京。1941 年曾入复旦大学新闻系,后任记者、编辑。陈灵犀(1902—1983),原名陈听潮。祖籍广东潮阳,生于上海。1927 年后任《福尔摩斯报》《社会日报》等报纸编辑。1949 年后专职曲艺写作。郑逸梅(1895—1992),江苏吴县(今苏州)人。文史掌故家。“梅龛”是他的室名之一。

《表演术上的“停顿”原则》的作者鲁思(1912—1984),原名陈鹤。江苏吴江人。1931 年入复旦大学政法系,后参加左翼电影戏剧活动。旧体诗作者龚翁、白蕉,都是书画篆刻名家。龚翁,即邓散木(1898—1963),原名邓铁。上海市人。白蕉(1907—1969),原名何馥。江苏金山(今属上海市)人。

《科学·医学》栏目的开设,是《绿茶》的特色。《虫可吃吗》《锁匠之盛》等科普文字姑且不说,《怎样节育》《何以不孕》这类题目就令读者注目。

编者在第一期《编余杂写》中说:“读者诸君阅完本刊之后,也许要有这

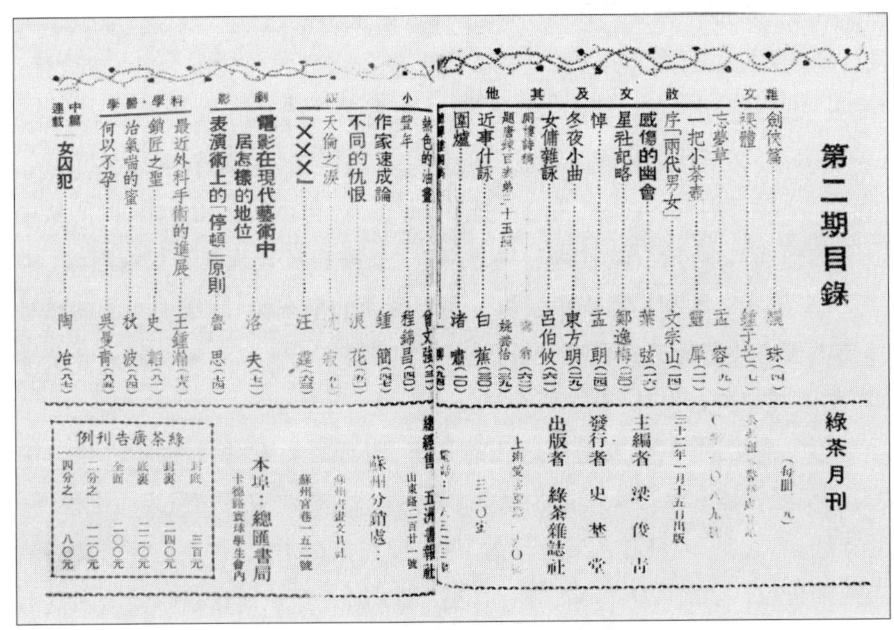
第二期目錄

雜文
劍俠篇……蘋 珠
裸體……鍾子芒

散文及其他
忘夢草……孟 容(九)
一把小茶壺……靈 犀(一一)
序「兩代男女」……文宗山(一四)
感傷的幽會……葉 弦(一六)
星社記略……鄭逸梅(二〇)
悼……孟 朗(二四)
冬夜小曲……東方明(二九)
女傭雜詠……呂伯攸(六一)
近事什詠……白 蕉(三〇)
圍爐……諸
小說
熱色的油畫……曾文強(三一)
豐年……程錦昌(四〇)
作家速成論……鍾 簡(四七)
不同的仇恨……淚 花
天倫之淚……尤 寂
「×××」……汪

劇影
電影在現代藝術中居怎樣的地位……洛 夫(七一)
表演術上的「停頓」原則……魯 思(七四)

科學·醫學
最近外科手術的進展……王鍾瀚(七八)
鎖匠之聖……史 韜(八一)
治氣喘的蜜……秋 波(八四)
何以不孕……吳曼青(八五)

中篇連載
女囚犯……陶 冶(八七)

綠茶月刊

三十二年一月十五日出版

主編者 梁俊青
發行者 史埜堂
出版者 綠茶雜誌社

總經售 五洲書報社
山東路二百廿一號

蘇州分銷處:
蘇州宮巷一五二號

本埠:總匯書局
卡德路寰球學生會內

綠茶廣告刊例

封底	三百元
封裏	二四〇元
底裏	二二〇元
全面	二〇〇元
二分之一	一二〇元
四分之一	八〇元

《绿茶》第二期目录

样一个感觉：便是本刊内容，显得有些什乱无章，这是真的，即使编者自己也觉得如此，但这却是出之编者故意：因为，顾名思义，《绿茶》是要真正做到成为大众饮品这一点的。一部分读者喜欢新文艺，但另一部分读者爱好旧文艺，其他一部分读者却欢迎科学医学之类文章。因为读者兴趣各异，所以本刊内容包括的方面也就广泛。”不过，编者表示：“我们仍顾到多数读者要求，最后还是偏重于新文艺方面，此即所谓重心是也。”

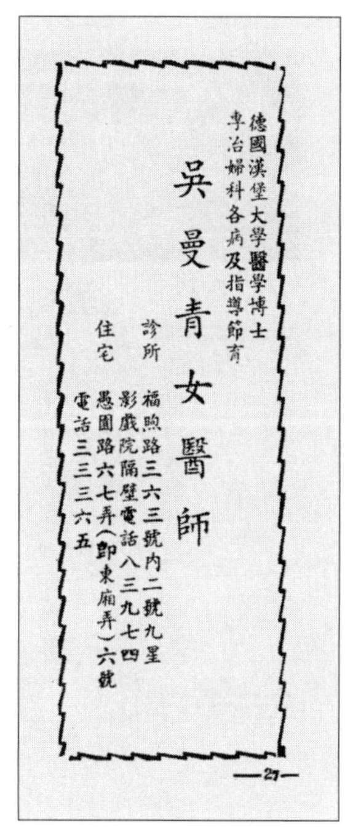

《绿茶》广告

编者为什么对医学常识情有独钟？这就要说到《绿茶》主编梁俊青了。

《中国近现代人物名号大辞典（全编增订本）》（浙江古籍出版社）中“梁俊青”词条这样介绍：

> 梁俊青(1904—)，广东梅县人。别署双青楼主，室名双青楼。早岁从德国人学习西洋画。后到上海习医，先入同德，后入同济大学。毕业后与夫人吴曼青留学德国汉堡大学。归国后悬壶沪上。曾主编《申报医学副刊》，并撰文介绍医药知识。医余又攻国画，尤擅花鸟，曾与夫人联合举行画展。早年还创作小说，于 1925 年在《国闻周报》上发表《病中的一封信》。

散文《萨克逊的秋林》(第一期)，是梁俊青对留德生活的一段追忆。1931 年，他与夫人吴曼青一起去德国汉堡研习医药，假日去萨克逊森林游目骋怀。《绿茶》出版时，梁氏夫妇归国已逾十年，杂志上刊有吴曼青医师的行医广告。

梁俊青爱好文学。1925 年《国闻周报》第三十六期(9 月 20 日出版)上的小说《病中的一封信》，写青年“想挣扎没有能力，想抵抗又没有勇气”的苦闷和悒郁。这只是他的作品之一。同年，第四十八期《国闻周报》(12 月 13 日出版)还有小说《曾胖子》，在传道书院读书外号曾胖子的青年，与牧师的女儿幽会，一对最虔诚信主的恋人，却被视为天主的“叛徒”。

國聞週報
第二卷 第三十六期
KUOWEN WEEKLY
病中的一封信(小說)
兩性的異性化
勞農俄國之實地觀察
香港物業與金融問題
美國人離婚之面面觀
不值錢的血(劇本)
國聞週報社 上海
VOL. II. NO. 36　September 20. 1925

《国闻周报》刊影

醫學博士梁俊青醫師主編
醫藥世界
中華民國卅七年九月創刊號
本期要目
發刊詞
論壇 寄望於改革後之國民黨賢達者
專著 治療傷寒症新法
臨床經驗 急性淋巴性白血病之臨床診斷
肺結核症之預防及其初期診斷
大衆醫學講座 以食為天
驗方新編
家庭救護學新編
世界醫藥新知
婦產科上之幾種診療新法
醫學問答
雜俎
醫藥世界出版社發行

《医药世界》刊影

时间再向前延伸。1923 年,当时在同德学校读书、懂德语喜欢德语文学的十九岁的梁俊青,就有文章在《文学旬刊》上发表。1924 年 5 月 12 日,第一百二十一期《文学》上刊出了梁俊青的《评郭沫若译〈少年维特之烦恼〉》,认为郭译存在十一处错误,从而引出了“少年维特案”:一个广东人(梁俊青)、一个四川人(郭沫若)、一个 Typical 的湖南人(成仿吾,为郭沫若鸣不平,“拔刀相助”)和《文学周报》编辑的论辩。这里说的《文学旬刊》《文学》和《文学周报》,实际是文学研究会的一个刊物从 1921 年创刊到 1929 年停刊不同时段的三个刊名。主编先后有郑振铎、谢六逸、叶绍钧、赵景深等。从 1922 年 3 月起,创造社的郁达夫、郭沫若和文学研究会的茅盾、郑振铎就发生了旷日持久的论争。因之,这次论辩最初尚围绕着《少年维特之烦恼》的译文,后来就离开了原题。郭沫若怀疑是《文学》在“借刀杀人”,翻起了创造社与文学研究会的旧账。

《绿茶》第一期六十二页,第二期增至九十四页,两期之后就停刊了。

1948 年上海有《医药世界》杂志,几乎每期都有梁俊青的医学文章。如,《治疗伤寒症新法》《用“派斯”治疗结核症之临床经验》和《化学剂与青霉素及本身血液联合使用之疗法》等，有作有译，有的在当时应该是先进的治疗手段。杂志的封面有“医学博士梁俊青医师主编”的大字。

钱伯城的《十年噩梦今似醒（上海出版界“文革”劫难小记）》写“文化大革命”中知识分子的遭遇，让我们又看到“梁俊青”这个名字。作者说，“文革”中对知名的知识分子公然开杀戒，是上海开的先例。上海乐团的名指挥陆洪恩在遭受批斗、侮辱至忍无可忍时，喊了一句“打倒”的口号，立即被作为现行反革命分子抓起，并在全市公审大会上宣判死刑，押赴刑场枪毙。上海著名西医梁俊青：

> 他是以同济医学院第一届毕业生第一名留德的，对中国文学也很有修养。1957 年被戴上“右派”分子帽子，随同几十个高级“右派”一起，被发遣下乡改造。独他最受农民爱戴，因他免费尽心为农民看病，几十里外的农民都闻讯赶来求他医病。农民都赞他是“好人”。就是这样一个农民称为“好人”的人，忽然被造反派发现写有“反诗”，于是也像陆洪恩那样作为现行反革命分子逮捕，并且已经内定枪毙。但是这些杀人犯，虽然嗜血成性，却想把杀人的责任推给老百姓，发明了一种叫“群众定案”的方法，就是把陆洪恩、梁俊青这种政治犯性质的案件，混在一些抢劫犯、强奸犯等一起，四五十人一批，写成“反革命案例”，印发给全市各行各业，组织群众讨论，根据案例情节，提出判刑轻重。群众根本不知内情底细，讨论时一窝蜂地“胡调”，管你什么轻的重的，一概“枪毙，枪毙！”这就叫作“群众定案”。梁俊青连囚衣也已换好，将要绑赴法场了，就像京戏里忽然降下一道“刀下留人”的圣旨一样，忽然有道命令下来不枪毙了。这是怎么回事呢？据说这全靠“千古相业唯一人”（赵朴初诗）的周恩来总理的干预，是他获悉了陆洪恩被枪毙的事，感到这个杀戒开不得，这些高级知识分子多少还能派点用场吧，杀光了不像韭菜那样还能再长出来，因此赶紧下令制止。梁俊青因此得逃一命。

《文心》

《文心》杂志 1943 年在成都编辑出版。发行人李小珊,编辑者署文心文艺月刊社编辑部,实际的编辑人是唐振常。

唐振常(1922—2002),四川成都人。1941 年 12 月,太平洋战争爆发,燕京大学宣布停办。翌年复校成都,唐振常为燕京大学新闻系学生。他晚年回忆:"1943 年 3 月,我和几位初中旧同学忽然不甘寂寞,编辑出版了一个文艺杂志。这个杂志叫《文心》。"(《旧稿往事》)

创刊号有《发刊词》,编者述说《文心》的筹办:

> 好久以来我们便有意组创一种文艺刊物,终于因朋友各以事牵,住处或城或乡相距过远,彼此间接头不易;再,最重要的恐怕就是经济上的困难:住学校的衣食全然仰给于家庭,自然拿不出多余的钱;从业的呢,在政府机关充任一名小职员,糊口尚且艰难,更那有余力来干这种必然贴钱的"霉"事。好久以来大家仅存着一种虽热切却是空的愿望,日子一久竟至连这一点热切也逐渐冷淡下来了。在生活洪流中逐浪随波沉浮着,给一些细碎的身边琐事纠缠不清,人会渐渐麻痹,浑然忘记生命的意义的。

编者说,感谢友人的鼓励和支持,大家才又重新唤回往日的热情。编者坦言,组创一种文艺刊物:

> 我们并不敢存着登作家宝座的野心, 初意以为这样也许不致在空暇时作无谓的消遣让时光腐锈了生活; 从而又可以结识更多一些爱好

文艺的朋友。在文化运动中我们比一粒微尘还小的存在着,但我们愿意贡献这一点薄弱的能力呈诸同嗜文艺的朋友,更是在抗建中蒸蒸日上的祖国。

《发刊词》明确刊物的要求是:“内容包括创作、译文、杂文,乃至名著批评、作家介绍等,至于好坏应该由读者自己亲尝后是苦是甜自然明白,不必自己夸大向人吹擂。”说到刊物的命名:“至于命取这古已有之的名字也并不含多大意义,仅仅由于想到这名字还未经人使用于杂志,同时尚不轻飘飘或激昂慷慨以致与内容相距太远。命这名字之先曾起过《盆地》《铙歌》《文芒》一类的名字,或以声音不扬,意过古奥,或以太露锋芒,终于用了这古色古香的名字。”

第一期《文心》于 1943 年 3 月 31 日出版。开本比大三十二开略高而稍窄,五十四页,土纸印刷。小说有陈翔鹤的《冬(或人手记)》,谢文炳的《诗亡》,散文有 S.Y.的《忆陈枫》和柳升祺的译文等。未收入目录的有:疯人《生活杂“摆”》、周群《卖卜人》、编者《编后记》和孔昭《代邮》;《卷毛鸽子》作者匈牙利 Laios Kaisak,《浮士德如何走到了地狱》作者德国 Vidmannhe 和《进化》作者高尔斯华绥的署名。

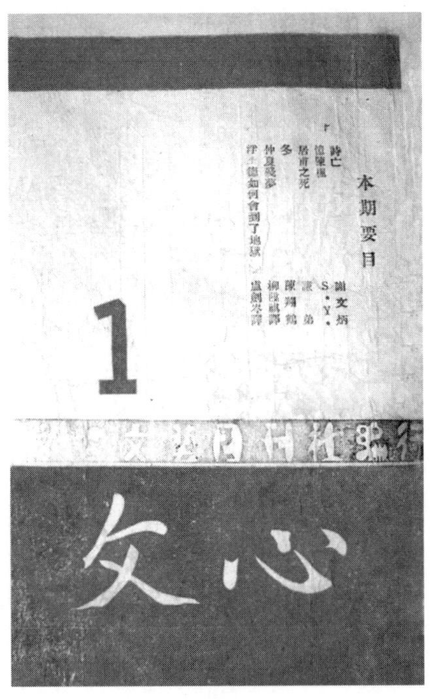

《文心》第一期刊影

第二期 5 月 20 日出版。作家作品论有《毛姆及其〈循环曲〉》。《循环曲》为毛姆的剧本,由刘芃如译出,刊出的是罗念生、刘芃如的两篇序文。另有《冬(或人手记)》的续篇,《诗亡》的连载,陈虹的长篇散文《水》等。封面设计为漾兮。未收入目录的有:全全《春郊即景》、编者《编后记》及《雪莱》的原著 F.Thompson、诗《古调重弹》的作者 W.B.Yeats、剧本《瞬息人生》的

[俄]李阿李得·安特涅夫原著署名。

《文心》的主干人物之一是时在川大教书,也在燕大兼课的谢文炳。唐振常说,刊名就是谢先生定的。

谢文炳(1900—1989),湖北汉川人。1923年清华学校毕业,赴美国留学,先在斯坦福大学,后进芝加哥大学和康奈尔大学研究院继续研修英国文学,并获硕士学位。1928年夏归国。曾任教武汉大学、厦门大学、四川大学等校。1932年曾和谢冰莹、方玮德等创办《灯塔》月刊,后和罗念生创办《半月文艺》。1936年,与刘大杰等创办《前进》半月刊。抗战爆发后,积极参加抗战文艺运动,与何其芳、卞之琳、朱光潜等创办《工作》半月刊。

《文心》从创刊号开始连载谢文炳的长篇小说《诗亡》。编者在《编后记》中说:"《诗亡》是谢先生的长篇力作,分上下两部,上部已于年前任教武大时脱稿,共十五万字,下部正在写作中。"《诗亡》取"诗亡然后春秋作"之义。小说以童时钦和许丽实的爱情为主线,反映出二十世纪二十年代末中国留美学生的生活。童时钦天真稚气,性格脆弱,不谙世故,是个热情而富于幻想的青年,把爱情看得像诗一样美好。许丽实美貌动人,风流多情,行为放荡。她使出种种手段抓住童时钦,达到结婚留在美国的目的。结婚后,童时钦才知道爱情不是诗,全是散文。这部小说虽然分章有标题,但吸收外国小说的叙述方法,注意人物的心理描写,成功地刻画了不同性格的人物。倪明《谈〈诗亡〉》:"文字的细腻魅力,使我立刻想起屠格涅夫的小说。尤其是各种场面的处理,景致的陪衬,那几乎不是中国小说里所能够找得到的,即如就在茅盾或巴金的小说里,也不容易找出那灵活的手腕的。"(1947年11月24日《中兴日报》副刊《今日文艺》)

早在二十世纪三十年代,谢文炳就发表了《留美写真》和《金山笔记》。两组散文记录了他在美国留学生涯中的所闻所见:高度发达的物质文明,对有色人种和华人的种族歧视,留学生活的艰辛等。如果说中国现代文学史有"留学生文学"这个内容,谢的大部分小说和散文,无疑是早期的"留学生文学"了。

四十年代末,谢文炳不满政治腐败、民不聊生的社会现实,甚为同情学生运动。1948年7月,加入中国共产党。1949年后,任四川大学临时校务委员会主任委员、副校长。1957年竟罹"右派"之难。二十年后,错案才得以改

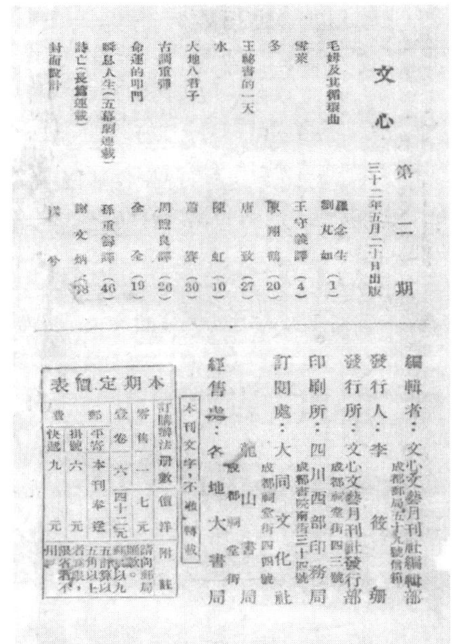

文心 第二期

三十二年五月二十日出版

毛姆及其循環曲	羅念生 劉丸如	（1）
饗宴	王守義譯	（4）
多	陳翔鶴	（20）
王嬌蕊的一天	唐 致	（27）
水	陳 虹	（10）
大地八君子	蕭 蓬	（30）
古調重彈	周熙良譯	（26）
命運的叩門	全 全	（19）
瞬息人生（五幕劇連載）	孫重歸譯	（46）
詩亡（長篇連載）	謝文炳	（58）
封面設計	洪 兮	

編輯者：文心文藝月刊社編輯部（成都郵局五十九號信箱）

發行人：李筱珊

發行所：文心文藝月刊社發行部（成都祠堂街四三號）

印刷所：四川西部印務局（成都書院南街三十四號）

訂閱處：大同文化社（成都祠堂街四四號）

龍山書局（成都祠堂街）

經售處：各地大書局

本刊文字，不准轉載

本期定價表

訂購辦法	冊數	價目
零售	一	七元
全卷	六	四十二元
郵費 平寄		本刊奉送
郵費 掛號		六元
郵費 快遞		九元

《文心》第二期目录

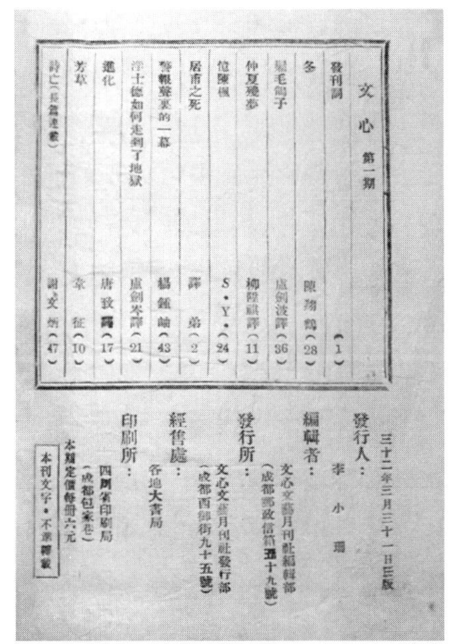

文心 第一期

發刊詞		（1）
多	陳翔鶴	（28）
鬈毛茵子	盧劍波譯	（36）
仲夏殘夢	柳陞祺譯	（11）
憶陳楓	S·Y·	（24）
居甫之死	譯 弟	（2）
警報聲裏的一幕	楊鍾岫	（43）
浮士德如何走到了地獄	盧劍岑譯	（21）
進化	唐致[illegible]	（17）
芳草	章 征	（10）
詩亡（長篇連載）	謝文炳	（47）

三十二年三月三十一日出版

發行人：李小珊

編輯者：文心文藝月刊社編輯部（成都郵政信箱五十九號）

發行所：文心文藝月刊社發行部（成都西御街九十五號）

經售處：各地大書局

印刷所：四川省印刷局（成都包家巷）

本期定價每冊六元

本刊文字·不准轉載

《文心》第一期目录

正平反。晚年写的长篇小说《一代知识分子》，以湖北汉川县张、刘、谢、丁四家的子弟为主要人物，反映从辛亥革命到“文革”之后漫长而广阔的社会变迁。计划六卷，只完成了前三卷。

《文心》的作者以教授、学者居多。

罗念生（1904—1990），原名罗懋德。四川威远人。谢文炳的好友。清华大学毕业。1929 年留学美国。1934 年回国后曾在北京大学、四川大学、武汉大学等校任教。时在四川大学外文系。

陈翔鹤（1901—1969），重庆人。1920 年入复旦大学英文系，1923 年转北京大学。曾与林如稷、冯至等组织浅草社、沉钟社，创办《浅草》《沉钟》杂志。1935 年前后返回四川，从事文艺界抗敌救国活动。他的小说大胆表现了知识分子的苦闷伤感。

柳升祺（1908—2003），浙江兰溪人。1930 年光华大学英文系毕业。1940 年在光华大学成都分校执教。1944 年进西藏，赴印度。

S.Y.，刘盛亚的笔名。重庆人。德国留学回国后，创办《文艺后防》，编辑《中原》月刊等。先后任教四川大学、四川省立戏剧学校。

卢剑波(1904—1991),原名卢廷杰。四川合江人。1928 年上海国民大学毕业,曾编《时与潮》《民锋》等刊。1944 年时任教四川大学。

周煦良(1905—1984),笔名有舟斋、文木等。安徽至德(今东至)人。1928 年去英国留学。回国后从事文学工作,抗战初期曾在四川大学教书,《文心》创刊时在上海。

杨钟岫(1922—),重庆人。1944 年入《华西晚报》任记者。1949 年后,任重庆《新民报》记者及副刊主编。1957 年被划为“右派”,二十年后得到改正。

唐振常在燕京大学是位活跃的人物。1943 年,《燕京新闻》周刊复刊,次年 2 月增辟文艺副刊《副叶》,他就当选为总编辑。办《文心》,自然可大展身手。他或译或作,有第一期的《进化》和第二期的《王秘书的一天》。他说:“我在《文心》上写了一篇《王秘书的一天》(报告文学,我在副题中称之为 A Sketch),得罪了做小官的我的表兄,惹得他找上杂志社兴师问罪,我母亲不得不向他道歉。其时年少,好写作,无顾忌,《副叶》和三期《文心》(据《上海图书馆馆藏近现代中文期刊总目》《百年中文文学期刊图典》等著录,《文心》仅出两期。——引者)多有涂鸦之作,用的笔名较多,其常用者为唐致、龚子游、胥庶。”(《旧稿往事》)1946 年唐振常从燕京大学毕业之后,历任上海、香港、天津三地《大公报》记者、编辑、采访主任,上海《文汇报》文艺部主任。“文革”后改业治史,有《蔡元培传》《章太炎吴虞论集》等,显示出不同一般的识见,笔端间让人感到历史、时代和人生的搏动。

《艺丛》

二十世纪三十年代的左翼作家中，剧作家、杂文家的孟超，也是一个编辑家。

孟超(1902—1976)，原名孟宪棨，笔名有林默、东郭迪吉、南宫熹等。山东诸城人。1928 年与蒋光慈等在上海成立太阳社，出版《太阳月刊》，创办春野书店。1932 年参加“左联”。抗战时期，在广西、四川、香港等地从事报刊编辑和创作。1940 年 8 月在桂林创办《野草》，孟超为野草社五人之一(其他四位是夏衍、宋云彬、聂绀弩、秦似)。1943 年 5 月，同是在桂林，孟超又办起了《艺丛》。第一期版权页上署名编辑孟超，发行人鲁乃戈，发行所集美书店。大三十二开本，一百四十八页，土纸印刷。

《艺丛》第一期刊影

编者在《新的缪斯礼赞——发刊献词》中说：“在全世界的大风暴里，在新与旧时代的交替中，我们以不可止息的渴望，以无上的赤诚与欢忭，迎迓着我们新的缪斯的来临”，“我们肃穆的为她们致着崇敬的颂祝”：

> 她们是冒着硝烟，冲进炮火；她们雄健的踏着她们的脚步，她们不为暴厉者讴歌，更不伏俯在爱利斯(战神)的羽翼下打着哆嗦。

1940 年前后的孟超

她们以搏击的精神，以神工鬼斧，以新的理想与新的情感，以音与色，以形状与动作，以各种的文与艺的伟力，和疆场上勇猛的武士一样，摧毁着暴力，给人类带来了新的和平与新的幸福。

她们不再是娇怯柔弱的女性的象征，她们有着健康的美姿，坚实的体魄，强壮的力量，她们能负起了战斗与创制的担子。

《艺丛》的内容有文学、戏剧、音乐、绘画、舞蹈等，文艺理论比重较大，设有《文艺论文》《艺术散评》《作家与作品》《小说》《诗之页》《文苑报告》《翻译》等栏目。

刊载的论文有郭沫若的《文艺的本质》、邵荃麟的《重振抗战文艺阵线》、许幸之的《论风格与气氛》、李桦的《论画面氛围气》。小说有端木蕻良的《饥饿》、李辉英的《宴》、沙汀的《残冬》、韩北屏的《邻家》。翻译有冈查诺夫的《欧布罗莫夫》，这一长篇名著被称为世界文学上一朵灿烂的奇葩。胡仲持的《统一和陪衬》，系美国现代文学批评家 F. H. Patchard 名著《文学鉴赏论》之第一章。编者称“文字简明，理论精辟，引据尤为丰富”。

《艺丛》《关于新歌剧》的《特辑》(第二期)，具有重要的史料价值。

抗战爆发后，在旧剧改革深入进行之际，新歌剧问题也被提出，已经有了几年的时间。编者在《弁言》中指出：“新歌剧在中国是刚生长起来的一个部门，它的前途毫无问题对于新艺术中占着极重要的地位，这是可以断言的。本刊为了推进这一运动的发展，提供新歌剧工作者以理论与实践的参考，特集诸家意见，汇成特辑，以资研究。”特辑发表了田汉的《新歌剧问题》、熊佛西的《我对于创造歌剧的一点意见》、徐迟的《歌剧之为音乐》、安娥的《发芽中的中国歌剧》、孟超的《新歌剧发展的路向》和吴荻舟的《新歌剧运动之理论与实践》。

田汉的《新歌剧问题》,副题是"答客问",重点解答了当时人们关心的有关新歌剧的几个问题。如,中国新歌剧的源泉。作者认为:"单是从中国老戏或民歌产生不出新的歌剧,正和单是西洋歌剧的模仿移植也不成为中国新歌剧一样。"他同意马思聪的说法:"这是一个综合的问题。"又如,如何看待西洋歌剧。作者的看法是:"文学艺术的最好的产品是没有国界的,应该由人类作为最高的精神粮食共同享受"。在"精勤恳挚的研究"中国"各种有民族特色的东西"的同时,吸收西洋歌剧的长处,有利于中国新歌剧的发展。再如,新歌剧的前途。作者表示:随着抗战以来"歌咏运动飞速地展开",人们对新歌剧的要求迫切,他曾多次提出"把抗战歌曲提到抗战歌剧的阶段"。几年来,"这要求得到初步的回答了",新歌剧已踏出可喜的"第一步"。《特辑》其他各篇也从不同角度对新歌剧的建设提出了意见。

今日已是知名学人的出版家陈原(1918—2004),晚年记下他和编辑《艺丛》时孟超的交往。

陈原,广东新会人。1938年毕业于中山大学工学院土木经济系。先

《艺丛》第一期插页

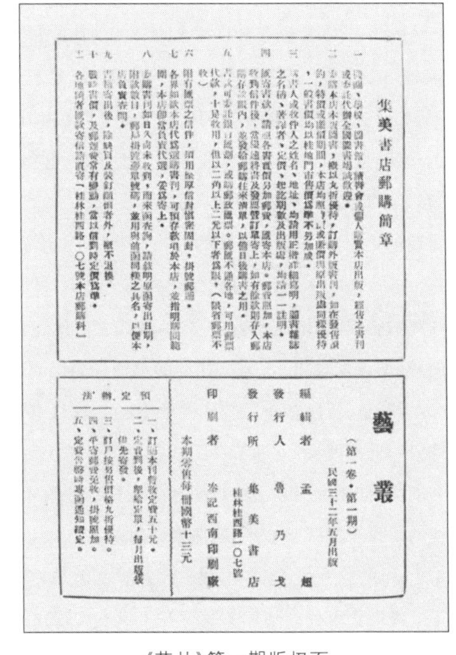

集美書店郵購簡章

藝叢

(第一卷·第一期)

民國三十二年五月出版

編 輯 者 孟 超

發 行 人 魯 乃 戈

發 行 所 集 美 書 店

桂林桂西路一〇七號

印 刷 者 泰記西南印刷廠

本期零售每册國幣十三元

預定辦法

一、訂閱本刊暫收定費五十元。

二、定費到後，照給定單，每月出版後[illegible]

[illegible]先寄發。

三、訂戶按另售價格九折優待。

四、平寄郵費免收，掛號照加。

五、定費告罄時專函通知續定。

《艺丛》第一期版权页

后在广州新知书店、国际反侵略协会广东分会工作。《艺丛》创刊时,他在曲江,有一间南方农村里常见的用茅草做屋顶的小屋。“小屋周围都种了柏树。清早或夜晚,柏树发出阵阵柏香”。陈原称为柏园。“深夜读书偶有所感,即随手抄记”。《艺丛》第一期刊登的《柏园夜读偶记——关于诗·诗人·音乐》,是陈原翻译海涅长诗《阿达·特罗尔——仲夏夜之梦》的札记。阿达·特罗尔是一头会跳舞的熊,诗人借此抨击了彼时德国的反动统治。陈原稿末注出文章完成的时间是1942年11月8日晨(前两段是10月17日完稿,文前《小序》则为11月7日所加)。谁知不到两个月,1943年1月的一个中午,日寇二十七架轰炸机狂轰滥炸,柏园一片火海。陈原的衣物、文稿全部化为灰烬。这篇文章因为寄给了孟超,发表在《艺丛》而得以幸存。1962年,陈原收进了散文集《书林漫步》。*

曲江的小木屋被炸之后,陈原到了桂林。实业书局仓库的一角,就是他栖息的小屋。陈原说:“孟超住在城里,他正在热衷于编辑着一个大型文艺杂志《艺丛》。有一天他兴冲冲地来到我的小屋,给我展示了一堆俄文材料和一堆

---

* 收入《书林漫步》时,作者有较大的修改删削。删去了原文的第四部分《拜仑和莫尔》和前三个部分的小标题(分别为《海涅与〈罗莉莱〉》《关于斗士——伟大的人格:海涅》《再关于海涅:黎明的憧憬》),删去了副题“关于诗·诗人·音乐”。文中原来引用的海涅《罗莉莱》一诗的乐谱和钱歌川、立波的译诗,也都删去。从文意集中等方面揣度,这些修改都有道理。只有一处费解:第二部分开始作者写道:“记得巴人先生在《海涅与托马斯·曼》一篇短文里,曾有一段批评(这里的意思是评价——引者)海涅的话:‘海涅是个多病的人,青年时代长苦头痛。之后发现了筋肉麻痹的征候,加上眼病,脊髓病,到了1849年5月,身体完全失却了自由,呻吟床褥之间,自名曰“褥的墓穴”……咒诅病苦,祈望速死的他,却仍旧充满着斗志,执着人生。他还时时挥他充满讽刺、谐谑、嘲笑的笔,在《复归于人格的神》的诗发表以后,他那社会的政治的眼光更尖锐了,他的著作屡遭禁止,问那禁止的理由,则是“因为禁止,所以禁止”了。这终于使他在1831年不得不亡命到巴黎去。’于是巴人引举了海涅的两首诗,一是《何处》的首两节,一是《在异国》,来说明诗人的流离的心境和对祖国的热恋。”陈原引用巴人的文章,以说明斗士海涅的伟大人格。但收入书中时,这里的三百多字改得只剩下五十余字:“海涅的著作当年屡遭禁止,问那禁止的理由,则是‘因为禁止,所以禁止’。这终于使海涅不得不于1831年亡命到巴黎去。”无疑影响了内容的表达。如果联系巴人“1960年年底,被定为‘反党反社会主义分子’,撤销党内外一切职务”(方凡人:《巴人传》)这一背景,就可以想到鲠直智慧如陈原,也不能不有所避讳了。文章的修改,从侧面留下了时代的印痕。

五线谱。他说这是肖斯塔科维奇的歌剧《姆真斯克的马克佩斯夫人》的脚本和介绍文章,他要我写一篇长文加以介绍。他只给我一个星期来完成任务,因为那一期《艺丛》赶着要发稿。……我接受了。日以继夜地赶工,如期交了卷。我的介绍文章写了近一万字。孟超高兴,我也高兴,连我的小屋肯定也高兴。过了几天,孟超又气急败坏地跑来,一看他的面容,就知道发生了意外。孟超说,夏公(夏衍)从重庆捎话来,说这个歌剧不要介绍了,它在三十年代就被批判了;因此排好了的版撤下来了。”陈原形容这是“平地一声雷”。“孟超是个大好人。他对我道歉,因为花了我一个星期去做无效劳动。但这不是问题,或者说,对于孟超和我,重要的不是浪费了时间,而是我们的政治觉悟低,竟然嗅不出这部歌剧的‘反党’气味,当然还自怨自艾,为什么如此寡闻陋见,批判过的东西竟当作宝贝。”(《我的小屋,我的梦》)半个世纪之后,陈原才读到当年最高级的权威批判:《真理报》的社论。如今这歌剧早已得到平反重新上演了。

作家秦似(1917—1986)是孟超终生结交、休戚与共的好友。他说:“孟超并不是文艺界的什么首领。但他对于文艺界中人,包括文、音、美、剧,可说是交往最广的。这无它,只是由于他为人正直,待人真诚,和他秉有的一种助人为乐的精神,自然就宾至如归了。”(《忆孟超》)孟超与美术、音乐界的广泛联系,是他办《艺丛》这个涉及艺术各个门类的杂志的有利条件。即使如此,“一

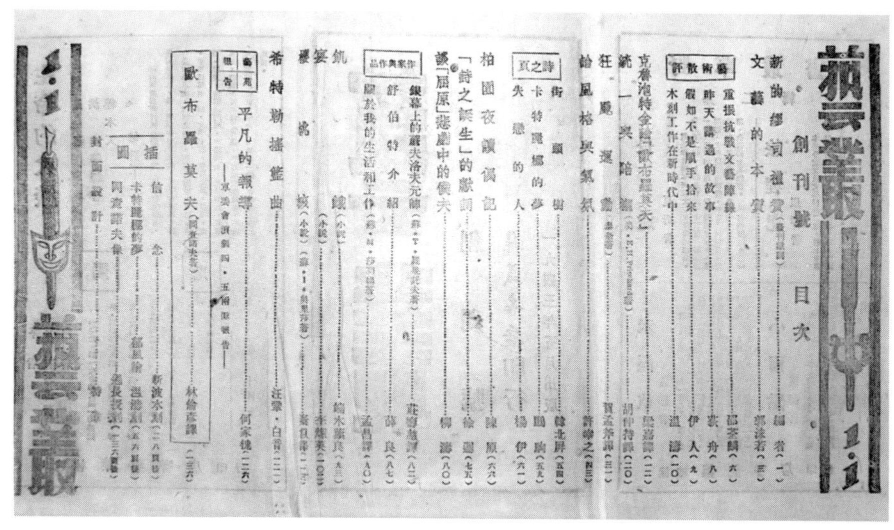
藝叢 創刊號 目次

新的綠洲禮讚 …… 編者(一)
文藝的本質 …… 郭沫若(三)
藝術散評
重振抗戰文藝陣線 …… 邵荃麟(六)
昨天講過的故事 …… 袁舟(八)
假如不是順手拾來 …… 伊人(九)
木刻工作在新時代中 …… 溫濤(一〇)
克魯泡特金論「歐布羅莫夫」…… 梁嘉譯
統一與陷溺 …… 胡仲持譯(二〇)
狂飆運動 …… 賀孟斧譯(三一)
論風格與氣氛 …… 許幸之(四三)
詩之頁
街頭樹 …… 韓北屏(五四)
卡特琵娜的夢 …… (五九)
失戀的人 …… 楊伊(六一)
柏園夜讀偶記 …… 陳原(六六)
「詩之誕生」的獻詞 …… 徐遲(七五)
「屈原」悲劇中的侍女 …… (八〇)
作家與作品
銀幕上的羅夫洛夫元帥 …… 莊壽慈譯(八二)
舒伯特介紹 …… 薛良(八七)
關於我的生活和工作 …… 孟昌譯
飢餓(小說) …… 端木蕻良(九三)
宴(小說) …… 李輝英(一〇三)
桃核(小說) …… 葉以群譯
希特勒搖籃曲 …… 汪榮·白寄(一二二)
藝苑報告
平凡的報導 …… 何家槐(一二六)
歐布羅莫夫(岡察洛夫著) …… 林倫彥譯(一三六)
插圖
信念 …… 新波木刻
卡特琵娜的夢 …… 郁風繪
同察諾夫像
封面設計

《艺丛》第一期目次

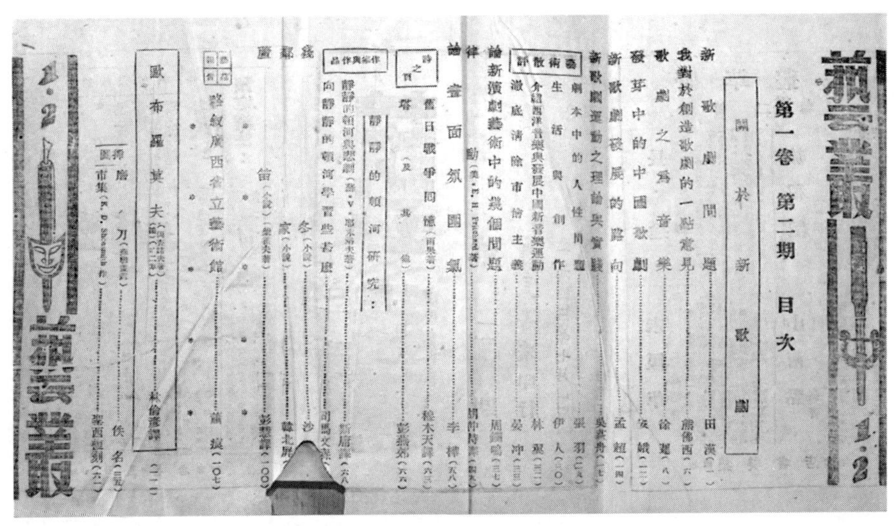
藝叢 1·2

第一卷 第二期 目次

關於新歌劇

新歌劇問題……田漢（一）
我對於創造歌劇的一點意見……熊佛西（六）
歌劇之爲音樂……徐遲（八）
發芽中的中國歌劇……安娥（一二）
新歌劇發展的路向……孟超（一四）
新歌劇運動之理論與實踐……[illegible]
劇本中的人性問題……張羽[illegible]
生活與創作……伊人（三〇）

藝術散評

介紹西洋音樂與發展中國新音樂運動……林[illegible]
徹底清除市儈主義……晏冲[illegible]
論新演劇藝術中的幾個問題……周鋼鳴[illegible]
律動……[illegible]
論畫面氛圍氣……李樺（五八）

詩之頁

舊日戰爭回憶……穆木天譯[illegible]
塔（及其他）……彭燕郊[illegible]

作家與作品

靜靜的頓河研究：
靜靜的頓河與思想……[illegible]
向靜靜的頓河學習些甚麽……司馬文森[illegible]

笛（小說）……彭[illegible]譯（一〇〇）
家（小說）……韓北屏
冬（小說）……沙[illegible]

簡敘廣西省立藝術館……[illegible]（一〇七）

歐布羅莫夫……林倫彥譯[illegible]

插圖
廚刀……佚名[illegible]
市集……[illegible]

《艺丛》第二期日次

个小小的刊物的出世，也是不容易的事”。孟超说：“在去年夏天，许多朋友们就有这样的动议，出一个刊载文学艺术创作，介绍外国艺术理论，建立艺术批评，报道艺术团体活动的杂志，计划筹备，谁知中间经过了这样久的时间方能将创刊号编成付排。”(第一期《编辑琐记》)最初准备元旦出版的第一期，延迟了五个月。7 月出版的第二期，也就成了终刊号。

1943 年 9 月 25 日和 26 日的《大公报》(桂林版)，有寒流(曾敏之)《桂林作家群》的报道。秋风瑟瑟中，记者访问了桂林的文化人。文中这样描写孟超：“一度写历史小说的孟超，香烟常挂在嘴边，为《艺丛》出版事很忙。听说因审查困难，销路成问题，以后一些日子，他还得接受历史教训，准备学习卧薪尝胆的本领呢！”

当年为民族解放事业，孟超是不惜自己的身家性命的。但是，他的结局却很凄惨。1961 年孟超写出昆曲《李慧娘》，演出后受到观众、专家的交口称赞。然而，1962 年即被冠以“鬼戏”“借古讽今”“影射现实”众多“罪名”，受到严厉的政治讨伐，继之而来的是“文革”中更为残酷的迫害和凌辱。1976 年，在冤枉、屈辱无处诉说又不能诉说的悲痛中孟超去世。“他等不到重新在光天化日之下，开眉展目的一天的到来”。(秦似：《忆孟超》)。

《文运》

《文运》是北方作家在南方创办的刊物，1944 年 2 月 1 日在沦陷的上海由文运出版社出版。十六开本，四十页。

主编穆中南(1912—1992)，笔名穆穆。山东蓬莱人。童年在黑龙江省生活。北平中国大学毕业后，从事过乡村教育工作，也曾参加地方抗日游击队。沦陷时期在北平一度协助编辑《艺术与生活》杂志，并有小说、评论、散文、诗歌发表，作品暴露了沦陷区的黑暗现实，表现了一个正直文人的苦闷、不平和反抗。沦陷后期，穆中南由北平移居上海，创办了《文运》。

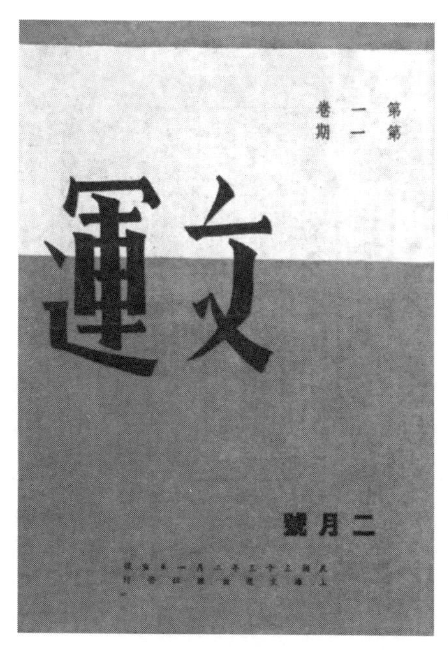

《文运》第一期刊影

“这里不是发刊词，而是血和泪的低诉。”编者在《发刊词》中说，1943 年创办《文运》旬刊，那是一个四张纸的小型刊物，“想注重一些批评的文学，使今日的文坛兴奋一点也严肃一点”，但只出了三期就结束了：

> 它悲惨的命运的力量更加重地给了我最大的负担，深深地压在我的灵魂上是切齿的痛恨，于是，我忘记了冻饿，更抛弃了家庭，专心致志把《文运》复刊而且充实更有力的内容。
>
> 是的，我是赤手空拳的，没有物力也没有人力；只有年轻的血在我

体内沸腾着！它告诉我,要站定我的岗位为理想不断的斗争。

编者说,很多人对他发生怀疑,有的说他有了后台,有的说他发了红财,真明白他一点的人说他是犯了疯狂症而疯狂地空喊。这些,他都没有反抗,好像是默默地承受了。"我常自问,为什么要这样的傻干而用这样的蛮力呢?我无所解答,能解答的也就是'应该如此'四字,这大概也就是为了完成人生的使命而生活吧！"编者强调:

我听了些发扬东方文化的话,也看了些东方文化的东西,我不相信那是真正的东方文化,而且我更不相信东方文化真的如此之糟。于是,我决心在我仅知的部门之内尽最大的本能去揭发我所不满意的东西,那么文艺运动在我的生命中好像结了不解之缘,那么我献身于文艺运动好像也是"应该如此"。

《发刊词》最后说:"这里没有门户之见,名作家和无名作家是并重的;可是有一个条件,就是在作品上真正称得起纯文艺的,而且要有生气活力,真正能代表着在这伟大时代所生活着的人之生命,而且在技巧确是影响今日文艺运动的作品。我们虽然反对鸳鸯礼拜派的文章,更为尚在年轻而故向田园老人堆里爬的'小老人'型的朋友而痛心,但,只要其作品是有生命而且确是为掘发东方文化表现东方文化,那么我们仍然竭诚欢迎。"

穆中南原来在北方生活,与北方作家熟悉,《文运》第一期的作者几乎全部来自沦陷的北平。

小说四篇,有毕基初的《戴着脚镣子的人》、雷妍的《改造》、曹原的《制服》和萧菱的《一只狗的故事》。

毕基初(1919—1976),山东威海人。辅仁大学西语系毕业,在学校任教直至抗战胜利。沦陷时即是中共地下党员。"'文化大革命'前曾任北京某区文教书记,'文化大革命'中受尽酷刑差不多成了残疾人,没有见到'四人帮'垮台就逝世"。(常风:《五十年的友谊》)

雷妍(1911—1950),原名李植莲,笔名雷妍、刘萼、沙芙等。河北昌黎人。

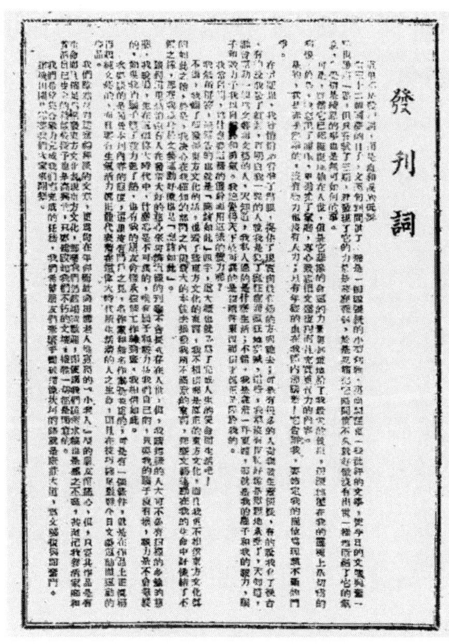

發刊詞

《文运》第一期《发刊词》

北平大学女子文理学院毕业，后在中学任教，业余创作。

曹原，原名张鸿仪。山东历城人。1944 年任上海《文潮》杂志驻京特约记者。创作以小说和散文为主。

萧菱(1913—)，原名德玉葆，笔名有环子、徐新、徐凌等。北京人。长期在北平图书馆做馆员，1942 年进入武德报社整理科。主要从事小说和散文创作。

编者在《编辑室谈话》中说，最满意的是四篇小说："四个作者以不同的笔调和风格，毕基初君是以粗线条为长，雷妍女士是细微的笔法，曹原君是以朴素而有力的笔锋，萧菱君是以平凡中之深刻的态度，但是，他们却没有忘记掘发各个角落脸孔。"

小说之外，有南星的散文，林榕的评论，上官筝的杂文，朱英诞、黄雨、一鸿和顾视的诗等。

南星(1910—1996)，原名杜文成，笔名还有林栖、石雨等。河北怀柔(今属北京市)人。1935 年北京大学毕业。后任北京大学文学院英文系讲师。

林榕(1918—2003)，原名李景慈，笔名有林榕、林慧文、阿茨、楚天阔等。河北蓟县人。辅仁大学中文系毕业，后进入北京大学文学院任职。参与编辑《文学集刊》《中国文艺》等刊物。沦陷区著名的散文家和文学批评家。

上官筝，即关永吉(1916—2008)，原名张守谦，笔名有关山、关永吉、林埜、林丛、上官筝等。河北静海(今属天津市)人。写有著名的作家论《袁犀论》《刘萼论》(又名《雷妍论》)。

朱英诞(1913—1983)，原名朱仁健，号英诞，笔名有朱百药、损衣、庄损衣等。祖籍江苏如皋，生于天津，后随家迁居北平。1937 年民国大学毕业，致力于新诗创作和研究。

黄雨(1912—),原名李曼茵,笔名黄雨、黄陇西。广东潮安人。时在北京大学文学院。业余从事文学创作,有诗集《果树园》、散文集《雪》。

一鸿,即何一鸿(—1944)。河北正定人。抗战前在北平求学,爱好诗歌。1936年加入北平作家协会。“七七事变”后滞留北平。他的长篇叙事诗《出塞行》借历史故事抒发爱国情操。

顾视,原名顾孝。河北宛平(今属北京市)人。抗战开始时在中国大学求学,毕业后曾编辑《艺术与生活》杂志,后到中学任教。有诗集《虹桥集》《画彩篇》。

《发刊词》中编者曾表示,欢迎好的作品。“即使让我们跪着求稿也是感之不尽,甚至把我养活家庭和养活自己生命的钱倾袋授予也是高兴的”。话语虽然有点文学的夸张,但满腔诚意是真实的。编者着意扩大作者群,延揽南方的作家。第一期的《编辑室谈话》中,编者也曾预告:胡兰成答应写一篇文艺论文,傅彦长和纪果厂都答应写一篇随笔,另有林青、丘石木、东野平、田野、马骊、袁稗的小说,芦焚和柯灵也表示下期一定为本刊撰稿。第二期就有路易士的诗《严冬之歌》、刁陵的诗《拿破仑》、林微音的小说《一封信的

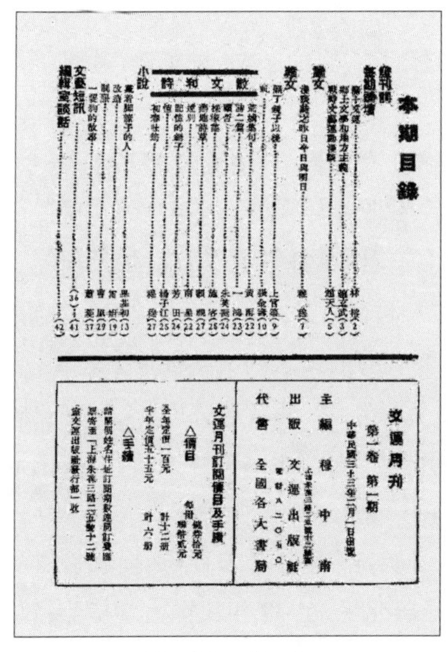

本期目錄

文運月刊 第一卷 第一期

主編 穆中南

出版 文運出版社

代售 全國各大書局

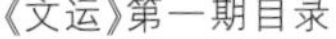

《文运》第一期目录

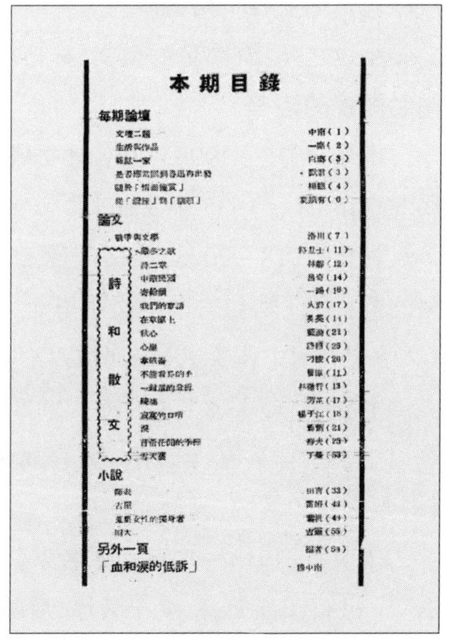

本期目錄

每期論壇

論文

詩和散文

小說

另外一頁

「血和淚的低訴」

《文运》第二期目录

分析》。

穆中南是个很努力的编者。他说,自己是傻干而用蛮力。即使如此,本来是月刊,第二期《文运》却与第一期相隔了七个月。虽然没有停刊的准备,但毕竟没有力量继续下去。穆中南以《血和泪的低诉》告别读者。文中的诉说沉痛而愤懑:

> 我知道自己的境遇,和这个大时代的境遇,我实在有惶惶然之感,文化,文化是傻子们干的事情。……(停刊)最大的原因还是干文化的人没有力量,有力量的人不干文化,再加上文化掮客们自中揩油,假很好听的名义耽误了很好的事业,我对于这群人失望得很,也疲倦得很,于是我也放弃了这个文化至上的主张,索性等待那些文化掮客们发足了财而自甘退隐,再行振足精神。

抗战胜利后,穆中南任沈阳《和平日报》主笔,创办文运出版社。1948 年去台湾,任《平言日报》编辑,1951 年协助创刊《征信新闻》(即《中国时报》)。后又办文坛社,出版《文坛》月刊。《文坛》创刊时,穆中南提出“第一,不限字数;第二,不限创作家的意志;第三,园地公开”三大原则,希望给予作家自由创作的空间。他曾兼任淡江文理学院、辅仁大学教授,并以笔名“穆穆”出版小说、诗及戏剧多种。他的作品多以动乱时代苦难的中国为背景。

《千秋》

1944年6月1日在上海创刊的《千秋》，徐础编辑兼发行。

创刊号的《编者·作者·读者》栏中，编者有言：

> 本刊创刊旨趣，就想在这个动荡的世纪里提供一点精神的粮食，谈理既不深奥，也无意于浅就；述事既不高蹈自赏，也决不以清谈误人。凡所讲谈，只求其能有兴趣而又有价值。

《千秋》力求在"杂志潮"中自成一格。虽然杂志小，三十二开本，一百五十余页，但从文学类的小说、戏剧、报告文学、散文、游记、史话、传记、评论，

《千秋》创刊号刊影

《千秋》创刊号版权页

到画刊、歌曲、乐坛、电影，以及科学语林、医学漫谈等，几乎是包罗万象。确如编者所说："严肃如鲁迅，轻飘如童芷苓，是同样在被检讨之列。英美的江湖郎中，蒙古的奇异狗种，也都无所不谈。"刊发的作品中，如孟度(李健吾)的剧论《古装剧新论》、日本人武者小路实笃的书信《致周作人》、包天笑的散文《忆吾师》、说斋的《白采忆语》、一狷的《萧红死后——致某作家》等，都是适合披览的篇章。

《萧红死后——致某作家》(第一期)，写于1944年春天。"某作家"，指萧军。萧红已于1942年逝世，一狷希望说出她要说的话，解开误会的冤结。一狷，原名陈丽娟(1917—　)，笔名另有陈涓、涓、小猫、女客等。浙江宁波人，生于上海。1933年，陈涓读初中二年级时失学，父亲要她到哈尔滨，寻找在邮局当职员的哥哥陈时英。她由阅读萧军和萧红的小说散文集《跋涉》，而知道二萧，并和萧军成了朋友，但萧红从一开始就对她有防范之心。人与人之间的隔膜，使陈涓年轻的心受到伤害。1934年元旦过后，她怀着委屈的心情离开哈尔滨回到上海。第二年她又去了沈阳，这期间二萧已到南方。第四年，陈涓带着新生的婴孩回到上海，与二萧生活在同一个城市。萧军是爱陈涓的。陈涓说萧军："你那强烈的感情，你那固执的性格，使我感到烦恼。我知道你太把自己沉溺于幻想中了。""我没有方法能提醒你，我固然怕和你在一起，但我实在没法拒绝你来，或拒绝你的邀请。我怕看人失望阴沉的脸色，所以你来了，即使自己的情绪再恶劣，我也勉为其难地向你周旋，或许就因为这样，弄得错尽错绝，这都是我的过失。"萧军与萧红感情上的裂痕逐渐扩大。萧红曾有《苦杯》等多首诗作抒发痛苦情怀，如《苦杯》之十一："说什么爱情！/说什么受难者共同走尽患难的路程！/都成了昨夜的梦，/昨夜的明灯。"在萧红看来，陈涓无疑是爱情苦杯中最主要的液体。她的《商市街》中有一篇《一个南方的姑娘》，文中的"程女士"指的是陈涓，"郎华"应是萧军。说从上海来的南方姑娘"程女士"闯进了他们的生活。"她很漂亮，很素净。脸上不涂粉，头发没有卷起来，只是扎了一条红绸带，这更显得特别风味，又美又净。""她给郎华写信了，虽然常见，但是要写信的。""我到厨房去调面条。'……喳……喳……'等我走进屋，他们又在谈别的了。"文末写道："程女士要回南方，她到我们这里来辞行，有我做障碍，她没有把要诉说出

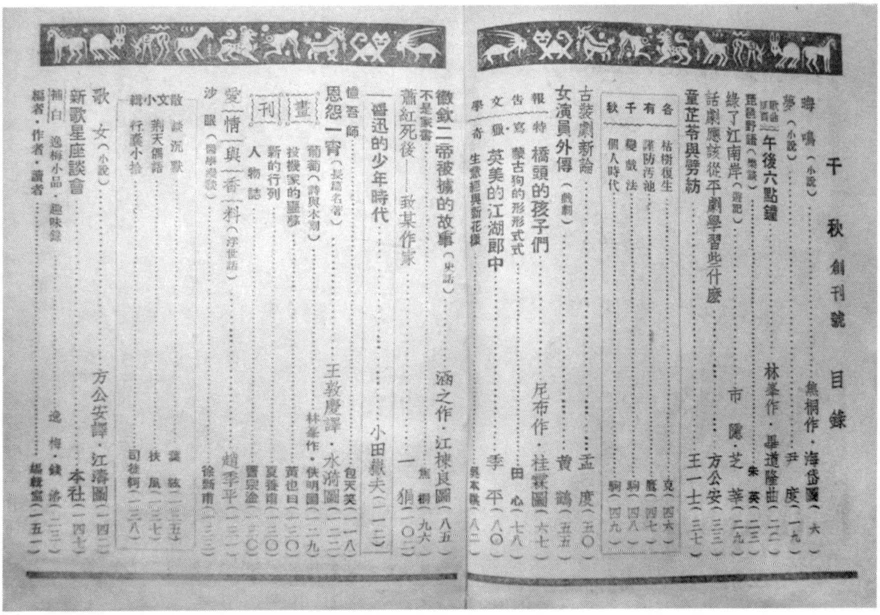

千秋創刊號目錄

《千秋》创刊号目录

来的‘愁’尽量诉说给郎华。她终于带着‘愁’回南方去了。”陈涓说，1937年8月看到这篇文章，“真的气极了”，因为“我扪心自问，没有作过一件对不起她的事，即使是很细微的举动也没有”。陈涓信中有对萧红误解的不快，也有对萧军不主动证明事情真伪有无的不满。最后则是自责：一切的过错都在于她的太坦白直率。论者认为：陈涓“是否像她表白的那样无辜，也是仁者见仁智者见智的事，不过她的这封公开信倒是证实了萧红的‘猜疑’不是凭空想象”。（周彦敏：《萧红的情人们》）

1949年后陈涓在上海从事电影翻译工作。她和萧军仍然保持着友情，萧军《东北日记》中曾有和当时在北平的陈涓通信的记载。《萧军纪念集》收入陈涓的《最后一席谈》，回忆去探望病重的萧军，萧军不顾病痛，不计疲劳，和她做了一次相当严肃的谈话：“这是半个世纪以来，最后一次的谈话。他可能也意识到了这点，我的第六感竟也预示了这点，所以，尽管我在微笑地倾听，心却在无声地啜泣。他先批评了我一生中的主要弱点，又指出了我前进的方向，尤其关怀我晚年生活的幸福。”陈涓怅然感喟：“现在失去长达半个世纪深切关怀我的老友，心中无限凄楚……人生能有几个可达半个世纪的老友呢？问天天不语。”

《白采忆语》(第二期)，追忆和评述了一位我们今天感到陌生的诗人。文中说：“在初期白话诗人中，有一位说起来不大出名而在新诗史上应该有一个重要的位置，发射着他自己的独特的光芒的，就是白采。”白采(1894—1926)，原名童汉章，字国华，笔名还有白吐凤、受之、爱智、瘦吟等。江西高安人。上海美术专门学校毕业。1924 年以七百多行、六千余言的长诗《羸疾者的爱》，享誉诗坛。1925 年秋，执教上海立达学园，与朱光潜、夏丏尊、刘薰宇、叶圣陶、丰子恺等均为友好同事。1926 年白采从南方乘轮船到上海，刚到吴淞口竟然病殁在船上。朱自清和白采只见过一面，《背影》一书中有文记述了和白采的相识、相交，称赞白采：“他是一个好朋友，他是一个有真心的人”。俞平伯与白采时常来往信札，但是不曾见过面。有《眠月》一文悼念，感叹“尚无一见之欢，而已有人天之隔”。《白采忆语》中对白采的小说和旧体诗词做了介绍和分析，同时，高度评价《羸疾者的爱》说：这是“新诗史上一块永远耀着光的里程碑”。“这首诗的主人公‘羸疾者’是生于现在的世界而做将来世界的人的，因为他的对旧社会憎恶和对将来的热爱不断交织着，就炼成了一种报复的反抗和自我牺牲的坚毅性格，献身于生之尊严而‘不妥协’的没落下去。”白采有诗：“既不完全，便宁可毁灭；/不能升腾，便甘心沉溺；/美锦伤了蠹穴，先把它焚裂；/钝的宝刀，不如断折。”作者评论说：“白采对人生对社会的深刻的观察，把他自己所受的痛楚和民族的苦难联结起来，反复思考，于是养成了他冷到冰点的热爱。因为他自己就是被侮辱被损害的一个，所以他对于旧的，坏的，破的，斩钉截铁地毫不可惜它的溃灭。”白采又有诗：“我不能谈那离开人间的天国，/但也不能使后人更见有人间的地狱。/我的工作，只能为你们剔芰芜秽，/让你们更见裔皇璀璨！”作者称：“白采是一个至

白采自描：仰着一半空虚的我

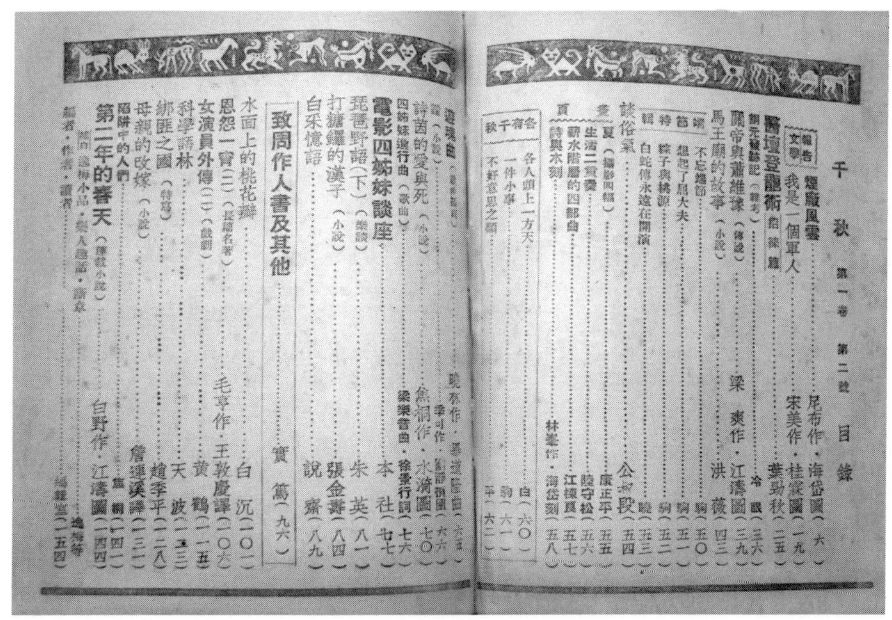
千秋 第一卷 第二號 目錄

（報告文學）煙霞風雲……尾布作・海岱圖（六）
我是一個軍人……宋美作・桂嶺圖（一九）
醫壇登龍術……葉勁秋（二五）
開元雜話記（雜考）……冷眼（三六）
關帝與蕭維謙（傳說）……梁爽作・江濤圖（三九）
馬王廟的故事（小說）……洪薇（四三）
端節特輯
不忘端節……駒（五〇）
想起了屈大夫……駒（五一）
粽子與桃源……駒（五二）
白蛇傳永遠在開演……曉（五三）
談俗氣……公叔段（五四）
夏（攝影四幅）……康正平（五五）
生活二重奏……陸守松（五六）
薪水階層的四部曲……江楨貝（五七）
詩與木刻……林峯作・海岱刻（五八）
各有千秋
各人頭上一方天……白（六〇）
一件小事……駒（六一）
不好意思之類……平（六二）

遊魂曲……曉孫作・聶道臨曲（六五）
篇（小說）……季可作・劉靜瑛圖（六六）
詩茵的愛與死（小說）……焦桐作・水滴圖（七〇）
四姊妹進行曲（歌曲）……梁樂音曲・徐蒙行詞（七六）
電影四姊妹談座……本社（七七）
琵琶野語（下）（樂談）……朱英（八一）
打糖鑼的漢子（小說）……張金壽（八四）
白采憶語……說齋（八九）
致周作人書及其他……實篤（九六）
水面上的桃花瓣……白沉（一〇一）
恩怨一宵（三）（長篇名著）……毛亨作・王敦慶譯（一〇六）
女演員外傳（二）（戲劇）……黃鶴（一一五）
科學語林……天波（一二三）
綁匪之國（特寫）……趙季平（一二八）
母親的改嫁（小說）……詹連溪譯（一三一）
陷阱中的人們……集輯（一四一）
第二年的春天（連載小說）……白野作・江濤圖（一四四）
閒話邊梅小品・與人趣話・新章……邊梅等
編者・作者・讀者……編輯室（一五四）

《千秋》第二号目录

性的人，也惟有至性的人才能写出这般怀孕着勇敢的信念的诗句。”

说斋，原名陆象贤（1917—2010），笔名有列车、号角、列御寇、鲍列斯等。江苏嘉定（今属上海市）人。当时在邮局工作，邮局工人运动的中共地下党领导人之一。

《千秋》的封面绘有一只凤凰。编者说：

> 凤凰是一种极优美的牝鸟，能活到比人的寿命更长，经数百年而不老，以此为本刊命名来源，盖不无自颂自祷的意思。再者，《千秋》自比于凤凰，另有一个小小的意思，那就是指凤凰能由灰烬中生出小鸟来，是无穷的生命之象征，所以《千秋》更含有苏生与不朽的弦外之音。（《编者·作者·读者》）

美好的愿望终归是愿望。《千秋》的凤凰只飞了短促的两期就折断了翅膀。

《微波》

1944年8月，战时陪都重庆的书报摊上多了一种新出的文艺月刊，刊名《微波》。版权页上编辑者是微波社，实际的编者是陈纪滢、姚雪垠和田仲济。

1974年，在台湾的陈纪滢(1908—1997)有长文《记姚雪垠》(《传记文学》杂志第四十卷第二、三、四期)，文中详细地回忆了三十年前《微波》创刊的经过。

当时三个人都在重庆。姚雪垠(1910—1999)住在上清寺附近的张家花园街三十六号中华全国文艺界抗敌协会，他是协会的理事兼创作研究部副部长，生活简单艰苦。田仲济(1907—2002)住在中一路靠原中央日报社的一条巷子内，为某杂志担任一点编务，比较清闲。陈纪滢在《大公报》主编《战线》副刊，因为报纸篇幅有限，文艺性稿件简直无法容纳，成叠成束地堆积案头，令他十分困惑。一次，他们在茶馆闲聊，陈纪滢提议办一个文学性的月刊。陈纪滢说，雪垠一听，甚为高兴，忙说："正是时候！"原来那时重庆仅有一两种刊物存在，姚蓬子所编的《抗战文艺》早停了，茅盾的《文艺阵地》在桂林，也不能按期出版，其余仅有文运会出版的《文艺先锋》(张道藩主办)。仲济也赞成。雪垠生性明朗，有什么说什么。仲济则老成持重，胸有城府，后来也表示了肯定的意见。说到出版经费，陈纪滢表示由他负责："那时，大约印

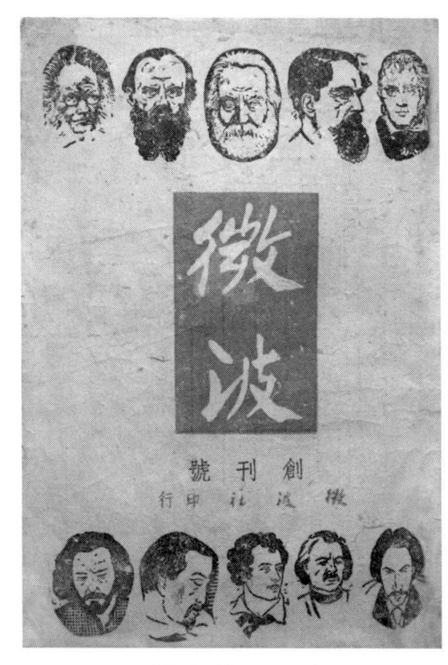

《微波》创刊号刊影

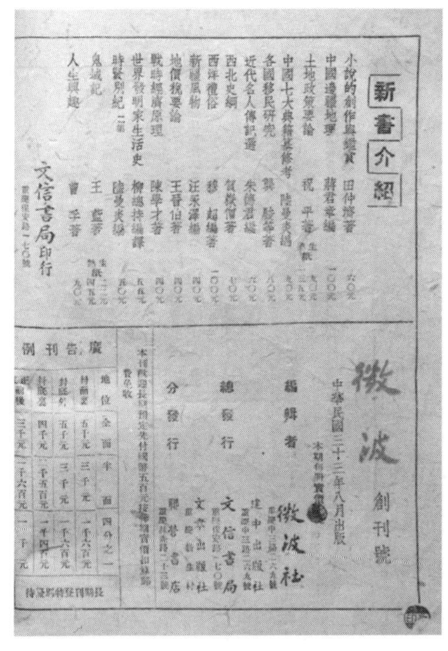
新書介紹

小說的創作與鑑賞 田仲濟著
中國邊疆地理 蔣君章編
土地政策要論 祝平著
中國十大典籍著作考 陸景夫編
各國移民研究
近代名人傳記選
西北史綱
西洋禮俗
新疆風物
地價稅要論 王晉伯著
戰時經濟原理 陳學才著
世界發明家生活史
時賢別紀 二集
鬼域記 王藍著
人生與趣 曾孚著

文信書局印行

廣告刊例

微波 創刊號

中華民國三十三年八月出版

編輯者 微波社

總發行 文信書局

分發行

《微波》创刊号版权页

一本十六开二百页的刊物，印二千本大约需款七八百元的法币。我那时有两份职务可拿薪水，一份是邮政汇业局中高级职员的薪俸，约法币一千二百元。另外大公报每月也给我一份整个职员的薪俸约八百元(我虽系兼职，但拿专职待遇，且每月有一担米的配给)。”陈说：“我豁着把报馆所得花在印刷费上，但稿件则需由您俩支持。”雪垠与仲济都说：“那没问题。”

议定之后，陈纪滢开始筹备、登记、与官方接洽、约定印刷厂承印等。第一期出版，陈纪滢在《编后小记》中说：

> 我们不乐意一发刊就向读者们诉苦，说这个刊物是经过怎样困难情形才诞生的，相反的，我们乐意首先告诉大家这个刊物的诞生却是几个志同道合的朋友以极高的热情，较必远大一点的眼光，抱着最低限度的要求，老老实实，平平稳稳协力催生的一个文艺新婴。

《微波》为十六开本，六十八页，土纸印刷。作者大多是当时的名家。茅盾的杂文《“无关”与“忘记”》、以群的评论《思想·感觉·和艺术创造》、臧克家的诗《你不是孤独的》以及日后成为绀弩名作的杂文《我若为王》等，都发表在第一期。

姚雪垠有短篇小说《伴侣》和中篇小说《三年间》(连载)。两篇小说都是以抗战时期的知识分子家庭生活为题材，从人物的变化揭示了社会现实的黑暗。前者写当“文化工作变成了装饰品，思想也限制，言论也限制，一切救亡活动全停止，只有腐化堕落不犯法”时，昔日的热血青年思想逆转，唯钱是举；后者让读者看到，极度艰难的生活重担使一个“爱读书，有崇高理想”的女性，与从前大为不同，变成个发财迷，养猪挣钱，一心希望得航空奖券头奖。田仲济发了《更夫》，另有署名“野”的《贫血病》和署名“郇”的《市侩主义》，共三篇杂文。田仲济的杂文冷峻犀利，风格峭拔。《更夫》构思新巧，寓意深刻：不夜城里，摩天高楼林立，电灯、霓虹灯灿烂，汽车穿梭疾驰，却有敲着梆子的更夫巡行，从而勾勒出一幅荒诞而实在的社会图像。作者指出，这种新和旧的不可调和的继续存在，这社会的光怪陆离、新旧兼容，正是畸形病态的旧中国的特色和病征。陈纪滢的散文《大鸽主》，占了八个页码，写一个朋友战时家居农村，业余养猪、养鸽，补贴生活，但同行挤对，捐税盘剥，最后竟遭到劫掠、枪击，恶势力的无孔不入，猖炽血腥，读来令人触目惊心。

《微波》第一期很受欢迎。第二期原应于 10 月出版，但迟了四个多月，1945 年 2 月才最后校对。第一期的版权页上署编辑者微波社，总发行为建中出版社、文信书局、文聿出版社，第二期改署编辑兼发行者微波社。这一期的小说有陈纪滢的《黄金潮》、田涛的《黑玫瑰》等，但未见《三年间》续载。杂文多达八篇。

第二期出版后，《微波》就停刊了。（陈纪滢在《记姚雪垠》中说“四个月内

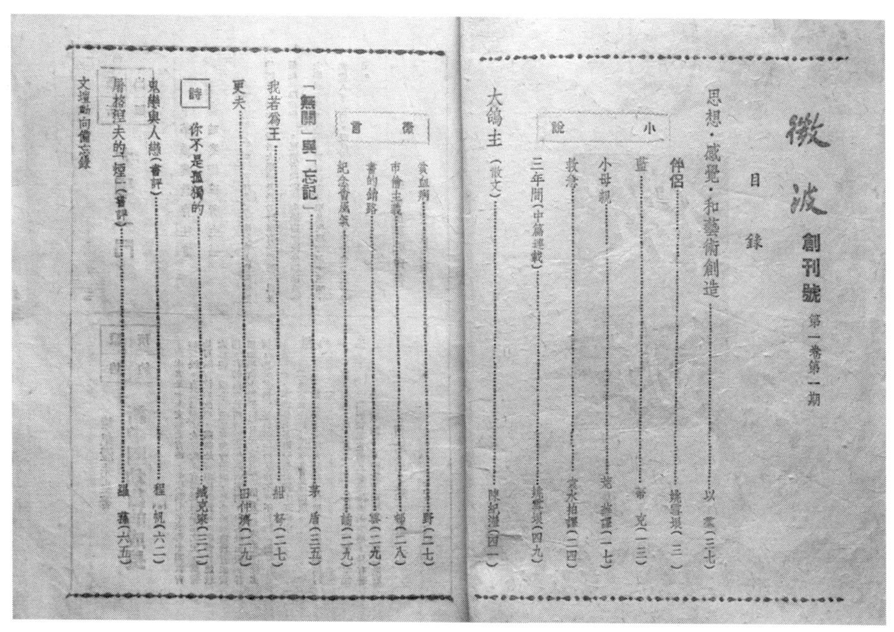
微波 創刊號 第一卷第一期

目錄

《微波》创刊号目录

出了三期”,应是误记。——引者)停刊的原因,陈纪滢说主要在于经济。他说:刊物订户稀少,“又无广告支援,我把报馆得来的酬金完全贴进去有时还不够。我家里又因孩子众多,且都在上私立学校,开支浩繁,捉襟见肘。同时我又不愿向公家领津贴”。再者,当时的局势是日本失败的命运业已注定,一种胜利的预兆显示在眼前,“人人心浮气动,在迎接凯旋的到来。看书看杂志的人可以说渐渐减少。我为了不堪赔累,雪垠与仲济又无力出钱,于是决定停刊”。1982 年,田仲济的说法是:“据我的记忆,第一期编后的存稿是积在姚雪垠处,他既未声称不继续编辑下去,也拖在那里一直不动手,最后由陈纪滢跑到文协将余稿拿了去,出版了第二期。”姚雪垠的“不作为”,看来也是一个原因。

姚雪垠,河南邓县(今邓州市)人。抗战时期,以小说《差半车麦秸》而成名。1943 年春末,重庆文艺界突然风传姚雪垠是“国民党特务”,这位进步作家无端地背上了“黑锅”。直到这年秋后,共产党人徐冰把他请到八路军驻重庆办事处,告诉他“特务”问题已经澄清,是因为延安整风期间有人“乱咬”所致。这一波才算过去。而这时,姚雪垠又和别人办起了《微波》。田仲济,山东潍坊人,倾向革命的杂文作家。陈纪滢就不然了。河北安国人的陈纪滢,早在

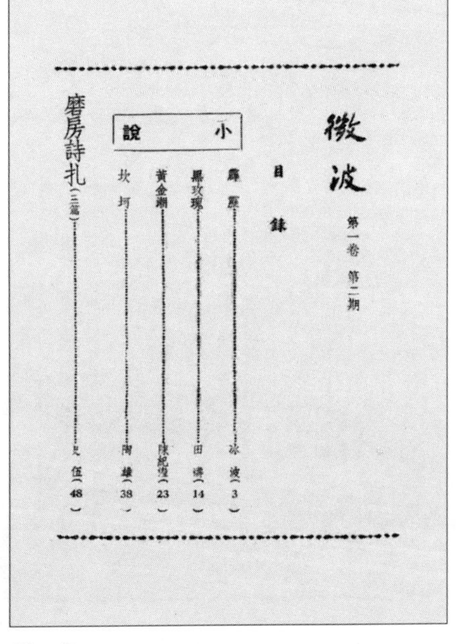

微波 第一卷 第二期

目錄

小說

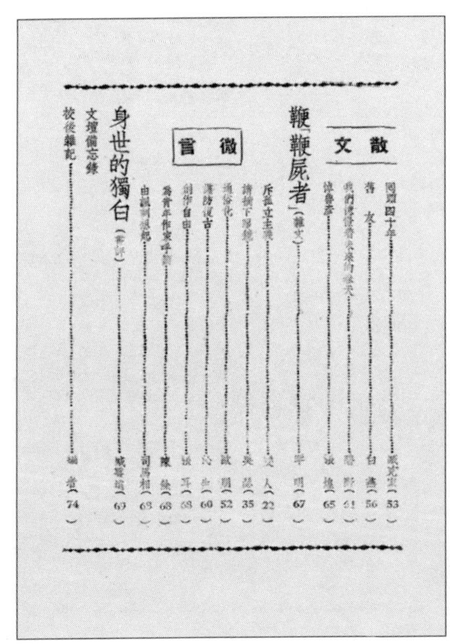

散文

微言

《微波》第二期目录

1923年就有诗作发表。“九一八事变”中他连续写出揭露日军侵占东北暴行和伪满真相的报道《东北踏察记》,名震一时。但是,陈纪滢也是公认的国民党在文化艺术界的一位头面人物。再往后,1948年陈纪滢当上了《中央日报》董事长、中国国民党评议委员。1949年8月去台湾。要说抗战时期国共合作,和陈纪滢联手办刊也属正常,但实际上当时文艺界的统一战线已经名存实亡,何况姚雪垠又有“特务”的“前科”在身,因而中共党员、作家叶以群就出面干预了。姚雪垠晚年回忆:“《微波》创刊以后,以群找我谈话,让我不要再跟陈纪滢来往。我听了他的劝告,就不干了。后来陈纪滢由人陪着找过我一次,我很冷淡,快中午了也没有留饭,这关系又远了一步。”(许建辉:《姚雪垠传》)* 当年姚雪垠不会想到1957年“秋后算账”,他依然难逃反右一劫。

《编后小记》说:“这个刊物虽是创刊号却没有发刊词。我们乐意把所有的文章代表我们在发刊词内要讲的一篇大道理,但这里的文章所含示的意义,则不过仅是我们编辑指标的一部分,因为毕竟篇幅太小了。”

刊物的内容彰显了刊物的价值。三十多年后,论者这样肯定《微波》:

> 这是抗战后期重庆出版的文学刊物。编者抱着“既不急功,也不愿先做庞大的计划”,只“埋头做去”的态度,从事文艺园地的耕耘(《编后小记》)。创作重于评论。散文、杂文和小说居多。小说多以现实生活为题材,表现了较强的时代感和踏实的作风。“微言”杂文,针对当时社会或文艺某些颓风加以针砭。除以群侧重理论探讨的论文之外,主要是对国内小说作品的评论。如程帆对徐讦《鬼恋》的批评,臧云远对郁茹《遥远的爱》的赞扬。(唐沅等:《中国现代文学期刊目录汇编》)

---

* 吴永平《许建辉著〈姚雪垠传〉失实举隅》文,引台湾作家孙陵记述,和孙陵谈起姚雪垠是“特务”的人是文协干事梅林,时在1945年夏天。许建辉《驳〈许建辉著《姚雪垠传》失实举隅〉》云:1943年的说法,则是据姚雪垠录音记录。许文认为“当事者本人的回忆,肯定要比他人的旁证更有史料价值”。中共党组织和姚雪垠谈话的人,吴文中说,当年南方局文化组成员沙汀曾奉组织指示多次对姚雪垠提醒和规劝,并引吴福辉《沙汀传》:“因为姚的小说流行,陈纪滢把他拉得很紧,在一起筹办刊物《微波》。为了这件事,沙汀与他谈过多次,提醒他注意政治倾向性。”一并录此供参考。

《文艺世纪》

《文艺世纪》为季刊，文艺世纪社编辑，在上海出版。

文艺世纪社是1944年9月由杨桦、路易士、南星发起成立的社团，三人负责社刊《文艺世纪》的编辑，并轮流担任主编，以求编辑上的统一(第二期版权页的编辑人，在三人名字后又加了“真原”)。第一卷第一期“秋季号”(1944年9月15日)，杨桦主编，青年画报社出版，文艺世纪社发行。第一卷第二期“冬季号”(1945年2月1日)，路易士主编，文艺世纪社出版发行。两期均为大三十二开本，一百二十余页。第三期“春季号”原定由南星主编，他还没有“上场”，杂志就停刊了。

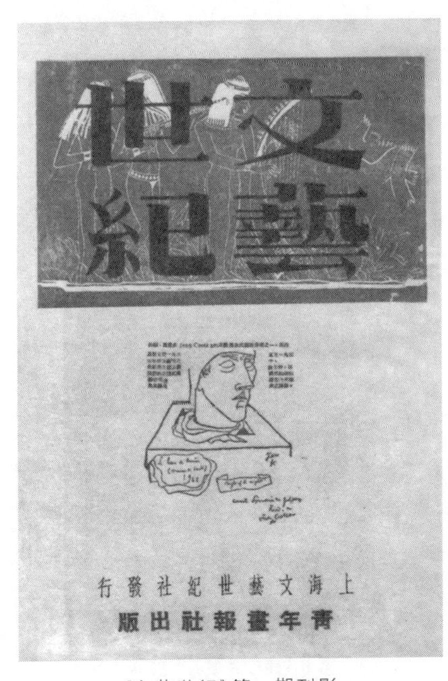

《文艺世纪》第一期刊影

《文艺世纪》第二期刊影

第一期的《编辑后记》（杨桦执笔）中有《关于本刊》的说明：

> 本刊是个同人杂志，系集合文艺世纪社同人的力量而成。不过，这个刊物，并非就是“我们这一群”的。单以这一期来说，就有三分之一以上的作家不是文艺世纪社的同人。从此可知：本刊虽是个同人杂志，而实际上却是一块公开的文艺园地。

至于杂志的宗旨：

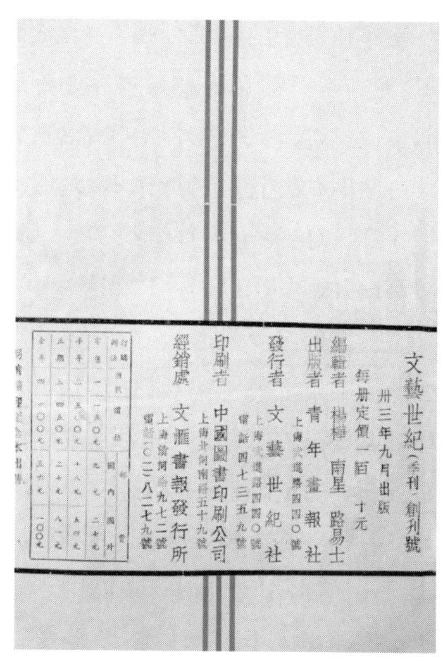

文藝世紀（季刊）創刊號
卅三年九月出版
每册定價一百十元
編輯者 楊樺 南星 路易士
出版者 青年畫報社
發行者 文藝世紀社
印刷者 中國圖書印刷公司
經銷處 文滙書報發行所

《文艺世纪》第一期版权页

> 那就是“以研究及介绍世界文艺并从事整理我国历代文艺的遗产以及创造新文艺为宗旨”。基此，就内容方面来说，本刊确是一本文艺“杂”志。不过“杂”得仍有一个系统，而这系统恰恰说明了本刊每期的内容和我们工作的范围和对象。

《文艺世纪》理论与创作并重，尤其注意纯文学理论的翻译和研究。沦陷后的上海，通俗文学盛行，纯文学的刊物很少。《文艺世纪》恰是在这一方面凸显了自己的特色。第一期《希腊的余光》（周作人）、《莎士比亚研究》（安斯·罗尔原著，杨丙辰、白兴振译）、《论幽默》（朱肇洛）、《论散文要素》（波里查德作，林栖译）等论文，都是颇有价值的著译。第二期的论文有《谈表现手法》（许衡）、《谈诗》（沈宝基）、《谈莎士比亚悲剧〈马克白〉》（毕基初）、《文艺创作的心理过程》（张资平）。

第一期散文八篇，有抒情之作，也有记叙与忆述。杨桦在《编辑后记》中称：“由于取材与作风的不同，在Style上，各各代表了一种新的倾向。”小说六篇，注意表现上的出新。予且的《劝学记》“已由短篇小说紧缩为Sketch，其在写作技巧上的精练可知”。《再会》的作者鲁宾，“其取材是以都会的生活为多，尤其是对都会的小布尔乔亚阶级的儿女私情的心理描写为特长”。第二期小说、散文随笔之外，有独幕剧《宫廷歌唱家》，德国微特金特作，林栖译。

两期《文艺世纪》诗作不多，原因当是一部分诗发在《诗领土》月刊。1944年3月，以路易士为首组织了一个诗领土社。《诗领土》是他们出版的“纯诗与诗论”的同人刊物。

杂志的主要发起人物杨桦，原名杨之华，另有笔名杨一鸣。少年时代在香港读书。上海沦陷后，任汪伪《中华日报》编辑主任。他在汪精卫“和平运动”的鼓噪中扮演了一个积极的角色。但就整个《文艺世纪》刊发的作品来看，还是一个比较严肃的纯文学刊物。

《从废名的〈街头〉说起》是路易士的诗评。路易士(1913—2013)，原名路逾，另一笔名纪弦。祖籍陕西，生于河北清苑。1929年开始写诗。1933年毕业于苏州美术专科学校。先后参与《新诗》《菜花》《诗志》多种诗刊的编辑。1948年去台湾，创办《现代诗》杂志。路易士说，老是忘不了废名的《街头》：“行到街头乃有汽车驰过，/乃有邮筒寂寞。/邮筒PO/乃记不起汽车的号码X，/乃有阿拉伯数字寂寞，/汽车寂寞，/大街寂寞，/人类寂寞。”他认为：“这诗实在太可爱了，太完美了。它不仅是代表了诗人废名的优秀作，抑且是中国新诗自五四以来最珍贵的收获。”废名(1901—1967)，原名冯文炳。湖北黄梅人。他精心营造意象，思维超越常规，从西方现代哲学与禅宗哲学中寻求人生和生命的体验。中国诗禅传统的禅味与象征派诗的某种气韵二者的结合，构成了废名诗的独特风格。路易士从《街头》这首诗，结合日本和法国诗人的诗作，论述了“诗素”的重要。诗人从邮筒发现了一种特殊的、奇异的、全新的“诗素”，以诗为媒介再现，而引起共鸣。

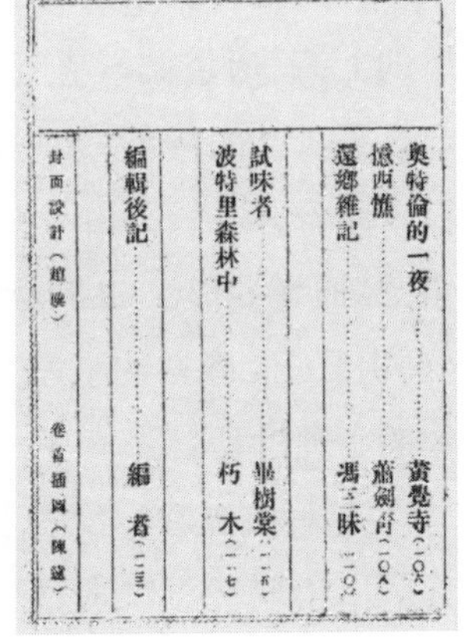

日军占领下的北平，一个大学教授为了养家糊口，不得不忍痛出卖藏书。散文《卖书记》的作者赵荫棠说，“卖”字对于他是一种耻辱。东西尚不可卖，而况书乎！因为“凡我所买的，都是我的

灵魂所系；我要卖去一部分书，就是卖去我的灵魂的一部分”。但是物价飞涨，入不敷出，只得卖书。“卖一部，心里便起了两天的惨痛。”“去年夏天，物价又比前年加几倍，于是老同文廿四史便换了棒子面儿。它的周围，也零零碎碎走了许多。今年春天，棒子面儿涨到四元多了，于是实行打倒英美主义，把先年所存的文学理论及艺术美学之类的二百多种西文书全数卖出去了。这些书是我从民八到民二十精神所寄托的东西。买时，也真费了许多心血。节衣省食，又加之以借贷，什么苦都受了。”书，一批一批卖掉了。友人说他：“买书是不问价钱高低的。待卖书时，也是抱着不斤斤较量的态度”。作者慨叹：“在别人总以为是如此。殊不知在我的心理上却是两种滋味。”买时，“欲得之切，所以不敢论价”；卖时，“伤去之速，所以不忍论价”。貌似旷达诙谐的话语背后是深情悲苦，《卖书记》是爱书人读后为之心痛的文字。

徐玉诺(1894—1958)的《撒花女郎》，是一首从未发表过的旧作。少年女郎的旧情人要结婚，自己却被邀作撒花女。“不去，又怕人猜疑；去——又如何去？”诗人写出她由无奈到“揽镜照来——犹自惋惜”的微妙心态，当她看到他两(俩)是“那样风光；那样意密”时，“恨将起来——摸把煤渣撒上去”。这位从中原农村走出来的诗人，笔下女郎的嫉恨也有着野性的粗犷。

文载道的《新文艺书话》，说了《小说月报》由旧而新的递变。朱光潜《文学杂志》稳健坚实的风格，重点在对各书店出版的文艺丛书的品评。如商务印书馆的《创作丛刊》，“绿面银字，形式既朴素雅净，内容都也结实多采”；《开明文

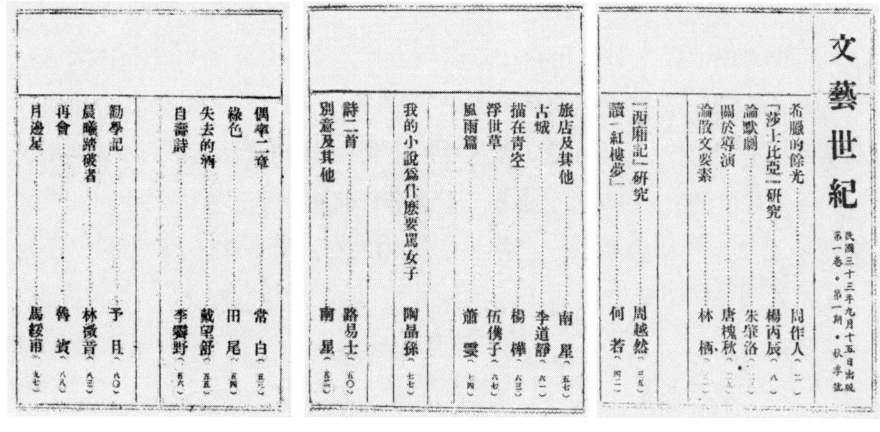
文藝世紀

民國三十三年九月十五日出版 第一卷・第一期・秋季號

《文艺世纪》第一期目录

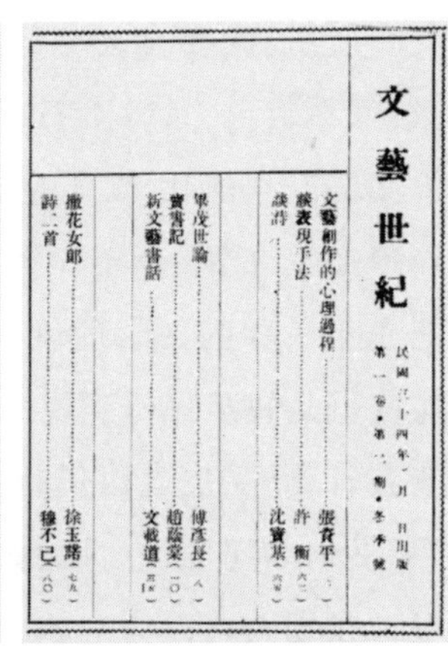
文藝世紀

民國三十四年 月 日出版

第一卷・第二期・冬季號

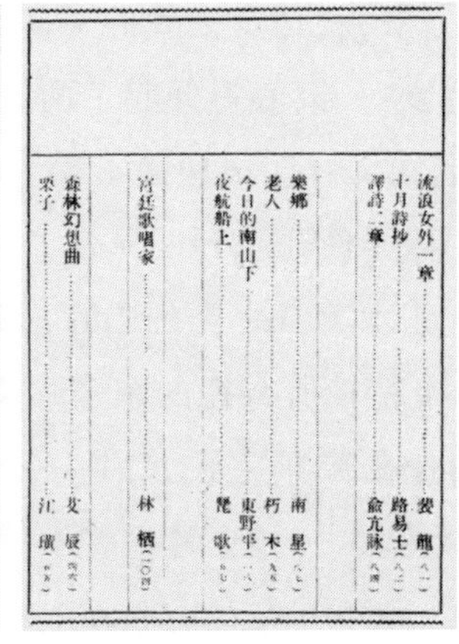

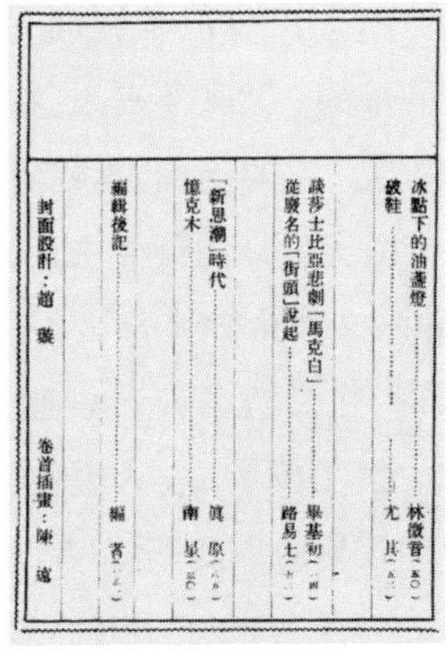

封面設計：趙璇　卷首插畫：陳遠

《文艺世纪》第二期目录

学新刊》,“封面一律印着作家的墨迹,使人相映对照,如读插图之趣”;巴金主编的《文学丛刊》,“更觉朴实而谨严”;生活书店的《文学社丛书》,“大约都是从《文学》发表的作品编集起来”。作者认为:出版丛书,“主要的还得看其中的内容是否精和纯。‘精’是指它的性质,‘纯’是指它的门类”。这是深得其中三昧的行家之言。作者着力于文艺丛书的收集,自云虽然购全几套,但残缺的还不少。当年尚且如此,今日读者即使想一睹丛书残本,恐怕也没有这个福分了。

《文艺世纪》的作者、译者不少在北方沦陷区,除周作人、杨丙辰、南星外,还有:

朱肇洛(1904—),原名朱以书,别号怡墅。安徽萧县人。1928 年燕京大学国文系毕业,先后在天津、北京等地大学任教,曾主编过影剧副刊。戏剧论文和戏剧评论在当时文坛有一定影响。

李道静(1916—1946),原名李若平,字道静,另有笔名麦静。云南昆明人。1937 年在平津求学,后入北京大学文学院工作。创作主要是小品、散文和小说。

赵荫棠(1893—1970),又名赵仝光,笔名老铁。河南巩县(今巩义市)人。1926 年北京大学研究所国学门毕业,先后在北京大学、辅仁大学等校任教。时有散文、小说、评论发表。

《飙》

1944年10月，沦陷的上海又有一种杂志出版。三十二开本，一百二十八页，刊名《飙》。

《飙》创刊号刊影

《飙》的编者主要是光华中学的几个学生。当时，张爱玲正走红上海滩，办刊的学生中有她的弟弟张子静，创刊号上又有“特稿”张子静的《我的姊姊张爱玲》和张爱玲的画作。于是，一本小刊物就留下了一点小小的掌故。

1996年，张子静出版了《我的姊姊张爱玲》(季季整理撰写)。在这本书名与当年的千字短文题目相同的回忆录中，他记述了《飙》的创刊经过：1943年秋的某一天，张子静在光华中学的同班同学邵光定约他去家，几个久未见面的同学聊天。大家的心情都很苦闷，天南地北，无话不谈。欧战，太平洋战争，内战，抗日，汪伪政权“接收”上海公共租界，陈公博强制推行《大上海进行曲》，宣传“大东亚圣战”，等等。也谈到文学和常看的杂志，谈来谈去，最后决定合办一个刊物，大家公推邵光定当发行人。半年以后有了初步的头绪，刊名定为《飙》，希望在那个苦闷时代，《飙》能带来一阵暴风雨，洗刷人们的苦闷心灵，并决定第一期封面用红色。几个人商量向名家约稿，一致认为如果有张爱玲的一篇作品，刊物会更能吸引读者注意。这个约稿任务自然由张子静承担。

张子静回忆："她(张爱玲)当时可说是红得发紫的巅峰期,向她约稿的著名报纸杂志很多,她成天在家里做一个'写作机器'也应付不了那许多约稿,也许不会答应为我们这无名刊物写稿。"虽然这样想,但还是去爱丁顿公寓找到张爱玲。书中写道:

她正在赶稿子,见了我一脸错愕。

果不其然,听完我的来意,她当面开销,一口回绝:"你们办的这种不出名的刊物,我不能给你们写稿,败坏自己的名誉。"

说完她大概觉得这样对我不像个姊姊,就在桌上找出一张她画的素描说:"这张你们可以做插图。"她那时的文章大多自己画插图。

文章没有约来,负责编辑的张信锦劝说他写一篇关于姊姊特点的短文。张子静凭着自己从小对姊姊的观察,写了《我的姊姊张爱玲》,让读者近距离地看到了这位才女:

她的脾气就是喜欢特别:随便什么事情总爱跟别人两样一点。就拿

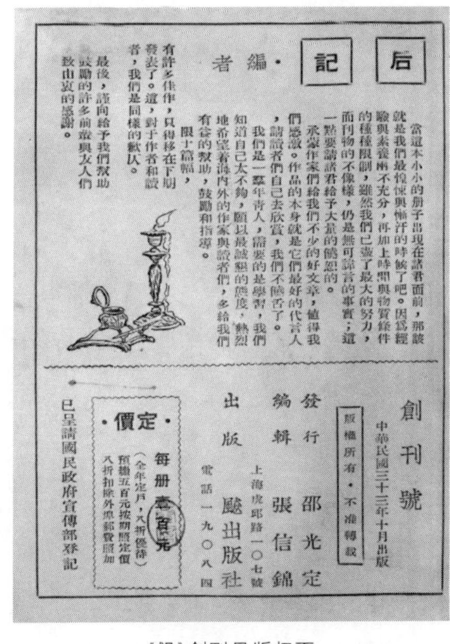
后記 · 編者

當這本小小的册子出現在諸君面前，那該就是我們最愉快與慚汗的時候了吧。因爲經驗與素養兩不充分，再加上時間與物質條件的種種限制，雖然我們已盡了最大的努力，而刊物的不像樣，仍是無可諱言的事實；這一點要請諸君給予大量的饒恕的。

承蒙作家們給我們不少的好文章，値得我們感激。作品的本身就是它們最好的代言人，請讀者們自己去欣賞，我們不饒舌了。

我們是一羣年青人，需要的是學習，我們知道自己太不夠，願以最誠懇的態度，熱烈地希望着海內外的作家與讀者們，多給我們有益的幫助，鼓勵和指導。

限于篇幅，有許多佳作，只得移在下期發表了。這，對于作者和讀者，我們是同樣的歉仄。

最後，請向給予我們幫助鼓勵的許多前輩與友人們致由衷的感謝。

創刊號

中華民國三十三年十月出版

版權所有·不准轉載

發行 邵光定

編輯 張信錦

上海虎邱路一〇七號

出版 飈出版社

電話一九〇八四

·價定·

每册壹百元

（全年定戶，八折優待）

預繳五百元按期照定價八折扣除外埠郵費照加

巳呈請國民政府宣傳部登記

《飙》创刊号版权页

· 59 ·

我的姊姊——張愛玲

張子静

她的脾氣就是喜歡特別：隨便什麽事情總愛跟別人兩樣一點。就拿衣裳來說罷，她頂喜歡穿古怪樣子的，記得三年前她從香港回來，我去看她，她穿着一件矮領子的布旗袍，大紅顏色的底子，上面印着一朵一朵藍的白的大花，兩邊都沒有紐扣，是跟外國衣裳一樣鑽進去穿的，領子眞矮，可以說沒有，在領子下面打着一個結子，袖子短到肩膀，長度只到膝蓋，我從沒有看見過這樣的旗袍，少不得要問問她這是不是最新式的樣子，她淡淡的笑道：「你眞是少見多怪，在香港這種衣裳太普通了，我正嫌這樣不夠特別呢！」嚇得我也不敢再往下問了。我還聽人說有一次，她的一個朋友的哥哥結婚，她穿了一套前清老樣子繡花的襖褲去道喜，滿座的賓客爲之驚奇不止，上海人眞不行，全跟我一樣少見多怪。

還有一回我們許多人到杭州去玩，剛到的第二天，她看報上登着上海電影院的廣告——談瑛做的「風」，就非要當天回上海來看不可，大家夥怎樣挽留也沒有用，結果只好由我陪她回來，一下火車就到電影院，連

《我的姊姊张爱玲》首页

无国籍的女人　　张爱玲

衣裳来说吧，她顶喜欢穿古怪样子的。记得三年前她从香港回来，我去看她，她穿着一件矮领子的布旗袍，大红颜色的底子，上面印着一朵一朵蓝的白的大花，两边都没有纽扣，是跟外国衣裳一样钻进去穿的。领子真矮，可以说没有；在领子下面打着一个结子，袖子短到肩膀，长度只到膝盖。我从没有看见过这样的旗袍，少不得要问问她这是不是最新式的样子，她淡淡地笑道："你真是少见多怪，在香港这种衣裳太普通了，我正嫌这样不够特别呢！"吓得我也不敢再往下问了。我还听人说，有一次她的一个朋友的哥哥结婚，她穿了一套前清老样子绣花的袄裤去道喜，满座的宾客为之惊奇不止。上海人真不行，全跟我一样少见多怪。

还有一回我们许多人到杭州去玩，刚到的第二天，她看报上登着上海电影院的广告——谈英做的《风》，就非要当天回上海来看不可，大家伙怎样挽留也没有用。结果只好由我陪她回来。一下火车就到电影院，连赶了两场，回来我的头痛得要命，而她却说："幸亏今天赶回来看，要不然我心里不知道多么难过呢！"

接下来四段，分写了张爱玲有一天兴之所至要教小丫头唱歌，结果吵醒了父亲，挨了一顿骂；不认识路的趣闻；最感兴趣的是读书，顶喜欢读《红楼梦》和毛姆的作品；英文比中文好。最后一段是：

她曾经跟我说："一个人即使没有什么特长，最好是做得特别，可以引人注意。我认为与其做一个平庸的人过一辈子清闲生活，终其身，没没无闻，不如做一个特别的人，做点特别的事，大家都晓得有这么一个人，不管他人是好是坏，但名气总归有了。"这也许就是她做人的哲学。

文章与张爱玲的素描《无国籍的女人》同时刊载在《飙》的创刊号上。张子静原来担心张爱玲的脾气特别，看到后说不定会发个声明，否认或批评。杂志出版后，他专门送去一本。张爱玲看了并没有表示不悦，他这才放了心。

时隔五十二年，回看张子静的短文，不能不赞赏他观察的真切。

《飙》的第二期于当年 12 月出版。两期杂志刊载的作品不少，如《征稿小约》所言，小说、散文、史地、风俗、趣味、通讯、科学、人物、报告、书评，从内容到体裁都比较多样。

《燕居草》副题“浮生散记”，描写了市井百姓的生活：算命先生，“闻人”丁师母，挣扎在饥饿线上的夫妻……作者袁鹰，1924 年生，原名田钟洛，江苏淮安人。1944 年，他是上海东吴大学的学生，参与了中共地下党主办的《莘莘》等杂志的编辑工作。1949 年后，曾任《解放日报》记者、《人民日报》文艺部主任。当时住在曹家渡，多年后他回顾青年时的写作说：“那里是邪恶、犯罪、堕落、污秽的渊薮，每天耳闻目睹，感受很深，经年累月，总觉得有些愤激之情，郁积在心内，不吐不快”。（《泥河小记》）

施济美（1920—1968），浙江绍兴人。1939 年入东吴大学，为二十世纪四

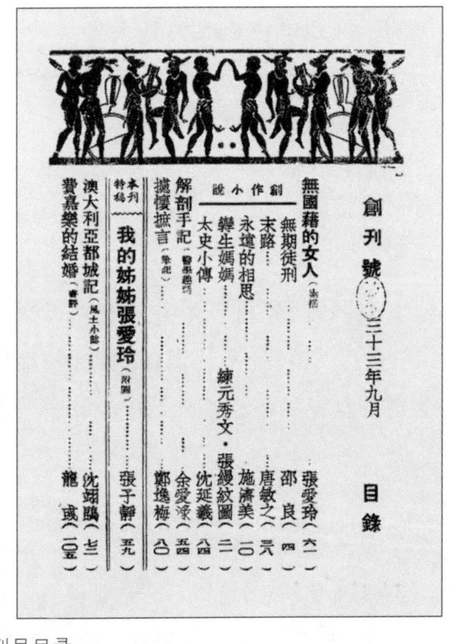

創刊號 三十三年九月 目錄

無國籍的女人（素描）……張愛玲（六二）

創作小說

無期徒刑……邵良（四）

末路……唐敏之（三八）

永遠的相思……施濟美（一〇）

孿生媽媽……練元秀文・張鰻紋圖（二一）

太史小傳……沈延羲（八四）

解剖手記（醫學趣話）……余愛淥（五四）

擷懷摭言（筆記）……鄭逸梅（八〇）

本刊特稿 我的姊姊張愛玲（附圖）……張子靜（五九）

澳大利亞都城記（風土小誌）……沈翊鵾（七二）

費嘉樂的結婚（書評）……龍或（一〇五）

降落傘發明史話（科學小品）……俞良洪（三三）

揚泰行（旅途隨筆）……雙馨（七四）

等待・北京・賢人（詩三章）……白文（三七）

散文

搖落……藁諶（九六）

沒有見過海的人……石琪（三六）

苦悶的獨白……唐萱（四八）

燕居艸……袁鷹（六三）

牧神的午後（音樂手記）……樹岑（九〇）

兒女風雲（四幕劇）……毛羽（一一）

一個實現了的夢……史濤（一〇一）

下意識（心理）……羅蘧（九三）

塔（詩）……丁大心（九五）

狗的故事（趣味）……呂菲（一八）

封面設計・後記……編者

《飙》创刊号目录

第二期目錄

《飙》第二期目录

十年代活跃于上海文坛的“东吴系女作家”的重要一员。她的小说多在一种清柔而又忧郁的氛围中抒写青春、情谊、爱恋。《永远的相思》中祥文爱上了妻妹而与妻子分手，依然旧情难忘，“丢了才知道宝贝它”。小说虽然缺少一定的深度，但情感诚挚，笔触缠绵，为青年读者喜爱。

孙了红的《夜猎记》是“侠盗鲁平奇案”系列的一章。鲁平盗富济贫，仗义疏财，智勇超群，神秘莫测，官府、富豪又怕又恨。孙了红是与有“中国的柯南道尔”之称的程小青齐名的侦探小说作家。沦陷时期他贫病交加，无钱求医，险些丧命，多亏读者捐款救助。但他从来不在与日伪有染的刊物上发表作品以换取稿酬，维持生计。春申江上，持节苦守，保持了政治上的清白。

狂飙的美梦没有做多久。张子静说：“一来印刷费昂贵，纸张来源也非常紧张；二来我们资金短缺，没钱去打点市伪宣传处那些管出版发行的汉奸官僚，刊物的发行执照一直没有下来，蓝色封面的第二期出版后，《飙》也就只好带着蓝色的忧郁向这个世界告别了。”（《我的姊姊张爱玲》）

《艺文志》

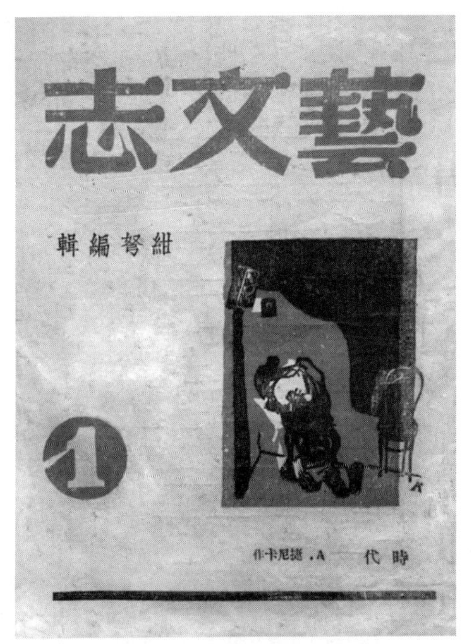

《艺文志》创刊号刊影

《艺文志》，1945 年 1 月 15 日在重庆出版。编辑人绀弩，发行人郭曙南，文化供应社总发行。

1944 年 8 月，聂绀弩从桂林回到重庆，在江北私立建川中学兼课。老朋友，这时也是同事的朱希和他商量办个刊物。

朱希，出版工作者。抗日战争前一年，语言学家叶籁士在上海编《语文》月刊，交新知书店出版。因为叶的名字太红，由当时已在新知书店工作的朱希以“朱执诚”名义，向当局登记。朱希成了这个刊物法定的“编辑和发行人”。聂绀弩是一位主要撰稿人。抗战开始后，朱希去武汉筹设新知书店总店，1938 年年初，负责向新四军教导总队送书。这时候，聂绀弩从延安经武汉去新四军任教官，负责编辑《抗敌》，两人始才见面。以后，朱在浙江金华办新知书店浙江分店，聂也从皖南来到金华与邵荃麟一起办《东南战线》。他们共同为开辟抗战文化阵地工作。

1940 年，朱希辗转到了桂林，任桂林文化供应社营业处主任。这时聂绀弩在桂林编《力报》副刊《新垦地》，以后又与夏衍等人合编杂文月刊《野草》。两个人都在桂林住了五个年头，进一步加深了友情。朱希回忆说：当时，各地文化人聚集桂林。处在地下的新知书店上海办事处用远方书店的名义出书，

“我们在桂林也用远方书店的名义出起书来。作家需要出版工作者，出版工作者需要作家。我们请绀弩兼任书店编辑，帮助拉稿子。每拉来一部稿子，致送薄酬编辑费三十元。他的书稿来源多属胡风派(？)作家。力报馆在乡下，进城不便。我们给他一间安静小屋，一床、一桌、一椅，让他在市内有个歇脚之处。他喜欢睡懒觉，可以让他睡到日上三竿，不受干扰。他的西装裤让烟火烧了窟窿，我爱人为之补缀。当时桂林物价并未大涨，生活平易。大十字路东有家上海鸿运楼，排骨面和菜饭很合大家胃口。路西有家新开的南京馆子，却叫作国际饭店，有两种通俗的南京名菜：红彤彤的硝肉和带汤的美味炒干丝。四块硝肉，一盘炒干丝，一壶酒，是吃夜宵的好地方。绀弩四十岁生日，就是和我们一起在国际饭店过的”。朱希说，这几年也是他练习写作较勤的时期，“《新垦地》即是培育我的土壤”。(《绀弩交卷了》)

湘桂战役之前，聂绀弩已回重庆。1944年6月，朱希也到了重庆。朱希去建川中学教书，还是得力于聂的介绍。两人朝夕晤对，就有了办刊的设想。朱希四处奔走，终于搞到了一笔钱，刊物得以出版。

这就是《艺文志》。

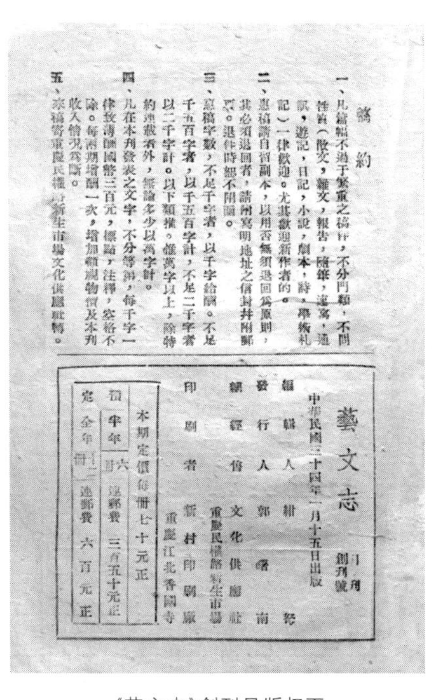

稿約

一、凡篇幅不過于繁重之稿件，不分門類，不問性質（散文，雜文，報告，隨筆，速寫，通訊，遊記，日記，小說，劇本，詩，學術札記）一律歡迎。尤其歡迎新作者的。

二、惠稿請自留副本，以用否無須退回爲原則，其必須退回者，請附寫明地址之信封并附郵票。退件時恕不附函。

三、惠稿字數，不足千字者，以千字給酬。不足千五百字者，以千五百字計，不足二千字者以二千字計。以下類推。滿萬字以上，除特約連載者外，無論多少以萬字計。

四、凡在本刊發表之文字，不分等第，每千字一律致薄酬國幣三百元，標點，注釋，空格不除。每兩期增酬一次，增加額視物價及本刊收入情況爲斷。

五、來稿寄重慶民權路新生市場文化供應社轉。

藝文志 月刊 創刊號

中華民國三十四年一月十五日出版

編輯人 紺弩

發行人 郭曙南

經售 文化供應社 重慶民權路新生市場

印刷者 新村印刷廠 重慶江北香國寺

本期定價每冊七十元正

預定 半年六冊 連郵費 三百五十元正

全年十二冊 連郵費 六百元正

《艺文志》创刊号版权页

藝文志創刊號目錄

《艺文志》创刊号目录

创刊号三十二开本,一百一十页,土纸印刷。刊物虽小,但是因为聂绀弩的影响力和号召力,却是名家云集,内容丰赡。

《稿约》载:“凡篇幅不过于繁重之稿件,不分门类,不问性质(散文,杂文,报告,随笔,速写,通讯,游记,日记,小说,剧本,诗,学术札记)一律欢迎。”尤其欢迎新作者的稿件和短稿。

第一期发文二十四篇,第二期二十八篇,杂文居多。

聂绀弩第一期即有《怀〈柚子〉》《智人的心算》(署名“萧今度”)、《明末遗恨》(署名“耳耶”)、《中国学者的厄运》(署名“迈斯”)四篇。抗战时期周作人的投敌,是中国文坛的大事。早在1940年12月,聂绀弩在杂文《从陶潜说到蔡邕》中批驳有些人为周作人“下水”辩护,说:“日本帝国主义和中华民族这两者之间,谁是谁非,谁正谁邪,尤其是一个中国人,应该选择走那条路,是昭然若揭的事。”四年过去,聂绀弩又写了《智人的心算》,说《智人的心算》原是周作人一首诗的题目,周作人是把自己看作“智人”的。“从来背叛民族国家的,似乎很少有较好的下场,至少,也没有较好的声誉”。这道理“博学多闻的启明老人岂不明白,无奈他心里盘算:‘我这回不会再被冲去’”。而今抗战胜利在望,“智人”是要被洪水冲去了。

冯雪峰有杂文《谈被推与推人到历史上去》《机巧》(署名“画室”)和《对光明的拥抱力》。冯在上海沦陷后回到浙江,后被国民党当局逮捕,关进上饶集中营,经党营救出狱。1943年6月,奉周恩来之召到重庆。这段时间撰写了不少杂文。

夏衍的《记〈离离草〉》、沙汀的《题〈困兽记〉》,虽是书序,但又不限于书,也属杂感文字。

小说有茅盾的《马达的故事》、秦牧的《伯乐与马》,散文有老舍的《入城》、艾芜的《黔桂车上》等。翻译文章有金满成译梅特林克的《沉默》、吕荧译果戈里的《普式庚散论》。

《掷水漂》(第一期),蔡仪的诗。他这时在重庆赖家桥文化工作委员会。这首诗是他的恋歌之一,“与二十岁前后的恋歌比较,显得十分清淡,像远山远水似的,有一点惆怅、怀念的情思与失落的苍茫之感,也完全是不着痕迹的”。(乔象钟:《蔡仪传》)美学家的蔡仪早年在《沉钟》上发表的却是小说和诗。蔡仪的老友、诗人冯至说:“他所写的小说列入三十年代著名的小说选中,也毫无逊色。”(杜书瀛:《我所知道的蔡仪先生》)

《夜船》(第一期),写与日寇战斗的游击战士发动伪军反正,深夜驾船去接反正伪军家属的故事。没有战斗场面,却也扣人心弦。这篇从一个新角度反映抗日战争的小说,出自年轻的穆青之手。1937 年,穆青十六岁,在临汾参加了八路军。《夜船》素材来自他实际的战斗生活。1942 年,穆青进入《解放日报》,正式开始了他六十年的记者生涯。

《悼振黄》(第二期), 女作家葛琴对一个充满着生命活力的年轻画家的悼念。沈振黄在逃难的路上,“由衷地到处给人伸出援手”。他“坦白,真诚。他的灵魂是值得怎样的可贵与尊敬啊!”然而,为什么抗战到了今天,我们还要凄凄惶惶丧家狗似的逃难, 而敌人是那样的畅所欲为?这种历史的惨痛教训,使作者认识到,振黄“与其说他在兵荒马乱的逃难路上跌死,倒不如说是被一种疯狂的毒焰炙死,被一种浑浊、困顿而霉烂的空气窒死”。

《枪底忧郁》(第二期),一篇近五千字的议论性散文。历数了人们对枪的种种认识之后,指出:“一切武装的二重性质,一方面它是反对人类原始蛮性

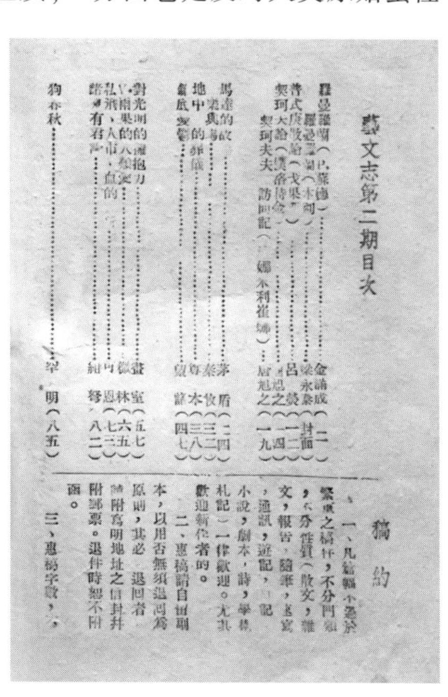

藝文志第二期目次

[illegible]……(一)

[illegible]……(封面)

[illegible]……(一二)

[illegible]……(一四)

契珂夫訪問記([illegible]) ……[illegible](一九)

馬[illegible]的故[illegible]……茅盾(二四)

地中[illegible]……秦牧(三二)

[illegible]……[illegible](四七)

對光明的擁抱……[illegible](五七)

[illegible]……[illegible](六五)

[illegible]……[illegible](七三)

[illegible]……[illegible](八二)

狗[illegible]……[illegible]明(八五)

稿約

一、凡[illegible]之稿件,不分門[illegible],[illegible](散文,[illegible]文,報告,隨筆,[illegible],通訊,遊記,[illegible]記,小說,劇本,詩,[illegible]札記)一律歡迎。[illegible]歡迎新作者的。

二、惠稿請自留底本,以用否無須退回為原則,其必[illegible]退回者[illegible]附寄明地址之信封并附郵票。退件時恕不附函。

三、惠稿字數,[illegible]

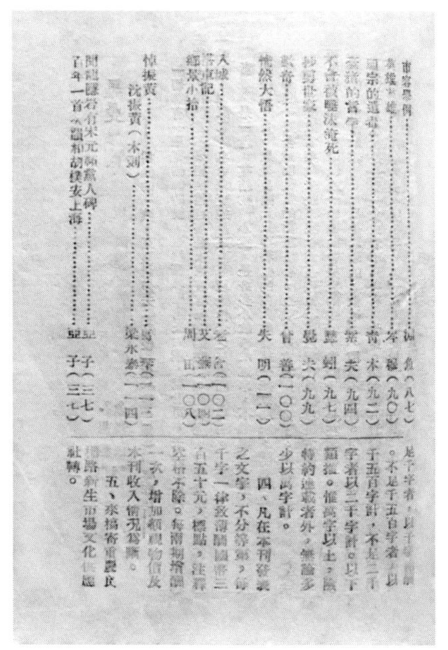

《艺文志》第二期目次

的工具，但当它被控制在蛮性——特别是科学装备的现代法西斯野兽手里的时候，它也可以成为戕贼人类进步理性的手段。”作者望诸。“望诸”是袁水拍早期一个使用不多的笔名。两年之后，诗人以笔名“马凡陀”发表和出版政治讽刺诗《马凡陀山歌》，名闻天下。

《艺文志》每期印两千册，销得很快，但也很快受到当局注意。3 月出版第二期后，因环境困难而停刊。

1986 年，朱希在聂绀弩逝世以后，有长文《绀弩交卷了》，回忆两人近半个世纪的交往。抗战胜利，朱希就去了苏北解放区。整个解放战争时期，朱由苏北、山东至河北西柏坡，聂主要在香港。分别四年多时间，两人再见面是在 1949 年的北京。此后，朱希与聂绀弩的遭遇极为类似。朱先是中央出版委员会的出版科长，接着又去创办国际书店；聂是新创办的人民文学出版社的副总编辑。大家都成了忙人。然而，倏忽间秋风肃杀，寒气袭人。1957 年，聂绀弩和朱希同罹厄运，都成为十恶不赦的“右派”。聂被发配至北大荒劳改，朱到天堂河农场“劳动就业”。后来又都回到北京，聂到政协文史资料委员会，朱进版本图书馆。“文革”期间，聂因“攻击江青”被捕，判处无期徒刑；朱因“反对林彪”入狱，成为待决的死囚。1978 年，劫后余生的朱希和聂绀弩得以在北京重逢，两人都已是龙钟老翁了。

《流火》

诗人牛汉编辑的第一本杂志是《流火》。

《流火》创刊号刊影

牛汉(1922—2013),蒙古族。原名史成汉,又名牛汀,笔名谷风。山西定襄人。1939年开始新诗写作。1943年7月考入西北大学外文系。1944年10月,他离开战时迁到城固的西北大学来到西安,准备去延安。中共西安地下党让他留在西安从事文化活动,并介绍他到《秦风工商联合报》编辑副刊。11月,在中共西安办事处的领导下,牛汉着手筹办文学杂志《流火》。"'七月流火',其意至明"。(朱健:《胡风这个名字……》)

牛汉在《我又回到北方》中说:"我已经很安静的住进这间小土屋里,屋子是寒伧而破烂的。"朋友为他支起了一张床,搬来了一个涂满污黑的条桌。他感到"生活会在它里面酿绘得十分美丽和有味。第一,我可以睡了。第二,我可以伏在窗口下的桌子上写诗和给远方的朋友们写信,我还可以坐在窗口前想些好的故事,想些悲哀的或者是兴奋得使我大笑的狂歌的心事。第三,我可以从屋顶的破洞望见蓝天和飞过去的鸟,可以让阳光走进来,伴着我生活"。实际上,哪有这样的诗意?从秋天开始直到第二年3月,《流火》才和读者见面。牛汉说:"这期间,我们辗转在登记、印刷和筹划经费的'水深火

牛汉

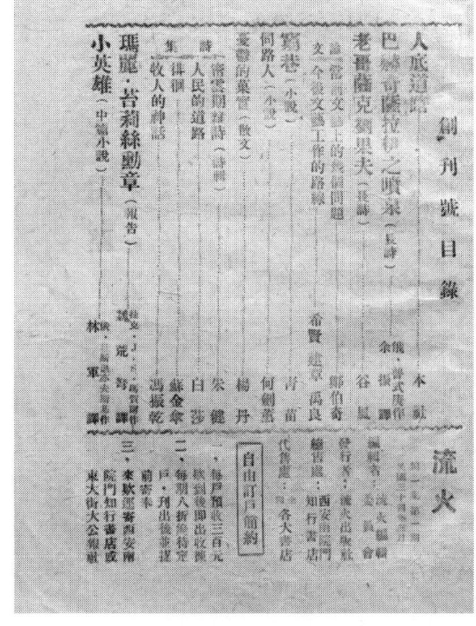

創刊號目錄

人底道路 …… 本社
巴赫奇薩拉伊之噴泉（長詩）…… 俄·普式庚作 余振譯
老番薩克劉果夫（長詩）…… 谷風
論當前文藝上的幾個問題 …… 鄭伯奇
今後文藝工作的路線 …… 希賢 建章 禹良
窮巷（小說）…… 青苗
同路人（小說）…… 何劍薰
憂鬱的葉實（散文）…… 楊丹
詩集
密雲期習詩（詩輯）…… 朱健
人民的道路 …… 白莎
徘徊 …… 蘇金傘
牧人的神話 …… 馮振乾
瑪麗·若莉絲勳章（報告）…… 荒 譯
小英雄（中篇小說）…… 林軍 譯

流火

編輯者：流火編輯委員會
發行者：流火出版社
總售處：西安南院門知行書店
代售處：各大書店

自由訂戶簡約

一、每戶預收三百元
二、每期八折
三、來款逕寄西安南院門知行書店或東大街大公報社

《流火》创刊号目录

热’之中。”(《编校小记》)杂志为十六开本,五十二页,土纸印刷。版权页署流火编辑委员会编辑,流火出版社发行,总售处为西安南院门知行书店。

《流火》创刊号上有著名作家郑伯奇(1895—1979)的《当前文艺上的几个问题》。郑伯奇在抗战爆发之后,偕家人离开寓居十年的上海,回到家乡西安。中间曾去重庆几年,又返回。他创办《救亡》周刊,主编《高原》杂志,直至抗战胜利。郑伯奇的文章,鸟瞰式地扼要论述了当时文坛倾向问题、民族形式问题、言语问题、典型问题和诗的韵律问题。作者认为,近两三年来,“文坛的活动渐渐消沉,消极性的作品乃乘机代起。消极又流为趣味,而低级趣味于是滋长繁衍”。这种不正确的倾向值得注意。民族形式问题,就是新文学的表现方法中国化的问题。“侈谈外国学界的成果,而对于本国事物漫不研究,这是一个学者的耻辱。滥学外国的新颖作风,标奇立异,而不能使自己的作品深入民众,这是一个艺术家的耻辱”。作者认为新文艺采取民众乐于接受的形式,并不是提倡复古,更不是完全反对欧化。民族形式与民间形式不同,倡言“民间形式是中国文学的中心源泉”的主张,“含有提倡复古排斥欧化的错误思想,势必要将中国新文学拖到中古的黑暗天地里去”。

这一期小说有青苗的《穷巷》、何剑薰的《同路人》,“在社会意义上和创作技巧上,都是正确而严肃的”;白莎的《人民的道路》、牛汉(署名“谷风”)的《老哥萨克刘果夫》、朱健的《密云期杂诗》和冯振乾的《牧人的神话》等诗作,“尤能表现出一种新的力量与声调，表现了人民自己的心的跃动”。(《编校小记》)牛汉认为,苏金伞的《徘徊》更是值得注意的篇章。

苏金伞(1906—1997),原名苏鹤田。河南睢县人。三十年代在中学执教,同时创作发表诗歌。牛汉与苏金伞早在1943年下半年就开始通信,苏的诗朴素而新鲜,牛汉极为赞赏。他为《流火》向苏金伞约稿,苏当时在伏牛山深处的河南大学教体育,寄来了《徘徊》:

不会/搬一块大石头/砸开紧闭的门/进去搜寻食物
又羞于/向人索讨一粒小米/甚而一口唾沫
无力/一拳打走/挡着去路的家伙/让同伴走过去
又不屑/哀告他欠一欠肩膀/或者跷一跷腿
既没胆量/一把撕碎墙上的布告/然后冲开正在围观的群众/坦然的走开
却又禁不住发议论/向一街的落叶/向满天的星斗
对于味息的辨别最为敏感/对于方向的选择又最为愚笨/觉得所有物体的排列都不对/而又无心去移动
于是像一株/开在山凹里的小花/永远满足于/早晨的一点露珠/午间从树叶间漏下一滴光/晚上一场虫声不扰的梦

这是一首用白话写出了现代意义的诗。牛汉在《诗和苏金伞和我》中回忆:“当时我革命得很，心里装满了美丽的乌托邦梦想，觉得这首诗平平实实,缺乏点劲头儿,但又觉得语言沉郁,意境深厚,写出了当年知识分子在现实生活中的苦闷和软弱矛盾的内心活动,而且带有自嘲的诚挚的情调,显出了另一种清新的气度。直到几十年之后,我才真正领悟到这首诗的深刻的典型意义和它的艺术感染力。这首诗在苏金伞一生的创作中是很突出的,诗的情境具有明显的突破,痛楚地剖解了一颗不安而苦闷的灵魂。比起他四十年代后期控诉黑暗歌颂民主的诗更具有真实的艺术魅力，显示出诗人努力挣

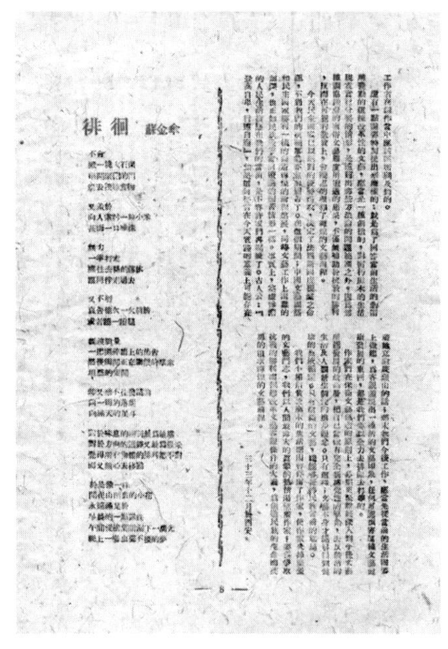
徘徊 蘇金傘

《徘徊》首发页

脱精神囹圄的高尚的进取精神。而我,当年正缺乏这种自省的精神。”

牛汉说,法国作家纪德当时说他自己的作品是“荒野里的呐喊”,是一种“道德的倾诉”,纪德称它为“独立的精神”。“《徘徊》里正表露出了与纪德相似的高洁的情感和诚挚的人生追求。”(《诗和苏金伞和我》)

牛汉和苏金伞成了一辈子亲如手足的朋友。牛汉说:“诗连着我和他的心,命运使我和他永不可分离。”他认为苏金伞的人和诗自然清白。这是经过人生的种种遭际、经过一生的参悟方能达到的境界。

《流火》创刊词《人底道路》,署名“本社”,为牛汉撰写。《我仍在苦苦跋涉——牛汉自述》说明这篇文章“经西安党组织审查过”。开篇说“人底世界上,需要有一条属于人的道路”,继而论述历史要求“文艺作家应该负有组织与领导大众行列的任务”。但“一直到今天,在我们的文坛上,并没有多听见好的声音,没有多看见好的生活风景线,和有力的历史轨道画成的线。有的闹嚣,那正是正如肺结核患者底咳嗽和浮在脸颊上的美丽的红云,这是病态的表现,这是中国文艺内在的悲剧性与外形的畸特的肿胀病所促成的”。从而提出“让我们站在人的立场上,打击那些没有生活而玩弄文艺,没有正确的意识方向而有创作,没有人性而欺骗大众的写作家们,我们要打击那些摇摆在中国文坛上的恶霸和绅士式的‘写家们’,这是文艺工作者切身的责任。我们希望今后在人底道路上,听见文艺底健康的呼吸与跃响的血流的湍激声,这声音,对广大的人民一点也不遥远,这是他们自己底呼吸和血流,这是他们自己生命的赞歌。新文艺底开展首先需要作家提高创作意义,纠正生活态度,以突破文艺内在的忧郁;培养文艺本身自决自新的潜力以突破世纪的忧郁,使文艺与现实底动的推进力相渗合,使文艺投在历史的内容中,投在人民道路上，使文艺成为执在大众手中的旗子或者短剑，使文艺成为属于人的战斗品，使文艺与民主社会成长在一起，成为组成社会的有机体”。作者坚信：“艺术的道路，就是人底道路。因为历史会证明：未来的世界将是民主与正义更高度发展的世界，而一切的决定与演变，均将是为了服务广大的人民。”

文章激情磅礴，诗意洋溢。牛汉在《编校小记》中表达了同样美好的愿望：“二十世纪，是人民世纪的开始。使《流火》参与这个广大的斗争，就是我们的工作和责任。我们底艰苦，是整个历史胎动的痛楚，我们喜爱这种崇高的艰巨的工作。”

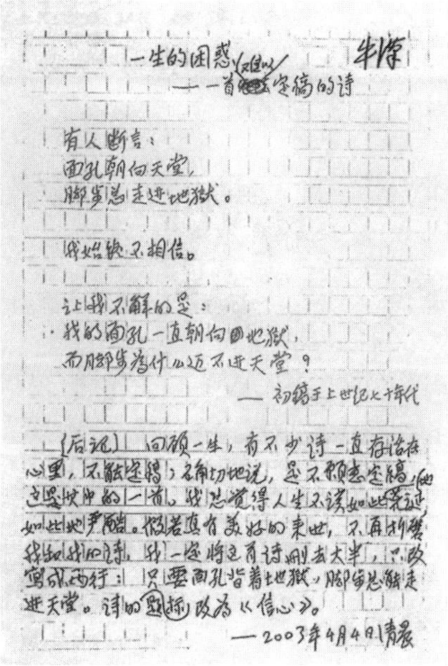
一生的困惑（难以）
——一首定稿的诗
牛汉

有人断言：
面孔朝向天堂，
脚步总走进地狱。

我始终不相信。

让我不解的是：
我的面孔一直朝向地狱，
而脚步为什么迈不进天堂？
——初稿于上世纪七十年代

〔后记〕回顾一生，有不少诗一直存活在心里，不能定稿；确切地说，是不愿意定稿，这是其中的一首。我总觉得人生不该如此荒诞，如此地严酷。假若真有美好的来世，不再折磨我如此的诗，我一定将这首诗删去大半，只改写成两行：只要面孔指着地狱，脚步总能走进天堂。诗的题目改为《信心》。
——2003年4月4日清晨

牛汉手迹

遗憾的是：《流火》创刊即告终刊。

牛汉有幸参与了二十世纪“这个广大的斗争”，但诗人乐观的幻想，在以后的岁月里被一个又一个残酷的现实击破。他说：“在大千世界中，我渺小如一粒游动的尘埃，但它是一粒蕴含着巨大痛苦的尘埃。”（《我仍在苦苦跋涉——牛汉自述》）一生风霜雨剑，至老仍在困惑：

> 有人断言：/面孔朝向天堂，/脚步总走进地狱。//我始终不相信。//让我不解的是：/我的面孔一直朝向地狱，/而脚步为什么迈不进天堂？（《一生的困惑——一首难以定稿的诗》）

《诗与音乐》

《诗与音乐》是诗杂志中比较罕见的一种。

新诗刊是民国文学期刊中一个重要内容。从1922年1月15日中国新诗社编辑的《诗》创刊开始，诗刊数量众多，刊名丰富多彩，诸如：《诗号角》《诗星火》《诗前哨》《诗主流》《诗时代》《诗生活》《诗学习》《诗创造》《诗创作》《诗领土》《诗垦地》《诗播种》《诗行列》《诗激流》以及《诗志》《诗帆》《诗场》《诗地》《诗思》《诗垒》《诗品》《诗风》《诗羽》《诗星》《诗林》等。这还没有计入以“诗歌”二字起名的刊物如《诗歌杂志》，更不包括像《火山》《前奏》《时调》《顶点》这样刊名无“诗”而实为诗刊的杂志。从诗杂志又引发出诗与另一种文艺样式联合的新品种，如《诗与散文》《诗与小说》《诗与批评》《诗歌木刻》和《诗与音乐》。

《诗与音乐》创刊号刊影

1945年4月15日在成都创刊的《诗与音乐》，编辑者陆弦，发行者诗与音乐社(成都祠堂街联营书店转)。十六开本，连同封面、封底总计三十六页，土纸印刷。内文横排，这样似更适于乐谱的排版。

诗与音乐在中国文学的发展长河中是密不可分的。二十世纪三十年代，新诗人们讨论诗和音乐。1934年郭沫若在《杂文》第三期有《关于诗的问题》的通讯，他说：“‘希望诗歌能够像音乐一样给大家朗诵’，这也是我所怀抱的一种希望，诗歌还是应该让它和音乐结合起来。”有人说不高兴看诗，郭沫若的回答是：“诗之不高兴被人看，我看怕就是离开了音乐的缘故吧？诗本来不是供人看的东西，落到供人看的现状，它是赶不上绘画和小说的。”诗“要像音乐给大众朗诵，不要像图画给几个人领赏”。

斗转星移，十年过去。这时谈诗与音乐，侧重已截然不同。编者在《致朋友们》中首先说：“郭沫若先生在他写的《文艺与民主》一文里说：‘文艺从它的本质上说来，它便是反个人主义的东西。任何个人都不能脱离社会而生存，因而任何个人活动也都不能缺乏对象而存在，如是专为个人享受，根本便不会有文艺的要求产生了。’‘文艺本身便是民主精神的表现，没有民主精神便不会有真正的文艺。’”从这样的高度出发，编者认为：

> “诗”和“音乐”照说是应该最能表现“民主精神”的一种。但是，不幸得很，在今天，它们其中最大部分似乎却慢慢地走进个人主义的狭窄巷道。诗人和音乐家们都苦闷着写不出东西；偶尔“挤”出一点来，却又那么微小。大家都异口同声地惊叹抗战初期的那种热情和现在的这种“低落现象”。于是，城市和乡村都荒芜了，再也听不见那些健康激人的歌声和诗句了，这是因为什么呢？

编者企望《诗与音乐》：

> 它除了供给朋友们讨论读诗与音乐的结合，怎样研究民间音乐和诗词等问题外，还希望它能多发表一些朋友们的健康的诗和歌曲。把这些诗和歌曲介绍给大家，让荒芜的乡村和城市复活起来，健康起来。

呼吁读者：“现在正是军鼓的喧声代替使人窒息的催眠歌的时节。让那些被饥渴和寒冷封锁的日子随着死亡同逝吧！大家都热切地期待着一个能使人自由舒展的春天。”

《致朋友们》表现了编者鲜明的政治倾向。

陆弦在《诗人、音乐家与现实生活》中说：诗人和音乐家不能“单靠着‘灵

《诗与音乐》创刊号目录

《诗与音乐》创刊号《致朋友们》

感’来喂养自己写作欲望”，也不能“长年整月的‘学习’着技巧”，那是绝对写不出好作品的。解决这个问题的办法是：要打破狭小的生活圈子，把大多数人的痛苦和欢乐当作是自己的痛苦和欢乐；不仅“要理解现实，而且还应该深入现实生活”；“向大众学习！无论谁也无法否认在民间有着取用不尽的诗和音乐的泉源”。这是为《致朋友们》文中诗人和音乐家的苦闷所开出的“药方”。

这一期关于民歌的研究、搜集、创作，诗与音乐关系的文章，有赵沨的《云南俗乐研究杂记》、王云阶的《诗与音乐的结合》，本刊资料室整理的《美国音乐艺术动态》、王云阶译的《苏联战时音乐》，无论雅俗，不分中外，兼收并蓄。歌曲有《邹韬奋先生挽歌》《抓住敌人的进攻》《保卫祖国》等，另有绿原、冀汸、杜谷的诗作和黄药眠的杂感《诗、诗人的锻炼》。

刊物页数不多，但重视信息的提供。封三《诗与音乐短讯》栏，密集报道了十五条消息。如，4 月成都女高音郎毓秀的独唱会、小提琴家马思聪的演奏会，《音乐艺术》第七期即出；又如，袁水拍、徐迟等拟在重庆出一诗刊，美国的《亚洲》(ASIA)杂志 1943 年 6 月、7 月、8 月三期，刊载了中国新诗多首,有田间的《去破坏敌人的铁路》、艾青的《死难者的画像》、鲁黎的《野花》、高兰的《咱们立下最后的誓言》等,为中国现代文学史、音乐史留下了珍贵的史料。

《诗与音乐》的编者和作者都是左翼文化人。

赵沨(1916—2001),音乐理论家、教育家,也是音乐编辑家。祖籍河南项城,生于开封。抗战时期与李凌在重庆创建新音乐社,并任《新音乐月刊》主编。1941年加入中国共产党。1942年到昆明在云南大学附中任教,同时参加民主同盟工作。1949年后,任中央音乐学院院长、中央歌剧舞剧院院长,《人民音乐》《音乐研究》主编、中国音乐家协会副主席。王云阶(1911—1996),作曲家和音乐教育家。山东黄县人。抗战时期与冼星海、聂耳一起进行抗日救亡音乐活动。1942年任教重庆国立音乐学院,并在《民国日报》创办《乐艺》副刊。陆弦,当时活跃的音乐家,生平不详。

绿原(1922—2009),原名刘仁甫。湖北黄陂人。1942年入复旦大学外文系。冀汸(1920—2013),原名陈性忠。祖籍湖北天门,生于荷属东印度群岛(今印度尼西亚)爪哇岛。六岁时回国。1942年考入复旦大学历史系。杜谷(1920—),原名刘锡荣,现名刘令蒙。江苏南京人。抗战开始后流亡到四川。他们都是七月派的诗人。黄药眠(1903—1987),诗人,文艺评论家。原名黄访。广东梅县人。1927年,年轻的黄药眠就唱出了《五月歌》:"我并不是什么诗人,要讴歌人性传名,我只愿把它当成战鼓,催着你们奋兴!"(《创造月刊》第一卷第十二期)抗战时期,黄药眠辗转于香港、桂林、成都等地,主要从事文艺理论的研究和创作。

《诗与音乐》出版前的1944年9月,古城西安有《歌与诗》创刊。第一、二期标《音乐半月刊》,歌与诗社编。第三期起改为月刊,署"石林、孙尊武编"。十六开本。设有《论文》《歌曲》《翻译歌曲》《理论》《杂文》《诗词》《学习指导》《通信》等栏目。古代诗人白居易、孟郊,现代作家、诗人老舍、艾青、常任侠、塞克、任钧、曾卓都有诗词被谱成歌曲刊载。撰稿的作者主要有:石林、孙尊武、何其超、赵曼青、黎钟、陆铿等。第八期《歌与诗》于1945年9月出版。现存第一至八期。

《草莽》

1946年，抗战胜利后的广州聚集很多进步文化人。周行和友人郑思、何芷正在准备办一个刊物。

周行(1910—1946)，原名吴玙，又名吴海宁、李青。广东东莞人。早年毕业于广东省立广雅中学，1930年就读于厦门大学文学系。失学后在广州参加《万人周刊》的编辑工作，并加入中国左翼文化总同盟广州分盟，主编过地下刊物《地下火》。1933年冬到上海参加"左联"，后被捕，1936年出狱。抗战初期曾与欧阳凡海等为《救亡日报》(桂林版)主编《批评与介绍》副刊。后辗转南宁、桂林，从事教学、文艺评论和翻译工作。译有杰克·伦敦的名作《马丁·伊登》。

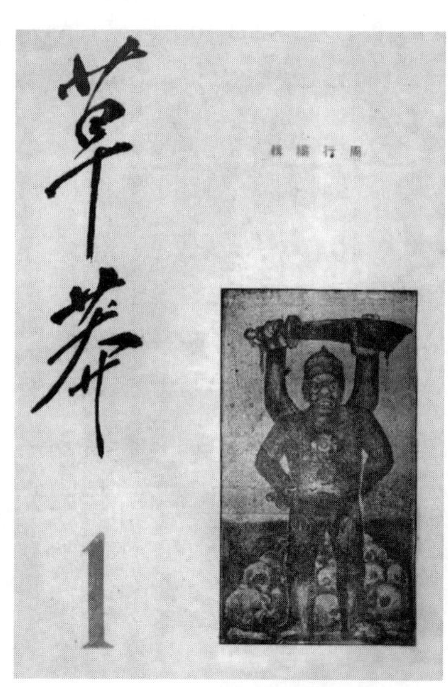

《草莽》创刊号刊影

郑思(1917—1955)，原名朱正思。湖北潜江人。中学在武昌就读。1938年参加抗敌演剧队第五队。后到桂林、柳州，参加抗日斗争。抗战胜利后到广州、香港，做教育、编辑工作。

何芷(1915—2005)，原名何澄超，笔名何芷、王迈、向碧、张远等。广东番禺(今属广州)人。自1936年起从事抗日戏剧活动。抗战胜利后，任广州《建国日报》副刊编辑。

何芷回忆："他(周行)提出要办一个有战斗性、有分量，同时有自己风格的扎扎实实的刊物。""他认为一个文艺杂志要形成一种风格，就必须是‘同人刊物’，如果各种流派、各种文风都纷然杂陈，怎么能形成自己的风格？”（《周行和〈草莽〉的始末》）

周行庄重，严肃，不苟言笑，嫉恶如仇，使人敬畏，但作风民主，工作认真。办刊的资金是大家分头向热心的支持者五元、十元地筹措得来的。第一期于 1946 年 3 月出版，刊名《草莽》，十六开本，五十三页，土纸印刷。

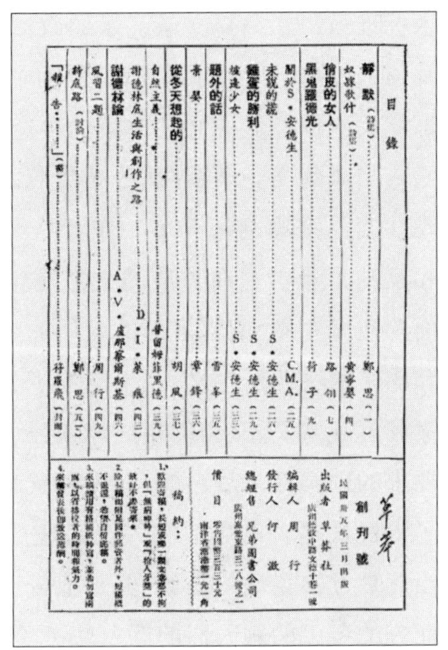

目錄

靜默（詩歌）……鄭思（一）
奴隸歌什（詩歌）……黃寧嬰（四）
俏皮的女人……路翎（七）
黑鬼羅德光……荷子（九）
關於S·安德生……C.M.A.（二五）
未說的謊……S·安德生（二六）
雞蛋的勝利……S·安德生（二九）
被走少女……S·安德生（三三）
題外的話……雪峯（三五）
素琴……章鋒（三六）
從冬天想起的……胡風（三七）
自然主義……普留姆菲黑德（三九）
荷德林底生活與創作之路……D·I·萊飛（四三）
謝德林論……A·V·盧那察爾斯基（四六）
風習二題……周行（四九）
行底路（詩歌）……鄭思（五一）
「報告……」（劇）……符羅飛（封面）

草莽

創刊號

民國卅五年三月出版

出版者 草莽社

編輯人 周行

發行人 何激

總經售 兄弟圖書公司

價目

稿約：

1. 歡迎寄稿，長短或哪一類文章都不拘，但「無病呻吟」或「拾人牙慧」的最好不要寄來。

《草莽》创刊号目录

《草莽》，“顾名思义，它和宫廷文学、御用文学自然是不会同流合污、沆瀣一气的”。（何芷：《周行和〈草莽〉的始末》）《稿约》第一款旗帜鲜明：

欢迎寄稿，长短或哪一类文章都不拘，但“无病呻吟”或“拾人牙慧”的最好不要寄来。

第一期刊载的小说有路翎的《俏皮的女人》、荷子的《黑鬼罗德光》，诗有郑思的《静默》、黄宁婴的《奴隶歌什》，而占大的比重的是文艺评论。

冯雪峰的《题外的话》，编者在《编后记》中专门做了介绍：“《题外的话》一文，是在重庆报上发表过的。作者本来打算另外写一篇，但后来终于来不及，就把它增补了几句，寄来了；意思是既然外地的读者很少机会读到，也许还可以再发表一下”，“这对于那些对一篇作品只是嫌‘浓’嗻‘淡’的论者将颇为有益，是不用说的”。作者在论述文艺作品政治性和艺术性的关系时指出：“我觉得对文艺作品有两种不妥当的看法或说法，现在还是很流行。其一说：‘某一作品虽缺乏艺术性，但政治性很强。’其二是相反，说：‘某一作品虽然没有政治性，但它的艺术性很高呀。’我觉得这两种说法都应该放弃了。”1942 年毛泽东《在延安文艺座谈会上的讲话》，强调“政治标准第一，艺术标准第二”，凸显文学艺术的政治属性和工具理性。《讲话》作为“党的文艺政策”，“规定了党对于现阶段中国文艺运动的基本方针。”（中共中央宣传部：《关于执行党的文艺政策的决定》）冯的观点显然不合时宜。

胡风的文艺杂感《从冬天想起的》，写于 1946 年 1 月的重庆。“在北方，现在当已是凛冽寒天了”，作者从天气说到在艰难中前进的文艺，说到当时相反的力量：“这在重庆的文艺现象里面是随便可以看到的：小说和美术里面的色情主义，演剧里面的庸俗的趣味和虚伪的形象，以及伪装的复古主义和舶来的法西斯主义，几乎泛滥了文化市场。而且，进步文艺里面的公式主义和客观主义，又相反相成地加强了这些反动倾向底力量。它们和反映人民要求的现实性是敌对的，因而和反映历史发展的思想性是敌对的，它们背叛了人民底痛苦的生活和人民底庄严的斗争。”作者坚信斗争一定胜利，未来当然是万物竞茂的景象，但是他告诉读者：“在达到那以前，也许有时要受到北方的冬天的刺人似的严寒底考验吧。”

《风习二题》是周行的文艺评论。文中对躲在指挥刀下的“文人”“拉”稿是不齿的，因为“高的稿费也决买不到真实的而非虚伪的声音的”。同时，对化为魔法师的批评家和空头文学家也给予抨击。

《草莽》创刊号《编后记》

郑思的诗论《诗底路》，充分肯定了艾青、田间等诗人抗战以来所取得的创作成就。

《草莽》的译文中既有 S.爱德生的小说，也有 A.V.卢那察尔斯基的作家论。编者说：“这一期，译文占去将近一半了，在时下‘翻译不值钱’的风气之下，这自然未免显现得有点儿寒伧。不过我们却也觉得：如果有了与我们，英雄的同时又是猥琐的现实搏斗过来，确是有血有肉的创作送给读者，当然最好；但如果没有，那也用不着勉强去

目錄

魯迅逝世前後……王士菁（一）

馬克斯論感覺及藝術上主觀與客觀的關係……荃麟譯（一四）

離重慶前×日記……胡風（一九）

詩選

前線與後方……向茲輯譯（三七）

外科醫生（V·里克）……周行譯（四七）

雜文

草莽 第二期

《草莽》第二期目录

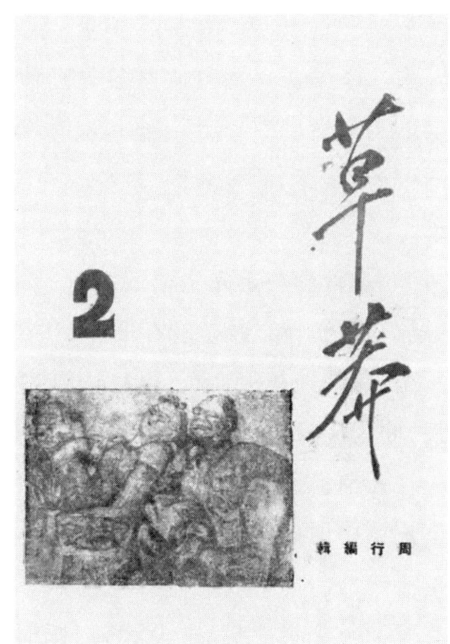

《草莽》第二期刊影

东拼西凑。至于翻译，只要是与读者有益的东西，我们是决不以为那是‘媒婆’的工作而稍存轻视的态度的。”(《编后记》)

第一期《草莽》出版时就遇上了国民党广州当局组织的“反苏大游行”，他们捣毁了《华商报》广州发行所，砸烂了兄弟图书发行公司，撕毁进步报刊，连贩卖报纸的报贩也遭到驱赶和殴打。刚刚出版的《草莽》在劫难逃。

《草莽》第二期清样出来的时候，周行已病入膏肓。

周行的友人黄宁婴在《悼周行兄》中说：“他是在病榻上和死神挣扎了三个月才倒下去的，这期间他患过恶性感冒，患过肠热，患过肺炎，而卒以肺结核终。致病的原因是年来的生活磨折过甚，尤其是前年桂林陷后匿居桂北的那一段惨淡而狼狈的岁月，战事结束后回到广州来又因筹办杂志，奔奔仆仆，遂致积劳成疾；加以卧病期间，杂志横遭非法查禁，朋友们也被迫离去，这一连串令人发指的事实，便更为他注射了一支强烈的‘催死针’了。”黄宁婴回忆：“他逝世前两天口念了一首套鲁迅先生语的旧诗，叫他的太太笔录下来，然后交给他看过一遍，又拿起笔来，郑重地在纸上签署了自己的名字。”黄文没有说诗的内容，但据何芷文中所记：

> 郑思将周行临终前口诵的七绝一首:“不堪扰攘新文苑,且忆风云旧战场。三十六年余一死,依然荷戟独彷徨。”刻在他的墓碑上。(《周行和〈草莽〉的始末》)

可知“这首套鲁迅先生语的旧诗”。“套鲁迅先生语”,这里的“语”是指鲁迅的《题〈彷徨〉》诗。原是题在旧作《彷徨》上:“寂寞新文苑,平安旧战场。两间余一卒,荷戟独彷徨。”《鲁迅日记》1933 年 3 月 2 日记,这首诗与《题〈呐喊〉》一诗,同为应日本友人山县初男索小说集并求题字而作。鲁迅在诗中回忆过去一往无前孤军奋战的一段生涯,有对已逝的感慨,更有对未来的期望。周行套用诗中语句写的诗,抒发了一个正直的人、一个坚强的文化战士誓死战斗的心声。

周行去世之后,群龙无首,同时由于白色恐怖越来越严重,《草莽》也就无法继续下去。

1949 年,周行的友人迎来了他们为之奋斗的新中国。1947 年远走异国他乡的何芷回到广州,后任职广州市委宣传部、《广州日报》。郑思在 1948 年奔赴江汉解放区,后任湖北省文联副主席、省文化局局长、中共湖北省委宣传部副部长等职。意料不到的是,两个人在反胡风的运动中都因为当年《草莽》刊载过胡风、路翎的作品,或与胡风认识而被牵连,受到重点审查。郑思,这位“跨出去,向那热情的披头散发奔腾而来的日子,献出我自己底滚烫的胸膛”的革命者,更因迫害自杀身亡。

1981 年,何芷作为当年编辑《草莽》的唯一幸存者,写了《周行和〈草莽〉的始末》,记载了这页令人戚然心酸的史实。

《文莽》

《文莽》创刊号刊影

《文莽》，1946 年 6 月创刊（封面印的日期是“三十五年五月一日”，版权页则是“六月一日”）。文莽编委会编辑，重庆文莽出版社发行，发行人何舒杰。“文莽”二字由郭沫若题写。十六开本，五十六页，土纸印刷。

丰村的小说《俺的哥》，借“俺”的叙述，写“俺的哥”王大松本来是“一辈子想做个好庄稼人”的农民，不能忍受日本鬼子杀人放火，参加了游击队。又被乡里的财主告密，进了汪伪政权下的俘虏营。他不屈服，当着全营的教官、主任、日本顾问，说他们“汪家班”是大汉奸，是日本军阀的走狗，是卖国的奸贼。告诉大伙：“刺刀底下的和平是卖国”。他被敌人吊死在高树上。敌人害怕，说是他寻死上吊的。“俺”说，这些“俺”都看到了。“俺”有了哥哥的榜样，懂了抗日的道理，由胆怯而勇敢起来。丰村是一个带着浓厚地方色彩的作家。小说语言朴拙，叙述者在这里不是一个单纯的视角，既是故事的叙述者，又是故事里的人物。

臧克家的诗《消息》：

当我向你 / 力逼消息的时候，/ 我气你太吝啬；/ 当你把它们如数

给了我的时候 / 我又恨你太残忍了。

短短五行，容量巨大，酸咸苦辣，尽在其中。再如《奇怪》："天天有飞机/在青岛的海滨降落，/你奇怪，/里边为什么没有我；/天天有新贵/去抢着'收复'权利，/你奇怪，/里边为什么没有我；/这倒真真叫我奇怪了：/你怎么把这样一个念头，/加给一个'人'，像我。""劫收"大员满天飞，诗人显示了对权贵的蔑视和对人的尊严的恪守。

1946年，抗战八年惨胜之后的中国，疮痍满目，百业凋敝。人们渴望和平和民主，反对独裁和内战。《文莽》的作品反映了这一灰暗的现实生活。李岳南的《南方》写八年烽火烛照，灾难咬嚼，"南方 / 已失去了她那美丽的诱惑"。诗人曾歌颂的"杂花生树、群莺乱飞的天堂"，今天饥饿兵匪，"摇撼着恐怖与贫乏，多少农人的夫妇，望不到儿子的归期"。丽砂的《迎》写一个老兵抗战胜利回到家乡，惨痛的现实难以面对。在他被拉去当兵之后，儿子死了，老婆嫁了，屋里只有装着父亲遗体的棺材，母亲去镇上领壮丁安家费，也不知道能不能领回来。乡亲们告诉他："拉你去当兵的吴保长，快调升副乡长了"。沙鸥的《绝路》写一个病了的兵被部队丢弃在离他家乡不远的码头上，他幸好看见一个熟人，带信给家里亲人。父亲赶到时，他已经死了，父亲背起儿子的尸体踏上归程。青苗的《星宿》记录了古城一个乞讨老人的一生。

《文莽》是进步文化人的刊物，作者不少集中在重庆，王亚平、丰村彼此都是熟悉的朋友。王亚平(1905—1983)，原名王福全。河北威县人。1926年读师范时开始写作。1932年与蒲风等在上海组织中国诗歌会。1936年东渡日本。抗战爆发后回到上海。1939年到重庆，办春草社，编《春草集》。丰村(1917—1989)，原名冯叶莘，笔名另有林野。河南清丰人。1939年开始发表小说。1940年到全国文协成都分会工作。小说多描写冀鲁一带农民凄苦悲壮的生活。李岳南(1917—2007)，原名李耀南，笔名力田。河北阜城人。1943年四川大学毕业。曾主编《诗焦点》诗刊。丽砂(1916—　)，原名周平野，另有笔名平野、群力。四川江津人。抗战开始后投入抗日救亡运动，并有大量诗作发表。严杰人，广西宾阳人。原就读桂林高中，后任《广西日报》记者、南宁

《曙光报》副刊编辑。1946 年随东江抗日纵队北上途中不幸病逝。玉杲(1919—1992),原名王宗尧,另有笔名余念。四川芦山人。1946 年夏毕业于重庆社会教育学院,后去延安。沙鸥(1922—1994),原名王世达。重庆市人。重庆中华大学攻读化学,业余写诗和参加文艺活动。抗战后期,与友人晏明合编《诗丛》。1946 年到上海,与李凌、薛汕合编《新诗歌》。彭燕郊(1920—2008),原名陈德矩。福建莆田人。1939 年开始在《七月》发表作品。1940 年到桂林从事抗战文化活动。青苗,即姚青苗(1915—2005),原名姚玉祥。山西临猗人。1932 年加入“左联”。曾编辑《骆驼文艺》《雪风》等刊物。有小说《中条山的杜鹃花》《黄河的激流》等。

第一期还有陈瘦竹的戏剧论文和沈蔚德的剧本。

陈瘦竹(1909—1990),原名陈定节。江苏无锡人。1933 年武汉大学毕业,去南京国立编译馆任职。他在武汉大学读书时,曾主编《武汉文艺》。刊物第一期有散文《煤》,作者维特。这位维特,原名沈蔚德(1911—　),湖北孝感人。当时是湖北省立二女中的学生。1935 年考入国立戏剧专科学校,毕业后留校任教。两位年轻人由相识而后相恋,走入婚姻的殿堂。

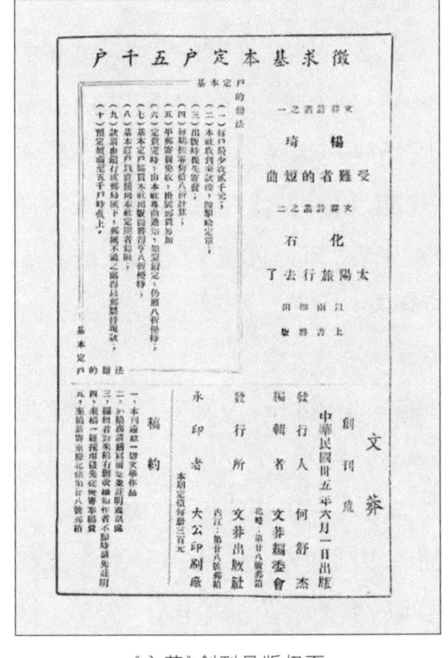

徵求基本定戶五千戶

文莽詩叢之一
楊琦
受難者的短曲

文莽詩叢之二
化石
太陽旅行去了

以上兩書即將出版

文莽
創刊號
中華民國卅五年六月一日出版
發行人　何舒杰
編輯者　文莽編委會
發行所　文莽出版社
承印者　大公印刷廠
本期定價每冊三百元

稿約

《文莽》创刊号版权页

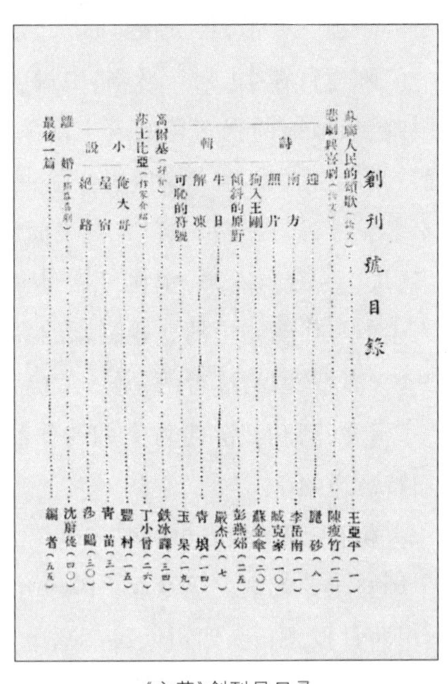

創刊號目錄

《文莽》创刊号目录

二十世纪三十年代，陈瘦竹已是一位有影响的乡土文学作家。抗战开始，与夫人沈蔚德入川，但一直分居两地。1940年9月，陈瘦竹应剧专校长余上沅的邀请到剧专任教，由此开始了戏剧教育和研究的学术生涯。他对欧美的悲剧、喜剧理论广收博取，形成了自己的理论体系。

战时的剧专设在四川泸州和宜宾之间长江边的小城江安。江安的日子，四十多年后陈瘦竹仍记忆犹新："城里只有十字形大街，站在交叉口几乎可以望见东南西北城门。"每天吃过晚饭，"我们一起坐在八仙桌旁，在昏暗的桐油灯光下，比较悠闲地谈论关于戏剧的问题"。"我们在写论文时，或者事先商量，或者事后议论，严格要求，但不大引起争执。这种亲密而又严峻的合作关系，到后来竟成了我们共同开展研究工作的信心和动力。"(《〈戏剧理论文集〉后记》)

沈蔚德的独幕剧《离婚》，写物价飞涨，政府改善公教人员待遇，颁发实米。夫妻两人，三十岁以上的，能领米一石。人们想到，如离婚，一人就可以领一石米。于是，楼下的张先生夫妇、楼上的吴先生夫妇，不约而同地在报上登了《离婚启事》。一时之间，《离婚启事》广告栏人满为患。女佣杨嫂听说离了婚能多领一石米，立马辞职回家，也要与丈夫离婚了。

陈瘦竹在《悲剧与喜剧》中说："喜剧作家必须具有机灵的头脑，锐利的眼睛，很敏捷的就繁复的人生现象，同中见异，异中见同，两相排比，成一对照，才能引人发笑。"他指出："除古希腊外，始终不带一点严肃性的喜剧，实不多见，因为喜与悲，笑与泪，表面看来虽然相反，而其实相去不远。某一件事，从这一观点看来，实在可笑，从另一观点来看，却是可悲"。"忠实的表现人生的现代戏剧中的悲剧喜剧的界限已经不甚明显"。

《离婚》留给读者的是笑声之后的悲凉。

《文莽》刊载陈瘦竹夫妇的作品，很可能是编辑化石为剧专毕业的学生而特意邀约。

化石，即黄化石(1924—2005)，原名黄华实。重庆綦江人。1946年毕业于国立剧专戏剧文学专业。1949年4月加入中国共产党。1949年后在成都《川西日报》副刊、四川人民广播电台文艺部从事文学艺术工作。1955年被划成胡风分子，流放西昌冕宁，二十来年后才回到成都。主要作品有长篇小说《潘家堡子》,长诗《毒链蛇咬死一个农妇和她的婴儿》《长虹》《风驰电闪》等。

杂志的最后一页是化石的《写在最后》:“这一个《文莽》,作为内地的土产,也许有些泥巴气”,但在小镇印厂里工人检字、装版、印刷,已属不易了。夜晚雨意正浓,在山里愈感寂寞。渡江从工厂回到临时的居所,“在大房东的院子里,狗子从污浊的檐沟边扑过来,撕破了已经破了的裤管。想起白天那成天坐在檐沟边的年青瘦弱的小少爷,在读些《英台骂媒》《天仙配》的戏书,那胖胖的房老板的房东太太,悠闲地坐在门口,非常嘴利的少奶奶,总坐在丈夫的旁边,便不禁有些厌然了,平常在下午六七点钟回来,就如庙宇一样大门便已关了,叫半天,只见少奶奶在门口经过,少爷在唱书,但是总没有人答应,有时想打破门,但很快就想起来人在矮檐下,谁敢不低头的教训了。人,就是这样活着的,常常被别人关在大门的外面……”纸页间让人感到肃杀和压抑。

《长城》

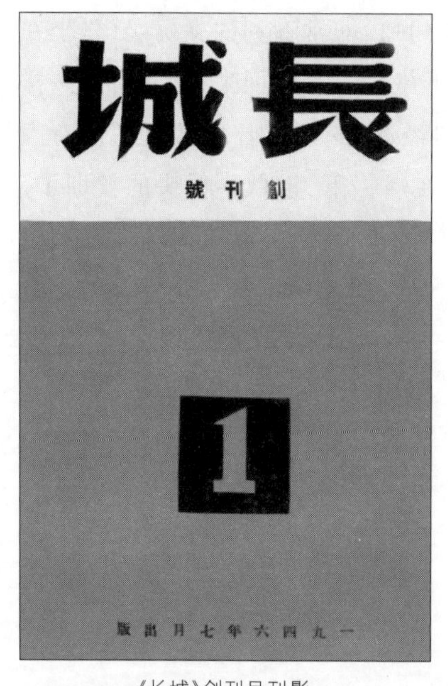

《长城》创刊号刊影

1945 年 8 月，塞外山城张家口被八路军从日军占领下夺回，成为解放区的第一大城，既是晋察冀边区党政领导机关驻地，也是当时晋察冀边区的文化中心。

这年 10 月，丁玲率领的延安文艺通讯团来到张家口。当时根据中共中央提出的“向南防御，向北发展”的方针，延安机关党政军干部和文艺界人士正迅速分批奔赴华北、东北，开辟新的根据地。丁玲之后接着到达的，是艾青任团长的华北文艺工作团。这个团一百多人，包括周巍峙、吴晓邦、凌子风、江丰、彦涵、莫朴、王朝闻、陈企霞、贺敬之、李冰、逯斐、严辰等音乐、绘画、文学方面众多的艺术家。舒群率领的东北文艺工作团，也因路途暂时不通，留在张家口。

解放区很多作家集中在张家口，报刊上的《张垣文坛零讯》经常报道这样的消息：“女作家丁玲随同晋察冀日报社记者仓夷等日内下乡参加农村工作”，“女作家陈学昭日前由东北返抵张垣”，“作家刘白羽上月中旬由哈尔滨来张垣”，诗人萧三参加蒙古庙会，萧军、欧阳凡海、何干之、沙可夫、周巍峙在暑期文艺讲习会担任主讲……作家动态构成一道文化景观。

中华全国文艺界抗敌协会决定，因抗战已经结束，正式改名为中华全国文艺界协会。1946 年 4 月 24 日，中华全国文艺界协会张家口分会成立。5 月召开第一届第一次会议，推举沙可夫、丁玲、萧三、吕骥、艾青、江丰、丁里、张庚、周巍峙九人为常务理事。主任沙可夫，编辑出版部部长丁玲，研究部部长萧三。

这段时间，大型综合性文化半月刊《北方文化》（成仿吾、张如心主编）在张家口创刊，邯郸的《北方杂志》（晋冀鲁豫边区文联编辑）、承德的《热潮》（徐懋庸、方纪主编）、太行文联的《文艺杂志》《人民世代》、冀中的《平原杂志》（孙犁主编）等，接连出版。

7 月 20 日，文艺月刊《长城》创刊。全国文协张家口分会长城社编辑发行，全国文协张家口分会编辑出版部出版。十六开本，七十余页。封面为美术家江丰设计。

《长城》没有发刊词，编者在《编后记》中说：

> 这个刊物筹备了很久，现在终于出版了。
>
> 这是个文艺的综合刊物，欢迎文艺各部门的理论和批评，创作和翻

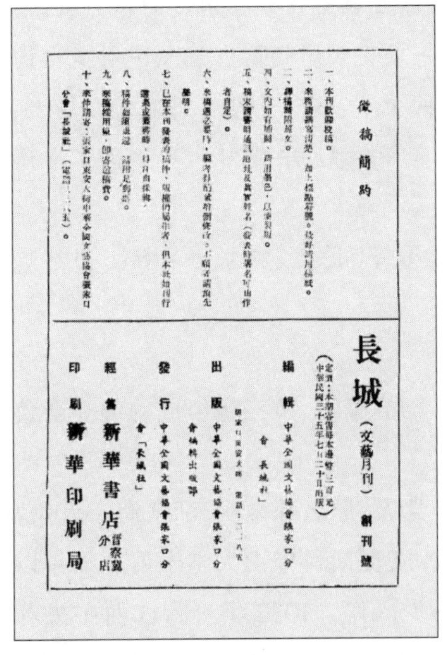

徵稿簡約

一、本刊歡迎投稿。
二、來稿請謄寫清楚，加上標點符號。最好請用稿紙。
三、譯稿請附原文。
四、文內如有插圖，請用墨色，以便製版。
五、稿末請署明通訊地址及真實姓名（發表時署名可由作者自定）。
六、來稿編者認為必要時，編者得酌量刪改，不願者請預先聲明。
七、已在本刊發表的稿件，版權仍屬作者，但本社如刊行選集或叢書時，得自由採輯。
八、稿件如須退還，請附足郵票。
九、來稿經用後，即寄致稿費。
十、來件請寄：張家口東安大街中華全國文藝協會張家口分會「長城社」（電話：二八五）。

長城（文藝月刊）創刊號

（定價：本期每冊售邊幣三百元 中華民國三十五年七月二十日出版）

編輯 中華全國文藝協會張家口分會「長城社」

出版 中華全國文藝協會張家口分會編輯出版部 張家口東安大街 電話：二二八五

發行 中華全國文藝協會張家口分會「長城社」

經售 新華書店晉察冀分店

印刷 新華印刷局

《长城》创刊号版权页

論趙樹理的創作

周揚

周扬《论赵树理的创作》首页

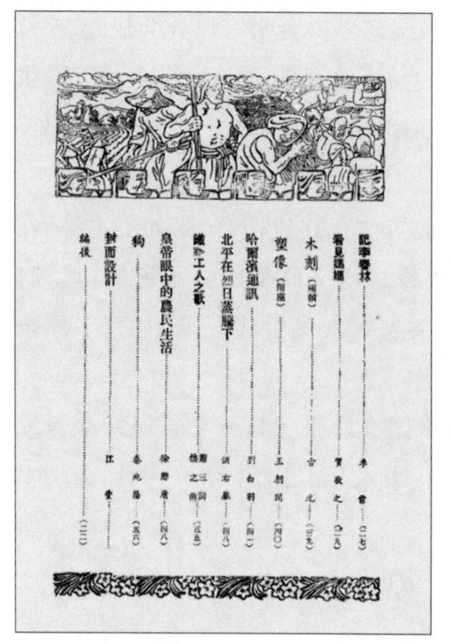

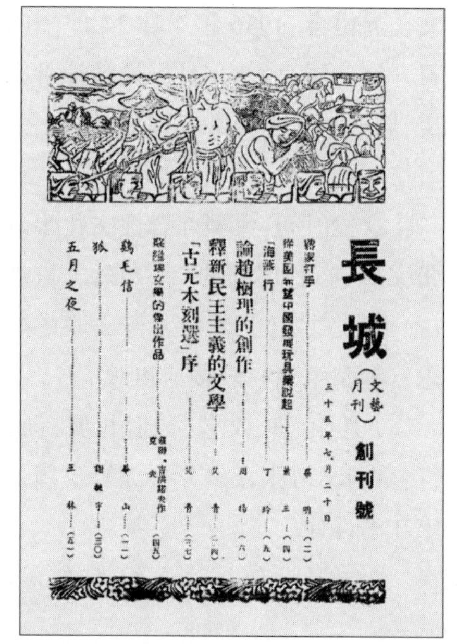

長城（文藝月刊）創刊號

三十五年七月二十日

《长城》创刊号目录

译的稿件。理论希望是从实践的过程中所体会到的规律和经验，这样才能指导实践。创作希望是通过艺术形象正确地反映了现实的作品，我们尤其欢迎真正大众化的作品（像这一期刊载周扬同志一文中所提出的赵树理的那样的作品）。批评和介绍的文章，希望是站在正确的立场上，态度明确，显然地表示自己的好恶，有新的见解，能对作者和读者有所帮助。

刊物取名《长城》，是中国人民在和平、民主、独立的目标上团结起来，保护革命的胜利的意思。

《长城》由丁玲、丁里、艾青、江丰、沙可夫、康濯、萧三等组成的编委会负责，程钧昌担任助理编辑。

沙可夫（1905—1961），老资格的共产党人。原名陈微明。浙江海宁人。曾入上海南洋大学电机系，后在法国巴黎、苏联莫斯科中山大学学习。早年以笔名“克夫”在鲁迅的《译文》上发表过不少译作。1932 年进入江西中央苏区，担任中华苏维埃中央政府机关报《红色中华》主编。1933 年因病回上海，从事俄苏文艺的翻译评论工作。1937 年 10 月到延安，任鲁迅艺术学院副院长(当时毛泽东兼任院长)，后任华北联合大学文艺部部长。

丁里(1916—)，原名贾卓尔。山东济南人。1933 年毕业于济南美术专科学校。1935 年在上海参加中国左翼戏剧家联盟。1938 年到延安，同年参加中国共产党。曾在鲁迅艺术学院、华北联合大学任美术教员，在晋察冀军区任抗敌剧社社长。

康濯(1920—1991)，原名毛季常。湖南湘阴人。1938 年去延安，鲁迅艺术学院毕业后任随军记者。1940 年以短篇小说《我的两家房东》引起广泛注意。

《长城》中占着重要篇幅的是评论。

赵树理是体现二十世纪四十至五十年代文学格局变动的典型作家之一，1942 年毛泽东《在延安文艺座谈会上的讲话》为赵树理的成名起到了决定性的作用。周扬的《论赵树理的创作》(第一期)最早以作家论的形式对赵树理的创作进行全面而系统的论述。周扬称赞赵树理“是一个新人，但是一个在创作、思想、生活各方面都有准备的作者，一位在成名之前已经相当成熟了的作家，一位具有新颖独创的大众风格的人民艺术家”。文末周扬说：“你或者要说，我只说了他的好处而缺点几乎一点也没有讲。是的。我与其说是在批评什么，不如说是在拥护什么。”结语是，“文艺座谈会”以后，“艺术各部门都达到了重要的收获，开创了新的局面。赵树理同志的作品是文学创作上的一个重要收获，是毛泽东文艺思想在创作上实践的一个胜利”。周扬的文章是最权威的论证和评判，奠定了赵树理在文学界和文学史上的重要位置。稍后的 1947 年，美国记者杰克·贝尔登访问解放区，并出版了《中国震撼世界》。书中说：

《长城》插图《古元木刻两帧》

赵树理“可能是共产党地区除了毛泽东、朱德之外最出名的人了。其实,他是闻名于全中国的”。

艾青的《释新民主主义文学》(第一期),批判了“洋奴文学”和“封建文学”,指出新民主主义的文学是为中国人民的解放事业而服务的革命的文学;《〈古元木刻选〉序》(第一期),肯定古元的作品“都充满了中国新的农村的愉快的情调”;《论秧歌剧的创作和演出》(第二期), 赞扬秧歌剧是最好的一种宣传工具。从艾青的研究中可以看到他对毛泽东《讲话》的尊奉和虔诚。

丁玲的散文《海燕行》,田间的长诗《赶车》(后改题《赶车传》),华山的小说《鸡毛信》,秦兆阳的剧本《狗》,刘白羽的《哈尔滨通讯》以及徐懋庸、何干之的杂感,从不同方面反映了时代的风雷激荡。

1946 年,内战的烽火已经燃起,中国形势发生了急剧的变化:民族总动员的抗战时期结束,进入了国共两党的国内战争时期。中共中央发布了《七七宣言》,《长城》 第二期头条的四篇文章:《保卫抗战胜利的果实》(可夫)、《历史的号召》(欧阳凡海)、《胜利永远属于人民》(于力)、《把握战斗的主题》(康濯),表达了解放区文学界支持和拥护的态度。可夫说:“当前时局已

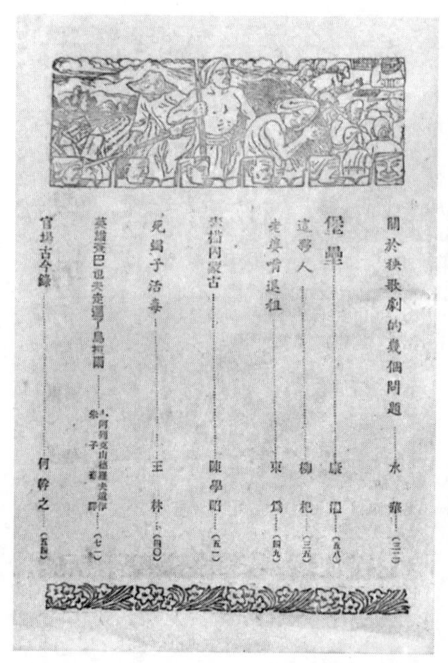

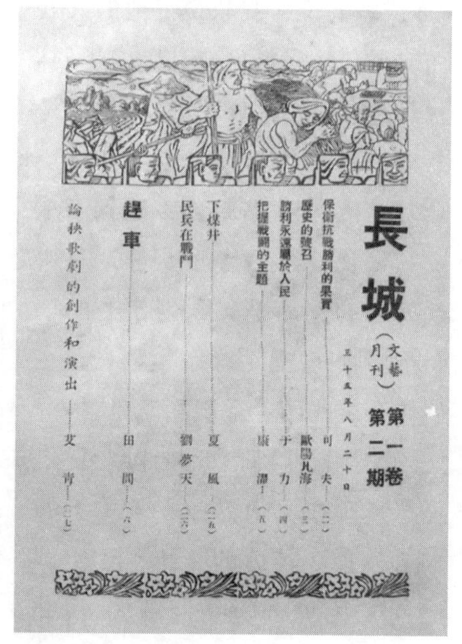

長城（文藝月刊）第一卷第二期

三十五年八月二十日

保衛抗戰勝利的果實……可夫

歷史的號召……歐陽凡海

勝利永遠屬於人民……于力

把握戰鬥的主題……康濯

下煤井……夏風

民兵在戰鬥……劉夢天

趕車……田間

論秧歌劇的創作和演出……艾青

《长城》第二期目录

到万分严重紧急的关头，我们文艺工作者，没有例外，首先就是要立刻行动起来，站到自卫战争的最前线，为保卫解放区，保卫胜利的果实，保卫人民一切利益，粉碎蒋介石反动派的进攻，制止内战，恢复和平，实现民主独立而斗争到底。”康濯说，原来想多写过去的乡村，多写抗战中的诗篇史页，今天有了新的认识。他表示："我们从宣言的昭示，来一个思想上的洗涤；然后，战斗地行动起来！从事创作的，今天不是不能写过去乡村和抗战的主题，但更重要的，更主要的，是要到火热的斗争中去！到打仗的前线，到农民斗争的前线去！到那里去战斗，去写，去演唱，去绘制直接激励战斗力量的诗篇，和战斗的人们紧紧相连，一同走向战斗的胜利！”文艺为政治服务的观念，在新的历史条件下将得到进一步强化和发展，从而把文艺推向了为党在各个时期内所规定的“革命任务”服务的轨道。

8月，《长城》出版了第二期。夏秋之交，国共两党和谈破裂，内战爆发。10月，张家口被国民党军队占领，一度活跃的张家口文艺活动也随之结束，刊物停办。张家口再次解放，已是1948年年初了。

《乐观》

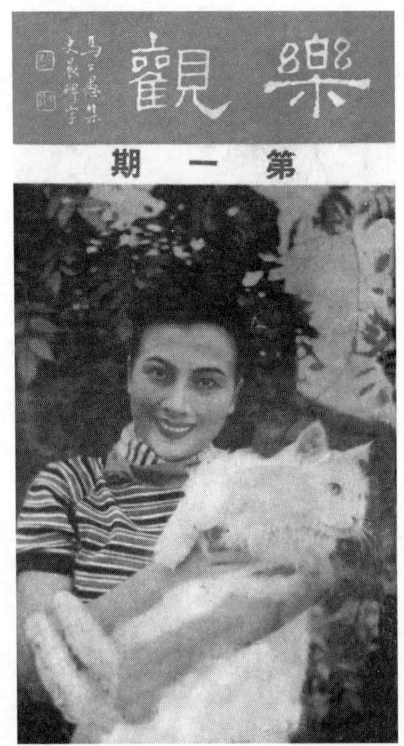

《乐观》(1941)第一期刊影

周瘦鹃的杂志编辑史上,办过两次《乐观》。

第一次编辑《乐观》是在抗日战争中“孤岛”时期的上海。乐观杂志社发行,五洲书报社总经销。三十二开本变化的异形开本,一百七十页左右。从1941年5月创刊到第二年4月停刊,共出了十二期。

周瘦鹃第二次编辑《乐观》,依然是在上海,时间为1947年4月。发行人林振浚就是四年前出资办《紫罗兰》的银都广告公司的老板。杂志为大三十二开本,一百余页,只出了一期。

1941年在《乐观》创刊号的《发刊词》中,周瘦鹃开头就说:“我是一个爱美成癖的人,宇宙间一切天然的美,或人为的美,简直是无所不爱。所以我爱霞,爱虹,爱云,爱月。我也爱花鸟,爱虫鱼,爱山水。我也爱诗词,爱书画,爱金石。因为这一切的一切,都是美的结晶品,而是有目共赏的。”但是,“不幸得很,偏偏生在这万分丑恶的时代,一阵阵的血风腥雨,一重重的愁云惨雾,把那一切美景美感,全都破坏了。于是这唯美派的我,美的信徒的我,似乎打落在悲观的深渊中,兀自忧伤憔悴,度着百无聊赖的岁月”。因之,朋友们建议他办起《乐观》杂志，一身挑起编辑、发行两副重担，忙得再没有思虑的工夫。编者期望："愿大家排除悲观，走向乐观之路，抱着乐观，乐观光明之来临。"

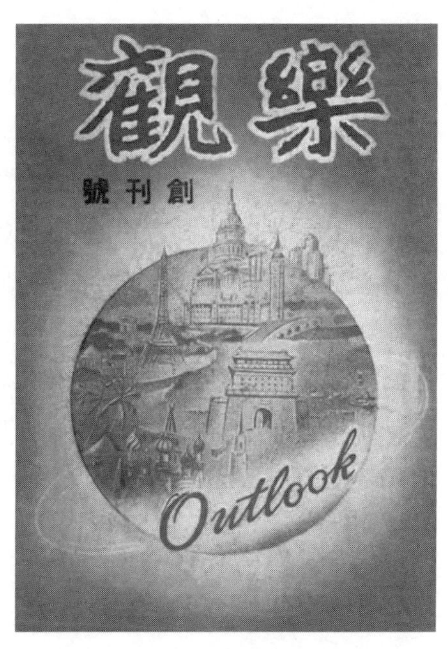

《乐观》(1947)创刊号刊影

杂志的内容包括青年、妇女、儿童、家政、娱乐、文艺，诸如民风民俗、卫生讲座、饮食烹调、花木栽培、住宅设计、就业认识、青年修养等都囊括其中。仅从《关于弹词》《煤气中毒的急救》《个人卫生十要》《衣服上几种去渍常识》《制糯米香肠》《记账的重要》等文章题目，就足以看出刊物的侧重。内文里铜版纸印刷的插页，称为《小画报》，刊载摄影绘画作品，如"胡蝶理妆时的画眉、膏唇、施脂、润面""处女时代之周璇，少妇时代之周璇"。这一年十二期的封面大都是影人的照片。

文学作品的比重相对薄弱，执笔者多为通俗文学作家，周瘦鹃和他鸳鸯蝴蝶派的朋友。老将包天笑的作品不少。每期必上的《李阿毛的卫生信箱》，主持人徐卓呆(1880—1961)，原名徐傅霖，另有笔名阿呆、李阿毛等。江苏吴县(今属苏州)人。曾留学日本，学习体育。回国后演过戏剧，任过教职，当过编辑，其后以写滑稽、幽默作品享名于世。程小青(1893—1976)，原名程清心，上海人。抗战时期在上海东吴大学任教。侦探小说作家。他的霍桑探案是中国侦探小说的一个名牌，《血匕首》是其中的一章。《北雁南飞》的作者捉刀人，即王小逸(1895—1962)，原名王次鑫，字小逸。捉刀人、冯轶为他常用笔名。江苏南汇(今属上海市)人。《疯女郎》的作者范烟桥(1894—1967)，原名范镛。江苏吴江人。早年参加南社。后创办星社，主编《星》和《星报》，编辑《珊瑚》月刊。《白门柳色》的作者顾明道(1897—1944)，原名顾景程，笔名有虎头书生、梅倩女士、石破惊天室主等。江苏苏州人。苏州振声中学毕业，留校任教。抗战时期避居上海。秦瘦鸥(1908—1993)，原名秦浩。上海嘉定人。

鸳鸯蝴蝶派的后起之秀。

胡山源是新文学作家。周铮是周瘦鹃的长子,在园艺上克绍箕裘。

周瘦鹃是位认真的编辑,无奈“一年来的物价,日长夜大,真有曲踊三百距跃三百之势”,“一期杂志的出版,不知要费多少人的心力,而在这物价飞涨的威胁之下,更左支右绌的,感到莫大的痛苦”。第十期刚刚《诉苦》,第十二期就登出《别矣,读者诸君!》。同期《蛾眉鸩毒》文后,周瘦鹃有一段附言:“瘦鹃向抱悲观,已成痼疾,一年来强为欢笑,戴着乐观的假面具,毕竟不能持久,百无聊赖之余,乏善足述,终于将这揭橥《乐观》的本刊给葬送了!”

时隔五年出版的新《乐观》,第一期在“刊前语”《紫罗兰庵灯下》中,周瘦鹃开篇又有一番感叹:

> 八年间中华民国的一片大地上,流去了无量的血,无量的泪;消耗了无量的人力,无量的物力,好容易换得了最后胜利。可是经过了这一度大破坏之后,一切的一切都得重新做起。大多数人的期望,是安居,是乐业,而转眼一年又五个月已过去了,不料内战的烽火蔓延了好几省,大家仍然是不能安居,无从乐业,悲观的气氛充塞在四面八方,都觉得来日苦多,正不知伊于胡底?然而我们还要活下去,徒然悲观又有什么用?我们得打起精神奋斗,立定脚跟做人,从悲观中开出一条乐观的大路来。所以我们这一个崭新的刊物就定名《乐观》,愿大家都抱着乐观的态度,以期望于不可知的将来。

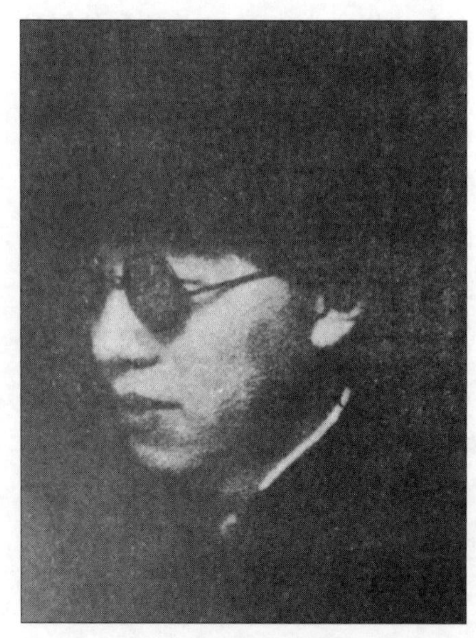

周瘦鹃

“《乐观》是综合性的。”编者虽然强调“家庭是人人安身托命的所在,最关重要,因此特辟专栏,名之曰‘家庭乐园’,特请徐卓呆夫人华端女士

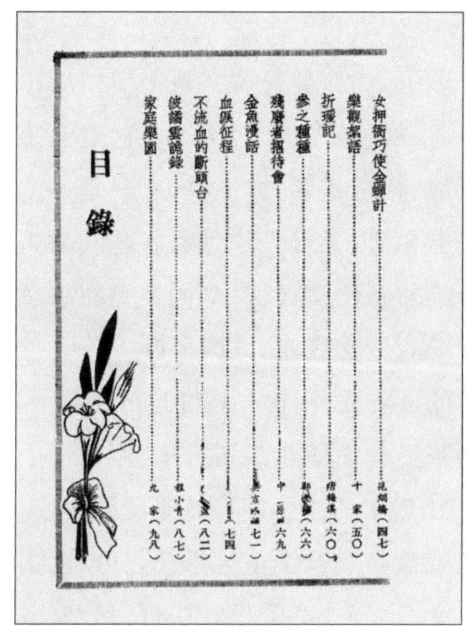

目錄

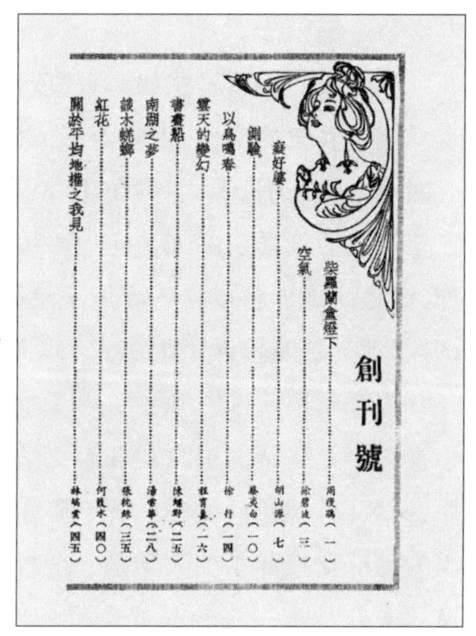

創刊號

《乐观》(1947)创刊号目录

主持，看她巧试春风手，使这园地上开出一朵朵美丽的花来”，但新《乐观》上文学作品篇幅明显增多，“小说与杂作兼收并蓄”。上海的通俗文学作家从“孤岛”开始，已不再是只为市民的消闲娱乐，直接或曲笔描写战乱时期百姓的苦难，揭露黑暗势力罪恶的同时，赞扬对侵略者的抗争精神，表现爱国主义思想气节。第一期的七篇小说(不包括翻译小说)中不乏触及现实的可读之作。

《空气》描绘抗战期间重庆防空洞中的众生相，文笔夸张。敌机轰炸，人们躲进防空洞，震塌的山壁堵塞了出口。全洞的空气只能维持一个小时，到时候人们将窒息死亡。这时，专门做投机生意发国难财的巨商开始忏悔自己的罪恶，撒出手提箱里装的钞票和钻石；为争夺财产开打得头破血流的同胞兄弟，各自退让，互相拥抱；一对多年的夫妻因为男的有外遇要离婚，也尽释前嫌，彼此原谅；小偷在仗义疏财；“吝啬鬼”变得大方……等敌机飞去，消防队员打通防空洞出口时，一切又复归原样。“洞外的空气是好多啦。可是纷纭的世事，也跟着这空气的周流而在演进着；种种罪恶，都在这空气中陆续产生出来”。作者徐碧波(1898—1992)，江苏吴县人。自称鸳蝴小卒，可见他与鸳鸯蝴蝶派的渊源之深。先后编辑过《波光》《电影月报》《橄榄》等杂志，曾任电影公司编剧。

蔡夷白的《测验》犹如一页“新官场现形记”。新县长黄文魁上任,“从二十岁就干着党的工作,由党而军,由军而政,一帆风顺二十年了”。这是他第七回当县长。谒见上司,拜访士绅,召训下属,招待记者,忙不胜忙。只是一个多年不见的老同乡的来访让他心烦。这位穿戴陈旧蹩脚、说话吞吞吐吐的人物,竟是此地即将成立的高等法院第十分院的新任检察官。老同乡是在故意试探,黄县长险些误了大事。小说画出官场的尔虞我诈,讥讽辛辣。

程育真和汤雪华都是“东吴系女作家”的重要成员。程育真(1921—),程小青的女儿。读高中时就开始文学创作,东吴大学毕业。汤雪华,原名计中原,又名汤钟圆、汤仙华。浙江嘉善人。胡山源的寄女。她毕业于湖郡女校,因为湖郡女校和东吴大学是一个教会,也就被归入这个东吴系统之内(胡山源:《文坛管窥——和我有过往来的文人》)。两人在《乐观》(1941)和《紫罗兰》(1943)上早有作品发表。

《云天的变幻》写大学生周渊和他任家庭教师的学生小佩互相爱恋。抗战爆发,周渊参军。小佩和父母离家流亡,与周渊断了音讯,胜利后听到周渊已经战死。她是个虔诚的天主教徒,分别时对周渊表示,一旦周渊为国捐躯,她将退出这个世界。这时,她已完成大学学业,决意奉献自己,终身传道。谁知阵亡的消息是误传,一年后周渊竟然回来。分别九年,周渊感到这一切真像是云天的变幻。程育真信奉天主教,歌颂宗教的美好,宣扬博爱和助人为乐是她大部分小说的主题。

《南湖之梦》故事中的丽云,向往金钱、地位,断绝了和她一起在南湖长大的青年柏俊的爱情,不顾母亲的反对,嫁给了一个陈队长。陈专横粗野,胡作非为,一天竟抢走柏俊的妹妹小珍,开枪打死阻拦他的丽云的母亲,并逼得柏俊跳湖自尽。丽云救出小珍,返回南湖,愧悔交加,也纵身投入湖中。当年作家谭正璧评汤雪华:“文字不讲究技巧,而自然平稳;故事不求夸张,而逼真切实,在平淡中见深刻,在朴素中寓美丽,没有刺激的力而自会予人以深刻的印象。”(《〈当代女作家小说选〉序言》)

两篇都是爱情悲剧,女作家“写哀婉之情”,确如编者所言:“都足赚人眼泪。”

余下三篇，《刊前语》中编者介绍："何葭水女士的《红花》，写一个医士单恋病女，却以轻描淡写出之，这也是一种挺好的手法。""唐梅溪先生的《折瑗记》笔调风格，力摹曼殊上人绛纱碎簪诸记，可以乱真。范烟桥先生近年专作三言体，《女押衙巧使金蝉计》，情文相生，自是此中佳作。"小说之外的作品，编者也有简要点评："本期杂作，有两个中篇，一是朝露先生的《血泪征程》，记他当年跋涉千山万水参加抗战的经过，胡山源先生批评它'是一部惊心动魄的实录，可为大时代划下一个深刻的记号'，的非虚语。其二是以盈先生所译法国裴尔白诺的《不流血的断头台》，记他十五年的监狱生活，读了也足惊心怵目的"。"长篇作品，有程小青先生的《波谲云诡录》，是译的英国侦探小说名女作家葛丽丝蒂的最新杰作，记述英国一对夫妇破获德国第五纵队的一段故事，勾心斗角，曲折动人。"（《紫罗兰庵灯下》）

樂觀

民國三十六年四月出版

創刊號

發行人：林振凌
編輯人：周瘦鵑
美術：宋子英
出版者：銀都廣告社
總經銷：五洲書報社

每册另售國幣伍千元
定戶 六期預付三萬元
十二期預付六萬元
按期扣除八折優待郵費另加

版權所有 不准轉載

本外埠經銷處

廣告價目

《乐观》(1947)创刊号版权页

周瘦鹃意想不到的是，《乐观》创刊号竟然是终刊号，连和读者告别一声的机会都没有就遽然离去。

《文艺工作》

《文艺工作》第一号刊影

《文艺工作》，孙陵主编。1948 年5月在上海创刊。三十二开本，一百四十余页。

孙陵(1914—1983)，原名孙钟琦，另有笔名梅陵、虚生。山东黄县人。少年时即去哈尔滨。哈尔滨政法大学肄业，“九一八”事变后开始写作。1936 年到上海。他的长篇报告文学《边声》，反映日本的侵华罪行和中国人民的抗日斗争，在《光明》杂志连载，引起文坛重视。1937 年淞沪战役爆发后，与作家孟十还等发起“投笔从军”运动，在华北战区从事文化工作。1949 年去台湾。

1938 年，孙陵与臧云远曾在汉口编辑《自由中国》月刊，4 月创刊，6 月出全第三期后停刊。1940 年 11 月在桂林复刊，第二年 5 月出版了第二卷第一、二期合刊终刊。1947 年，孙陵想在上海复刊《自由中国》，从春天请求登记一直等到秋天，最后当局告以纸张节约而未能实现。孙陵只好暂时以丛刊的形式出版《文艺工作》，同时继续进行登记，希望条件许可，《自由中国》能再和读者见面。

署名“本社”的发刊词，题为《献给读者》。文中说道：

《文艺工作》这小刊物，顾名思义也只是在文艺岗位上做一点本分事而已。但是却也有我们的见解。我们认为：

一，在今天还高谈“艺术至上”，“为艺术而艺术”的先生们，并不表示他对艺术的忠实和爱好，另一面，却适足说明他对人类苦难生活的冷淡和残酷。脱离了人类苦乐的艺术，那已不是艺术，而变成了毒品，那是对人无益，对己有害的东西！虽然在吸毒者自己感到片刻的心得神怡，全身麻醉，飘飘然像要飞上天去，结果他却更加陷入了不能自拔的深渊。

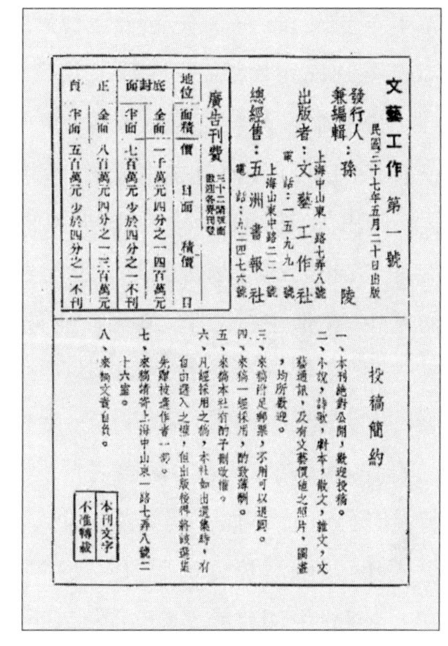
文藝工作 第一號
民國三十七年五月二十日出版
發行人兼編輯：孫陵
上海中山東一路七弄八號
出版者：文藝工作社
電話：一五九九一號
上海山東中路二二一號
總經售：五洲書報社
電話：九二四七六號

廣告刊費

地位		面積	價目	面積	價目
底封面	全面	一千萬元		四分之一	四百萬元
	半面	七百萬元		少於四分之一	不刊
正頁	全面	八百萬元		四分之一	三百萬元
	半面	五百萬元		少於四分之一	不刊

投稿簡約

一、本刊絕對公開，歡迎投稿。
二、小說，詩歌，劇本，散文，雜文，文藝通訊，及有文藝價值之照片，圖畫，均所歡迎。
三、來稿附足郵票，不用可以退回。
四、來稿一經採用，酌致薄酬。
五、來稿本社有酌予刪改權。
六、凡經採用之稿，本社如出選集時，有自由選入之權，但出版後得將該選集先贈被選作者一册。
七、來稿請寄上海中山東一路七弄八號二十六室。
八、來稿文責自負。

本刊文字不准轉載

《文艺工作》第一号版权页

二，我们认为最好的作家，他必须是最有良心，最有人性，也必然最能忠于真理的作家！既然说这是人民的世纪，他便须忠于人民，为人民而服务。倘有骑在人民的背上，扼住人民的喉咙，而自己却吹起喇叭，把自己吹成人民的“救主”。以此君临人民，装模作样，自命风流，指鹿为马，恐吓群众，实行欺骗，生杀予夺，一意孤行的狂妄家伙，我们便不能容许他的存在！须知人民的眼睛，原本就雪亮的。盲目的欺骗，不惟有背做人的道德，且亦终有被事实戳穿的一天！

这一期《编者的话》，不仅一一介绍了几乎全部刊发的作品，而且对作家当时的行踪也做了简略的报道，动乱年代为读者留下了斑驳的历史陈迹：“张君川先生，在浙大教了十年书，是国内惟一的莎士比亚研究专家，对于戏剧导演，也是他的专长，最近导演《棠棣之花》，他正进行演出《哈姆雷特》的计划。汪曾祺先生，胜利后由云南来上海教了一年书，写了不少作品，最近去到北平已月余，工作未定。唐湜先生写了一篇《论汪曾祺》的文章，独具心得，将于本刊发表。一文先生于胜利后,即回汉口,负责文化生活社社务。来沪后知道本刊决定出版,一连赶了几夜,写出《长夜》,这是一文先生数年来惟一的小说。他的夫人也在几天前到沪,现仍都在文化社工作。田涛先生胜利后一直在四川万县辅成学院任教,今春到沪,写作甚勤,一度想去台湾,现已作罢。陈占元先生前年秋天,偕夫人由粤过沪,任教北大,现卜居沙滩。陈先生的译文,我们也久未读到了。巴金先生胜利返沪后,一直为文化生活社的事而繁忙,在他主持之下,文化社业务已有蓬勃发展。现在一家人住上海。季羡林先生,前年夏天由德返国,秋天去北大任东方语文系主任,他不但能写幽美的文艺作品,他更是东方语文专家,是国内惟一佛经研究者。王统照先生,一直住在青岛,于山大任教之余,写作仍力,这位当年五四新文化运动的健将,所写《一代不如一代》,当能发人深省。靳以先生从在重庆任教复旦大学,已十年了,随学校复员后,住于江湾,现除教书写作之外,兼主编《大公报》星期文艺和《中国作家》,散文集《人世百图》,也在最近出版。诗人邹荻帆先生,供职汉口美国新闻处,李岳南先生任教上海中正学校,臧克家先生主编《文讯》,流沙先生主编《国防新报》。康永年先生,不但是优秀的文艺批评者,他还是优秀的话剧和美术工作者。"

《编者的话》中预告:"唐湜先生写了一篇《论汪曾祺》的文章,独具心得,将于本刊发表",可惜《文艺工作》一期即告结束。不过,1948 年 2 月唐湜确

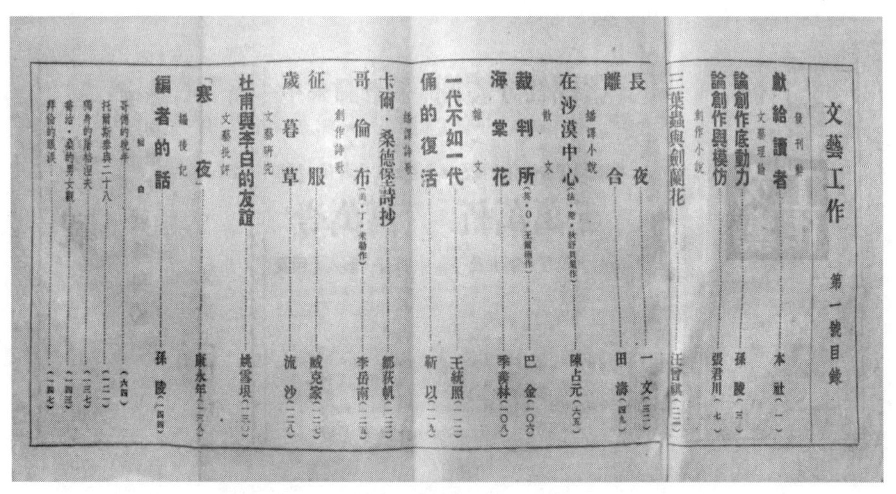

文藝工作　第一號目錄

《文艺工作》第一号目录

实写了一篇《虔诚的纳蕤思》,副题就是"谈汪曾祺的小说"。从时间上推测,这篇长达一万五千字的论文应该就是编者说的《论汪曾祺》。唐湜后来收入批评文集《意度集》,我们尚有幸一读。

汪曾祺在上海(1947)

"一头半白的头发，一身极干净的蓝大褂，一口利落的北京话，眼睛时时在思想、探索,爱抓头皮或许只是一个生活的点缀吧,我看他的意识流无时不在行云流水般流动。"这是唐湜笔下的汪曾祺。他说:"汪曾祺就像是一个萧然一身的魏晋士人。"

唐湜在《虔诚的纳蕤思》中认为汪曾祺是当时中国文坛最可注意的年轻作家:

> 我很少读到过比他的文字更能传神的东西,在他的作品里,几乎字字都尽了最大的功能,精纯已极。他的文体风格里少有西洋风的痕迹,有的也已是变成中国人所习见了的,他这风格,显然是从废名、沈从文处转化来的,可是比起他们的拙朴,他的确似乎更有光采华辉,更有得心应手之妙:从容、诚挚,却又有丰富的机智与讽喻。他的恬淡的文字风格正表现了他的恬淡的思想风格，一个中国传统的哲学观念，调节情感,归于中和。

论及汪曾祺创作道路的发展,唐湜说:"汪曾祺最初的短篇《复仇》给人以跳荡的旋风似的感觉,音步或思绪急促如暗夜风雨的袭击,一些高亢的雨点,一些高音的键子敲过去。一连串跳跃使人有窒息里的尖叫与不连续的颤音呻吟的印象;但他往后的短篇与散文,如《戴车匠》,却给人一种沉静的印

象，如漫步于一些北方的小城，在漫天的风尘里拨弄一些人性的音弦。”(《虔诚的纳蕤思》)

《文艺工作》第一期刊影

唐湜说：“批评也应该是一种能表现青春的生命力或成熟的对生活的沉思的艺术。一篇批评文章本身就应该是一幅好画，一篇好散文，或一篇有蓬勃的力量的搏斗的心理戏剧。只要它是真挚的，切实的，也就总是一致的，完整的，独自兀立着的，恰如一座山(它的崇高)，一片水(它的渊深)，或一片阳光(它的闪烁的浑朴)。”(《〈意度集〉前记》)唐湜的汪曾祺论，就是这样的批评文章。

《文艺工作》刊出的《三叶虫与剑兰花》，是汪曾祺 1947 年的作品。小说写在西南山城一个大学生活了七八年的“我”，在抗战胜利后返迁的日子，看到一个同事小人物的孤独与悲凉。“战争把我们一下子掀翻了，泼出来，从原有设计中一丝一丝拆散。让你再换个样子编去”。唐湜说：汪曾祺的小说，“就是不像小说的小说，一种原胚的人生素瓷，不上釉彩，却更多坚实的诗思”。(《虔诚的纳蕤思》)

1948 年，四川成都另有一种刊名《文艺工作》杂志，成都文艺工作室出版。罗念生、孙大雨、朱自清、谢文炳、靳以、陈治策、圣野、萧赛、杨槐等都有作品发表。半月刊，三十二开本。7 月创刊，同年 9 月停刊，共出六期(一卷)。

《文艺新辑》

1948 年，一个新旧交替社会大变革的历史转折点。战场上炮火连天，文化界硝烟弥漫。

这年 10 月，上海出版了一种丛刊《文艺新辑》(第一辑)，书名《论小资产阶级文艺》。文艺新辑社编辑、刊行，上海书报杂志发行所总经售。三十二开本，七十余页。丛刊，以丛刊面目分辑出版的期刊。每辑根据中心内容或借用辑中某篇文章的题目另起一个书名，书名一辑一换。这是上海从“孤岛”时期到抗战胜利，为避开杂志出版登记注册而出现的一种期刊形式。

《文艺新辑》全期仅有三篇散文、寓言等文学作品，主要是大批判文章。

《文艺新辑》第一辑刊影

领头的是史笃的《略论小资产阶级文艺》。作者说：革命的小资产阶级文艺具有一定的革命性，这是因为在一定的历史阶段，小资产阶级和劳动人民的阶级利益的某种一致。但是小资产阶级的革命性是有限度的，即“动摇的”“浪子”身份。小资产阶级一个特质的主要表现是信仰的动摇、虚无主义、投机、实践的无能等。另一个特质是夸大个人和“自我”的作用，忽视或抹杀社会上的广大劳动群众的作用。小资产阶级的一切特质，尽管有千变万化的种种表现，但是“归根结底，还是那资产阶级本质——个人主义：在

短論
文學的傾向性……思
「大眾」與「小說」……楚 子
略論小資產階級文藝……史 篤（一）
論小資產階級與文藝……許 傑（九）
美國文學界的反動傾向……葉秋[illegible]
論朱光潛……蔡 儀
論駱駝祥子……許 傑
論海派北移……夏康農
紹興與魯迅……康 平
寓言五則……石 午
有餘家的生活……辛未艾
文藝時評……士 仁
封面木刻：角園（野夫作）

文藝新輯
（第一輯）

《文艺新辑》第一辑目录

中国，再加上点封建余毒”。作者指出：“小资产阶级的文艺，无论怎样，是不能不受到阶级性的限制的。小资产阶级文艺往往强烈的否定现实，然而又不能真正的肯定未来”。即使进步的小资产阶级文艺也往往采取自我表现主义的形式。“或则描写有限的一个小圈子，或则作个人的抒情，或则用浓烈的主观色彩千篇一律的涂抹客观的对象”。作者的结论是：小资产阶级文艺作家的改造，于是成为一个迫切的课题。同时，改造也成为可能：“这在《论文艺问题》（指毛泽东《在延安文艺座谈会上的讲话》——引者）里，曾经总结过去一切‘获得正确世界观’，‘获得革命意识形态’，‘作家无产阶级化’，‘扩大生活’，‘下乡’，‘入伍’的努力而有了原则性的基本的明确规定。”

许杰的《论小资产阶级与文艺》肯定“小资产阶级出身的知识分子在从五四开始的文艺发展的道路上，几乎是运动的主力军。在实际的社会变革的行程中，自然赶不上工农分子的积极，也赶不上工农分子所发生的力量，但在文化运动文艺运动这一领域当中，很显然的，这是他们有力的阵地，小资产阶级文艺必须引起我们高度的关注”。但强调“改造”的必要：“小资产阶级的参加革命，他的意识便得改造”。“一个小资产阶级的文艺工作者，他也不能把原有小资产阶级文艺的习气，带进了自己工作的领域。过去的士大夫意识，应该彻底的加以肃清，由于资本主义社会所带来的自由主义倾向，也应当改造。”

蔡仪的《论朱光潜》断言：“以旧的士大夫的底子，而加上洋化的镀金，就成了朱光潜！”“中国的一切旧的，和西洋的一切新的，两者在朱光潜的意识里如此的结合一致，犹如中国的封建地主统治阶级和帝国主义者的能结合一致一样”。“宠邀圣眷、跻身权要”的朱光潜的理论是宣传封建意识、封建统治的工具。

许杰的《论〈骆驼祥子〉》是对《骆驼祥子》的批评。作者说:老舍创造了一个祥子,刻画了祥子整部生活的历史。但是,祥子走上毁灭的原因,老舍却没有告诉我们。“看不见中国社会的一线光明和出路”。认为结尾太低沉,弥漫着阴郁绝望的气氛,老舍没有表现光明,没有给祥子找到革命的出路,甚至连最低的反抗意识也没有暗示给他。

《论海派北移》作者夏康农如此揭露“海派”和“京派”:“海派”产生于“洋场”,“总掩不住那逢迎外来的侵略势力,积染成为专门做些皮相功夫,寝渐至于忘其所以的露骨表现”;“京派”那“保守性的一板三眼,只留下些无内容的躯壳,无生命的骷髅”。

董秋斯的《美国文学界的反动倾向》,则提出了这样的观点:近二十年来,美国“三十年代最优秀最有前途的作家,有一大半放弃了他们所继承的写实主义传统,放弃了他们对社会病态和人类苦难的关怀,或流于神秘主义,或流于低级趣味的颓废思想,或竟摇身一变作了法西斯帝国主义的代言人,讨伐进步思想的急先锋了”。

士仁认为,大变革的时代,要求文艺工作者“应该献身于文艺的战斗”,文艺刊物“能更积极更一致的为这行将诞生的新社会服务”。据此,在《文艺时评》中批评《文艺春秋》的作品和论文“都似乎和时代距离得很远”;《残夜》“令人引起一种灰色的感觉”,“缺乏时代感,也缺乏现实感”;指责北平的《泥土》与香港《大众文艺丛刊》的论辩是“固执成见,坚持一偏”。

《文艺新辑》以其革命的大批判的“火药味”引人瞩目。

早在3月1日,香港已经有一本《大众文艺丛刊》打响了“第一炮”。这本丛刊迅速在上海、南京、北平的书店、书摊出现,引起强烈的反应。

《大众文艺丛刊》第一辑书名《文艺的新方向》。《致读者》中说:“这不是一个同人的刊物,而是一个群众的刊物。”王仿子《有关〈大众文艺丛刊〉的一些情况》则说明“它是中共香港文委的几名负责人发起创办”。邵荃麟、冯乃超、胡绳、林默涵、乔木(乔冠华)、夏衍、郭沫若、茅盾、丁玲等主要作者,1949年以后都是中共主管文艺工作的重要领导人,或文坛的领袖。仅此就可以看到杂志在当时非同一般的地位和影响。

《大众文艺丛刊》第一辑刊影

郭沫若的《斥反动文艺》是第一辑中的重要文章。他指出:“今天是人民的革命势力与反人民的反革命势力作短兵相接的时候，衡定是非的标准非常鲜明。凡是有利于人民解放的革命战争的,便是善,便是是,便是正动;反之,便是恶,便是非,便是对革命的反动。”文中指斥“封建”“买办”的“反人民革命”的“反动文艺”的代表人物:沈从文“一直是有意识地作为反动派而活动着”;萧乾贩卖精神鸦片,是“标准的买办型”;朱光潜是国民党的御用作家和学者。《大众文艺丛刊》第二辑《人民与文艺》,又有邵荃麟的《朱光潜的怯懦和凶残》,批驳了朱光潜的《谈群众培养怯懦与凶残》一文,称之为“卑劣,无耻,阴险,狠毒的文字”。

《大众文艺丛刊》共出六辑,声讨“反动文艺”只是大批判的一个方面。批判的矛头还指向“自行提出一套思想,一套理论”“自成一个小集团”的胡风和他的朋友们,指向姚雪垠、臧克家等国统区的知名作家的创作倾向,指向十九世纪欧洲的资产阶级的古典文艺和西方现代主义文化:

> 六辑的内容,环绕一个主题,宣传毛泽东文艺思想,批判胡风文艺思想,以及其他被认为违背《在延安文艺座谈会上的讲话》精神的作家和作品(如沈从文、朱光潜、萧乾等)。(王仿子:《有关〈大众文艺丛刊〉的一些情况》)

所有的文章都是以毛泽东《在延安文艺座谈会上的讲话》为唯一参照系,旨在强化中国共产党对于文学及知识分子的领导。

《文艺新辑》也是中共领导下的刊物。史笃,即蒋天佐(1913—1987),原名刘健。江苏靖江人。1930年加入中国共产党,后在上海文化界做党的秘密工作。当时为中共上海文委的领导之一。蔡仪(1906—1992),时在上海大夏大学教书,兼任杭州艺专教授。此前的"1946年3月得冯乃超由重庆的来信说,党组织已批准蔡仪入党,是正式党员,没有候补期"。(乔象钟:《蔡仪传》)董秋斯,原名董绍明。河北静海(今属天津)人。1946年的中共党员。夏康农(1902—1970),原名夏检。湖北武昌(今武汉市武昌区)人。"五四"时期和赵世炎等发起成立少年学会,出版《少年》。后留法,获里昂大学文学博士。回国后在大学任教。辛未艾,即包文棣。1942年的中共党员。许杰(1901—1993),原名许世杰。浙江天台人。二十世纪二十年代初开始发表作品,1925年加入文学研究会。抗战时期颠沛流亡,1946年回到上海,在大学任教。他是当时著名的民主教授。《文艺新辑》正是对《大众文艺丛刊》的积极呼应。《大众文艺丛刊》指向的几个方面,也是《文艺新辑》批判的内容。《大众文艺丛刊》倡导以解放区文艺为样板的"人民文艺",《文艺新辑》赞扬以《李有才板话》作为典范的大众文艺,肯定人民文艺的社会改造作用。史笃论述"革命工农大众行将自己站到文艺舞台之上,工农大众的文艺行将施展它自己的伟力",政治形势和文艺形势决定了"必须对小资产阶级知识分子文艺的问题有更深入的认识",与《大众文艺丛刊》的纲领性文件《对于当前文艺运动的意见》的主旨一致。

《大众文艺丛刊》出版前后,在香港还有《小说月刊》(茅盾、巴人、葛琴、周而复、适夷等编辑)、《文艺生活》(司马文森编辑)创刊或复刊,同样是中共领导或影响下的刊物,也同样加入了大批判的队伍。点名批评骆宾基《北望园的春天》、钱锺书《围城》、李广田《引力》的文章都刊登在这些杂志上面。

这样的批判,自是有组织的部署。《毛泽东文集》(第五卷)载,1948年1月14日毛泽东曾为中共中央起草《致香港分局及中央各分局电》,内称:"要在报纸上刊物上对于美帝及国民党反动派存有幻想、反对人民民主革命、反对共产党的某些中产阶级右翼分子的公开的严重的反动倾向加以公开的批评与揭露。"这是用毛泽东文艺思想指导进行"两条路线斗争"的一次预演。

《春雷》

《春雷》,1949 年 4 月 1 日出版,编辑、发行均为春雷社。1924 年,蒋光赤在上海就办过一个刊名《春雷》的周刊,专门提倡革命文学。

《中国现代文学流派词典》(范泉主编,上海书店出版社出版)介绍“春雷社”:

> 1949 年 2 月,欧阳恢绪(如火)、尚森海(三木君)、王学禹等在上海成立春雷社。他们的主要活动是出版《春雷》文艺月刊,在上海发行。同年 5 月,上海解放,因工作需要,欧阳恢绪去了福建,尚森海参加了南下服务团,《春雷》月刊出了两期后即告停刊,春雷社也就解体。
>
> 《春雷》登载的主要作品有:如火的论文《论罗亭》,许杰的《论人民文学》,三木君的小说《不让他开船》,辛夷的小说《坐地虎》等。

据《上海图书馆馆藏近现代中文期刊总目》和《百年中文文学期刊图典》著录,《春雷》仅出一期。词条释文中所说的几篇作品,全部刊登在第一期。同时,三木君的《不让他开船》不是小说,而是诗作。

《春雷》创刊的时候,中国人民解放军已取得辽沈、淮海、平津三大战役的胜利,百万大军即将横渡长江。作家许杰的女儿回忆她的父亲:1949 年早春,解放军的炮火都快打到长江边上了。父亲和范泉、魏金枝聚在魏先生家里收听解放区广播。“几个稳重老成、为人师表的中年人,此时竟像孩子似的充满了期待和企盼,充满了兴奋和激动……”(许宏:《绵长清溪水:许杰纪传》)

《春雷》为十六开本,连封面在内只有十二页。开卷第一篇是许杰的论文

《论人民文学》。文章开头，作者就直接提出对中国新文艺运动的基本立场和看法：“中国新文艺运动的传统精神，在一开始的时候，就与中国的人民解放运动配合起来的，因为中国的历史，规定这一条道路，中国新文艺运动的精神，不得不就是中国人民解放运动的精神。中国的新文艺运动，不得不为中国人民的解放运动，也不得不为要求解放而参加这个运动的人民服务的。”他说：“现阶段的文艺工作者，除了少数一部分有意的离开了人民违背了人民的利益，和反动势力沆瀣一气，为反动者做喇叭管以外，其余还有一大部分的人们，有些虽然从良心出发，不肯和反动者站在一起为他们张目，但因为看不清历史，洗汰不了旧文人旧意识的士大夫阶级的洁癖，因而看不起这些粗鲁而满身带着泥土气的人民，更不肯‘降尊就卑’去从事什么人民文艺；有些虽然也懂得历史，懂得人民的历史的任务，而且也一心想为人民服务，但因为思想与行动，认识与实践，发生了脱节，他只是站在都市，坐在自己的著作室里面来设想人民，用公式去范围人民，那也是写不出什么人民来的。”因而，他认为：“和人民生活在一道懂得人民，理解他的生活感情和思想，和他们的感情思想呼吸在一起，而又能指导他们的思想感情与行动的，这才是和人民结合成一体的知识分子、革命领导者或文艺工作者。”他指出：在实践的过程中，要和一切思想的毒害做斗争，“批判自己，改正自己，用正确的思想，来变革自己的意识，武装自己的意识”。当时，对知识分子的负面词语远没有后来为多，但许杰文章的“赤化”程度是十分明显的。

《春雷》创刊号刊影

这年1月出版的《文艺春秋》杂志有一个《新春随笔》的专辑，内有许杰的《面对着新的现实》。他在文中说：“我们却正面临着一个新的现实，兴奋，警惕,激动的情怀,振奋的热泪,特别是,我们还处在这块地面上,我们还得时时刻刻的担心失掉理性的狂噬,担惊,受怕,躲避着迫害,准备着迎接新生。"他赞扬新现实:"这是人类自己创造的,从古未有的,新的历史的开端。"面对着新的现实,他回顾过去:"我觉得,我在新的历史的创造中,自己并没有贡献过什么能力,自己就应当忏悔;在过去,一直连到现在,甚至到了今后,我虽也同样的呼吸着中国苦难人民的呼吸,和着他们共同的生活,但因为自己刚正还是一个知识分子,他们真正的苦难,自己还没有受到,所以也不应该有什么过高的期望。"他只是"希望能有一个新的环境,给予我以努力的机会,并且督促我可能有一个比较积极的努力,革除了自己的知识分子的一切不必要的习惯吧"。许杰的态度是真诚的。孰料时移世易,仅仅是几年就天旋地转。1957 年 6 月 26 日,华东师范大学宣布的一批"右派"首脑人物中,中文系主任许杰教授竟然是头号"右派"。这不仅使许杰如闻"晴天霹雳",也让更多的人惊诧莫名,感慨唏嘘于政治的无可捉摸了。

如火的《论罗亭》,论的是杜格涅夫(屠格涅夫)的罗亭,意在引申对"中国今天的罗亭"的启示。罗亭有学识,有理想,但以"清谈"度岁月。这是罗亭的缺点。作者说:"晚年的罗亭,由于经历过的辛酸,血淋淋的生活教训,知道专凭一点善良与热情是无济于事的,他醒悟了单独的去和时代斗争,结果不过是泡沫而已,于是他才由沮丧而变为剧烈的流血,他虽则有许多缺点,而总是值得赞美与同情。"

银沐的《也谈笑剧时代》,嘲讽当局政治、经济的诸种丑闻,"这真使人感到啼笑皆非,然而这时代总不会长了"。

这一期《春雷》的创作,小说、散文各有一篇,诗歌居多,以揭露国民党政权行将崩溃的恶政时弊为主要内容。辛夷的《坐地虎》,写绰号"坐地虎"的范保长为非作歹、鱼肉百姓,最终死在受害者的枪口之下。北乃木的《八行谣歌》是每首八行的短诗,四首诗表现了兵匪的抢劫、敲诈、抓丁等罪行。易水寒的《末路》写人民的反抗:"张八爷逼命要讨那两担稞",庄稼人以血回应:"半夜一阵劲风 / 牛他爸回来了 / '老狗日的 / 管他这辈不来逼稞了' / 说着气勃勃的扬起那带血的棍"。三木君的《不让他开船》目睹当局败退掠走器材、枪炮、文物以及军队的作为,高喊:"不让他开船 / 那是我们的 / 那是我们人民的”。散文《雾》将雾的形态，雾中行走的体验，由雾引起的浮想联翩，一一汇入笔端。

天地即将变色。人们已经看到了曙光。

刘曲的《时间想已不远》：

天乌黑 / / 从暗夜里警觉起来 / 划我仅有的一枚火柴 / 我的表 / 在下一点停摆了 / / 为和伙伴们一道去迎接明天的太阳啊 / 我们是要趁着曙光前 / 集合在山巅 / 因此我不敢再合眼 / 怕由恶梦而缠绵 / / 向窗外我瞪直了眼 / 紧望有一声公鸡的打鸣

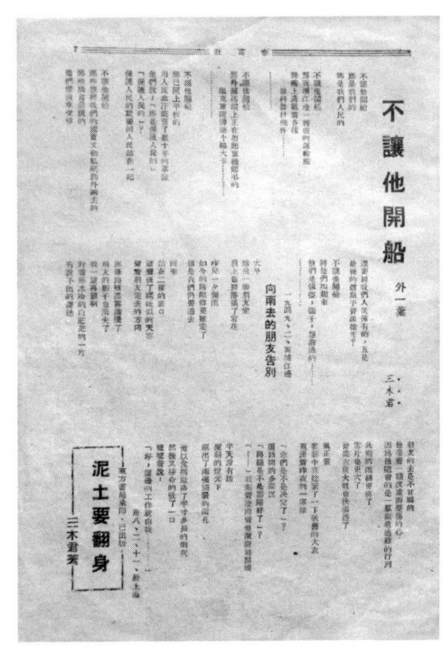

不讓他開船

外一葉

三木君

向南去的朋友告別

泥土要翻身

三木君著

三木君：《不让他开船》

徐衍的《短章》之二：

人民的队伍 / 带着 / 春天的通知 / 大踏步的来了 / 赶快排队 / 赶快去迎接 / 我们要大声的笑 / 大声的歌唱…… / 应该欢欣的 / 明天 / 不再有 / 哭泣的人……

4 月 21 日，《春雷》出版后二十天，中国人民解放军突破长江防线，23 日占领南京。5 月 12 日发动上海战役，27 日全部攻占上海。

《春雷》也许是民国时期上海出版的最后一种文学杂志。

附　录

张爱玲与民国文学期刊

张爱玲说:“出名要趁早呀！来得太晚的话,快乐也不那么痛快。”(《〈传奇〉再版序言》)她二十五岁前就达到了创作的峰巅。作家登龙,杂志为径。最初的文学舞台《紫罗兰》使张爱玲声名鹊起;《万象》《天地》进一步扩大了她的读者群,提高了她的知名度;《杂志》更助推她青云直上,成为上海家喻户晓的明星级人物;直到《苦竹》及《大家》之后她告别大陆。本文就张爱玲与民国几个文学期刊的聚合分离,试作梳理。

《紫罗兰》:敲开文坛之门

1943 年,张爱玲在沦陷的上海跃上文坛,进而红极一时。

张爱玲敲开文坛之门的小说《沉香屑:第一炉香》,发表在《紫罗兰》。

《紫罗兰》是周瘦鹃(1895—1968)主编的杂志。周瘦鹃,原名周国贤。江苏苏州人。上海民立中学毕业后,留校执教。他集创作、翻译、编辑于一身。早年译作《欧美名家短篇小说丛刊》曾受到鲁迅兄弟的褒奖,高尔基的作品也是由他首先介绍给中国读者的。他主编的《礼拜六》广为人知,为鸳鸯蝴蝶派泰斗级的人物。1925 年 12 月至 1930 年 6 月,他曾办过《紫罗兰》杂志,内容有小说笔记、妇女与装饰等,方型开本,颇为新颖。《紫罗兰》停刊十多年后,1943 年春天,上海银都广告公司总经理林振浚,爱好文艺,对当年《紫罗兰》留有极深刻的印象,出资委托周瘦鹃筹备一个以通俗小说为主的刊物并任主编,刊名仍叫《紫罗兰》。林和他的广告公司负责出版和发行。

周瘦鹃为什么对紫罗兰情有独钟？据说是为了纪念他的初恋。周与初恋女友两情相悦，待到谈及婚嫁时，女方父母因嫌周瘦鹃贫穷而坚决反对，而女友只有饮泣服从父母威严。* 初恋的惨败对他打击极大，周瘦鹃一生念念不忘。晚年曾有《一生低首紫罗兰》一文，叙说这段倾心四十余年而不能去怀的情事，道出"低首紫罗兰"的缘由："因为伊人的西名是紫罗兰，我就把紫罗兰作为伊人的象征，于是我往年所编的杂志，就定名为《紫罗兰》《紫兰花片》，我的小品集定名为《紫兰芽》《紫兰小语》，我的苏州园居定名为'紫兰小筑'，我的书室定名为'紫罗兰庵'，更在园子的一角叠石为台，定名为'紫兰台'"。

周瘦鹃在他的紫罗兰庵为《紫罗兰》的出版谋划时，一个春寒料峭的下午，一位小姐带着周的好友黄岳渊的介绍信登门拜访。这位小姐就是张爱玲。

张爱玲(1920—1995)，原籍河北丰润(今唐山市丰润区)，生于上海。圣玛利亚女校高中毕业后，参加伦敦大学远东区入学考试，获第一名。后因为欧战爆发，不能去英国，只能入香港大学文科就读。1941 年，本来再过一年就可毕业，不料太平洋战事发生，港大停课。1942 年夏天，她辗转回到上海，和姑母住在静安寺一座西式公寓中，从事卖文生活，而且卖的还是"西"文，既给英文《泰晤士报》写影评剧评，又替德国人办的英文杂志《二十世纪》写文章。中文作品，她以前给《西风》杂志写过一篇《天才梦》，后来再没有动过笔。最近却根据香港之行的感受，写了两部中篇小说，演述两段香港的故事。她希望得到周瘦鹃先生的指教。周瘦鹃下楼到客厅，客座中站起一位穿着鹅黄缎半臂的长身玉立的小姐向他鞠躬。落座之后，张爱玲把一个纸包打开

* 陈子善先生在《周瘦鹃的紫罗兰情结》文中说，周瘦鹃这位初恋情人就是他外公的妹妹周吟萍。有关文字节录如后："在中学求学期间，周瘦鹃去观看上海务本女子中学的联欢演出，见到一位名叫周吟萍的秀丽女生，台上表演生动活泼，台下应对也端庄大方，从此一见倾心，热烈追求。两人情书往还频繁，山盟海誓，情意绵绵。谁知有情人难成眷属，我外公家数代经商，家道殷实，很看不起周瘦鹃这个穷学生，认为门不当，户不对，强行拆散这对恋人，将周吟萍另行婚配了"。"要不是当年我外公家竭力反对这门自由恋爱的亲事，周瘦鹃很可能就成了我的公公了"。"周吟萍的英文名叫 Violet(紫罗兰)。失恋之后，周瘦鹃就爱紫罗兰成癖"。

来,将两本稿簿捧了给周先生。周瘦鹃一看标题叫作《沉香屑》,第一篇标明《第一炉香》,第二篇标明《第二炉香》,已觉得很别致,很有意味了。当下就请她把这稿本留下,容细细拜读。随后又和她谈起《紫罗兰》复活的事,张爱玲听了很兴奋。她说她的母亲和她的姑母都是周先生十多年前主编的《半月》《紫罗兰》和《紫兰花片》等刊物的读者,她母亲正留法学画归国,读了周瘦鹃的哀情小说,落过不少眼泪,还曾写信劝周不要再写呢。两人长谈了一点多钟,方始作别。

当夜,周瘦鹃就在灯下读起《沉香屑》来,一壁读,一壁击节,觉得它的风格很像英国名作家Somerset Maugham(毛姆)的作品,而又受一些《红楼梦》的影响。周先生后来说:“不管别人读了以为如何,而我却是‘深喜之’了。”

一星期后,张爱玲来问周瘦鹃读后的意见,周把这些话向她一说,她表示心悦诚服,因为她正是Somerset Maugham作品的爱好者,而《红楼梦》也是她所喜读的。周先生问她愿不愿将《沉香屑》发表在《紫罗兰》里,她一口应允,于是便约定在《紫罗兰》第一期出版之后,周瘦鹃拿了样本去瞧她,她称谢而去。当晚她又赶来,热诚地约周先生夫妇俩届时同去,参与她的一个小小茶会。

《紫罗兰》第一期4月出版,三十二开本,较原来的方型开本为小。那天,周瘦鹃的夫人因家中有事,不能分身,他便如约带了样本独自到张爱玲住的公寓。张爱玲引领他见过了她的姑母,又指着客室里两张照片中一位丰容盛鬋的太太给周先生介绍,说这就是她的母亲,一向住在新加坡,前年12月8日以后,杳无消息,最近有人传言,说已到了印度。茶会并无别客,只有她们姑侄俩和周先生。三人谈了许多文艺和园艺上的话,张爱玲拿出一份她在《二十世纪》杂志中所写的一篇文章《中国的生活与服装》送给周先生,所有妇女新旧服装的插图,也都是她自己画的。周约略一读,就觉得她英文的高明,而画笔也十分生动,不由不深深地佩服她的天才。

1943年5月,《紫罗兰》第二期出版,封面“碧桃紫兰,灿然动目”(周瘦鹃语),内文就有《沉香屑:第一炉香》。周瘦鹃在刊前语《写在〈紫罗兰〉前头》中,翔实记下了与张爱玲交往的经过之后,表示:“如今我郑重地发表了这篇《沉香屑》,请读者共同来欣赏张女士一种特殊情调的作品,而对于当年香港所谓高等华人的那种骄奢淫逸的生活,也可得到一个深刻的印象。"小说写"初出茅庐的少女,走向不幸婚姻的经过","是一个逼'良'为'娼'的故事"。少女寻找到自己的理想王子后,却未能快活,反之"替自己打开了一扇烦恼之门,连带产生了或多或少的悲剧性醒悟"。她面前是"无边的荒凉,无边的恐怖"。(水晶:《"炉香"袅袅〈仕女图〉》)《第一炉香》连载了三期,接着《沉香屑:第二炉香》在第五期登场,至第六期刊完。两炉香,画出了末世人性之变和乱世人情之常。

夏志清称《沉香屑》是自《红楼梦》问世以来无与伦比的"对闺阁的现实主义描写"。张爱玲可谓一出手就才情横溢,风华绝代了。

五期连载之后,迅速走红的张爱玲就与《紫罗兰》告别了。张爱玲之所以这样做,原因有二:一是因为杂志。虽说《紫罗兰》创刊时申明,本刊"文学与科学合流,小说与散文并列,趣味与意义兼顾,语体与文言并存"。不过,杂志的相当一部分作者仍是当年鸳鸯蝴蝶派的老人,刊登得多的依旧是言情小说。尽管也吸纳了一批新作家的创作,一些作品也力图由言情而投射出时代和现实,但终归被视为旧派余响,声望不高。当时作家柳雨生说:"我第一次看到张先生的大著《沉香屑》,第一炉香或第二炉香,则是在一个名称有点花香气氛的流行杂志上面的也,因此亦联想到其内容的庸俗,不高兴去读去说了。"(《说张爱玲》)这一点,张爱玲心里很清楚。二是因为《沉香屑:第二炉香》的刊载。8 月 10 日出版的第五期《紫罗兰》,周瘦鹃《写在〈紫罗兰〉前头》有这样一段话:"张爱玲女士的《沉香屑》第一炉香已烧完了,得到了读者很多的好评。本期又燃上了《第二炉香》,写香港一位英国籍的大学教授,因娶了一个不解性教育的年轻妻子而演出的一段悲哀故事,叙述与描写的技巧,仍保持她的独特的风格。张女士因为要出单行本,本来要求我一期登完的;可是篇幅实在太长了,不能如命,抱歉得很!但这第二炉香烧完之后,可没有第三炉香了;我真有些舍不得一次烧完它,何妨留一半儿下来,让那沉香屑慢慢的化为灰烬,让大家慢慢的多领略些幽香呢。"用心良好,但没有满足张爱玲的要求,心高气傲的张小姐会感到不快,从而结束了与《紫罗兰》的交往。

1945 年 3 月,《紫罗兰》停刊,出了十八期。与二十年代的《紫罗兰》出九十六期相比，今不如昔。江山沉沦，刊物也难以为继。

周瘦鹃在“文革”浩劫中因不堪凌辱而投井自杀，这天是1968年8月7日。十个月前在大洋彼岸，张爱玲的第二任丈夫甫德南·赖雅(Ferdinand Reyher,1891—1967)去世，身处异国新寡的女作家不会想到当年赏识她的“伯乐”吧？

《万象》：“腰斩”《连环套》

张爱玲与《万象》的结缘比《紫罗兰》稍晚，在1943年的初夏。

《万象》是1941年7月在“孤岛”时期的上海创刊的杂志。出资人、发行人、重要撰稿人平襟亚(1892—1980)，江苏常熟人。先创办中央书店，后办起万象书屋。负责编辑的是陈蝶衣(1908—2007)，生于江苏武进。资深的小报编辑，著名的通俗歌词的作者。他编的《万象》以刊载通俗小说为主，是市民消遣解闷的软性读物。1943年5月，柯灵接手《万象》的编辑。柯灵(1909—2000)，原名高隆任，字季琳，浙江绍兴人。1931年到上海，左翼作家。柯灵取向严肃文学，新文学在《万象》中逐渐占有大的比重，新文学作家王统照、师陀、唐弢等都是刊物的要角。

1944年8月，平襟亚说，一年前张爱玲“独自捧了一束原稿到万象书屋来看我，意思间要我把她的作品推荐给编者柯灵先生，当然我没有使她失望”。说这话时，两人已经失和，人们注意的是平和张的纠纷，而忽略了他们的最初结识。倒是柯灵与张爱玲的第一次见面为今日大陆张迷所熟知，因为1984年柯灵在《遥寄张爱玲》中的回忆写得情景真切：“我受聘接编商业性杂志《万象》，正在寻求作家的支持，偶尔翻阅《紫罗兰》杂志，奇迹似的发现了《沉香屑：第一炉香》，张爱玲是谁呢？我怎么能够找到她，请她写稿呢？紫罗兰庵主人周瘦鹃，我是认识的，我踌躇再三，总感到不便请他作青鸟使。正在无计可施，张爱玲却出乎意外地出现了。出版《万象》的是中央书店，在福州路昼锦里附近的一个小弄堂里，一座双开间石库门住宅，楼下是店堂，《万象》编辑室设在楼上厢房里，隔着一道门，就是老板平襟亚夫妇的卧室。好在编辑室里除了我，就只有一位助手杨幼生(即洪荒，也就是现在《上海抗战时期文学丛书》的实际负责人之一),不致扰乱东家的安静,当时上海的文化,相当一部分就是在这类屋檐下产生的。而我就在这间家庭式的厢房里,荣幸地接见了这位初露锋芒的女作家。那大概是7月里的一天,张爱玲穿着丝质碎花旗袍,色泽淡雅,也就是当时上海小姐普通的装束,肋下夹着一个报纸包,说有一篇稿子要我看一看,那就是随后发表在《万象》上的小说《心经》,还附有她手绘的插图。会见和谈话很简短,却很愉快。谈的什么,已很难回忆,但我当时的心情,至今清清楚楚。"

《心经》写了一个畸形的恋爱,透过伦理的表面,表现人性深处的情欲涌动,揭示了人生凄厉的一面。柯灵是从六月号接编《万象》的,这篇小说在八月号和九月号分两次登出。

十一月号的《万象》,又在显著位置刊发了小说《琉璃瓦》。姚先生的太太先后生了七个女儿,根据"弄瓦弄璋"的古语,人们戏称"瓦窑"。姚先生盘算的是怎样靠女儿吃饭,回应说:"我们是琉璃瓦。"张爱玲从婚嫁背后的利益打算,家长里短的风波,画出了人性世情。

柯灵看重张爱玲,初发《心经》时就在《编辑室》中称誉:"《心经》的作者张爱玲女士,在近顷小说作者中颇引人注目,她同时擅长绘事,所以她的文字也有色彩鲜明的特色。"小说标题左方的说明文字是:"本篇插图作者自绘"。《琉璃瓦》中也有张爱玲自绘的插图。

《琉璃瓦》三期载完,1944年1月,《万象》又开始连载张爱玲的《连环套》。柯灵说:《连环套》即以"篇幅的浩瀚和技巧的深度来说,在贫弱的上海文艺界,也该是可贵的收获了"。但是小说连载到六月号时却中途停载,戛然而止。编者不无遗憾地向读者告白:"张爱玲先生的《连环套》,这一期只好暂时缺席了,对于读者,我们知道不免是一种失望,也还只好请读者原谅吧。"

张爱玲为什么要"腰斩"《连环套》?

从台湾头号张迷唐文标的研究开始,一般说法是五月号的《万象》刊出了后来成为翻译名家的傅雷化名"迅雨"的批评文章《论张爱玲的小说》,惹恼了张爱玲。唐文标说:"作者还似乎有意写下去,也许因'一篇批评文章'吧,竟未再提笔了。"(《又热又熟又冷又湿——张爱玲的长篇〈连环套〉》)傅雷的文章固然毫不客气地指出张爱玲小说创作的诸多问题，尤其是严厉地批评了《连环套》，但他为天才女子张爱玲所表现出的巨大才情震惊，高度评价《金锁记》是“文坛最美的收获之一”。傅雷的批评是出于爱才心切，只是他将社会斗争作为文学的主导内容，以悲剧的严肃、崇高作为衡量作品优劣的标尺，这样的左翼归训，张爱玲是不会接受的。不过，不接受也不至于决绝到非“腰斩”不可的程度。因为她自己也不满意《连环套》。1974年6月，《连环套》如同“出土文物”在台湾《幼师文艺》重新刊出，张爱玲坦言：“《幼师文艺》寄《连环套》清样来让我自己校一次，三十年不见，尽管自以为坏，也没想到这样恶劣，通篇胡扯，不禁骇笑。”（《〈张看〉自序》）

这件事要说了解内情的是柯灵，但柯灵却说：“唐文标在《张爱玲研究》一书中说到，傅雷的文章一经刊出，《连环套》就被‘腰斩’，以后张爱玲就不再在《万象》出现。《连环套》的中断有别的因素，并非这样斩钉截铁，我是当事人，可惜当时的细节已在记忆中消失，说不清楚了。”（《遥寄张爱玲》）

柯灵“说不清楚”（或“不想说清楚”）的事，近年有人专门考索，认为“腰斩”的原因是张爱玲为稿费与平襟亚生出嫌隙。有的研究者认为矛盾起因是为了一千元稿费，这说法只是对了一半，准确地说是因为稿费的高低。1944年8月，平襟亚和张爱玲先在《海报》、后在《语林》有一场笔墨官司。平说张多拿《万象》一千元而不供稿，张则说事实并非如此。柯灵为避免事态扩大，伤了和气，“上阵灭火”说：一千元，“这不怪‘某女作家’，也不怪秋翁，疏忽的是我”。但纠纷也并未平息。其实，平襟亚的《一千元的灰钿——记某女作家》已说出因由。平说：他向张爱玲约稿，分期连载《连环套》，讲定每千字一百元，但此后张爱玲要求将稿酬提高到每千字一百五十元，平没有答应。接下来的情况，平襟亚这样写道：“因与彼争论了数语，她不欢而去。后此，每期递减字数，且差不多每期前来要求，例如说：‘这一期我只写五千字了，你要便要；不要就拉倒。’我终于忍耐着，不使她难堪，一凭她减少字数，看她减到多少为止。结果竟然减到一个字都不写了。”他在张爱玲六月号“罢写”之后，曾经做过让步：“编者柯灵兄，在七月号付印时，向我进言，要我加送二千元去，那么三千元写五六千字，也不为少了。我依照编者的吩咐，送去二千元，结果出乎意料之外的，又遭退回。”事情至此已无法挽回，平襟亚才将争端公之于众。(徐步军:《张爱玲长篇小说〈连环套〉夭折之谜》)平张争执沸沸扬扬之时,9月5日《海报》上有署名“梅雪”的《稿费·劝息争》:“稿费争论未肯降,诗人执笔劝平张。襟须酬爱三千元,爱却还君半段长。”“梅雪”的名字,看来出自卢梅坡《雪梅》诗句“梅须逊雪三分白,雪却输梅一段香”。诗人主张互让:平襟亚应多出点稿费,张爱玲应把半部小说写完。这只是诗人的愿望,双方继续合作已无可能。

“三十年前的月亮早已沉下去,三十年前的人也死了,然而三十年前的故事还没完——完不了。”这是张爱玲《金锁记》中的名句。故事也的确没有完。当年,张爱玲与平襟亚不欢而散,与《万象》不再交往。想不到,今日据称独家获得张爱玲授权、大量出版张爱玲著作的台湾皇冠出版社,老板竟是平襟亚的侄子平鑫涛。

时移世变,前尘往事中平添一分人生朝露的况味。

《天地》:自由挥洒的“天地”

《天地》是与张爱玲关系密切的一家期刊。主编苏青(1917—1982),一位出道要比张爱玲早、声名堪与张爱玲并称的女作家。

苏青,原名冯允庄,早年发表作品时署名冯和仪,浙江宁波人。1943年10月,她的天地出版社开张,《天地》月刊创刊,一身兼编辑和发行,创出了自己的一片天地。稍后,自传体长篇小说《结婚十年》和散文集《浣锦集》出版,一纸风行,蜚声上海。

最初几期《天地》曾有小说刊载,以后就成为散文专刊。苏青在《发刊词》中开章就说:“天地之大,固无物不可谈者,只要你谈得有味道耳”。“《天地》乃杂志也,杂志两字若顾名思义,即知其范围宜广大,内容须丰富,取一切杂见杂闻杂事杂物而志之,始符杂志之本义。”说到散文:“散文可以叙述,可以议论,可以夹叙夹议;文体严肃亦可,活泼亦可,但希望严肃勿失之呆板,活泼勿流于油腔滑调而已。编者原是不学无术的人,初不知高深哲理为何物,亦不知圣贤性情为何如也,故只求大家以常人地位说常人的话,举凡生活之甘苦,名利之得失,爱情之变迁,事业之成败,等等,均无不可谈,且谈不厌。”

《天地》的散文也确实达到了丰富和多元。刊载的作品,从文史考辨到人物评论,从女人到男人,从恋爱到婚姻,从听戏到吃饭,随心所欲地谈来,在“杂”和“趣”上赢得了读者。

《天地》从创刊到1945年6月终刊,出版二十一期,刊出张爱玲的散文十四篇,真正成了张爱玲自由挥洒的“天地”。第三期至第十九期,几乎期期都有张的作品。她以错落有致的参差笔墨,写战争阴影下公寓住民的日常生活(《公寓生活记趣》),写公寓之外街道上的都市戏剧(《道路以目》),既有对从前的家的记忆(《私语》),也有对香港战时状态的描摹(《烬余录》)。这些散文后结集为《流言》出版。

张爱玲散文有着独造的文字风格:“近于缠绵的潇洒, 含有三分凉秋的萧瑟,淡淡的哀愁”。(谔厂:《〈流言〉管窥》)作家木心回忆少年时的阅读体验,说:“我初次读到张爱玲的作品是她的散文,在1942年的上海,在几本杂志之间,十五岁的读者快心的反应是:鲁迅之后感觉敏锐表呈精备的是她了。”(《一生常对水晶盘——读张爱玲》)无独有偶,作家贾平凹读张也是先读到散文:“一本《流言》,一本《张看》,书名就劈面惊艳。天下的文章谁敢这样起名,又能起出这样的名,恐怕只有个张爱玲。”“张的散文短可以不过几百字,长则万言,你难以揣度她的那些怪念头从哪儿来的,连续性的感觉不停地闪,组成了石片在水面一连串地漂过去,溅一连串的水花。”(《读张爱玲》)台湾研究张爱玲的学者周芬伶认为:张爱玲的“散文成就不但不亚于小说,在神韵与风格的完整呈现上或又过于小说者”。她在《艳异——张爱玲与中国文学》一书中将散文列为张爱玲作品论的首卷。

第十八期《天地》的《双声》,是张爱玲和炎樱的对谈。炎樱,锡兰(今斯里兰卡)人,锡中混血儿。原名法蒂玛·莫希甸(Fatima Mohideen),“炎樱”是张爱玲给她起的中文名字。她是张爱玲从青春年华到华发暮年、一生连绵不断相交最久的好友。“双声”意为“两个人发出的声音”,也可以指称一种和谐感。“两个好朋友一来一去的‘双簧’中触及到众多话题,例如中国和西方关于爱情的话语,不同文化背景下对于浪漫史的构建,婚姻内外的两性关系,不同年龄女性的时尚,以及日本人思维方式的独特性等”。《双声》犹如小型座谈,张爱玲“将现代散文的领域扩展到了最为奇特、不受限制和覆盖深远的极限”。《双声》“也类似于一部独幕剧。开篇的几段可以看作是舞台描述。情节发生在一个安静的下午, 两个主角进行了一场颇具行为艺术风格的对话。谈话过程中时而出现的戏剧性转折则增加了它的舞台效果”。([美]黄心村:《乱世书写:张爱玲与沦陷时期上海文学及通俗文化》)

当时有“男版张爱玲”之称的李君维(笔名东方蝃蝀)上世纪八十年代,曾对四十年前《双声》中所写的情景进行了“还原”。他说,张爱玲和炎樱一同上街去买鞋,估计是在静安寺路(今南京西路)、西摩路(今陕西路)一带溜达,那里有电影院、鞋店、西书店,还有咖啡馆。她们在飞达咖啡店里款款而谈,有说不完的话题。待她们出来,已是暮色苍茫了。炎樱的家在成都路口,张爱玲的家在赫德路(今常德路),离咖啡店同样远近,可是炎樱坚持要她送。张爱玲虽然抱怨着,还是陪她走去。谈话仿佛溪水汩汩流淌,蜿蜒生姿。“乍看似乎漫不经心的写来,细细品味,字里行间无不洋溢着她们亲密无间的友谊,这种友谊是未脱稚气的女学生之间那种纯真的感情,不带社会上交友那种功利主义色彩。”(李君维:《且说炎樱》)

《双声》印出之后,文中有用黑笔涂去的被认为有碍的十二行文字。据说删掉的原因是谈日本文化太“悲哀”、太“苛刻”了。古远清在为张爱玲辩解的《张爱玲是文化汉奸吗?》中也说:“她倒是有一篇文章虽无什么反日倾向,但由于过多地谈日本文明的悲哀而被编者删削。”但看来未必如是。在涂抹的文字之前的对谈中,张谈到自己“对于日本文化的迷恋,已经过去了”,日本人“有许多感情都是浮面的。对于他们不熟悉的东西,他们没有感情;对于熟悉的东西,每一样他们都有一个固定的感情——‘应当怎样想’”。当炎樱问她:“你想我们批评得太苛刻么?”张爱玲的回答则是:“我想并不太苛刻。”而且接着又说:“同西洋同中国现代的文明比起来,我还是情愿日本的文明的。”

张爱玲在《天地》上只刊登过一篇小说,即 11 月出版的第二期上的《封锁》。就是这篇《封锁》,成就了张爱玲和胡兰成的乱世之恋。

胡兰成(1906—1981),浙江嵊县人。1940 年任汪伪中央宣传部次长,伪《中华日报》总主笔。1943 年《天地》创刊前后,他因为惹恼了汪精卫被投入监狱，又被日本人救出来，在南京家里赋闲。这天，他收到冯和仪寄来的《天地》月刊，就在院子里草地上搬过一把藤椅，躺着晒太阳看书。他说："先看发刊词，原来冯和仪又叫苏青，女娘笔下这样大方利落，倒是难为她。翻到一篇《封锁》，笔者张爱玲，我才看得一二节，不觉身体坐直起来，细细地把它读完一遍又一遍。"（《张爱玲记》）

沦陷时期，"封锁"是家常便饭。警笛一鸣，上海便进入瘫痪状态。《封锁》写的是这种状态下电车中的情境，一个微型时空框架中的一个不近情理的梦。苏青在《编者的话》中赞赏《封锁》是"中国近年来最佳之短篇小说"。胡兰成由《封锁》惊见张爱玲之才。"我去信问苏青，这张爱玲果是何人？她回信只答是女子。我只觉世上但凡有一句话，一件事，是关于张爱玲的，便皆成为好。"（《张爱玲记》）

第二期《天地》还刊有胡兰成的杂感《"言语不通"之故》，一本杂志黏合了张、胡二人。随后，就是胡兰成往访，张爱玲回拜，第一次见面就长谈了五个小时。1月间相识，春天尚未结束就如火如荼了："两人伴在房里，男的废了耕，女的废了织，连同道出去游玩都不想，亦且没有工夫。"（《张爱玲记》）8月结婚，张爱玲二十三岁，胡兰成三十八岁。

《天地》第十九期（1945年4月出版）上有张爱玲一篇《我看苏青》，一向孤高清傲的女作家对她的这位同行却没有低估。她说："低估了苏青的文章的价值，就是低估了现地的文化水准。如果必须把女作者特别分作一档来评论的话，那么，把我同冰心、白薇她们来比较，我实在不能引以为荣，只有和苏青相提并论我是甘心情愿的。"头一年6月，苏青在《传奇》集评茶会上的书面意见中则赞赏张爱玲："我读张爱玲的作品，觉得自有一种魅力，非急切地吞读下去不可。读下去像听凄幽的音乐，即使是片断也会感动起来……我最钦佩她。"

人称张爱玲和苏青是上海"孤岛上的两朵奇葩"。她们最早的作品，现在所能见到的，张是1932年的小说《不幸的她》，刊上海圣玛利亚女校年刊；苏是发在《论语》上的散文《我的女友们》，时间是1935年。十年之后，1943年，张在《紫罗兰》发表《第一炉香》；而苏的《结婚十年》也在《风雨谈》连载。《天地》时期是张、苏的"蜜月"，互推互崇也许是因为惺惺相惜，但是两人的关系却是凶终隙末。个中缘由,从苏青的《续结婚十年》和张爱玲的《小团圆》中按迹索踪,对号入座,当可以寻觅到一点答案。

《杂志》:“送我上青云”的推手

民国文学期刊在张爱玲成名中起作用最大的,应该是刊名《杂志》的杂志。

《杂志》是一个以剪辑和转载国外消息评论为主的时事政治半月刊,1938年5月在上海“孤岛”出版。创办人为吕怀成、刘涛天。1939年7月,由于反日倾向《杂志》被租界当局勒令停刊,当年11月复刊。编者兼发行人吴诚之(哲非)。1941年4月,《杂志》又因为宣扬民族意识、表达爱国立场被租界当局封闭。1942年8月,在已经沦陷的上海,《杂志》再度复刊,仍由吴诚之任主编。这次的变化是从过去的政治时事刊物,改为以文学为主的综合性文艺月刊,大量增加文艺作品的分量和科学趣味的文字。

张爱玲在《紫罗兰》之后、《万象》之前就有文章投送《杂志》,1943年7月号(第十一卷第四期)的《杂志》就登出了她的《茉莉香片》。这一期的《编辑后记》中,编者专门做了介绍:“张爱玲女士的小说在本刊还是第一次出现,在《茉莉香片》中,对于一个在腐烂的家庭环境中生长起来的青年的变态心理有深入的刻划,写法也很新颖,更难得的,还由张女士自己插图,应向读者推荐。”

张爱玲是如何与《杂志》结缘的,未见张爱玲或当事人的文字记载。有人说,《杂志》的创办人袁殊(1911—1987)主动上门约稿。他看过《沉香屑:第一炉香》,“便驱车静安寺常德路的公寓楼上,向这个可以作他女儿的小姑娘移樽就教”。(沈鹏年:《杂志社使张爱玲“红”遍上海滩》)文中未交代“袁殊约稿”的出处,也许是辗转相传的八卦。这一层姑且不说,张爱玲与《杂志》交往的时间最长,在《杂志》上发表的文章最多,《杂志》不遗余力地为她造势喝彩,却都是不争的事实。

从1943年7月到1945年6月,张爱玲见之于《杂志》的作品有:

小说十篇:《茉莉香片》《倾城之恋》《金锁记》《年青的时候》《花凋》《红玫

瑰与白玫瑰》《殷宝滟送花楼会》《等》《留情》《创世纪》(未完)。散文十二篇:《到底是上海人》《必也正名乎》《论写作》《爱》《有女同车》《走!走到楼上去》《说胡萝卜》《写什么》《诗与胡说》《忘不了的画》《吉利》《姑姑语录》。译文一篇:《浪子与善女》(炎樱)。

两年时间的《杂志》,没有张爱玲作品的期数很少。密度之高,历来少见。张的优秀作品如《金锁记》《倾城之恋》等,尽在其中。“她以一支光润而圆熟的笔,敢于犯传统小说的窠臼而往往能够出其窠臼,交错着新旧意境,杂糅着新旧文采,让人们诧异于她笔底的古老的新鲜和新鲜的古老。”(杨义:《张爱玲:洋场社会的仕女画家》)《杂志》编者很欣赏张爱玲小说的“一种无与伦比的风格”,凡是刊出张爱玲的作品,都要在《编辑后记》中加以推荐。

张爱玲的绘画才华,也在《杂志》上得到充分展现。每次刊登张爱玲自己插图的小说或散文,编者在首页题目下均注明:“张爱玲作并图”。张爱玲的画,表现了“一位才女的聪明的装饰感、生命感和时髦感”。(杨义:《新旧文学鸿沟在〈万象〉的填补》)《杂志》还邀请张爱玲为扉页作画。1944 年连续七期,张爱玲画了《三月的风》《四月的暖和》《小暑取景》《跛扈的夏》《等待着迟到的爱》《新秋的贤妻》《听秋声》等七幅画作,画中女子的服饰现代时髦。张爱玲用女人象征了季节的转换,只是冬天还没到,《杂志》就停刊了。

1944 年 5 月,与《万象》刊登傅雷的《论张爱玲的小说》同时,《杂志》刊载了胡兰成的《评张爱玲》(这篇长文连载两期,至 6 月刊完)。与傅雷的直言批评不同,胡兰成多为赞誉之词。他说:“读她的作品,如同在一架钢琴上行走,每一步都发出音乐。”她为了一个美丽的字眼儿感动。“这里有着她对于人生之虔诚。她不是以孩子的天真,不是以中年人的执著,也不是以老年人的智慧,而是以洋溢的青春之旖旎,照亮了人生”。“我可以想象,她觉得最可爱的是她自己,犹如一枝嫣红的杜鹃花,春之林野是为她而存在。”虽是盈耳颂歌,但是,应该说胡兰成是读懂了张爱玲的文学追求的。傅雷强调文学的使命,胡则指出张关注的只是世俗世界的普通人,在她的小说里没有傅雷寻找的“英雄”。编者在《编辑后记》说:胡文“不但批判了她重要的作品,而且正确地提出了作者的禀赋、性格及其创作的态度,从内容来说,这是一篇文艺批评的文章,但从文字的韵味及其造句之美来说,那简直是一首诗”。与评论配发的图是张爱玲的自画像。"这是一帧剪影,与《流言》封面上的人物一样面无五官,然而从时装的画中人两手背在身后,驻足而立,似有所待的姿态里,确乎见到张爱玲青春的一面,同时那姿态也见出对自己的爱悦,虽然还反映不出胡兰成所说的那份'跋扈'"。"张也正于成名的喜悦之外,经历着与胡兰成欲仙欲死的热恋,自画像可以视为那时心境的某种写照,与胡的文章放在一道,则又是以才子才女的方式为那段乱世之恋留下的小小见证了。"(余斌:《张爱玲传》)

《杂志》经常举办座谈会、笔谈,不少活动都有张爱玲参加,而且每次都以大的篇幅报道并配发图片进行传播,扩大影响,让读者看到一个立体的张爱玲。

1943 年 11 月,小说《倾城之恋》获得成功,《杂志》邀请张爱玲出席朝鲜著名舞蹈家崔承喜的欢迎晚会。此后,多次活动中都有张爱玲的身影。《杂志》对活动都有及时详尽的报道。1944 年 3 月 16 日召开"女作家座谈会",4 月号的《杂志》就刊出记录《女作家聚谈》,介绍张爱玲的少作《天才梦》,她的理想、她的写作习惯以及她对冰心、丁玲的评价。座谈会记录,成了一种重要的文化形式。1945 年 3 月号《杂志》的《张爱玲苏青对谈记——关于妇女、家庭、婚姻诸问题》,是张爱玲与苏青对谈的记录。1945 年 7 月开的纳凉会,张爱玲和当时号称东亚第一流女星李香兰与新闻界对话。《杂志》8 月号的记录《纳凉会记》,称张爱玲为"第一流的中国女作家"。这时的张爱玲已是文坛明星了。

张爱玲的第一部小说集《传奇》也是《杂志》出版的。这部小说集,原来平襟亚的万象书屋准备出版,后觉得无利可图将书稿退回。而《杂志》称"并不纯以赚钱为目的,只是愿助这本集子出版,使寂寞的文坛起点影响",遂于 1944 年 8 月 15 日出版。初版四天即销售一空。8 月 26 日,杂志社主办了"《传奇》集评茶会",实际就是张爱玲作品发布会。9 月 25 日,《传奇》再版本上市。再版时加入一篇《再版的话》,增加了一张作者像,换上炎樱设计的封面。书前张爱玲题词:"书名叫传奇,目的是在传奇里面寻找普通人,在普通人里寻找传奇。"

《杂志》持续到 1945 年 8 月,历时三年,共出三十七期。它在上海沦陷时期,倡导推动了杂文、文艺批评和报告文学的创作,成为上海文化人文艺活动的重要窗口。虽然编者在《再次复刊的话》中就表示:“愿意把我们少数人的热血,在荒芜的园地里培养成一朵灿烂的花朵。”但是,过去却一直为人诟病。因为上海沦陷后《杂志》复刊,有着日伪的背景。《杂志》隶属于《新中国报》系统,《新中国报》社长、也是《杂志》老板的袁殊当时是著名的“大汉奸”,《杂志》无疑被视为“汉奸刊物”。袁殊,原名袁学易,湖北蕲春人。早年就学于上海,参加过北伐。1929年留学日本,回国后积极投身左翼文化运动。1931年加入中国共产党。先后任《杂志》社长的鲁风(罗锋)、恽逸群(叶君宜)和主编吴诚之、负责文艺方面具体事务的吴江枫(梅蔼)等人,都是中共地下党员。实际上,他们是奉命打入日伪内部长期潜伏、隐蔽作战、从事情报工作的抗日爱国志士,《新中国报》和《杂志》就是他们与日伪争夺文化阵地的秘密战场。他们是这种特殊功绩的建树者。当然,这些真相为人所知已是抗日战争胜利之后又之后了。袁殊在敌人营垒长达十四年,屡立奇功。1949年后却蒙冤入狱二十年,1982年才得到平反。有《袁殊文集》行世。

《苦竹》:所谓“夫妻店”

1944年10月,胡兰成办了一份偏重文艺的杂志,十六开本,月刊,取名《苦竹》。刊名缘自张爱玲在《诗与胡说》中引用的周作人翻译的一首日本诗,诗曰:“夏日之夜,有如苦竹,竹细节密,顷刻之间,随即天明。”

《苦竹》的封面是炎樱设计的。作家沈启无在刊于第二期的《南来随笔》中极为称赞:“封面画真画得好,以大红做底子,以大绿做配合,红是正红,绿是正绿,我说正,就是典雅,不奇不怪,自然的完全。用红容易流于火燥,用绿容易流于尖新,这里都没有那些毛病。”沈的激赏,过于夸饰,但绿叶披拂的竹竿斜切的画面,布满活跃肥大的竹叶,浓郁里一点新翠,确有夏夜苦竹的诗意,散发出一种东方纯正的美。

创办《苦竹》的想法,后来胡兰成追述道:“我办《苦竹》心里有着一种庆幸,因为在日常饮食起居及衣饰器皿,池田给我典型,而爱玲又给了我新意。池田的侠义生于现代,这就使人神旺,而且好处直接到得我身上,爱玲更是我的妻,天下的好都成了私情,本来如此,无论怎样的好东西,它若与我不切身,就也不能有这样的相知的喜气。”(《今生今世》)这里说的池田,即日本人池田笃纪,一年前为搭救胡兰成出狱出力甚多。后来胡亡命日本,也是他接待安排。而“爱玲更是我的妻”几句,让人感到《苦竹》就像是个“夫妻店”。实际上,如果说“夫妻店”,无非是刊物刊载的多为胡、张的文章而已。“相知的喜气”云云,则是胡兰成的信口开河。办《苦竹》时,他又去武汉办《大楚报》,搭上了汉阳县医院的见习护士小周,已有新欢。

第一期(10 月出版)有张爱玲的《谈音乐》,这是一篇近七千字的散文。从颜色、气味到音乐,从交响乐、外国通俗音乐、爵士乐到中国的大鼓书、弹词、流行歌曲,文意流动如水,语言黠慧又有点俏皮。尤其从东方的角度论西方的音乐:“我最怕的是凡哑林,水一般地流着,将人生紧紧把握贴恋着的一切东西都流了去了。胡琴就好得多,虽然也苍凉,到临了总像是北方人的‘话又说回来了’,远兜远转,依然回到人间。”“我是中国人,喜欢喧哗吵闹;中国的锣鼓是不问情由,劈头劈脑打下来的,再吵些我也能够忍受。但是交响乐的攻势是慢慢来的,需要不少的时间把大喇叭小喇叭钢琴凡哑林一一安排布置,四下里埋伏起来,随时还有调动,有条有理,此起彼应。这样有计划的阴谋我害怕。”文化差异的妙想奇思,比喻如神来之笔,令人拍案叫绝。沈启无说:“我读她在《苦竹》月刊上的《谈音乐》,使我又联想起她谈画的文章,几乎每一篇都有她的异彩,仿佛天生的一树繁花异果,而这些花果,又都是从人间的温厚情感里洗练出来的。”(《南来随笔》)

第二期(11 月出版)有张爱玲的《桂花蒸　阿小悲秋》,写苏州女佣阿小在上海外国人居住的公寓里一天的家务劳动,写阿小所看到的外国人哥尔达的生活。1972 年,水晶访问张爱玲时说到结尾部分很精彩,张爱玲爽朗地笑了。水晶从她的笑声里,“觉察到她是非常偏爱‘阿小悲秋’的”。(《蝉——夜访张爱玲》)

这一期《苦竹》,张爱玲还重新发表了《自己的文章》。

《自己的文章》原来登在 1944 年 5 月出版的上海《新东方》杂志第四期和第五期合刊。这篇文章一般认为是张爱玲读了迅雨(傅雷)的批评文字后写的反辩。其实,起因应是对胡兰成文章的回复。《新东方》第三期(1944 年

3月15日出版)有胡兰成的《皂隶·清客和来者》,这年1月胡兰成初识张爱玲,他在文中赞赏张爱玲的《封锁》“非常洗练”,“简直是写的一篇诗”,但又说:“我喜爱这作品的精致如同一串珠链,但也为它的太精致而顾虑,以为,倘若写更巨幅的作品,像时代的纪念碑式的工程那样,或者还需要加上笨重的钢骨与粗糙的水泥的。”胡兰成的这个意见,张爱玲并不认同。她在《自己的文章》中针锋相对地做了回应:“一般所说‘时代的纪念碑’那样的作品,我是写不出来的,也不打算尝试,因为现在似乎还没有这样集中的客观题材。我甚至只是写些男女间的小事情,我的作品里没有战争,也没有革命。”当然,文章中也对迅雨批评《连环套》“错失了最有意义的主题”的说法,做了辩解。她说:“写小说应当是个故事,让故事自身去说明,比拟定了主题去编故事要好些。许多留到现在的伟大作品,原来的主题往往不再被读者注意,因为时过境迁之后,原来的主题早已不使我们感觉兴趣,倒是随时从故事本身发见了新的启示,使那作品成为永生的。”

第二期的《编后记》看来应是胡兰成所写,他说:“《自己的文章》,虽然是已经在别一刊物上边发表过了,但是因为它是近十年来的重要文献,无法不将它重印,以延揽它的读者。为读者,为我们的文章界,其中一条新路的发现,要请多数人知道。”这样说未免言过其实,但《自己的文章》也确实可以看作张爱玲的文学纲领宣言。文中说:“弄文学的人向来是注重人生飞扬的一面,而忽视人生安稳的一面。其实,后者正是前者的底子。又如,他们多是注重人生的斗争,而忽略和谐的一面。而人是为了要求和谐的一面才斗争的。强调人生飞扬的一面,多少有点超人的气质。超人是生在一个时代里的。而人生安稳的一面则有着永恒的意味,虽然这种安稳常是不完(安)全的,而且每隔多少时候就要破坏一次,但仍然是永恒的。它存在于一切时代。”“斗争是动人的,因为它是强大的,而同时是酸楚的。斗争者失去了人生的和谐,寻求着新的和谐。”这两段张语录,张迷和“张学”专家们大多耳熟能详。《苦竹》刊登的与收入《流言》(1944年12月版,五洲书报社总经售)的《自己的文章》相比,只是部分节录。如“我不喜欢壮烈。我是喜欢悲壮,更喜欢苍凉。壮烈只有力,没有美,似乎缺少人性。悲壮则如大红大绿的配色,是一种强烈的对照。但它的刺激性还是大于启发性。苍凉之所以有更深长的回味,就因为它像葱绿配桃红,是一种参差的对照”等论述文字就只见之于后者的文本。

张爱玲的挚友炎樱,在第一期上有一篇《死歌》,写修道院的孤儿,整天念死经,如一无精神的机器在唱。她感叹“一根竹竿或一个山芋的命比他们的命有味”。炎樱不谙中文,通常用英文写作,由张爱玲译出。而这篇短文据说是她用中文直接写就的。第二期的《生命的颜色》将人生与色彩相联系,显出炎樱对色彩的极度敏感。她认为“人生不过是搅乱的一堆谜似的色彩,每一种情调、每一件事都可以用一个颜色来翻译”,因之“各个人也都是颜色的跳舞,色调的舞剧”。诗人路易士称《生命的颜色》“句句都是警句”。(《记炎樱》)

《苦竹》上还刊载了路易士的诗和南星的评论。不过,发文最多的自然是胡兰成。第一期上除署名胡兰成的《新秋试笔》外,还有署不同笔名的《周沈交恶》(江梅)、《试谈国事》(敦仁)、《违世之言》(王昭午)、《星巷之谈》(林望)、《闲书启蒙》(夏陇秀)、《贵人的惆怅》(韩知远)、《说吵架》(崎), 超过十二篇文章(不包括诗和译文)的二分之一。第二期十篇中如不计入张爱玲、沈启无和炎樱,其余文章看来都出自胡兰成之手。据刘铮《胡兰成交游考(一九四五年之前)》研究考证,第三期八篇文章,全部由胡包办。刊物的性质也由文艺而转为时政。

1944 年年末,日寇和汪伪政权失败的日子已经为期不远。

胡兰成惯于顾盼自雄、飞扬无忌,第一期《编后》中依然妄自沉迷,大言不惭:“《苦竹》的出版,也正是,一种轩腾的新的气象,在这里出发了。”读者看到,出发尽管是出发了,只是毫不“轩腾”。第三期本该 1945 年 1 月出版,却拖到了 4 月。第四期十有八九已“胎死腹中”。

《大家》:告别的“舞台”

1945 年 8 月 15 日,日本无条件投降,抗日战争取得胜利。

胡兰成因汉奸罪被通缉,匿名东窜西突,四处逃亡。留在上海的张爱玲遭到口诛笔伐。尽管她与胡兰成的结合不是出于政治目的,但沦陷时风头太健,单是与汉奸结婚这一项就受到强烈谴责。当时上海的大刊小报,以及《女汉奸丑史》《女汉奸脸谱》等小册子关于张爱玲的文字,连篇累牍,言辞尖刻轻佻,更有人身攻击。1946 年 3 月 30 日的上海《海派》周刊上,甚至出现了《张爱玲做吉普女郎》的荒唐耸动的报道。(陈子善:《1945 至 1949 年间的张爱玲——文坛盛名招致女汉奸恶名》)张爱玲在上海文坛消失了。

1946 年 11 月,上海山河图书公司出版了张爱玲的《传奇》的增订本,这一举动自然引人注目。山河图书公司的老板是唐云旌和龚之方。唐云旌(1908—1980),笔名唐大郎、刘郎、高唐等。江苏嘉定(今属上海)人。早年在银行工作,后任报纸编辑,人称这位写小报的第一能手为"江南第一支笔"。龚之方(1911—2000),上海人。京剧票友,酷爱文艺,担任过艺华等影业公司的宣传主任,创办过《艺华画报》等刊物,是与唐大郎密切合作的老搭档。他们两人在张爱玲遭遇舆论和感情的双重打击、处境艰难的时候,施以援手。

张爱玲为《传奇》增订本写了《有几句话同读者说》,借以自辩:"最近一年来常常被人议论到,似乎被列为文化汉奸之一,自己也弄得莫名其妙。"她说明了辞去"大东亚文学者大会"代表的事实,申明"我所写的文章从来没有涉及政治,也没有拿过任何津贴","至于还有许多无稽的谩骂,甚而涉及我的私生活,可以辩驳之点本来非常多。而且即使有这种事实,也还牵涉不到我是否有汉奸嫌疑的问题;何况私人的事本来用不着向大众剖白,除了对自己家的家长之外仿佛我没有解释的义务"。话说得明确,态度也保持了她一贯的超然和矜持。但论者的看法是:"张爱玲的辩白又有道理又无道理。有道理的是国民政府确未以汉奸罪缉捕起诉她,未找到她撰文涉及政治、拿过日伪津贴的证据,没有因她嫁与胡兰成就视她为汉奸;无道理的是她不懂得她虽过得了法律这一关,还有道德的亦即公众口碑这一关须通过,而前者是底线,后者是上线。仅以底线来要求自己,作为一个文化公众人物,其品格的姿态并不好看。"(王一心:《他们仨:张爱玲 苏青 胡兰成》)

《有几句话同读者说》中,张爱玲还就《传奇》增订本的封面有一段解说:"封面是请炎樱设计的。借用了晚清的一张时装仕女图,画着个女人幽幽地在那里弄骨牌,旁边坐着奶妈,抱着孩子,仿佛是晚饭后家常的一幕。可是栏杆外,很突兀地,有个比例不对的人影,像鬼魂出现似的,那是现代人,非常好奇地孜孜往里窥视。如果这画面有使人感到不安的地方,那也正是我希望造成的气氛。”

1947 年 4 月,山河图书公司出版了《大家》文艺月刊,大三十二开本,一百余页。主编唐大郎,发行人龚之方。创刊号的《编后》说:“眼前,书坊中畅销的是专给堂子里姑娘枕头边消遣的书刊。讲究印刷,研究编排,考究内容,这都不成为吸收读者的条件, 那无怪许许多多杂志在我们还觉得可以一看的都先后夭折了。不过,我们还是想干下去。这短短的一年中,我们失败了三次,不知虚耗了多少心血和财力,《大家》月刊是经过好久宣传的,现在把它出版了。我们有的是一股傻劲,始终没想到要迁就环境。《大家》月刊还是有我们自己的风格,综合性的取材,尽可能做到轻松明快,不让读者感到沉重;趣味是不可少的,实质也不能不顾到。办杂志的,总希望内容形式都够得上水准,这在不远的将来,我们相信读者会拥护我们的;那就是‘堂子里姑娘枕头边消遣’的时期总得要在我们面前消失的。”这里说“失败了三次”,当是指前一年他们创办了《光华日报》,办过《海风》周刊和《清明》月刊(吴祖光、丁聪主编),但都为期不长。

张爱玲的《华丽缘》登在第一期。这一期,编者向读者郑重介绍的佳作,有《华丽缘》和沙(赵超构)的短论、黄裳的游记、吴祖光的杂写、马凡陀的诗、凤子的小品、叔范的笔记等。与众不同的是,《编后》中专门有一段文字推荐张爱玲:“张爱玲小姐除掉出版了《传奇》增订本和最近为文华影片公司编写了《不了情》剧本,这二三年之中不曾在任何杂志上发表过作品,《华丽缘》是胜利以后张小姐的‘试笔’,值得珍视。”《华丽缘》,“编者将其标为‘小说’,它其实是一篇散文——文中的内容显然是纪实的。这一年的春节张爱玲也许曾到浙江的农村小住, 此文记的便是正月里她同农人一道在露天里看戏时的所见、所闻、所感。乡间的生活头一次进入她的视野,虽然大量的笔墨被她用来细致独到地演绎、诠释着戏文,乡间生活的情调依然不绝如缕地传递出来,包括江南农村的一种地方色彩”。(余斌:《张爱玲传》)

第二期和第三期的《大家》,又连载了张爱玲中篇小说《多少恨》。这是张爱玲根据自己原来电影剧本《不了情》改写的一部通俗小说。故事前面有她写的简短题记:“我对于通俗小说一直有一种难言的爱好, 那些不用多加解释的人物,他们的悲欢离合。如果说是太浅薄,不够深入,那么,浮雕也一样是艺术呀。”小说写一个年轻女子与比她年龄大得多的已婚男子初恋的破裂，内容与张的生活相似又相异。她在题记中说:“我是这样的恋恋于这故事。”让人想到故事中有她以“变形”的方式植入的情感,从而把真实的生活状况改造和转变到适合自己的意愿。

《华丽缘》和《不了情》的插图,不再是张爱玲自绘。前者没有注出作者,后者则标明“小丁作画”。人物造型与动势是丁聪一贯的风格,只是笔调纤细,与以往稍有不同。

《大家》出了三期,没有经费了,只好停刊。它成了张爱玲与民国期刊告别的最后舞台。

1949 年 5 月,上海解放。7 月,唐大郎与龚之方又创办了《亦报》,龚任社长,唐任总编辑。1950 年 3 月 25 日,《亦报》开始连载张爱玲的长篇小说《十八春》,用的是笔名“梁京”。早几年她曾拒绝为避祸而改名,这时也只有向现实妥协了。《十八春》至次年 2 月 11 日刊毕。八个月后,10 月 31 日《亦报》预告梁京新作中篇小说《小艾》日内起刊,四天后刊出。1952 年 1 月 24 日,《小艾》载完。

这年夏天,张爱玲孑然一身悄然远走香港。

学者王德威评价张爱玲:“她的海派前辈为她打造了一座庸俗纷扰的城市背景,并附赠形形色色的人物原型。在另一个历史的夹缝里,这位二十来岁的才女要为这座城市写下传奇,并且身体力行,说张爱玲是集清末以来海派小说之大成者,应不为过。”(《落地的麦子不死》)只是张爱玲再没有回到这座城市。

龚之方在《永远的张爱玲》中说,当年他告诉负责上海文艺工作的夏衍“张离开上海”这个消息时,夏衍直叹可惜。触怀往事,弹指惊心,龚感慨万端:“夏衍当时不知道中国后来有那么多的政治运动,才会直叹可惜。其实张爱玲决定 1952 年离开大陆是很机智的选择,否则 1957 年反右那一关,她就可能受不了,更何况是后来的‘文化大革命’?”

后　记

《纸页上的文学记忆》是我阅读民国文学短刊札记的结集。

民国文学旧刊,以它拥有的无可替代的史料性和客观性,展示出丰富的色彩,愈来愈受到现代文学研究者的青睐。

我无意也无力去做研究,而只是古稀消遣的闲读。

每当展开那泛黄变脆的故纸残页,一个过往时代的作家与作品、社团与流派、思潮与现象,会自然地呈现在眼前,给人以鲜活的历史感受。闲读,出入古今,驰骛左右。公案论争固然关注,野谈趣闻也不放过,世事变幻中的人物浮沉,常令人百感交集、怆然于怀。积习难改,捡拾今日已被遗忘的细节,或被遮蔽的背后文章,行之于文,有了这本小书。回望文坛风尘,追念文人情调,留下一点历史的真实,一点文学的记忆。

阅读旧刊的障碍是"刊中人物"。要弄清楚一个杂志的来龙去脉,了解主编自是重要。而一个杂志的作者群,常常反映了这个杂志的政治倾向、艺术趣味以及错综复杂的人际关系,一定程度上显示出杂志的档次和地位,也是非了解不可的内容。无奈时过境迁,当年编者、作者至今健在的已寥若晨星,不少人又是使用笔名,更难以查找。凡是有一点线索的,皆"记录在案";"上天入地"也寻觅不到的,只有暂付阙如,期待识者补正了。

全书既是介绍,就必然含有介绍者对于原刊史料的取舍。因之,要想获取原汁原味的实感,只有阅读原刊一途。这,正是我阅读民国文学旧刊的体验。

何宝民　　2015年盛夏,郑州

图书在版编目(CIP)数据

纸页上的文学记忆:民国文学短刊经眼录/何宝民著.
—郑州:海燕出版社,2017.1

ISBN 978-7-5350-6408-0

Ⅰ.①纸… Ⅱ.①何… Ⅲ.①期刊-史料-中国-民国 Ⅳ.①G239.296

中国版本图书馆 CIP 数据核字(2015)第 211327 号

出 版 人 黄天奇
责任编辑 郑 颖
封面设计 王 敏
责任校对 李培勇
责任印刷 邢宏洲
责任发行 贾伍民

出版发行 海燕出版社
(郑州市北林路 16 号 邮编:450008)
发行热线 0371-65734522
经 销 全国新华书店
印 刷 河南省瑞光印务股份有限公司
开 本 16 开
印 张 18.5 印张
插 页 8 页
字 数 290 千字
版 次 2017 年 1月第 1 版
印 次 2017 年 1月第 1 次印刷
定 价 68.00 元